华中师范大学智库建设与高质量皮书项目

2024
中国旅游业发展报告

China's Tourism Development Report

程绍文　胡　静　谢双玉等　编著

中国旅游出版社

2024中国旅游业发展报告

一、编撰单位

华中师范大学　中国旅游研究院武汉分院

二、编撰小组

组　　长：胡　静　中国旅游研究院武汉分院院长、教授、博士生导师

副 组 长：程绍文　中国旅游研究院武汉分院副教授、博士

编撰人员：谢双玉　冯　娟　郑文升　王晓芳　贾垚焱　尹建军　欧阳辰星
吕　丽　石雪凡　冯嘉晓　赵　勐　闫　岩　陈小宝　桂　莹
何婉绮　黄佩华　黄一龙　李雨桐　秦浩丽　阮氏荷　唐　银
王家英　王露露　王　茜　叶豪杰　张紫含　郑唤轲　习倩倩
王熙杰　马思源

前　言

《2024 中国旅游业发展报告》(以下简称《报告》) 如期与大家见面了，这是中国旅游研究院武汉分院自 2012 年以来每年定期编制、出版的系列年度研究成果之一。

中国旅游研究院的研究结果显示，在经历三年新冠疫情冲击洗礼、旅游市场动荡下滑背景下，2023 年是中国旅游业实现创新式恢复发展的一年，是旅游新质生产力理念和模式在特殊复杂时代背景下实践发展的元年。这一年，围绕着国家发展、民族复兴的大战略和新理念，中国旅游业勇走新路子、善用新技术、回归服务初心、致力共建共享，创造了一系列旅游热点现象。无论是哈尔滨旅游的由黑而红、风光无两，还是贵州“村超”的深藏功名、一鸣惊人，无论是“王婆说媒”旅游活动栏目的“有心歪打正着”，还是胖东来商超在旅游发展路上的“无心插柳柳成荫”，无论是北京故宫文创的棋高一着，还是数智技术赋能乡村旅游地的技胜一筹，都实实在在地证明了旅游创新对中国打造世界级旅游目的地、实现高质量旅游发展的价值和意义。可以说，面对前所未有的压力和挑战，中国的旅游市场正在转型，旅游发展的新动力潜力无限，旅游业新业态新格局也正在形成。

基于此，2024 年《报告》第一篇聚焦中国旅游业发展的新理念和新原则，对 2023 年中国旅游业创新发展的新理论、新热点、新实践进行了梳理和报告。第一章主要梳理分析了中国旅游业创新发展的新理论及新理念，包括旅游新质生产力理论的内涵特质及其对中国旅游业发展的指导意义。在此基础上，《报告》分别对 2023 年哈尔滨旅游逆袭、贵州“村超”旅游跨界融合、“王婆说媒”旅游生活化、“胖东来”生活旅游化发展以及北京故宫文化创意产业新业态发展等的网红发展之路及其流量密码进行了剖析，揭示了新创意、新媒体、新技术、新理念、真感情在旅游发展中的源源动力。第二章从新技术、新模式分析视角，系统地介绍了华中师范大学数智文旅创新创业团队打造的乡村数智文旅创新产品设计框架，展示了其在浙江宁波 Q 村乡村数智文旅游戏化产品方面的应用与在乡村数智文旅发展方面的实践，反映了游戏化技术产品在赋能乡村旅游发展与乡村振兴、助力旅游高质量人才培养方面的不俗表现和应用潜力。第三章则从新思维、新路径出发，以湖北省为研究案例地，对湖北省建设成世界级旅游目的地的理论基础、逻辑起点和路径进行了探讨。

与此同时，《报告》第二篇依旧遵循“盘点分析—综合评价—发展对策”的逻辑路线，对不同空间尺度旅游业的发展进行全面盘点和系统评价，并为国家和区域层面旅游发展战略的制定和改革措施的出台提供参考依据。第四章分别从全国、长江经济带和京津冀地区三大重点区域视角，对中国旅游业发展的需求、供给和发展环境进行全面盘点，以便把握中国旅游业发展的整体状况、区域格局。第五章和第六章从发展现状、发展潜力和发展环境三方面构建旅游业竞争力评价体系，分别探寻了中国各省域和重点城市的旅游业竞争力水平，全面解析省域间旅游业发展水平差异。第七章从宏观调控、部门管理和行业经营三个方面出发，为区域旅游业高质量发展提供政策参考。《报告》测算发现，省域方面，综合竞争力第一梯队的省域包括浙江、广东、江苏、云南、山东、四川、湖南、福建、湖北和贵州；现实竞争力第一梯队的省域包括浙江、山东、江苏、广东、四川、云南、江西、安徽、湖北及湖南；潜在竞争力第一梯队的省域包括浙江、云南、广东、湖北、四川、福建、北京、贵州、江苏和山东；发展环境竞争力第一梯队省域包括广东、江苏、浙江、福建、湖南、北京、云南、海南、广西及山东。副省级城市方面，旅游综合竞争力第一梯队副省级城市包括成都、杭州、武汉、广州、南京；现实竞争力第一梯队副省级城市包括成都、武汉、西安、南京和青岛；潜在竞争力第一梯队副省级城市有杭州、广州、成都、南京、武汉；发展环境竞争力第一梯队副省级城市包括深圳、青岛、成都、广州、厦门。

《报告》第七章从宏观调控、部门管理、行业经营三个方面就中国旅游业发展提出了对策建议。《报告》认为，在宏观调控方面，应锚定中国式现代化，通过理论重构和实践创新建设旅游强国；立足新发展格局，构建旅游开放体系；贯彻新发展理念，深化创新驱动发展；落脚可持续发展，助力旅游业高质量发展。在部门管理方面，应加强旅游资源保护与开发并重，推进在线旅游市场发展，进一步开放入境旅游业，提高对旅游业的金融支持。在行业经营方面，住宿接待业应优化旅游住宿接待产品，构建地方餐饮和住宿品牌体系，以游客为中心提高旅游服务质量。旅游目的地应致力于文化传承与创新，打造专属 IP；打破“门票经济”依赖，探索景区收入多元化新路径；构建智慧景区，打造品牌特色；推动文旅深度融合，丰富乡村旅游产品。旅行社业应优化运营模式，提升抗风险能力；创新旅游产品，延长旅游产业链；科技融合，优化营销方式；加强国际合作，推动区域联动。在线旅游业应融合智业优化产品设计，满足个性化需求；整合多方主体资源，推动产业链发展；加速数字化转型，发展“云旅游”。

《报告》广泛凝聚各方研究力量，由多位长期从事旅游教学和研究的专家、学者、中青年学术骨干历时近一年时间共同完成。《报告》由程绍文统筹负责并统稿，各部分的撰写人员分别为：第一章由程绍文、张紫含、郑唤轲、桂莹、王茜、唐银、叶豪杰、阮氏荷、李雨桐、石雪凡等撰写，第二章由冯娟、闫岩、何婉绮撰写，第三章由胡静、赵勐、秦浩丽、尹建军、欧阳辰星等撰写，第四章由谢双玉、冯嘉晓撰写，第五章由胡静、吕丽、贾垚焱撰写，第六章由胡静、欧阳辰星、赵勐撰写，第七章由郑文升、王晓芳、刁倩倩、王熙杰、马思源撰写。同时，《报告》得到胡静、谢双玉的全面指导。此外，赵勐、陈小宝、桂莹、贾垚焱、何婉绮、黄佩华、黄一龙、李雨桐、欧阳辰星、秦浩丽、阮氏荷、唐银、王家英、王露露、王茜、叶豪杰、尹建军、张紫含、郑唤轲（排名不分先后）参与了数据收集与核实工作，桂莹、王茜等同学参与了文字校对工作。

同往年一样，《报告》的完成也得益于相关机构、多位领导和专家学者的重视、关心、指导和帮助，感谢大家一直给予我们的热心关怀和悉心指导，使我们的研究报告更具前瞻性和引领性。中国旅游出版社谯洁主任、李冉冉编辑给予了《报告》很多支持与帮助，也向她们表示最诚挚的谢意。

《报告》即将付梓，虽已尽心尽力，但难免有不成熟和疏漏之处，敬请大家斧正；也衷心地希望在来年的《报告》撰写中，大家能不吝赐教！

程绍文

2024年秋季于武昌桂子山

目录

CONTENTS

第一篇　中国旅游业创新发展

第二篇 中国旅游业发展评价与展望

图表目录

CONTENTS

第一篇　中国旅游业创新发展

新冠疫情对全球旅游业的影响至今未能完全平复。2023 年，中国国内旅游业快速恢复，虽然还未达到疫情前的高峰水平，但一个又一个现象级的旅游热点现象引人深思；出入境旅游市场在放开管控后复苏，2024 年的 144 小时入境免签政策给中国带来了入境旅游发展高潮。历经大浪淘沙，新冠疫情不仅给中国的旅游产业和企业带来了巨大的冲击、威胁和挑战，也给中国旅游业的发展带来了更多的反思、促进和提升。一方面，疫情促成了旅游智慧化水平迅速提升和中国旅游业新业态的出现，网络购票及预约制度盛行至今，刷脸、扫码等无接触旅游服务成为常态，云旅游及数字博物馆等崭露头角、风光无两，网络及数字媒体从来没有像现在这样深刻地影响着中国旅游业的发展。另一方面，疫情让人们不得不从匆匆忙忙的紧张生活中停下脚步冷静思考，人们开始更深刻、全面地认识、理解旅游及旅游产业，人们对生活及旅游的需求也有了更深、更真的理解和追求。

在这一时代转折背景下，党中央提出了“新质生产力”发展理念，旅游新质生产力成为当前和今后一段时期内中国旅游业发展的重要指导原则；2024 年 5 月 17 日，习近平总书记在全国旅游发展大会上发表讲话，对加快建设旅游强国、推动旅游业高质量发展作出全面部署；习近平总书记强调，新时代新征程，旅游发展面临新机遇新挑战。要以新时代中国特色社会主义思想为指导，完整准确全面贯彻新发展理念，坚持守正创新、提质增效、融合发展，统筹政府与市场、供给与需求、保护与开发、国内与国际、发展与安全，着力完善现代旅游业体系，加快建设旅游强国，让旅游业更好地服务美好生活、促进经济发展、构筑精神家园、展示中国形象、增进文明互鉴。可以预见，经历了疫情的洗礼及全国上下对旅游业高质量发展的重视，中国的旅游业必将在新的理论及发展理念的指导下涅槃重生，顺应时代发展潮流，实现创新驱动下的高质量融合发展。

本篇在盘点中国旅游业创新发展的新理论、新理念的基础上，梳理了中国近两年的旅游热点现象及现象背后的原因；并对中国乡村数智化旅游发展技术创新及湖北省世界级旅游目的地建设新思维、新路径进行了具体分析。

第一章　中国旅游业创新发展理论及热点

本章主要介绍中国旅游业创新发展的新理论理念，对当前中国旅游业创新发展的热点案例进行剖析。

一、中国旅游业创新发展的新理论

（一）旅游新质生产力理论

1. 基本概念

（1）新质生产力

“生产力”是指“具有劳动能力的人跟生产资料（生产工具和劳动对象）相结合而构成的征服、改造自然的能力；是人控制和改造自然的物质的和精神的、潜在的和现实的各种能力的总和”。2023 年 9 月，习近平总书记在黑龙江考察期间首次提出“新质生产力”。根据习近平总书记的论述，新质生产力由技术革命性突破、生产要素创新性配置、产业深度转型升级而催生，以劳动者、劳动资料、劳动对象及其优化组合的跃升为基本内涵，以全要素生产率大幅提升为核心标志；其特点是创新，关键在质优，本质是先进生产力。新质生产力以创新起主导作用，摆脱传统经济增长方式、生产力发展路径，具有高科技、高效能、高质量特征。目前，新质生产力理论已经被用于指导中国经济社会发展思路。

（2）旅游新质生产力

2024 年 3 月，全国文化和旅游产业发展工作会议强调“要推动文化和旅游产业成为发展新质生产力的重要动能和实现高质量发展的重要着力点”，会议提出要发展数字文化和旅游业态，促进产业深度融合，努力开创文化和旅游产业高质量发展新局面。旅游新质生产力理论成为中国今后一段时间旅游业发展的重要指导性理论和引领性思想。旅游新质生产力理论内涵归根到底就是：通过旅游创新（新技术、新模式、新业态、新领域、新赛道、新动能、新优势等以实现产品创新、技术创新、制度创新、模式创新和结构创新等）推动旅游业高质量发展。

2. 内涵特征

旅游高质量发展的过程就是新质生产力不断生成和发展的过程。旅游新质生产力的内涵特征是创新驱动、发展转型和高质量发展。旅游业新质生产力的内涵及新质生产力发展的双向影响机制为：上游新质生产力形成新供给有助于提升旅游业新质生产力。互联网、大数据、云计算、VR 与 AR 技术、人工智能等新一代信息技术发展为旅游业创新和高质量发展塑造了全新的基础。新技术、新思维在旅游业中的应用，有助于旅游业不断涌现出新业态、新模式、新组织，增强旅游业可持续发展的内在支撑。旅游新质生产力还体现在人们“从看世界到看懂世界”“从有意思的娱乐到有意义的认知”的旅游消费转型上，通过旅游体验深化形成每个人新的精神生命以提升人力资本质量，营造新的人力资源环境，促进中国社会经济整个新质生产力的发展[①]。

旅游新质生产力就是要充分推动旅游业创新发展和高质量融合发展，既满足游客日益增长的个性化需求，也要提升旅游业全要素生产率。旅游业新质生产力的本质特征主要体现在高科技含量与技术创新、高效能与高质量、知识型旅游生产、数字化转型与智能化升级以及产业融合与跨界发展等方面。这些特征共同构成了旅游业新质生产力的完整体系，为旅游业的发展注入了新的动力和活力。

（二）其他新理念

1. 高质量发展理念

2017 年，中国共产党第十九次全国代表大会首次提出“中国经济由高速度增长向高质量发展阶段转变”。高质量发展是对马克思主义发展理论的继承和发展，是对传统发展方式的突破和创新。高质量发展就是必须实现“创新成为第一动力、协调成为内生特点、绿色成为普遍形态、开放成为必由之路、共享成为根本目的”的发展。

作为一种新经济发展理念，高质量发展强调在创新驱动下实现经济、社会、环境等各方面的协调发展。旅游业高质量发展就是要贯彻“创新、协调、绿色、开放、共享”发展理念，推动旅游改革创新和旅游产业发展模式转型，提升旅游产业发展水平，提高旅游目的地品质，提升区域旅游的核心竞争力；就是要贯彻新发展理念，融入新发展格局，聚焦高层次统筹、高标准服务、高水平融合、高质量品牌、高效能治理、高品质生活、高水准创新[②]。旅游高质量发展模式是一种创新驱动的旅游发展模式，也是一种产业跨界融合发展模式，更是旅游地共建共享发展模式等的集合，在本质上与旅游新质生产力理论契合。

---

① 上海文旅产业研究院．新观点——如何认识旅游业新质生产力的内涵及发展路径［R］. 2024-4-16. http://www.sh-act.org/index.php?content_id=1628&r=article/Content/index.

② 黄震方，储少莹，张梦佳．新时代全域旅游的理论认知及其高质量发展［J］. 中国名城，2022，36(1)：23-31.

2. 融合共生发展理念

融合共生发展理念强调各个社会经济主体之间的相互依赖、合作与共赢。根据这一理论，现代社会各经济主体不追求单打独斗，而是要通过各种形式的合作与互动实现共同发展。融合共生发展理论强调合作、共赢与共同发展，也强调创新与协同。其中，合作是推动经济发展的动力、创新与协同是融合共生发展的途径，其根本目的就在于通过融合共生实现共同发展。

旅游业是一个综合性产业，具有与其他产业融合发展、互惠共生的特质。旅游业可以无障碍地和其他产业融合渗透和交叉重组，通过整合地域文化、科技、金融、人才等多方面资源，加强一、二、三产业间产品、市场服务等的相互交叉、融合衔接，以形成新的产业业态、产业形态和市场影响力，从而实现各产业间的融合共生发展。中国不仅提出了“旅游 +”的发展理念，还有效推动了“文旅融合”“农旅融合”等旅游产业融合发展实践。事实上，跨界融合也是旅游创新发展的一种途径和思路，与旅游新质生产力理论及高质量发展理论十分契合。

3. 共享发展理念

中国是社会主义国家，国家的发展就是要让人民共享发展成就实现共同富裕。党的十八届五中全会提出了“共享发展”理念，强调以人民为中心，实现全民共建共享，最终走向共同富裕。因此，全社会各阶层应共同参与经济社会发展，参与经济发展的主体公平、合理地分享发展成果，实现“分好蛋糕”“共建共享”，最终实现各地各业经济社会繁荣进步，区域、行业和城乡等的差距逐步缩小，最终实现共同富裕，即“全民共享”和“全面共享”。在旅游领域，共享发展既表现为旅游地各利益主体全面共建通过协同推动旅游发展，并共享旅游发展收益；也表现为旅游地主客共享旅游资源、设施和服务，共享旅游收益。

二、中国旅游业创新发展热点案例

（一）旅游大逆袭——哈尔滨

哈尔滨是中国历史文化名城、国际湿地城市、冰雪旅游城市，素有“冰城”“东方莫斯科”“东方小巴黎”“万国建筑博物城”“东亚文化之都”等美称，在 2023 年年底和 2024 年年初走红网络，成为当时中国旅游界的“顶流”。

1. 网红旅游发展历程

根据百度指数搜索结果可以发现（图 1-1），哈尔滨旅游走红网络始于 2023 年 12 月 18 日“冰雪大世界”的退票风波，经历了以下三个阶段。

（1）第一阶段（2023 年年初 ~12 月 18 日）：潜伏蓄力期

这一时期，哈尔滨旅游百度指数值在 200~800 微幅变动。2023 年 1 月，哈尔滨开展了夏季避暑旅游“百日行动”和冬季冰雪旅游“百日行动”，策划了如“逃学企鹅”“歌声里的黑

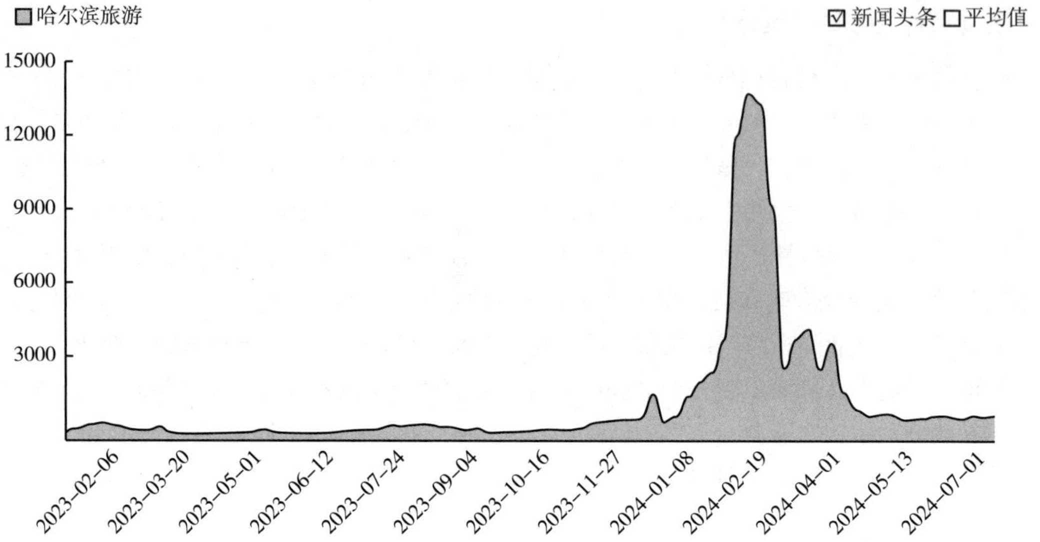

图 1-1　2023~2024 年哈尔滨旅游百度指数搜索结果

龙江”等高流量 IP，通过这些 IP 引爆黑龙江的旅游市场①。11 月，黑龙江文化和旅游部门提出加快推动冰雪经济和旅游康养产业发展，促进多产业融合、协同、转化、裂变，着力打造绿水青山就是金山银山、冰天雪地也是金山银山实践地②。这些都为哈尔滨旅游热奠定了坚实的基础。

（2）第二阶段（2023 年 12 月 18 日 ~2024 年 4 月 8 日）：旅游逆袭期

这一时期，哈尔滨旅游百度指数值自 2023 年 12 月 18 日的 764 迅速攀升至 2024 年 2 月 5 日的 14318，并于 2024 年 4 月 8 日再次降至 1286。

2023 年 12 月 18 日，第二十五届哈尔滨冰雪大世界正式开园，4 万名游客涌入景区。游客过量涌入导致排队时间过长，现场秩序混乱，部分游客心生不满要求退票，“退票风波”引发网络舆情。面对这一突发情况，哈尔滨市旅游部门连夜现场办公整改：退票、延时服务、真诚道歉并努力安抚游客情绪。迅速得力的应对措施消除了退票事件带来的负面影响，真挚的道歉态度和有力的整改措施让网友纷纷站出来为冰雪大世界“打 call”。冰雪大世界以及哈尔滨正面旅游形象在全网传播，吸引更多游客前往旅游。据统计，哈尔滨冰雪大世界运营的 61 天内，累计接待游客 271 万人次，哈尔滨冰雪旅游势头一时风光无两。

此后不久，哈尔滨市民对南方游客的爱称“南方小土豆”再一次引起了网友“关于这一昵称是地域歧视还是宠溺爱称”的激辩，网络舆论再次发酵。由于哈尔滨市民对游客的真诚和热情，这一爱称及其背后的积极情感最终被网民认可。“南方小土豆”登上微博热搜。此后，“南方小金豆”“小砂糖橘勇闯哈尔滨”等网络热梗不断涌现，在社交媒体上广泛传播，掀起了哈

① 深圳新闻网．真诚才是必杀技！哈尔滨爆火出圈不是偶然，官方坦言：已准备一年［N］．2024-1-3．https://www.sznews.com/news/content/2024-01/03/content_30682233.htm.

② 黑龙江东北网．梁惠玲：加快推动冰雪经济和旅游康养产业发展　切实把资源优势转化为发展新动能新优势［N］．2023-11-10．https://m.dbw.cn/heilongjiang/system/2023/11/10/059237852.shtml.

尔滨新一轮旅游热潮。2024 年元旦假期的短短几天内，哈尔滨市累计接待游客高达 304.79 万人次，旅游总收入突破了 59.14 亿元大关，游客接待量与旅游总收入双双创下历史新高①。哈尔滨成为中国 2024 年春节假期最热门的旅游目的地。

（3）第三阶段（2024 年 4 月 8 日至今）：平静发展期

随着冰雪旅游过季，哈尔滨旅游高潮渐退，开始进入新一轮的平稳发展期。这一时期，哈尔滨旅游百度指数一直在 1000 左右平稳摆动。哈尔滨旅游这一轮“火出圈”的顶流现象才算慢慢回归正常。

2. 旅游逆袭成功的原因

哈尔滨旅游逆袭走红网络的原因就在于它成功地实施了“感情真诚 + 技术赋能 + 项目创新 + 融合发展”的新模式，提升了游客在哈旅游体验。

（1）真情实意，游客至上

相较于各种营销手段和策略，真诚才是必杀技！哈尔滨旅游成功逆袭、火爆网络的根本原因就在于他们对游客真诚而热情，成功地变退票风波的网络舆情为营销良机，又通过宠客上天的操作增强了游客对哈尔滨的认同和情感黏力。哈尔滨“宠客上天”，私家车免费接送游客、开通特别通道、专为外地游客提供甜豆腐脑、温暖小屋、冻梨切片，人造月亮及鄂温克族驯鹿等，把东北人的热情展现得淋漓尽致，最终以真诚、幽默与热情赢得了游客的心。网络口碑的直线飙升让哈尔滨在寒冷的冬季火热出圈。

宠客上天、充分满足游客需求，是哈尔滨此轮旅游发展走红的重要原因。哈尔滨注重建立与游客的互动反馈机制。哈尔滨旅游部门通过社交媒体平台收集游客的意见和建议，及时调整旅游产品和服务策略，真正做到“游客要什么，我们就上什么”和“掏心掏肺掏家底，改进细节，提升服务”。网友在哈尔滨文旅抖音号留言“在索菲亚大教堂拍照时有月亮就好了”，第二天索菲亚教堂广场就升起了“人造月亮”。可见，“各文化和旅游部门、市场主体、涉旅相关部门，尤其是广大民众积极参与，全社会上下一心，合力共建主客共享旅游目的地”正是哈尔滨冰雪旅游出圈的一大主要原因②。

（2）技术赋能，社媒助力

数字与新媒体技术是哈尔滨旅游出圈的主因。冰雪大世界是哈尔滨年度冬季品牌景区，其主题和游乐设施常换常新，魅力不减。2024 年的哈尔滨第 25 届冰雪大世界采用先进的数字投影与互动捕捉技术、感应冰面技术、3D 复合冰技术、振动波传感器技术及光影技术，打造了“天空之舞”“龙腾之韵”“雪映流光”“浪漫涟漪”“雪城乐章”“炫彩 LOGO”和冰钢琴等经典冰雪项目，与腾讯、优酷等展开深度合作，将经典游戏、剧集、动画等 IP 场景和人物以雪雕的形式在园区呈现，提升了冰雪旅游魅力，成功将冰雪大世界打造成网红打卡地。

---

① 黑龙江省文化和旅游厅. 元旦假期，哈尔滨旅游达到“历史峰值”［N］. 2024-01-04. https://wlt.hlj.gov.cn/wlt/c114212/202401/c00_31699542.shtml.

② 崔玉范. 乘势而上打造冰雪经济高地［N］. 2024-01-07. http://epaper.hljnews.cn/hljrb/pc/con/202401/07/content_169784.html.

此外，哈尔滨非常重视利用抖音、小红书、微博等社交媒体平台推广哈尔滨及冰雪旅游，一些自媒体人及各地网红大咖也亲临哈尔滨进行吸粉传播，通过用户生成内容（UGC）和短视频分享吸引了大量游客。正是借助于网络传播的一个个有趣的梗，才使得哈尔滨走红网络，并持续保持网络流量。

（3）旅游创新，黏力大增

2023 年年底以来，哈尔滨各旅游景区、街区打造新业态、新场景以吸引游客。哈尔滨冰雪大世界充分利用数字技术及独具吸引力的地域文化以创新多元的新视角开发了系列性的冰雪景观，并举办了诸如冰雕比赛、冰雪汽车挑战赛、冰雪摩托车赛等新颖旅游项目和旅游节事活动，也推出了很多别致的文创产品，吸引了全国乃至全球游客。

此外，哈尔滨市太阳岛、极地公园、索菲亚教堂、兆麟公园、中央大街等景区、街区推出“淘学企鹅逛雪博”“印象索菲亚・冰版画新年”“冰灯艺术游园会”“点亮百年老街”创意灯饰节等诸多创意文旅活动以提高游客体验性。机场花式迎宾、人造月亮、热气球、交响乐团、温暖驿站、鄂温克族驯鹿表演、飞马踏冰等新项目更是让游客乐在其中，在哈尔滨玩出了新高度。

（4）融合发展，合作共赢

哈尔滨整合域内外资源，通过融合发展及跨界合作模式，积极为游客提供丰富的旅游产品、服务和旅游体验，这是哈尔滨旅游爆红发展的重要保障。例如，哈尔滨旅游业界与时尚业界合作，举办冰雪时装周，打造独特的视觉盛宴；与体育部门合作举办冰雪运动赛事，如国际滑雪比赛、冰上马拉松等，以吸引体育爱好者，提升哈尔滨作为冰雪运动目的地的知名度。为了让南方游客近距离亲近驯鹿而请出当地的少数民族鄂温克族；向辽宁借了两只“飞天凤凰”，还借了 1000 名搓澡大姨，生怕南方游客在洗浴中心排队太久。

总之，哈尔滨通过旅游创新、技术赋能、全民参与和融合发展，以真诚为底色，向赴哈游客提供了有温度、有品质、有诚意的旅游服务，并借助社交媒体，在网络平台上形成高曝光率和高美誉度，确保哈尔滨旅游转危为机，走红网络。未来，哈尔滨旅游行业应继续坚持创新旅游产品和服务模式，满足游客多元化的旅游需求，为游客带来更加美好的旅游体验。

（二）跨界大融合——贵州“村超”

“村超”是乡村足球超级联赛的简称，《报告》特指贵州省黔东南苗族侗族自治州榕江县乡村足球超级联赛。

榕江人对足球的热爱始于 20 世纪 40 年代。经过 80 余年的发展，榕江县村村都有足球队，村民数十年坚持举办乡村足球赛、周末足球赛等足球赛事。榕江县也因为足球文化氛围十分浓厚而入选首批全国县域足球典型县。2000 年，榕江县举办了第一届榕江县车江乡足球联赛，这是目前贵州“村超”的雏形。2023 年，联赛的官方名称为“榕江（三宝侗寨）和美乡村足球超级联赛”；人们现在口耳相传的“村超”也意指于此。

尽管榕江足球文化发育历史较长且十分成熟，但直到 2023 年，榕江“村超”才成为一种引人关注的社会现象。赛事期间，许多人不远万里前往榕江县观赛旅游，官方媒体甚至世界足球明星也不忘打 call 点赞。“村超”极大地推动了榕江县旅游业的发展。据《榕江县 2023 年国民经济和社会发展统计公报》数据，2023 年，全县共接待游客 760.85 万人次，同比增长 52.16%；实现旅游总收入 83.98 亿元，同比增长 73.94%。

1. 网红旅游发展历程

2023 年 5 月 13 日，榕江“村超”正式开幕，当地 20 支村级足球队参赛。6 月，“村超”的网络热度在社交媒体上攀升，榕江旅游业跃进式发展。据《贵州村超大数据》显示，2023 年 5~10 月，“村超”相关话题在抖音站内播放超 130 亿次，相关直播超 3 亿人次观看；抖音生活服务平台的订单同比增长超 3 倍，旅游订单同比增长 160 多倍，县城餐饮订单量同比增长 386%；“村超”带动当地文旅各项数据屡创新高[①]。

根据图 1–2 贵州“村超”百度搜索指数变化及相关新闻资讯，可以总结出贵州“村超”发展的四个阶段。

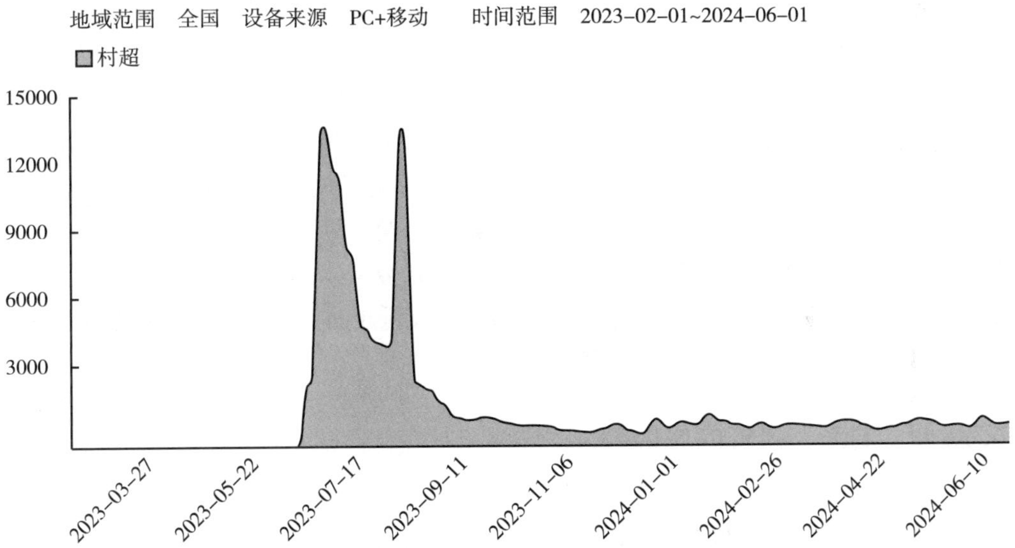

图 1–2　2023~2024 年“村超”百度指数搜索结果

（1）第一阶段（项目初创至 2023 年 5 月 29 日）：长期潜伏期

尽管足球已经成为榕江人生活的重要内容，但由于榕江知名度低，“村超”尚没有形成广泛的社会影响。在此阶段，其百度相关搜索指数基本为 0。

2023 年 5 月 13 日，“村超”开赛。5 月 23 日，村超比赛现场惊现“超级世界波”远距离任意球直接破门，这一镜头在网络上迅速走红，从此开启了贵州“村超”的网红发展及贵州“乡村体育”旅游创新发展之路。

① 陈江南．线上“种草”线下引流　短视频注入文旅新玩法［N］．贵州日报，2023-12-15（7）．http://szb.eyesnews.cn/pc/cont/202312/15/content_111880.html.

（2）第二阶段（2023 年 5 月 30 日 ~9 月 11 日）：网络爆红期

这一时期，“村超”的百度搜索指数迅速增长到 6 月 12 日高峰时期的 14077，7 月 17 日回落到 4414。由于 7 月 22 日和 23 日“村超”8 进 4 淘汰赛的刺激，百度搜索指数重新迅速上升到 7 月 24 日的 13984。7 月 30 日“村超”总决赛落幕之后，百度搜索指数快速跌落到 7 月 31 日的 2891。

这一时期，村超运动员在赛场上各种出彩的动作和榕江全民狂热、纯粹的足球氛围引起了广泛的社会关注。2023 年 6 月，外交部发言人华春莹在推特上盛赞“村超联赛”，英格兰球星欧文录制视频为贵州“村超”打 call，著名体育解说员韩乔生在现场为“村超”解说，原国家足球队队长范志毅和巴西球星卡卡打卡“村超”现场，这些都极大地提高了“村超”的社会关注度和知名度。6 月 10 日，央视新闻直播“村超”超级星期六现场盛况，全网在线观看人数超过 5000 万，许多球迷和游客纷纷前往榕江现场观赛旅游。7 月 29 日的总决赛及“村超”落幕烟花节万人演唱会共吸引 15 万球迷到场，场内 5 万，场外 10 万。2023 年，村超全网流量创纪录地突破 300 亿人次。

7 月 30 日“村超”落幕以后，“村超”的百度搜索指数快速下降到日均 1000 左右。在此背景下，“村超”组织方将原本的“村超”迅速转型为“美食足球友谊赛”①，吸引了柳州螺蛳粉队、淄博烧烤队、南昌拌粉队等 700 多支美食足球队报名参加。2023 年 8 月 13 日始，“贵州村超全国美食足球友谊赛”第一阶段比赛开赛，延续了村超的网络关注度和社会影响力。

（3）第三阶段（2023 年 9 月 12 日至今）：赛后平静期

随着村超 2023 赛季以及暑期的结束，村超的百度指数下降，在 1000 左右摆动，榕江村超及乡村体育旅游发展进入了赛后的平静期。但榕江县及村超的知名度已经借此得到显著提升，而这必然有助于今后榕江县旅游业的发展。

2. 贵州“村超”走红的原因

（1）“村”“超”组合，反差巨大

“村寨级比赛，专业性足球，世界级影响”。贵州村超吸引人的最主要原因就在于这个足球联赛村味十足但又专业性十足的巨大反差。

从村味来看，村超是当地村民全民参与的盛事。榕江村超从参赛队伍、队伍组织、赛程安排到节目表演、奖品奖励等环节均由村民主导，村味十足。2023 年，村超 20 支足球队均是以村为单位自发组建，参赛者和裁判员都以村民为主，每支队伍的比赛经费都来自全体村民的赞助，各村村民盛装出席，组成风格迥异又热情奔放的啦啦队，啦啦队加油用的是锅碗瓢盆和民族乐器，比赛奖品是本地小黄牛、猪蹄、鸡、鹅、鸭……超接地气，极具乡村气息，是名副其实的“村”超。正如榕江县足球协会副主席杨亚江所说，“每次比赛前，各村的‘寨老’、妇联主任都会敲锣打鼓动员群众，村民自发筹集资金为球队买水和食物……大家都会在比赛结束后迎接球员归来，聚餐庆祝”。

① 张琼文. 国务院参事汤敏解读“村超”：火下去，关键要创新［EB/OL］. 网易. 2024-04-01. https://m.163.com/dy/article/IUN4PPQ60514BL38.html.

与村超的乡土味形成鲜明对比的是各参赛球员精湛的球技和对足球的纯粹热爱，这种巨大反差深深感动和吸引了国人甚至外国人。正如2023年6月29日的新浪新闻报道“贵州村超火爆全网，超多精彩瞬间堪比世界杯？”中所说，“甭看球队的选手都是业余的，但他们的技术却是世界级的；一个又一个的精彩瞬间，让比赛的精彩程度完全不亚于世界杯比赛”！[①]网友古气灵也在网络留言说，“昨晚的决赛精彩！世界杯决赛也不过如此！开赛十几秒进球，2分钟扳平，40多分钟1∶2，下半场加时绝平，然后点球！”可以说，村味十足而又纯正炽热的足球赛事和精湛、专业的足球技术水平，才造就了村超的与众不同。

（2）自然优美，文化多姿

榕江县地处云贵高原，是湘黔桂三省（自治区）接合部中心地带，素有“黔省东南锁钥，苗疆第一要区”之称，其风情浓郁、无迹不古、山水独秀。榕江风景优美，林木葱郁，有“自然空调”“天然氧吧”之称，适合进行自然观光与森林康养旅游。榕江民族文化旅游资源丰富，有世界非物质文化遗产侗族大歌以及侗族琵琶歌等11项国家级非物质文化遗产、29个中国传统村落，每年有民族民间节日25个，被誉为“中国民间文化艺术之乡”“百节之乡”“文化千岛”，是全国首批文化产业赋能乡村振兴试点县和贵州省旅游优先发展区。绚烂多姿的旅游资源为榕江体育旅游的火热发展奠定了坚实的基础。

“民族风”是“村超”的一大亮点。主办“村超”的三宝侗寨是中国侗族地区最大、人口最多、侗族人口最密集、历史文化最悠久的侗寨村落群。在“村超”比赛的绿茵场上，村民自发组成民族歌舞表演队盛装入场；比赛中场休息时，村民啦啦队又轮番表演侗族琵琶歌、水族芦笙铜鼓舞、瑶族春杵舞、苗族芦笙舞等民族歌舞和特色器乐。2023年，历时78天的“村超”赛事，98场比赛带来了126场民族文化表演。“村超”中的民族文化表演以及民族服饰展示等所映射出的文化符号意义，超越了一般足球赛事的表象意义，是正式体育比赛中永远看不到的景象。村超作为中国乡村“现象级”赛事，被央视新闻评为“是中国式现代化实践的生动诠释、是人类文明新形态”。正如游客在网络上留言说，“其实我并不懂球，是被这热烈的氛围所吸引从而融入进来的，比赛非常精彩，还有现场的各种民族歌舞秀、盛装秀和暖场活动都让人移不开眼”。

（3）社媒赋能，融媒合作

媒体在传播体育赛事、激发观众的消费欲望和提升观众体验方面至关重要。新媒体技术的应用是贵州“村超”火爆出圈的重要原因。2023年5~10月，“村超”相关话题在抖音站内播放超130亿次，榕江县抖音打卡量同比增长388倍[②]；这些都极大地推动了榕江“超”经济的发展及旅游发展。

2023年，榕江县实施“三新农”新媒体助力乡村振兴工作实施方案，构建了县乡村三级新媒体服务组织体系，加大了主播能力提升培训，精心培养了许多优质主播（团队），深度开

---

① 新浪网．贵州村超火爆全网，超多精彩瞬间堪比世界杯？［N］．2023-06-29．https://k.sina.com.cn/article_3668989607_dab056a701901elkj.html.

② 陈江南．线上“种草”线下引流　短视频注入文旅新玩法［N］．贵州日报，2023-12-15（7）．http://szb.eyesnews.cn/pc/cont/202312/15/content_111880.html.

展了垂直账号、大咖级账号培育。对本地“非遗”传承人、村组干部、返乡青年、留守妇女、搬迁群众等进行免费的短视频直播培训，也对全县各级干部、党员进行新媒体技能培训，开展万人计划、村寨代言人、致富带头人免费培训活动，动员全县拍摄活动短视频并通过抖音、快手、视频号等新媒体平台大力推广“村超”。对新媒体技术的重视及庞大的新媒体人才大军、上千条视频，成就了网络社交平台上的“村超”现象。

与此同时，央视新闻、《人民日报》、新华社、人民网、《光明日报》、中国新闻网等官方媒体以及个人网红、足球明星参与村超话题，成功地提升了村超的热度。在官媒以及社交媒体的助力下，“村超”的收视率和网络热度一度超过“中超”。可以说，“村超”汇聚了传统媒体和新媒体资源，激发了人们内心对体育的热爱和对民族文化的认同，吸引了全国球迷和游客前往榕江观赛旅游。赛前赛后，场上场外，每个人都是传播者和传播平台，他们利用新媒体技术，向公众分享着他们眼中的“村超”和榕江。正是因为新媒体技术的赋能，“村超”才能弯道超车、持续出圈。

（4）体育主题，融合发展

当前，“主题型”旅游盛行。以体育为主题进行旅游业融合发展，是 2022 年以来贵州台盘村“村 BA”及榕江县“村超”等乡村体育旅游火爆发展的重要原因。“村超”赛事创造性地将现代流行体育运动与地方“非遗”文化巧妙结合，形成体育符号与文化符号双向激励的互动关系。

榕江县利用赛事形成的人气，立足当地特色资源，成功打造出“体育赛事 + 乡村旅游 + 民族文化 + 全民健身”的品牌体育赛事多元化融合发展模式，以推动体育与旅游、农业、商业、文化等产业深度融合，赋能县域经济。

由于“民族文化 + 休闲体育、世界性 + 民族性”的属性，贵州“村 BA”和“村超”赛事氛围特别好，让观众在观看专业性十足的体育比赛的同时感受当地民族文化，令人耳目一新，体验感十足。村超是对历史民俗与现代世界体育的高度融合，不同于以往任何民俗表演或足球比赛，犹如一场“现代体育与民族文化嘉年华”，展现了新时代“体育与旅游”融合发展的巨大潜力与价值。

除了村超联赛，榕江县以“足球 +”为理念，在联赛期间组织策划了一系列“村晚”活动，丰富了游客的夜间休闲生活，带火了本地美食经济和土特产销售，也提振了本地夜间旅游和农业产业的发展。借助村超的热度，2023 年 8~10 月，榕江县发起组织了有 276 支队伍参赛的“村超”全国美食足球友谊赛；9 月，榕江县村超管理中心与英超代表签署战略合作协议，拟在足球文化交流、宣传推广、人才培养、产业发展等方面进行合作。11 月，榕江和贵州加速“融湾入海”计划，希望通过文体旅搭台唱经济戏，促进与粤港澳大湾区的发展合作。12 月，中央广播电视总台央视频与榕江县“村超”举行战略合作伙伴关系签约仪式[①]。可以说，榕江县已经走出了一条“体育为主题的融合发展”道路。

过去的一年，榕江县通过“村超”和新媒体应用，成功地将足球这一全球性的语言转化为乡村旅游的强大动力，“村超”成为全国性的热点现象，“超”经济推动了榕江县的经济社会发

① 宿党辉.“村超”“村 BA”迎新年！中央广播电视总台央视频与贵州榕江县、台江县携手合作［EB/OL］. 央视网，2023-12-30. https://www.cctv.com/2023/12/30/ARTIYvURNGLsSGQfLVMxq5WR231230.shtml.

展。据统计，自“村超”举办以来，榕江县新增就业岗位 3000 余个，帮助 10200 余人实现就近就业增收①。可以说，通过现代体育与民族文化的融合创新，发展独具村味和民族特色的乡村体育旅游，是中国类似民族地区旅游发展的流量密码。因此，避免商业化“污染”，保持“村超”的纯粹及原汁原味的“土味”“村味”，对促进“村超”模式的长期发展十分重要。贵州“村超”要永葆初心、不失纯粹，要在乡村体育旅游的形式和内容上不断创新，加强旅游基础和配套设施建设，充分利用现代媒体技术，整合地方资源，满足主客双方需求，探索乡村体育旅游创新发展和可持续发展之路。

（三）生活旅游化——“胖东来”

“胖东来”的全称为“胖东来商贸集团有限公司”，是河南省一家连锁零售企业，在域内及业内拥有良好的知名度和美誉度。自 2023 年年初开始，“胖东来”很快变成一个购物休闲旅游的网红打卡点，走出了一条商超旅游化发展的创新路径，带动了企业所在地的许昌、新乡的旅游业发展，引起了社会及学界的广泛关注。

1. “胖东来”商超旅游化发展历程

在百度指数官网上搜索“胖东来”，可以获得其 2011 年至今的百度指数分布（图 1-3）。可以总结出胖东来商超旅游化发展过程的三个阶段。

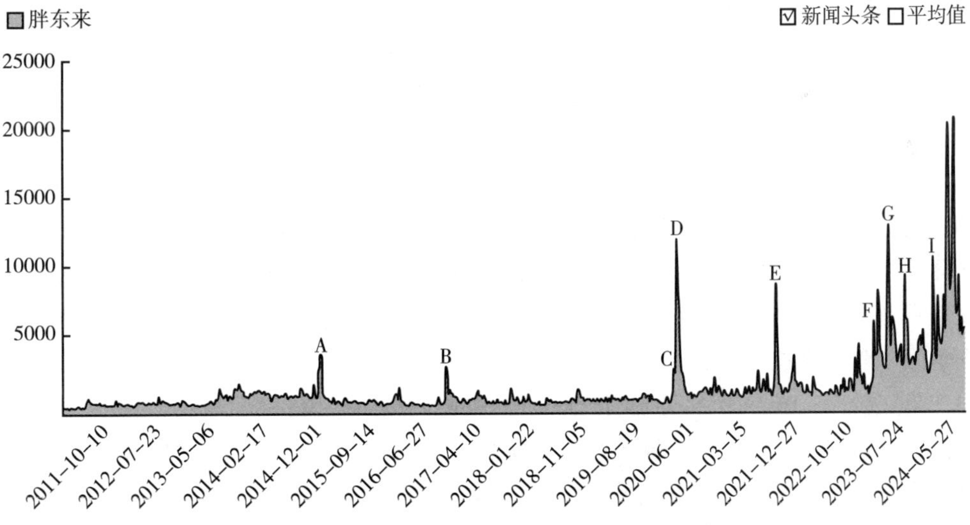

图 1-3　2011~2024 年“胖东来”百度指数搜索结果

（1）第一阶段（2023 年 1 月 2 日之前）：传统商超发展期

2023 年 1 月 2 日前，胖东来只是一个传统的以经营销售商品为主要业务的商业企业，企业以“为顾客提供性价比高的真货与贴心服务”为宗旨，其业态由原来的生活商店逐步扩展到

① 张琼文. 国务院参事汤敏解读“村超”：火下去，关键要创新［EB/OL］. 网易. 2024-04-01. https://m.163.com/dy/article/IUN4PPQ60514BL38.html.

普通生活超市、专业商店（如药店）、百货商场与大型商贸综合体。胖东来专注于百货销售和商超发展，其售卖产品的品质、价格和人性化、精细化销售服务一直受到顾客好评，但其百度指数均未超过 5000。

（2）第二阶段（2023 年 1 月 3 日到 2024 年 5 月 13 日）：旅游化发展期

这一时期，胖东来“2.5kg 沙土牌话梅味西瓜子”单品召回事件（2023 年 2 月 5 日）、胖东来给员工发放“委屈奖”事件（2023 年 3 月 26 日）、胖东来薪资待遇好引发广泛社会关注事件（2023 年 3 月 27 日）、胖东来店员与顾客争吵事件（2023 年 7 月 1 日）、胖东来美食城员工试吃事件（2024 年 2 月 15 日）、胖东来增加十天不开心假事件（2024 年 3 月）等一系列引发广泛社会热议的热点事件和话题反映出胖东来认真严控产品和服务质量、切实维护和尊重顾客及员工权益的企业文化。胖东来成为许多本地及周边居民在许昌购物休闲的必选打卡地，许多外地人甚至专门去胖东来参加 100% 纯购物休闲旅游。胖东来因此被网友戏称为“不挂牌的 5A 级旅游景区”“6A”级旅游景区。胖东来旅游化发展之路渐渐成型。

2023 年 5 月 3 日，河南省权威媒体《大河报》以“打卡老家河南丨五一假期最后一天下雨，浇不灭游客打卡许昌胖东来的热情”为题首次报道了胖东来购物旅游发展状况。2024 年 1 月 3 日，《大河报》再次以“‘胖东来游’带火全城，许昌元旦假期旅游收入同比增长 13 倍”为题报道了胖东来旅游的火热情况——“不挂牌的 5A 级旅游景区”胖东来，成为许昌吸引外地游客的强力磁铁；2024 年元旦假期 3 天，胖东来 7 家店接待游客近 100 万人次，许昌全市共接待游客 196 万人次，全市旅游收入同比增长近 13 倍[①]。

2024 年 1 月 24 日，“胖东来”入围 2023 年河南文旅十大热词，胖东来天使城店入围河南人气打卡地[②]。随着胖东来旅游热的兴起，其百度搜索指数动荡攀高，在最高峰的5月1日，胖东来的百度搜索指数达到 66706 次。5 月 1 日之后，胖东来旅游搜索指数动荡下滑，直至剧降到 2024 年 5 月 13 日的 9410。

2024 年春节期间，许昌胖东来天使城、时代广场、生活广场 3 家店人气异常高，其日均客流量分别在 17 万人次、11.5 万人次及 8.5 万人次以上，仅 3 天时间就接待游客 116.33 万人次，被网友戏称为没有淡季的“6A 级旅游景区”，以至于《大河报》再次发文探讨“游客量超河南最火景区　胖东来挂牌 4A 景区可能性多大”[③]。

（3）第三阶段（2024 年 5 月 13 日至今）：平稳调整期

“五一”假期后，胖东来逐渐进入平稳调整期，其日均百度搜索指数在 10000 左右。每天依然会有许多人专门前往许昌和新乡进行旅游购物和休闲生活体验。

目前，在携程旅行网上仍然可以查询到数十条旅游线路产品，特别是私家团线路、目的地自由行线路产品中包括胖东来购物点，这些线路产品从一日游、2 日 1 晚游至 8 日 7 晚游不等。

① 李思远．“胖东来游”带火全城，许昌元旦假期旅游收入同比增长 13 倍［N］．大河报网，2024-01-03．https://www.dahebao.cn/detail.html?newsid=1984482.

② 李思远，宋佳佳．“胖东来”入围 2023 河南文旅十大热词［N］．大河报网，2024-01-26．https://www.dahebao.cn/detail.html?newsid=1995272.

③ 陈茁，李伟山．游客量超河南最火景区　胖东来挂牌 4A 景区可能性多大［N］．大河报网，2024-02-19．https://www.dahebao.cn/detail.html?newsid=2002530.

如河南郑州 + 许昌 2 日 1 晚私家团旅游线路产品就包含胖东来天使城购物体验项目，而“洛阳 + 龙门石窟 + 白马寺 + 隋唐洛阳城国家遗址公园天堂明堂景区 + 老君山景区 5 日 4 晚私家团”旅游产品包含许昌胖东来一日游选项等。河南省许昌市和新乡市也纷纷开辟了自火车站、汽车站的胖东来公交专线，方便接送外来游客便捷到达胖东来各门店，如许昌胖东来天使城店、胖东来时代广场店、胖东来生活广场店，以及新乡胖东来·大胖店、胖东来生活广场店。

2.“胖东来”旅游化爆火发展的原因

胖东来旅游化爆火的原因主要有以下三点：

（1）生活化强，需求强劲

购物是人们最为日常的生活需求，也是旅游者主要的旅游活动要素、旅游者的主要旅游动机。从电影院到书店，从珠宝、医药、手机家电到蔬菜生鲜、服饰鞋帽、生活日用，“胖东来”的商品一应俱全，能满足顾客日常生活购物所需，也能为游客提供吃、喝、玩、乐、购一条龙服务，能同时满足高、中、低不同层次消费市场的生活需求和娱乐需要，这是胖东来购物旅游走红网络的基础逻辑。

当前，人们的购物需求及休闲娱乐需求强劲。胖东来最大的卖点就是能为顾客或游客提供生活所需、质量过硬、性价比高的物质和精神生活产品和服务，给消费者提供价值感、体验感、沉浸感俱佳的休闲体验。因此，许多外地人为了获得高质量的购物旅游体验而来到胖东来进行纯粹的购物旅游与生活休闲。

（2）产品至真，服务至诚

真诚是人与人之间最美丽的语言、最真实的力量。胖东来长期坚守诚信经营的原则，坚信真诚和善良，坚守品质和安全，成功地在消费者心中构建了坚实的信任关系和良好的品牌形象。不销售假货、给顾客营造一个快乐购物的家园，提供至真至诚的服务是胖东来的一贯做法。正如网友“人在旅途”网上留言所说，“许昌胖东来生活广场超级棒，每一个到许昌的人都要去感受一下一个生活广场把一切服务和商品做到极致的好，服务至上、一切为人民的服务”。

真品是胖东来吸引购物者及游客的主要诱因。胖东来在产品设计、生产、销售等各个环节均实施了严格的质量控制措施，确保了产品的高品质。胖东来自始至终坚守货真价实底线和“不满意就退货”的承诺，即使产品已经被使用过，也可以不满意就退货，并且超市全额退款，正如网友“熊猫 x”视频所说：“听说榴梿可以一直开到你满意的那个为止”。网友“凯西”也在网上留言说，“许昌本地人，胖东来从小逛到大。其实想补充一点就是，胖东来的售后也是真的做到了极致。记得小时候我妈就经常拿衣服到胖东来售后去修补裁边什么的，有的甚至不是在胖东来买的，都是免费的；买回去的水果有坏的，服务员会打车送一箱新的到家里。”

胖东来秉持“顾客至上”的服务理念，为顾客提供至真至诚的服务，无论是在商品推荐、购物咨询还是售后服务的任意一个环节，顾客均能在胖东来感受到尊重与关爱，从而获得顾客的真心赞赏。网友“四君子 6688”在携程旅行网上留言说，“胖东来的优质服务以及物品的高质量，让你只要体验过一次，就再也不会选择其他店铺了”。

（3）企业文化，阳光温暖

胖东来注重社会责任和企业文化建设。胖东来以“培养健全的人格，成就阳光个性的生命”作为企业愿景，倡导“健康、安全、幸福”的员工生活。胖东来不仅为顾客提供有温度的购物体验，也为员工打造了有温度的企业文化，胖东来在经营过程中努力平衡顾客和员工权益，让购物者和服务人员找到共情共鸣点。

胖东来以顾客为中心开展对客服务。胖东来超市门口设有方便顾客的停车场、休息区、饮水区、雨衣提供区；楼层电梯出入口有专职服务人员站立搀扶老人与孩子；销售的产品不仅摆放整齐，也为顾客提供了详细的商品信息、使用指导建议。胖东来不仅为顾客提供有 18 项免费的售后其他服务（如免费存车、免费打气、免费给手机充电、免费送货、免费维修、免费干洗熨烫、免费锁边、免费修鞋等），为老年顾客设置了带有休息凳的老年购物车，还设置有凉棚、饮水机和宠物临时存放处，甚至还为路过的环卫工人设置了爱心驿站，可以 24 小时提供开水和温开水。胖东来以也因此被称为“商超服务界的海底捞”。

胖东来在企业经营与管理过程中同样关爱员工。胖东来通过“委屈奖”、调整上班时间、不开心不上班等项目照顾员工身体及精神健康。正如网友“飘在天空的心”所说，“胖东来的收银员好像是全国所有超市唯一可以坐着收银的”。胖东来通过科学设计员工激励机制、重视员工个人成长、关注员工情感需求等多方面的努力，吸引了更多的优秀人才加入企业，也赢得了消费者的信任和认可。

（4）善用媒体，管理创新

胖东来在网络上走红特别是旅游化发展离不开胖东来的顾客及网红在社交媒体平台上的疯狂种草所引发的流量飙升，也离不开胖东来对几次突发网络舆情的恰当处理及其所反映出的难能可贵的企业文化和社会责任。这些都吸引着外地人也想来胖东来一睹为快，虽然这些人并不是必须到胖东来购物。

管理创新是胖东来与众不同、吸引大众的重要原因。胖东来一直强调“超出束缚与习惯”。创业之初，面对假货、次货、过期商品充斥市场的大环境，胖东来一反常态地提出“用真品，换真心”，赢得了消费者的认可。在胖东来成功发展成为域内业内行业领军者时，胖东来一反“商场打折促销”的做法，倡导顾客理性消费；当各地商超想尽办法节本增效时，胖东来却不遗余力，为顾客做到了“除了不给你付钱买东西，胖东来好像什么都为你做了”（一位胖东来老顾客的话）①。胖东来不仅不反感顾客投诉，还设立 500 元顾客投诉奖鼓励顾客进行投诉。更离谱的是，胖东来会公示其所有商品的进价和毛利润，让顾客明白消费。

在企业管理上，与当前一些企业“996、007”的加班文化不同，胖东来不仅不鼓励员工加班，还强制员工休假，如果员工在没有要求的情况下私自加班，会被处以 5000 元的罚款；胖东来会将每年利润的大部分拿出来分给员工或回馈社会。正是这些与众不同的经营管理措施使得胖东来闻名遐迩，吸引全国各地的人们来切身感受这独特的企业文化、价值理念和购物体验。

真品真心、满足需求、宠溺顾客、创新不止，这些都是胖东来经营成功并被称为“中国不

① 徐顺达．被雷军点赞的“胖东来”，凭什么被称为零售业之神？［N］．2021-05-06．新浪网．http://k.sina.com.cn/article_3022732373_b42b3c55027013va6.html.

挂牌的 5A 级旅游景区”的原因。

（四）旅游生活化——“王婆说媒”

“王婆说媒”本是河南开封万岁山·大宋武侠城景区内的一个反映宋代民俗的互动相亲旅游活动节目。万岁山·大宋武侠城景区是一座以武侠文化、宋朝文化为主题的 4A 级沉浸式主题景区，每天有 70 余场武侠实景演出及其他反映宋朝民风民俗的特色演出活动。王婆本是《水浒传》中的人物，“王婆说媒”节目将传统婚恋习俗与现代社交娱乐完美融合，让游客在体验武侠江湖的同时，也有机会邂逅属于自己的缘分。自 2024 年 3 月以来，王婆扮演者赵梅凭一己之力将一个普通的旅游节目乃至旅游景区打造成一个大型相亲现场，成为传统旅游景区因特色旅游项目爆红的典型代表。

1. 网红旅游发展历程

作为一个只有十多分钟的小型互动旅游节目，“王婆说媒”在景区已经存在六七年，反响一直不大。2024 年 3 月，借助社交媒体的渲染作用，栏目很快“爆火”，成为备受关注的现象级事件。“王婆说媒”走红很快带火了万岁山景区及开封旅游。根据美团数据，截至 3 月 26 日，开封景区门票周订单量环比增长超 3 倍，万岁山武侠城位列开封“必玩人气榜”第一名；同程旅行数据显示，“王婆”所在的万岁山武侠城景区近一周旅游搜索热度环比上涨超过 7 倍，开封旅游搜索热度近一周环比上涨 94%，酒店预订量较去年同期增长 44%，前往开封的火车票预订量也出现明显提升；除河南本省游客外，山东、江苏、安徽、河北、上海的用户最关注万岁山武侠城的景区门票和旅游相关信息[①]。

根据“王婆说媒”百度指数搜索结果（图 1–4）将其发展过程划分为以下三个阶段。

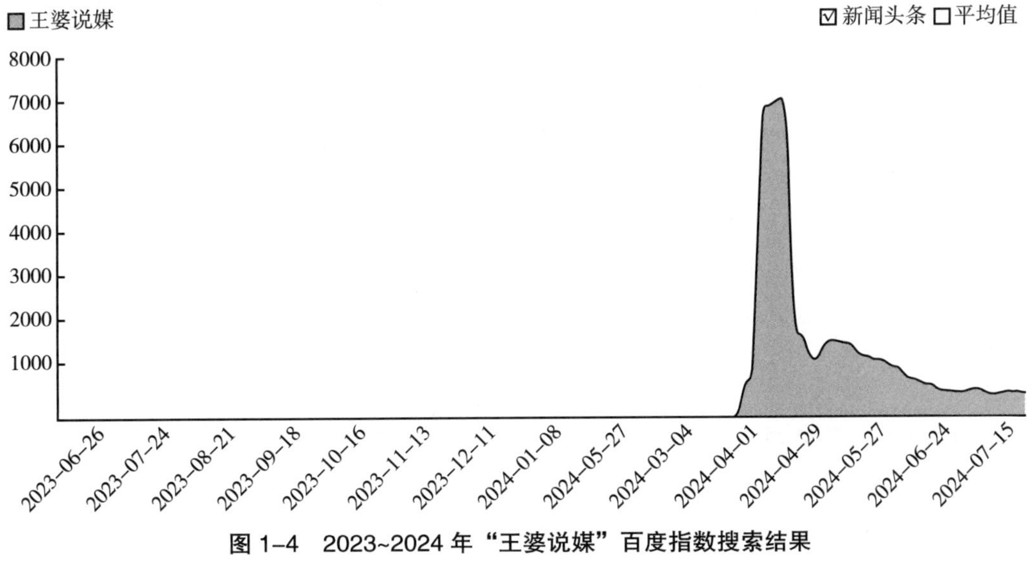

图 1–4　2023~2024 年“王婆说媒”百度指数搜索结果

① 杭州网．“王婆说媒”火了，开封呢？[N]. 2024-03-28. https://news.hangzhou.com.cn/shxw/content/2024-03/28/content_8707917_0.htm.

（1）第一期（项目初创至2024年3月11日）：长期潜伏期

在此阶段，“王婆说媒”旅游节目在万岁山景区的存在感极低，缺少社会关注，其百度搜索指数长期为0。2024年1月，节目主持人赵梅开通抖音号“开封王婆——赵梅”，并于1月16日发布了她的第一条短视频。2月23日，她发布了与千万粉丝博主“周大爷不服老！”在景区“王婆说媒”节目活动地的互动视频，获得超过190万点赞量。3月，“王婆”扮演者赵梅经常跟千万粉丝博主互动，提高了“王婆说媒”节目的社会识别度与关注度，该旅游项目逐渐进入公众视野。

（2）第二期（2024年3月11日~4月1日）：快速走红期

3月11日，“王婆说媒”节目的百度搜索指数实现了0的突破，指数迅速增长至4月1日的峰值——13936。这一期间，全国各地的单身男女涌入景区参加相亲活动，推动了景区及开封旅游的发展，引起了新一轮社交媒体传播热潮。3月29日，开封市文旅工作专题会议肯定“王婆说媒”出彩出圈。3月30日，中央电视台对“王婆说媒”在帮助年轻人解决婚恋问题方面的作用和价值给予了积极的评价。3月30日，“已婚男找王婆说媒”“相亲节目存在剧本”等话题进一步提升栏目的热度。4月1日，《人民日报》发表评论文章《满足年轻人刚需的“王婆说媒”不应被干扰》，对节目进行了高度评价。“王婆说媒”节目及主持人赵梅的关注度不断提升，她的抖音粉丝数从3月15日的23万大涨到4月2日的650多万，9月初则稳定在731.9万。“王婆说媒”栏目及赵梅本人也频频成为流量话题。

（3）第三期（2024年4月1日~4月15日）：快速衰退期

随着节目爆红，一些主播为蹭流量，假意上台参加相亲活动但线下拒绝牵手相亲对象，再加上其他负面消息的影响，节目的声誉受到冲击。4月3日，赵梅宣布“病休”一个月，栏目由其他人来主持，活动热度下滑。同时，景区为提升活动真实性、消除“假相亲、蹭流量”现象，修改登台规定，启动预约模式。“王婆说媒”的百度指数从高峰期的13936降到了4月15日的1312。

（4）第四期（2024年4月16日至今）：持续温和期

4月17日，“开封王婆”赵梅在江西葛仙村“干娘茶馆”直播说媒，开封“王婆说媒”旅游热度逐渐消退，“王婆”赵梅开始在全国各城市各景区巡回说媒，“王婆说媒”项目的旅游引流效应分散到全国，进入持续温和期。

“王婆说媒”所表现出的惊人的吸客能力为传统景区的创新发展提供了思路。弄清楚“王婆说媒”爆红及迅速衰退的原因，对于传统景区的经营管理及游客需求、旅游市场研究至关重要。

2. 网络走红的原因

根据既有的新闻资讯及网络游记评论，归纳总结“王婆说谋”旅游节目迅速爆火的原因，可以得到以下几点结论。

（1）需求广阔，项目创新

当前，人们的工作压力大、生活节奏快、社会流动性大，限制了现代人社会交往的物理空间和时间机会，年轻人在工作之余常常“累觉不爱”。网络空间婚恋信息不对称，商业化婚恋服务平台公信力不足，增加了单身群体搜寻合意伴侣的难度，导致了部分青年被迫选择单身。因此，为年轻人提供以婚恋为目的的社交机会有着强大的市场需求。“王婆说媒”很好地迎合了年轻人的婚恋交友需求，使单身群体能够凭感觉以一种更轻松的心境去追寻缘分，符合当代年轻人的行为模式。正如网友“蓝蓝蓝蓝蓝蓝波”在开封王婆——赵梅的视频下留言所说，“现在适婚人群都是割裂的，在不同环境下成长的差异人群，又被网络焦虑分流站队。此时急需要干娘。无论是认识、交往、变成爱情都是需要激情，感谢干娘，给每一位踏出第一步的勇气”。网名为 Eternity-i 的广东网友直接给王婆赵梅留言说，“您啥时候来广州？我想相个好的”。

“王婆说媒”相亲活动创新性地打破了传统意义上的相亲活动和景区相亲情景剧表演的界线，比节目表演多了一份真实与希望，比现实相亲少了一些斤斤计较，比网络平台相亲又多了几分可信度，将旅游休闲、娱乐与社交婚恋活动相结合，走出了一条旅游生活化的新道路，并取得了成功。

对传统文化的活化利用是“王婆说媒”旅游节目能够走红的重要原因。“王婆”本来是《水浒传》中的一个以说媒牵线、撮合整事谋生的反面人物，善于察言观色。结合中国传统的说媒文化，节目组将原来巧言令色、贪婪奸诈、整事惹事的“王婆”创新性地打造成一个“真诚真心、多才多艺、幽默诙谐、三观正直”的媒婆和红娘形象。“王婆”在节目中古装打扮、真诚诙谐、充满热情，通过幽默诙谐的方式为人“拉红线”。“王婆说媒”将传统的说媒文化、文学人物与旅游、古老文化和现代生活、景区资源和游客参与结合在一起，用创新镜头讲起景区的文化特色并满足游客交友婚恋的情感需求。

尽管国内已经有许多婚恋平台，但以旅游节目的方式促进交友婚恋，这在国内亦属首创，且优点多多。正如人民网于 4 月 1 日发表的《满足年轻人刚需的“王婆说媒”不应被打扰》中提到，“王婆说媒”节目门槛低、选择多、效率高、氛围好，没有中间商赚差价，一张门票直通大型相亲现场。可以说，“王婆说媒”火得水到渠成，爆得顺理成章。

（2）三观正面，交流真诚

始终倡导正确、正面的爱情观、婚恋观、生活观是“王婆说媒”节目的鲜明特点。这对于突破当前物质化、商业化婚恋市场乱象，让爱情和婚姻回归情感本原十分必要，也尤为稀缺。赵梅在主持过程中始终倡导正向的恋爱观，表现出满满的正能量。赵梅在节目舞台上宣称，“爱情不必被预设太多前提，只要迈开腿走上台去就好了；每一个人都有爱与不爱的权利”。许多网友及节目参加者也因为这个相亲节目正确的三观而信任王婆，并信任这个相亲活动。有网友在赵梅的视频下留言说，“只求王婆能把正确的三观带给更多的人（网友卜庆多）”“看得出干娘是个开朗三观正的善王婆（网友五角场捡垃圾）”。

真诚是人类普遍追求的优良道德品格，也是当今社会的一种稀缺的资源，在现代婚恋交友商业平台上尤其如此。真诚是“王婆说媒”节目一路走红的流量秘籍。首先，赵梅利用其丰富的阅历匹配合适嘉宾，强调真诚真心，用心撮合、花式控场，主持过程中她反复强调节目参加者“非诚勿扰”，拒绝或驱逐蹭流量者，也敢于笑怼动机不纯的上台相亲者。其次，“王婆说媒”节目过程真实透明，没有表演、没有剧本，通过现场上台、自主参与、用心匹配的游戏机制，帮助年轻人在轻松愉快的氛围中相互认识、交流。最后，自从 2024 年 3 月 30 日出现“已婚男登台王婆说媒相亲成功”的热点事件后，景区管理者及节目组就开始采取线下提前预约制；节目现场划分为单身男嘉宾区、单身女嘉宾区、游客观看区，游客需实名登记后前往各自的区域；确保上台相亲者为单身状态。

当前，人们对旅游要求越来越高，旅游不仅是缓解压力、求知求新的休闲游憩活动，更是促进人与人交流和实现自我的活动。虽然信息技术的发展使人们可以不受地理空间的限制进行互动交流，但也使人们的“不真实”感日益强烈。“王婆说媒”这类文旅产品虽然在互联网上容易迅速积攒“流量”，但只有真诚、真心、真实，才能把“流量”变成“留量”，并保持其热度。

（3）场景逼真，体验丰富

现代人尤其是年轻人，其消费行为具有随心而行、追求个性体验、注重情感共鸣的特征。为游客提供沉浸式旅游体验是当前旅游景区特别是文化类景区必须重视的问题。想让游客沉浸入景区的文化空间，需要设计沉浸式的建筑空间和场景化 NPC（Non-Player Character，非玩家角色），并与游客积极开展互动，让游客能够有效感知景区的文化底蕴，获得沉浸式旅游体验。

“王婆说媒”的传统场地位于大宋武侠城景区内的水浒街，整个景区就是一个以武侠文化、宋文化为特色的沉浸式主题景区，再加上节目场地的传统建筑空间、大红喜庆的帷幔装饰，凸显了其传统说媒文化空间；而赵梅的古装造型及伶牙俐齿、插科打诨、拉线撮合的主持风格，有效烘托了其说媒的文化场景氛围。

相亲活动过程中主持人跟台上男女嘉宾、台下游客的交流互动，既能让游客获得上台相亲的社交体验，有效地提升其相亲活动效率，也能让游客拥有台下吃瓜、观看实景相亲节目的娱乐体验。“王婆说媒”节目的场景化互动方式对青年单身群体有着较大的吸引力，吸引全国各地单身群体去景区实地参加相亲活动。

（4）社媒驱动，网舆催化

众多旅游景区和项目的走红无不是社交媒体传播扩散的结果。“王婆说媒”栏目及万岁山·大宋武侠城景区虽然已经经营多年，但其知名度和美誉度一直不高。2024 年，节目开始借力抖音等社交媒体进行网络传播，这才获得巨大流量和关注，旅游人数短时间内迅速增加。节目也通过抖音、B 站和其他新媒体平台而不断在网上传播。节目中的一些话题不断登上热搜，引起了更多的社会关注。“王婆说媒迎来高颜值小伙”等话题一再引起网络舆情，增加了节目的热度。

在当前注意力经济时代，网络舆情可以对景区及旅游项目起着复杂的催化剂作用。一方面，网络舆情可以使舆论中的相关者和景区迅速走红，成为网红，从而快速引流，刺激景区爆发式发展。另一方面，负面的网络舆情也可以使相关者和景区迅速黑化，从而对网红景区及人物产生毁灭性的打击和冲击。开封“王婆说媒”节目虽然数次遭遇负面网络舆情，但景区坦诚面对网友质疑、恰当处理负面网络舆情，项目才能在脱离景区文化背景的情况下继续走红。

（五）文创新业态——北京故宫

北京故宫博物院（以下简称故宫）是中国最大的古代文化艺术博物馆、世界文化遗产，也是中国首批5A级旅游景区。自2008年起，故宫开始开发文创产品，文创新业态出现。故宫文创不仅增强了故宫旅游综合效益，有利于文化遗产的保护保存，也扭转了故宫在国人心中“高冷沉重”的固有形象，拉近了故宫与民众之间的距离，常常引来网友感慨：“没想到你是这样的故宫！”

1. 故宫文创发展历程

故宫是中国首批全国重点文物保护单位。长期以来，经费不足限制了故宫对文物、古建的修缮、保护与研究，再加上传统单一的收藏展示功能越来越不能满足民众与日俱增的文化需求，也与博物馆征集、保存、研究、传播并展示人类及人类环境见证物的管理目标不匹配，故宫必须寻求能实现文物保护、展示与文化传播管理目标的有效途径。如何筹措更多保护资金，有效推动博物馆文物保护保存与优秀传统文化教育传播也是中国各类博物馆当时面临的共同问题。研发有故宫元素的文创产品、促进文创产业发展和博物馆转型发展就成为故宫给出的最佳答案。2008年，故宫成立了“故宫文化创意中心”，开启了中国博物馆文创产业开发的新纪元，成为中国博物馆文创产业发展的标杆。

纵观北京故宫博物院文创发展历程，可以将其分为以下三个阶段。

（1）第一阶段（2008~2012年）：摸索初创期

2008年8月，故宫成立了“故宫文化创意中心”；12月，故宫淘宝上线，成为国内第一家开淘宝店的博物馆。故宫最早推出的文创产品主要是故宫书画、瓷器的简单复制品；此后，出现了一系列“故宫”“紫禁城”商标的故宫玉器、木器、青铜器及瓷器文创产品。由于产品价格高、质量一般，再加上缺乏实用性和趣味性，故宫文创一直不温不火。2012年，故宫文创收入为1.5亿元左右[①]，故宫文创产业初露身手、小有成就，但文创产品的文化韵味和时尚设计仍有不足。

（2）第二阶段（2013~2017年）：故宫IP文创快速发展期

2012年，故宫博物院新一任院长单霁翔为筹措资金修缮陈旧不堪的故宫，决定对故宫进行商业化开发。2013年，受到台北故宫博物院的“朕知道了”系列创意纸胶带网络爆红的启发，2013年3月，故宫首次向全国公众征集含“故宫”元素的产品创意，故宫自己也加大了对文创产品的研发设计。到2017年，故宫文创产品的种类就已达到近万种。2014年8月，故宫淘宝微信公众号发布了《雍正：感觉自己萌萌哒》一文，该文一周内阅读量超过80万，萌萌的雍正成为当时的热门网红。受此启发，2015年8月，故宫萌系文创产品上市，一上市就成了爆款。同年9月，故宫文创体验馆开放。2016年1月，故宫再次凭借一个H5页面《穿越故宫来看你》成功刷爆朋友圈，明成祖朱棣戴着墨镜说Rap自拍加自嗨，后宫妃嫔用VR眼镜

---

① 新浪财经．年收入超15亿，故宫是如何靠文创赚钱的？[N]．2020-01-16．http://finance.sina.com.cn/wm/2020-01-16/doc-iihnzahk4395893.shtml.

玩游戏边玩边分享，在网络空间得到新生代青年群体的关注和热捧。同期，中央电视台《我在故宫修文物》纪录片播出，播出即大热。这一系列热点事件提升了故宫文创产品的研发速度及知名度，各类爆款故宫文创产品受到市场的追捧。

经过五年的努力，到了 2017 年年底，故宫文创产品种类超过一万种，朝珠耳机、“奉旨旅行”行李牌、“朕就是这样的汉子”系列折扇等爆款文创商品都深受市场喜欢。家居日用、文化娱乐产品（文具、礼品、钥匙扣、口红、书签、笔记本、设计灯、包袋、杯子等）成为故宫博物院自营文创用品的核心行业。2017 年，故宫文创产品收入总额达到 15 亿元，5 年内实现 10 倍增长①。故宫已经成为传统文化创新的新标杆，也是最有价值的商业 IP 之一②。

（3）第三阶段（2017 年至今）：故宫文创跨界发展期

这一时期，中国的文创市场日渐成熟，品牌商家日益认识到博物馆 IP 的商业价值，跨界联名进行文创发展成为潮流。在此背景下，故宫管理方加强了故宫 IP 跨界商业合作，各种 IP 合作层出不穷。2017 年 10 月，百雀羚携手故宫文化珠宝设计师钟华跨界合作开发了“喜上眉梢”东方发簪；故宫随后也与珠宝、电子阅读器、美食糕点等领域展开跨界。

2018 年 11 月，故宫博物院与北京卫视推出的国产原创文化综艺《上新了！故宫》以揭秘故宫隐藏文化为主线，由明星及嘉宾跟随故宫专家进宫探索寻宝，了解故宫珍宝及其历史文化，由嘉宾作为文创新品开发员将故宫稀有元素作为创意点来开发故宫文创衍生品。《上新了！故宫》节目跨界文创、众筹和综艺，再次将故宫文创推上热搜。2018 年至今，故宫持续推出“上新了”系列文创产品。

到了 2019 年，故宫文创产品整体销售规模较 2017 年增长 3 倍。美妆个护、文化娱乐和 3C 数码成故宫跨界亮点行业，特别经典的跨界文创产品有故宫口红，以及比较知名的联名款文创产品，如奥利奥同朕的心意联名款的巧克力礼盒、飞利浦故宫系列剃须刀、御泥坊和故宫联名款的护肤小金瓶系列等。这种故宫 IP 联名跨界商业模式不仅有效提升了联名产品及品牌的溢价，也通过故宫 IP 赋予这些联名产品文化调性，传播了以故宫元素为特征的中国历史文化，不仅让一些尘封故宫的文物重见天日，民众有机会“零距离”接触和欣赏国家传统文物艺术品，也增加了故宫的收入来源，为故宫及故宫文物的保护研究提供了资金。

总之，从单一的文物复制品到各类文化创意产品，故宫文创产品现在已经涉及日用品、装饰品、教育用品、科技产品、家具用品、娱乐用品等生活中的方方面面。因为故宫文创独特的文化内涵，再加上它可观的综合效益及市场影响力，故宫文创一直是中国博物馆文创行业的标杆和成功的典范。

2. 故宫文创成功的原因

故宫文创产业的成功离不开鼓励和扶持文创产业发展的国家政策，也离不开国人对优秀传

① B站．数据新闻——故宫的文创发展之路［N］．2021-11-09．https://www.bilibili.com/video/BV1h34y1Z7Xu/?vd_source=713ce96120be38e2029414eb9a79a88e.

② 资料来源：新浪财经．年收入超 15 亿，故宫是如何靠文创赚钱的？［N］．2020-01-16．http://finance.sina.com.cn/wm/2020-01-16/doc-iihnzahk4395893.shtml.

统文化及美好精神生活的强烈需求。根据既有的新闻资讯及网络游记评论，归纳总结“故宫文创”成功的原因如下。

（1）文化高贵，资源丰富

文化是文创产品不可或缺的核心要素，它赋予了文创产品独特的灵魂。故宫是明清两朝皇宫，其核心内涵是“皇家文化”，故宫文物代表着中国历史上最高技艺水平、最高文化价值的传统文化，具有“品质高贵”的特点。故宫承载着近600年的文化积淀，是中国悠久传统文化的重要象征，它以其特有的方式与现代人建立了深厚的情感纽带。传统文化不仅是值得传承和弘扬的经典，更是设计领域永远的根和养分。故宫文创团队基于皇家文化内涵，以此为蓝本创作的故宫文创，自然具有极高的文化内涵和艺术价值。

故宫品类丰富的旧藏文物是故宫文创产品开发的文化资源，为故宫文创的发展奠定了坚实的基础。据故宫博物院官网数据，故宫共有文物藏品186.34万件套，93%以上为珍贵文物。故宫文物藏品涉及类目繁多，包括绘画、雕塑雕刻、织绣、铭刻、碑帖、古籍文献、文具、生活用具、帝后玺册、珍宝、陶瓷、武备仪仗、钟表仪器、铜器、金银器、漆器、玉石器等。每一件珍贵的文物都是一个充满故事的IP，它们被赋予了新的生命和情感，不再是尘封于库房的藏品或静止的展品，而是成为与现代人互动的文化符号。故宫文创正是以其丰富、深厚的历史文化底蕴吸引着众多消费者。这也是故宫文创产业能快速成功发展并成为行业标杆的重要原因。正如游客张女士所说：“故宫的文化底蕴深厚，这些文创产品创意十足，既具有实用性，又富有文化内涵。我挑选了几样，准备作为纪念品送给朋友。”

（2）集思广益，推陈出新

故宫文创发展之初，因为文创产品品类单一，实用性不足且价格较高，市场反应平淡。为了扭转局面，2013年3月，故宫向全国公众征集含“故宫”元素的产品创意，借助社会力量进行文化产品的创意设计。2018年起，故宫又与北京电视台、华传文化合作推出了《上新了！故宫》大型季播文创综艺节目，通过故宫专家与顶尖跨界设计师联手高校设计专业的学生，集思广益研发故宫元素的文创产品，给故宫文创发展注入了创意动力和市场影响力，为故宫文创提供了源源不断的创意设计，使得故宫文创产业持续发展。

“博物馆最不缺的就是文物”，但要使这些静谧的文物焕发生机，讲述好它们背后的故事，就需要精心的策划和创意。创意是文物变身文创产品的桥梁。文创产业发展之初，故宫的文创往往风格平淡、内容严谨、缺乏独特的人设定位，这种表达方式导致了“难以理解”“缺乏吸引力”和“难以记忆”的普遍反馈，这是博物馆文创和“非遗”项目所面临的共同挑战。故宫文创成功的一大秘诀就在于其“创意娱乐化”的创新策略。故宫以皇帝作为皇家文化的象征，创造性地通过反差性的形象设计，将传统皇家的尊贵威严与现代社会的审美与价值观相融合，打造了萌萌的雍正及乾隆皇帝造型的文创产品，让严肃厚重的故宫文物以萌萌哒的形象出现，打破刻板印象，拉近了文物与受众之间的心理距离。故宫后续的微信推文采取了独特且富有幽默感的“严肃搞笑”风格，这种风格体现在其推出的各种萌态可掬的皇帝、皇后、格格、阿哥的人偶摆件、书签、钥匙链等文创产品上，改变了故宫以往高冷、神秘、威严的公众形象，赢得了市场的热烈欢迎。“可爱的历史，多情的帝王”和“开放的话语，多频的互动”成为故宫文创的鲜明特色。

（3）兼顾实用，跨界融合

故宫文创发展之初，因为文创产品实用性不足且性价比不高，市场反应平淡。2012 年以后，故宫文创团队着意研发兼具文化底蕴及实用价值的文创产品，后期采取与其他品牌进行联合品牌策略，极大地提高了故宫文创产品的综合价值和品牌合作双方的溢价能力。

2018 年，故宫推出首款彩妆“故宫口红”，迅速引发了市场的热烈反响。随后，故宫推出的文创产品品类累计超过一万种。一款款实用性强、包装精致、文化底蕴深厚的文创产品（如创意文具、创意家居、创意出版等）成为爆款。故宫文创产品很好地将传统文化元素与现代生活元素相结合，兼顾文创产品的文化价值与实用价值，这才使得故宫文创产业收入水平在短短几年间成倍增长。

故宫通过与 kindle、农夫山泉、小米、百雀羚等品牌进行跨界合作，拓宽了故宫 IP 的传播范围，同时也进一步提升了其跨媒体传播的影响力。这些联名合作活动通过微信、微博、短视频、影视媒体（综艺节目、纪录片、电影等）以及游戏等多种平台，对故宫文化进行了全方位、多渠道的传播，让这一“老字号”在新的时代背景下焕发出新的活力，从而崛起为超级 IP。

这种融合不仅注重传统文化与现代科技的结合，还涵盖了多个学科，是互联网、博物馆与社会、文化与商业等多个领域的交融。通过这种方式，中国传统文化得以更好地融入人们的日常生活，从而得到更好的传承发展。故宫文创产品的设计应该遵循实用性、创新性、特色性原则，把握优秀传统文化，打造自身特色和品牌，走独特的商业化道路。

（4）技术赋能，媒体助力

在信息化时代，分享与连接成为最显著的特点，跨媒体传播已然成为 IP 发展的必由之路。故宫管理层深刻理解媒体融合的价值，充分使用多种媒体，整合多种资源，以实现对故宫的有效管理及故宫文创产品的有效营销。

故宫文创的成功得益于其对新媒体平台的充分利用。一方面，故宫在自己的官网上专门开辟文创专题，通过故宫出版、文创产品、故宫壁纸、故宫游戏、故宫 App 等栏目，宣传故宫文化遗产资源以及营销故宫文创产品。同时，故宫还推出了虚拟现实体验、数字化微信平台以及多款 App，如“故宫展览”“胤禛美人图”“每日故宫 App”，以及互动叙述手游“绘真·妙笔千山”等，这些举措有效地拉近了与公众的距离，使得故宫找到了传统文化与现代社会“有效对话”的新途径。这些 App 之间相互支持、互为补充，通过流量互换实现了共赢。另一方面，故宫也通过微博、微信、B 站、京东、淘宝、抖音等客户端加强与受众的沟通，通过话题营销，不断拉近与市场的距离。此外，故宫通过纪录片、综艺节目、影视剧、短视频等多种传播渠道，进一步扩大了其影响力。从纪录片《我在故宫修文物》到综艺节目《上新了！故宫》，再到备受瞩目的《国家宝藏》等一系列文化节目，让公众更好地了解和欣赏故宫文物，拓展了故宫文创的潜在市场，并借文创产品载体将故宫文物所蕴藏的优秀传统文化进行广泛的传播。这些视频媒体资源为观众揭示了故宫深藏的历史故事，每一部作品都在豆瓣上获得了 8 分以上的高评价。以《末代皇帝》等为代表的电影和清代宫廷剧，以及抖音等平台上涌现的故宫短视频，都吸引了众多普通民众关注到故宫，关注到故宫文创，为故宫 IP 的跨媒体传播做出了重要贡献。网友 mustard 留言道："我就是通过看我爱豆的综艺《上新了！故宫》知道了那么多精美的故宫文创品，从此爱上了买冰箱贴。"

总之，故宫文创的迅猛崛起，无疑是对新媒体跨界传播策略的精准把握和成功应用的结果。故宫文创从设计、研发到销售等各个环节都充分触"网"，紧贴市场，快速地与市场进行互动反馈。这一文创品牌始于网络，最终也通过媒体与网络的力量发展成为中国文创领域的翘楚。随着新媒体技术的不断涌现，故宫 IP 在与媒体的融合发展中贴近消费者市场进行产品创意与市场营销，不断取得新的成功。

当前，人类逐渐迈入数字社会，数字技术从各个方面深刻地影响着人们的消费习惯和旅游行为，也让人与人之间的真诚和信任显得尤为可贵，这些都对当前中国旅游业的创新发展产生了巨大的影响。综合以上各例，可以看出，无论是一个城市抑或一个乡村，甚至只是一个景区旅游项目或文创产品，甚至完全非旅游的实体和业态，只要能够满足游客现实的及情感上的需求，只要敢于进行创新实践，善用新科学技术，敢走新发展路径，巧用新发展模式，高质量高效率进行各生产要素的组合，融旅游于生活，待游客以真诚，融合发展，共建共享；那么，在当今这个信息爆炸的数字社会，这些目的地或旅游项目都有可能在一夜之间成为游客的心头好而享受到泼天的流量和富贵。

在新媒体时代，流量与热度是时代赋予旅游业超常规创新发展的良好机遇，它可以让原来寂寂无闻的旅游目的地和旅游景区、旅游产品和旅游项目等迅速走红网络，成为顶流。但如果不能保持初心，不能真正契合游客内心的情感需求，不能持续发力用心经营，网红旅游地或旅游项目也可能会很快由盛转衰、昙花一现。文化旅游发展的关键还是要"练好内功"，做好网络营销，才能让"流量"变为"留量"，将"网红"变为"长红"，实现文旅融合与地方发展的双向赋能。

第二章　新技术、新模式：乡村数智文旅创新发展探索

乡村旅游需要借力数字技术以实现高质量发展。华中师范大学数智文旅创新创业团队融汇理论与实践，创新性地推出了数智文旅游戏化设计技术模式，为以浙江省宁波市Q村为代表的乡村旅游发展插上了腾飞的翅膀。

一、乡村数智文旅发展背景分析

（一）国家政策支持

近年来，国家围绕乡村旅游可持续发展、旅游科技创新、文旅融合、数字文化产业高质量发展、数字乡村等相继出台了系列支持政策（表2-1）。数字文旅作为新兴的产业形态，正逐渐成为乡村振兴的重要引擎。

表2-1　近五年关于支持乡村旅游发展的政策列表

政策文件	部分政策内容
2020年，农业农村部《全国乡村产业发展规划（2020~2025年）》	乡村休闲旅游业是农业功能拓展、乡村价值发掘、业态类型创新的新产业，横跨一、二、三产业、兼容生产生活生态、融通工农城乡，发展前景广阔
2021年，国务院《“十四五”旅游业发展规划》	强化自主创新，集合优势资源，结合疫情防控工作需要，加快推进以数字化、网络化、智能化为特征的智慧旅游，深化“互联网＋旅游”，扩大新技术场景应用
2021年，中共中央、国务院《关于全面推进乡村振兴加快农业农村现代化的意见》	开发休闲农业和乡村旅游精品线路，完善配套设施
2022年，中共中央、国务院《做好2022年全面推进乡村振兴重点工作的意见》	鼓励各地拓展农业多种功能、挖掘乡村多元价值，重点发展农产品加工、乡村休闲旅游、农村电商等产业
2022年，国务院《“十四五”推进农业农村现代化规划的通知》	以农业农村资源为依托，以农民为主体，培育乡村休闲旅游业，形成特色鲜明、类型丰富、协同发展的乡村产业体系
2023年中共中央、国务院《关于做好2023年全面推进乡村振兴重点工作的意见》	培育乡村新产业新业态。实施乡村休闲旅游精品工程，深入实施“数商兴农”和“互联网+”农产品出村进城工程

续表

政策文件	部分政策内容
2023 年，国务院《关于释放旅游消费潜力推动旅游业高质量发展的若干措施》	开展文化产业赋能乡村振兴试点，推动提升乡村旅游运营水平。建设一批富有地域文化特色的乡村旅游重点村镇
2023 年，文化和旅游部《关于推动在线旅游市场高质量发展的意见》	推动在线旅游经营者深度应用 5G、人工智能、大数据、云计算、区块链等新技术，以科技引领行业创新发展
中央网络信息化办公室、农业农村部等《2023 年数字乡村发展工作要点》	创新发展乡村数字文化，包括营造乡村网络文化繁荣发展环境、推动乡村文化文物资源数字化
2024 年，中共中央、国务院《关于学习运用"千村示范、万村整治"工程经验有力有效推进乡村全面振兴的意见》	实施乡村文旅深度融合工程，推进乡村旅游集聚区（村）建设，培育生态旅游、森林康养、休闲露营等新业态，推进乡村民宿规范发展、提升品质
2024 年，文化和旅游部、中央网络信息化办公室、国家发展和改革委员会、工业和信息化部、国家数据局《智慧旅游创新发展行动计划》	加快构建新发展格局，发展新质生产力，促进数字经济与旅游业深度融合，坚持深化改革、创新驱动，坚持市场主导、政府引导，坚持需求牵引、强化赋能，坚持因地制宜、注重实效，推动智慧旅游创新发展

2021 年，习近平总书记在广西视察时特别强调了科技兴农的重要性，指出要立足特色资源，因地制宜发展乡村旅游等新产业新业态，融合农旅商，推动乡村产业发展壮大[①]。2023 年，习近平总书记在视察四川省绵阳市北川羌族自治县石椅村时再次强调，新时代的乡村振兴工作应着重发展特色农产品和乡村旅游。同年，农业农村部发布《中国数字乡村发展报告》，提出要用现代信息技术推动农村经济提质增效，激发乡村旅游、休闲农业、民宿经济等乡村新业态发展。2024 年 5 月 17 日，习近平总书记对全国旅游工作作出重要指示：要完整准确全面贯彻新发展理念，坚持守正创新、提质增效、融合发展……着力完善现代旅游业体系，让旅游业更好服务美好生活、促进经济发展、构筑精神家园、展示中国形象、增进文明互鉴。各地区各部门要切实狠抓落实，推动旅游业高质量发展行稳致远。

习近平总书记的重要讲话和对旅游业发展的新要求为数智文旅项目立足新发展阶段、贯彻新发展理念、更好地服务乡村提供了重要科学指引。数智文旅在乡村将大有作为，它不仅是新时代乡村旅游的重要方向，也将是推动乡村产业融合发展、提升乡村治理水平、促进农民增收致富的重要途径。

（二）旅游需求巨大

中国旅游需求市场巨大。1999~2019 年，中国国内旅游人数年均增长 11.20%；2019 年，中国国内旅游人数达到 60.06 亿人次，居民年均出游 4.4 次；国内旅游收入达到 5.7 万亿元，旅游业对国民经济的综合贡献为 10.94 万亿元，综合贡献率为 11.05%；旅游直接就业人数为 2825 万人，间接就业人数为 5162 万人，总体就业人数占全国就业总人口的 10.58%[②]。

① 朱东，周仕兴，甘海燕，等．一个走宽乡村振兴路的样板［N］．光明日报，2022-01-14（005）．DOI:10.28273/n.cnki.ngmrb.2022.000246.

② 中国旅游研究院（文化和旅游部数据中心）．2019 年旅游市场基本情况［R］．2020-03-10．https://www.mct.gov.cn/whzx/whyw/202003/t20200310_851786.htm.

中国国内旅游市场韧性强。在新冠疫情影响下，国内旅游市场经历三年低谷时期，2023年后迅速回弹，表现出强大的旅游韧性，自助游、免接触、“旅游+”和大数据为中国旅游业提质增效做出了巨大贡献。如图 2-1 所示，2023 年，国内出游人数 48.91 亿人次，同比增长 93.3%。国内游客出游总花费 4.91 万亿元，同比增长 140.3%①。旅游比较接近疫情前期水平，2024 年 8 天春节假期，全国国内旅游者 4.74 亿人次，同比增长 34.3%，国内旅游总花费 6326.87亿元，同比增长47.3%②。可见，中国旅游需求市场韧性十足，已经从疫情中强势恢复。

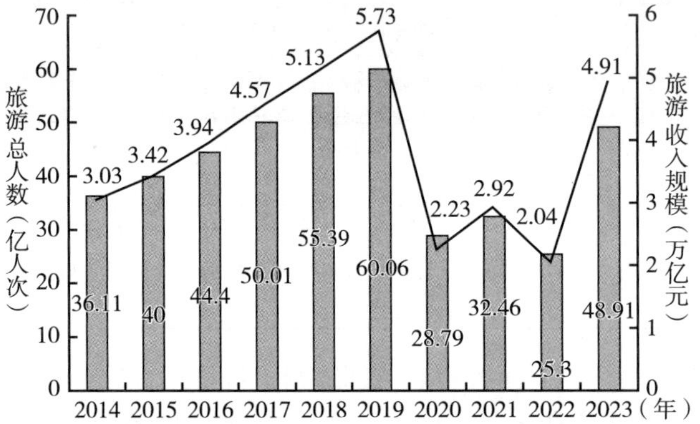

图 2-1　2014~2023 年中国旅游业市场发展状况

（数据来源：2014~2023 年国民经济和社会发展统计公报，国家统计局）

中国已经进入信息社会，智慧化发展已经成为疫后文旅经济高质量发展的重要途径。在人民群众对美好生活与旅游休闲的需求日益增长的基本态势下，中国国内旅游市场展现出了巨大的商业潜力与发展空间，包括乡村旅游市场在内的国内旅游市场表现出了强劲活力。这一趋势不仅推动了乡村地区交通、住宿、餐饮等旅游配套产业的蓬勃发展，还催生了旅游景点开发与多元化、数字化、智能化服务打造的需求。乡村数智化旅游发展已经成为时代发展的必然趋势和乡村旅游市场竞争中取胜的法宝。

（三）乡村振兴需要

实施乡村振兴战略，产业兴旺是重点、生态宜居是关键、乡风文明是保障、治理有效是基础、生活富裕是根本。乡村振兴包括乡村产业振兴、人才振兴、文化振兴、生态振兴和组织振兴五个方面，其中产业振兴排在首位。乡村旅游是实施乡村振兴战略的重要力量，中国目前已有 6 万个行政村已经开展了乡村旅游经营活动，数量也还在持续增加，据测算，2021 年，中国乡村旅游监测点平均接待游客 8.21 万人次，村均旅游收入超过 3500 万元，促进了当地消费增长③。

---

① 中华人民共和国文化和旅游部．2023年国内旅游数据情况［R］．2024-02-09．https://zwgk.mct.gov.cn/zfxxgkml/tjxx/202402/t20240208_951300.html.

② 新华社．图表：4.74 亿人次！2024 年春节旅游创新高［N］．2024-02-18．https://www.gov.cn/zhengce/jiedu/tujie/202402/content_6931757.htm.

③ 新华网．激发农村消费更大活力［N］．2023-08-04．http://www.news.cn/2023-08/04/c_1129785558.htm.

尽管中国乡村旅游发展方兴未艾，但目前乡村旅游产品普遍存在获客难、体验差、效应弱等问题，严重制约了乡村旅游的发展和乡村振兴中旅游业的强大引擎作用的发挥。因此，亟须通过数智技术改造升级乡村旅游产品，提高乡村旅游全程个性化服务和游客体验，提升乡村旅游竞争力，助力乡村振兴。

二、乡村数智文旅产品设计框架

基于对旅游专业理论与旅游业产业实践的深度了解和领悟，华中师范大学数智文旅创新创业团队综合运用云计算、物联网、互联网、人工智能与移动通信等数智技术，设计研发了基于乡村资源活态化、旅游体验沉浸化、游客身份虚拟化的农文旅商深度融合的乡村数智文旅产品以有效整合乡村资源、增强游客乡村旅游体验、提升乡村旅游发展效益。

（一）乡村数智文旅游戏化设计的创新思路

1. 相关理论借鉴

（1）旅游体验理论

旅游体验是一个多维度、多层次的概念，它涉及了游客在旅游过程中的认知、情感、行为和社会交往等方面的感受与评价[①]。旅游体验是旅游者借助感觉器官与思维活动将体验过程与景观环境相结合的一种身心体会[②]。自20世纪90年代具身认知理论应用于旅游体验后，以身体角度切入旅游体验的研究越来越丰富，旅游体验过程中旅游者的身体作用受到更多的关注[③]。旅游者通过具体身体的参与，与旅游情境深度融合，来寻求个体的完善与成长[④]。

通过对旅游体验理论相关研究的梳理，项目团队认为，在游戏的产品设计中，应强调身体的作用以及身体和情感的交互过程，以期达到游客自我实现的目的。

（2）游戏化理论

学者提出了不同的游戏化理论观点。德国哲学家弗里德里希·席勒（Johann Christoph Friedrich von Schiller）将游戏与审美自由之间的关系进行比较，提出了艺术起源于游戏的观点。他认为游戏是过剩精力的释放和消耗，而这种过剩精力来源于对个体生理和心理的需求。游戏冲动的对象用一个普遍的概念来说明，可以叫作活的艺术形象，这个概念指现象的一切审

---

① Kim J H, Ritchie J R B. Cross-cultural validation of a memorable tourism experience scale（MTES）[J]. Journal of Travel Research，2014，53（3）：323-335.

② 贾慧敏，张运来．虚拟旅游产品体验中游客幸福感的生成机制研究——基于具身体验视角 [J]．旅游科学，2022，36（3）：17-35.

③ 宋振春，王颖，葛新雨，等．身体痛苦如何成为情感享受——身心交互视角下的旅游体验研究 [J]．旅游学刊．2020，35（10）：109-121．DOI:10.19765/j.cnki.1002-5006.2020.00.009.

④ 谢彦君．旅游体验研究——一种现象学的视角 [M]．天津：南开大学出版社，2005：16-188.（Xie Yanjun.Study on Tourist Experience: A Perspective from Phenomenology [M]．Tianjin: Nankai University Press，2005：16-188.）

美性质，是最广义的美[①]。Schell 提出了游戏机制、故事设定、实现技术和美学表现四个游戏化基本元素，认为游戏化相关要素验证游客的实际感受更能说明问题[②]。基于以上理论，项目团队认为，游戏化数字文旅构建要素主要应包括场景要素、游戏机制、技术介入和故事情节，具体设计内容如表 2-2 所示。

表 2-2　游戏化数智文旅构建要素

设计要素	设计内容	备注
场景要素	建筑要素，游戏情景设计，背景音效设计，主题艺术风格定位与设计	江丙瑞、陈信康、Schell、Salen
游戏机制	趣味规则设计与玩法机制、和其他游客的互动、和景观的互动	江丙瑞、陈信康、Schell、Salen
技术介入	软硬件交互，音视听数字内容呈现，触控交互操作，数据和算法的使用，互联网和物联网的应用	Blooloop、Schell、肖良生
故事情节	文化融合感知，游戏化情节氛围，舒适的沉浸式体验	Schell、王蕾

（3）场景理论

“场景”一词最初来源自影视剧，有两种解释。其一，指在特定时空中发生的行为；其二，意为空间中全部元素关系所构成的画面[③]。场景理论是在后工业时代诞生的，起源于城市研究和社会学领域，关注城市或社区中的文化元素如何吸引人群，如何影响人们的生活方式以及与城市发展的相互作用。也就是说场景不仅是特定文化形态的展现，也是这些文化形态在具备丰富公共文化资源的特定地域中的生动实践[④]。场景理论强调文化在塑造人和地之间体验关系中的核心作用[⑤]；为乡村数智文旅项目设计提供了框架，这个框架不仅关注乡村的文化基础，还关注游客的游玩体验和与当地居民的互动，以及这些体验和互动如何去成就该乡村的独特性和吸引力。

以文化研究为代表的场景理论，被视为“前场景”研究时期。Clark 基于“娱乐城市”与“消费城市”的理论提出了“场景理论”。Clark 指出，场景理论是用生活娱乐设施作为载体，以消费为基础，把空间视为汇集所有消费符号的文化价值混合体。随着场景理论的发展，“社会场景”扩展到其他文化或生活场景中，包括酒吧、美术馆、广场、社区、音乐馆等[⑥]。场景理论不断发展，继承了城市社会学、人类生态学的研究路径，标志着场景研究“后场景”时代的到来。可见，场景研究在理论和应用层面持续扩展，从最初的影视、音乐领域拓展到文化领域进而延伸到城市社会学领域[⑦]。

---

① ［德］席勒．美育书简［M］．徐恒醇，译．中国文联出版公司，1984：86.

② Jesse Schell. Understanding entertainment: story and gameplay are one［J］. Computers in Entertainment，2005，3（1）：6.

③ 陈威泽．基于场景理论的大运河诗路文化数字文创产品体验设计研究［D］．浙江工商大学，2022.

④ Florida R. Cities and the creative class［J］．City & community，2003，2（1）：3-19.

⑤ 任悦．场景理论视阈下博物馆对城市文化形象的建构研究［D］．浙江传媒学院，2024．DOI:10.27852/d.cnki.gzjcm.2024.000115.

⑥ 温雯，戴俊骋．场景理论的范式转型及其中国实践［J］．山东大学学报（哲学社会科学版），2021（1）：44-53.

⑦ Simpson D，Kelly T M. The New Chicago School of Urbanism and the New Daley Machine［J］．Urban affairs review（Thousand Oaks，Calif.），2008，44（2）：218-238.

因此，乡村数智文旅项目在场景理论的基础上，聚焦于乡村文化，以文塑旅，以旅彰文，在项目设计过程中始终坚持以乡村文化为主旨。项目从游戏化场景出发，结合乡村旅游景区的景观空间，立足于场景理论的客观结构，将项目的场景要素分为建筑要素、游戏情景设计、背景音效设计、主题艺术风格定位与设计四项，在设计具体项目时，从以上四个角度出发进行设计及落地。

2. 乡村旅游景区游戏化智慧设计与改造构想

在旅游业中应用游戏化设计的思维已逐渐被业内学者接受和认同，相关研究不断增加。旅游和游戏都是发生在非日常生活中的事物，从体验理论和虚拟现实理论角度来看，它们具有三个共同点：心理感受水平相同、愉悦体验本质相似、社会意义同等①。陈岗采用了 Huizinga 的游戏理论，在 Cohen 提出的与旅游活动相关的精神“中心”理论的基础上提出，在旅游活动中，游戏能构成另一个精神“中心”②，为游戏类旅游景区的设计和开发提供了新的理论支撑。游戏化对旅游业的益处主要有几个方面，分别是增强旅游者的体验、参与度，提高游客忠诚度，增加娱乐性，提高品牌知名度、加强员工管理③。提高游客与旅游地居民的体验，可以通过游戏化介入旅游体验来实现④。所以，在旅游中，游戏化具有双核价值：一种是借助游戏化活动让旅游者娱乐放松；另一种是通过游戏化的方式营造特殊情境。旅游景点运用游戏化思路进行设计和开发，能够让旅游者在游览全程中感受到更强烈的参与感、愉悦感和沉浸感，从而提高旅游者的旅游体验和满意度⑤。

乡村旅游地一般都具有独特的文化和旅游资源，可以通过游戏化数智设计和改造来提升旅游者旅游体验感知，提升旅游吸引力以及乡村旅游景区的带动效应。根据前述确定的游戏化数智文旅构建要素（表 2-2）以及对游戏化理论的研究，本研究团队最终确定乡村旅游景区游戏化智慧设计的内容（表 2-3）。

表 2-3　游戏化智慧设计与改造内容

设计要素	主要内容
场景要素	建筑、游戏情景设计、背景音效设计、主题艺术风格定位与设计
游戏机制	趣味规则设计和玩法机制、和其他游客互动、和景观互动
技术介入	软硬件交互、音视听数字内容呈现、触控交互操作、数据和算法的使用、互联网和物联网的应用
故事情节	文化融合感、游戏化情节氛围营造、舒适的沉浸式体验

① 梁留科，余汝艺，李华辰．网络游戏与旅游互动的初步研究［J］．旅游学刊，2007（7）：58-63.

② 陈岗．游戏：旅游活动中的另一个精神“中心”——基于赫伊津哈游戏理论的探讨［J］．旅游学刊，2012，27（3）：99-106.

③ Xu Feifei，Buhalis Dimitrios，Weber Jessika. Serious games and the gamification of tourism［J］. Tourism Management，2017，60：244-256.

④ 张朵朵，罗鹏日．面向文化可持续的游戏化旅游体验设计研究［J］．包装工程，2020，41（14）：36-42.

⑤ 孙小龙，林璧属，郜捷．旅游体验质量评价述评：研究进展、要素解读与展望［J］．人文地理，2018，33（1）：143-151.

（二）乡村数智文旅游戏化设计的产品构建

基于前述理论思考与构建，项目团队提出可以通过硬件部署、软件设计以及平台搭建为不同乡村旅游地量身定制符合其自身资源条件的游戏化数智文旅解决方案，并创新设计了“智拍秀”（体感物联硬件）、“导玩秀”（数字交互软件）和“社区秀”（增值服务平台）三大核心技术模块，为乡村旅游景区提供游戏化智慧改造升级全套解决方案，以实现项目盈利、乡村赋能、游客获益。

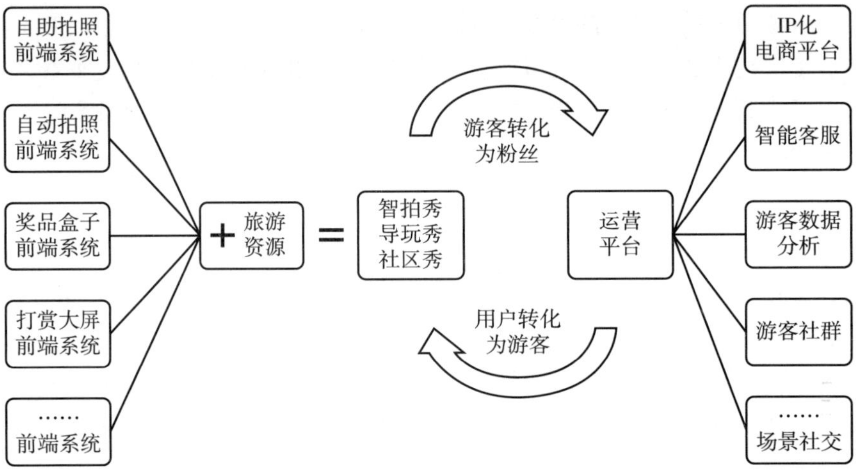

图 2-2　乡村游戏化数智文旅产品自动生长和吸粉的平台架构

1. 智拍秀：提供智能体验，活化乡村旅游资源

“智拍秀”是一款智慧终端设备，其布点在项目实施的乡村旅游实景地内，为游客提供虚拟和现实相结合的智慧化旅游体验。经过不断升级改造，“智拍秀”目前已经迭代升级了三款产品（图 2-3）。

总之，乡村旅游地可结合乡村不同的自然和文化景观为游客提供多场景智能体验，例如：运动场景（滑索、漂流、滑雪、过山车等）、道具场景（各类服装秀）、特殊场景（悬崖、古迹等）、综合场景（乡村最佳摄影点）、体验场景（乡村农事体验、主题故事场景）等。

“智拍秀”主要帮助乡村旅游地发展粉丝、提供在线服务、整合商业资源、构建重复消费的最小游戏单元，它在为游客提供体验式内容服务的同时，也将游客转化为项目粉丝。对游客而言，场景是体验，拍照或摄像是刚需；拍游客不能拍、照游客照不出；想方设法让游客拍照、想方设法让游客秀照；此时的照片，拍的是照片、体验的是文化、得到的是惊喜、激活的是社交。每一台智拍秀都带着品牌和显示屏进入游玩现场，不仅记录旅游者的游玩过程，更为其打造了独一无二的互动体验，让游客“好玩玩好，玩出口碑；好拍拍好，拍出效益”。因此，这一产品既发挥“吸粉”的营销宣传作用，又通过粉丝传播行为扩大用户市场，进而实现乡村经济效益的总体提升。

图 2–3　第一代、第二代、第三代智拍秀产品（左、中、右）

2. 导玩秀：提供智能引导，打造特色旅游导览

“导玩秀”是在“智拍秀”的基础上基于用户行为数据为游客自动生成的乡村导玩引流助手，其在对游客行为数据进行采集分析的基础上，通过个性化设计，为每一个用户量身定制旅游方案和路线，从而实现无门槛引流。

“导玩秀”通过在乡村旅游实景中植入物联网，促成游客旅游行为从游赏到游戏的转变，最终达到把游客转化为商业资源的目的。系统会根据用户的行为轨迹、数据特点规划出最佳线路供游客选择，游客在“导玩秀”的引导下可以轻松快捷地体验不同的游戏化线路，同时“导玩秀”还可以提供虚拟现实、定制游戏、景区服务等多种功能。

3. 社区秀：提供数字信息，打造综合服务平台

“社区秀”以“导玩秀”为基础，集成游玩、分享、导流和电商等多种功能，通过游玩体验的创意设计，实现两极世界、交叉激励，让虚拟和现实交叉，线上与线下互联，满足个性化旅游需求。为游客提供自助旅游、智能体验、智慧服务，让游客分享、宣传、二次消费等，从而增强旅游体验，最终实现乡村全智能综合增值服务平台。“社区秀”的整合变现是通过智慧旅游平台解决资源活化和游客复游问题。“社区秀”是独特的最佳场景设计，依托乡村旅游资源的多场景化应用，利用互动性、趣味性强的线上线下体验，引导流量，实现全方位的游戏化智慧体验。

（三）乡村数智文旅游戏化产品项目及其应用

基于前述理论思考与构建，项目团队研发出了乡村数智文旅游戏化产品，并通过多种合作方式与国内众多乡村旅游地进行合作，在实践应用中培养人才、完善产品、提升了项目成果效益。

因此，本乡村数智文旅创新创业项目从浙江起步，后又在浙江、海南、江西、湖北、福

建、贵州 6 省的 21 个乡村布点实施，已累计服务游客 500 万人次，吸粉 252.2 万人，用户平均转化率增长超 50%。

三、乡村数智文旅游戏化产品应用案例

浙江省是中国最早发展乡村旅游的省份，也是目前乡村旅游业最为发达的省份之一。2021 年 6 月，中共中央、国务院发布《关于支持浙江高质量发展建设共同富裕示范区的意见》，支持鼓励浙江先行探索高质量发展建设共同富裕示范区。浙江将承担通过乡村旅游高质量发展推动乡村振兴、实现共同富裕的重大使命。浙江省具有良好的乡村旅游资源条件，但在发展过程中也存在乡村旅游企业规模小、市场规模小、同质化竞争、旅游带动作用不强等问题。当前，旅游新质生产力发展已经成为时代要求，中国数字乡村发展及乡村旅游高质量成为乡村旅游地发展的重要政策目标，需要利用数智技术来推动浙江乡村旅游高质量发展。

本研究团队曾与浙江省宁波市 Q 村进行技术合作，为 Q 村的乡村旅游发展进行数智化改造升级，取得了较好的实践效果。因此，《报告》将以 Q 村为例，就数智乡村旅游游戏化设计应用思路、过程、产品及其效果进行总结。

（一）案例地概述

1. Q 村简介

Q 村位于浙江省宁波市，是该地最古老的村落之一，它地处偏远、交通不便，是个不折不扣的旮旯村，全村共有 219 户 510 人。2016 年之前，村民大多过着自给自足的生活，人均年收入只有五六千元。在浙江省大力推进“乡村振兴”建设的主旋律下，该村积极探索乡村发展道路，因地制宜发展乡村旅游，重点打造特色农耕文旅体验场景，完成了从“旮旯小山村”到“生活美学村”的华丽蜕变。

2. Q 村旅游发展过程

自 2018 年国家提出乡村振兴战略后，Q 村就抓住政策东风，结合自身旅游资源发展乡村文旅。但 Q 村乡村文旅资源品位并不高，地理位置相对偏远、交通不便、知名度低，要与其他乡村展开旅游市场竞争并无优势；并且市面上的乡村旅游资源同质化严重、游客乡村旅游体验差等问题突出，游客对于乡村游的热情不断降低。诸多原因造成项目介入前的 Q 村鲜有人至，人均年收入不足 1 万元。

在上述困境下，Q 村在智慧旅游升级改造的过程中与项目团队进行了合作，采用了游戏化的智慧旅游新模式。这种以游戏化带动游客游玩的形式，解决了传统旅游游客体验感不强的弊病，同时利用智拍秀吸粉、导玩秀导流、社区秀整合乡村资源变现，不仅能够帮助乡村引流，还能够发展乡村文旅粉丝经济，实现乡村旅游的二次变现。在项目介入后，Q 村的旅游人数达

到 1.2 万人次 / 月，同比增长一倍，并获评 3A 级旅游景区村，人均收入超过 4 万元，成功完成了 Q 村从“旮旯小山村”到“生活美学村”的华丽蜕变。

（二）Q 村游戏化数智文旅产品设计

根据 Q 村的资源特色，项目团队为其量身定制了“时间简史”“水磨年华”“似水牛年”三大与农耕文化紧密关联的游戏故事，精心构建了一个个融合自然美景与互动乐趣的场景。通过还原田园风光的细节，营造出一种远离尘嚣、回归自然的环境氛围，并以传统农耕活动作为触发点，结合智拍秀设备的智能互动技术，让游客在参与中体验农耕的乐趣与成就感。同时，通过进度动画展示和奖励机制的设置，激发游客的情感共鸣，加深他们对农耕文化的理解与尊重。

1. 场景设计

根据 Q 村景观资源和当地的历史文化特点，在保持原有风貌和主题的前提下，团队依托“实地景观 + 智能体验”的模式，设计开发了“时间简史”“水磨年华”“似水牛年”三种主题体验场景，再配合与主题风格协调融合的视听数字内容，带给游客独特的场景游玩体验。每一种场景的设计灵感都是来源于当地的实景资源和历史文化，每个场景之间也利用游戏化机制进行串联，形成完整的旅游体验闭环，实现游客的主题游玩和场景体验。

场景设计主要围绕建筑设计、游戏情景设计、背景音效设计、主题艺术风格定位与设计等方面展开，具体设计如下。

（1）建筑设计

借助生态田园思想呈现了具有乡土气息的农耕建筑风格，分别设计了竹筒、磨盘、铁犁三种元素（图 2–4）。

竹筒　　磨盘　　铁犁

图 2–4　Q 村建筑设计元素

（2）游戏情景设计

在农耕文化体验背景下，融合了智能硬件、交互软件技术，设计了“状元笔”“转运犁”“丰收磨”等游戏情景（图 2–5）。

（3）背景音效设计

为提升游客体验，为每个主题场景预置了田园风格纯音乐等背景音效，丰富了游客视听游玩体验，实现了数字场景内容音效设计。

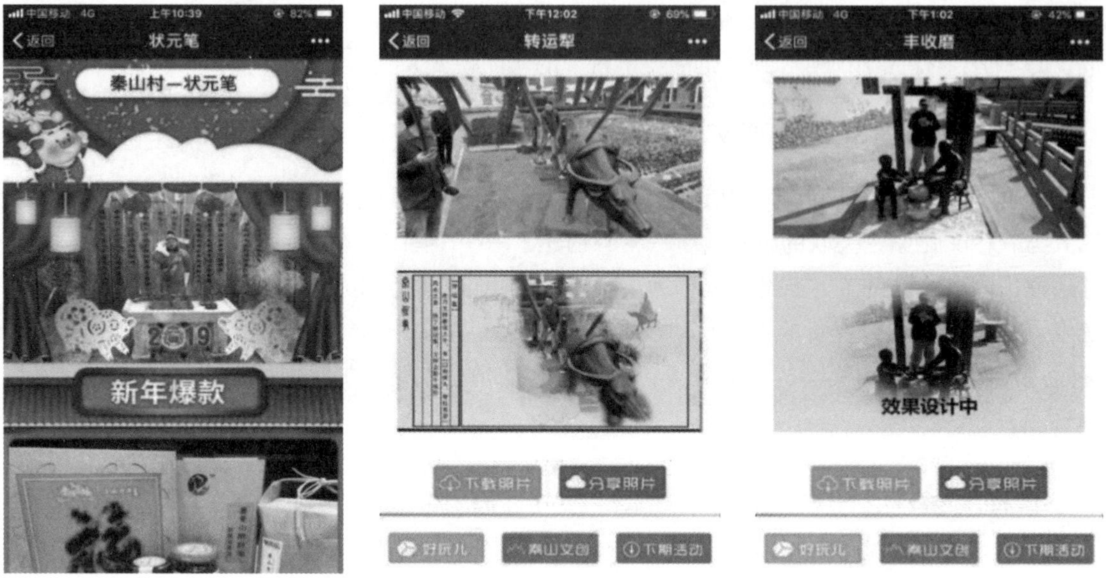

图 2–5　Q 村游戏情景

（4）主题艺术风格定位与设计

场景的主题艺术风格在保留农耕主题与田园风光的基础上，进行了更为细腻的划分与深化。针对竹简这一元素，不再单纯将其局限于农耕范畴，而是赋予了它知识与文化的深刻内涵，设计了"状元笔"主题模块，以此致敬中国千年农业社会中耕读传家的崇高追求。这一设计不仅体现了古代农家在辛勤耕耘之余，对子女教育的重视与期望，也映射出"耕读传家"这一理想生活图景——在田园牧歌之中，也不忘笔墨书香，追求精神与物质的双重富足。

同时，磨盘与铁犁则分别承载了"丰收磨"与"转运犁"的主题模块，前者象征着农作物的丰收与生活的富足，后者则寓意着农业生产的辛勤耕耘与希望的播种，共同构成了对农耕文明深刻而全面的艺术表达。

2. 游戏机制

为方便游客的旅游活动，提高游客的旅游效率，增强游客的旅游体验，Q 村进行了游戏机制设计，利用游戏玩法机制对三个主题场景进行串联，形成"游戏机制—场景体验"的模式。同时，又对游客体验进行趣味规则设计，引导游客的旅游行为，让游客碎片化的旅游行为变得有"规律"，进而在游玩过程中利用系统与景观进行互动，与其他游客进行交流。具体设计如下。

（1）趣味规则设计和玩法机制

设计了贯穿整个农耕田园体验游玩的线路，游客可以定制"状元笔""丰收磨""转运犁"的个性化体验线路，预置了土特产、纪念币、周边商家福利等奖励机制，可以实现二次交易的转化。

（2）游客互动机制

游客通过 Q 村的微信小程序或公众号、景区服务平台等端口，可进行游玩分享、意见反馈、及时求助等，实现游客、景区、商家等的有效互动。

（3）景观互动机制

游客通过竹简、磨盘、铁犁参与田园农耕内容体验，利用景区部署的智能终端硬件和手机交互软件实现“状元笔”“丰收磨”“转运犁”等数字内容呈现，游客能够主动参与体验，深度参与游玩，实现了不同场景的连贯性，减少旅游过程中的碎片化时间。

游客可以从三种主题体验场景的任一场景开始进行体验，当游客体验完第一个场景后，游客就完成了身份转化，成为游戏中的主人公身份和游戏机制引导的对象，之后项目会利用算法和数据支撑为游客量身制定接下来的游玩线路，从而引导游客进行接下来的旅游场景体验。当游客完成预置的所有场景体验后，系统将对其进行奖励，实现游客的旅游体验和额外惊喜。

3. 技术介入

在游戏化设计和实施的过程中，Q村利用竹简、磨盘、铁犁来完成智能硬件和交互软件的部署，智能硬件的部署通过智拍秀设备来实现，交互软件的应用则以微信小程序来实现，游客可以在景区扫码参与游戏互动。游戏软件后台运营系统会利用虚拟现实技术、增强现实技术等在手机设备、线下智能终端上呈现游客沉浸式体验视听数字内容，系统也提供交互触控选项，游客可以自主选择体验内容和方式，实现定制游玩。同时，系统还会利用游客游玩数据和算法支撑，为游客量身定制趣味高效的游玩线路，让游客更好地参与并体验景区主题游玩场景。

Q村的每个场景都借助了“云计算技术、物联网+互联网技术、人工智能技术、移动通信技术”作为核心技术支撑进行了智能化改造。“时间简史”“水磨年华”“似水牛年”三大故事场景分别连接了对应的物联设备，利用无线网络进行数据传输处理，同时提供交互触控和数字视听内容生成。游客到达指定位置进行文化主题场景体验，触控指定物联设备或扫码启动，通过智能设备或手机触控选择具体文化场景模式和体验方式，然后按照提示参与互动体验。体验过程中，通过移动通信技术和物联网相结合，游客手机端和场景设备端会展示相应的视听数字内容，游客还可在手机端实现游玩体验过程的照片或视频的保存与分享。

4. 故事情节

依托该村“山水田园”“世外乡村”的慢文化元素，“时间简史”“水磨年华”“似水牛年”三大主题游玩场景均贯穿了不同的故事线索，让游客在故事中体验惬意的缓慢时光。

（1）“时间简史”——玉砚墨尽年华，竹简刻着天下

在“时间简史”游戏单元，游客可以静静感受花香鸟语，随着时间流逝呼吸着最自然的空气，执笔书写，感受竹简书香的魅力，不辜负向往的时光。

“时间简史”环节中，游客手握象征着智慧与荣耀的“状元笔”，激活智拍秀设备。设备屏幕展示出精心制作的动画篇章，引领游客穿越时空，感受Q村耕读传家的深厚文化底蕴，让游客仿佛置身于那段充满智慧与汗水的岁月之中。在享受视觉盛宴的同时，游客用移动端设备扫描二维码，即可将自己参与这一文化体验的照片保存下来。体验完成后，智拍秀设备中的体验柜会自动吐出奖品，如周边吃喝玩乐优惠券，作为对他们深度体验与文化感悟的奖励。这一环

节的设计，不仅让游客在轻松愉快的氛围中体验了Q村独有的文化魅力，更通过参与互动，获得了一种前所未有的沉浸式体验，让文化的传承与旅游的乐趣在这里完美交融（图2-6）。

图2-6 “时间简史”规划体验

（2）“水磨年华”——慢游体验

时间就像一个石磨，慢慢地磨掉了年华、磨去了稚嫩、留下了坚韧。Q村有一种让人慢下来的魔力，带给人一种世外桃源般的环境体验。在“水磨年华”体验内容中，没有城市的喧嚣、没有匆匆的行人，时间慢慢流淌，一切皆是美景。

为了增强游客的渲染式体验，项目巧妙地将传统农耕文化与现代科技相结合。游客亲自上手推动石磨，感受来自农业社会的质朴与力量。随着石磨的缓缓转动，智拍秀设备被激活，设备屏幕上显示进度播放动画，讲述着Q村或更广泛的中国农耕文化故事——从春耕夏耘到秋收冬藏，每一个场景都充满了生活的气息与情感的共鸣。完成推磨任务后，游客用移动端设备扫描二维码获取照片，智拍秀设备中的体验柜会自动吐出对应奖品（图2-7）。

（3）“似水牛年”——耕读乡村，感受从未远走的农耕时光

两千年来，该村村民坚守着“劳动才能丰收，读书创造幸福”的朴素价值观，相信万事只要肯下功夫、细打磨，逝去的时间便会以另外一种方式回馈自己。

“似水牛年”是一种游客体验农耕的游玩方式，它以一种别开生面的方式，让远道而来的旅人亲身体验农耕之乐。游客们穿上铜鞋触发智拍秀装置，设备屏幕显示进度播放动画，游客用移动端设备扫描二维码，珍贵的瞬间便被定格为永恒的照片，而智拍秀设备中的体验柜自动吐出的对应奖品，让每一位参与者都能满载而归（图2-8）。

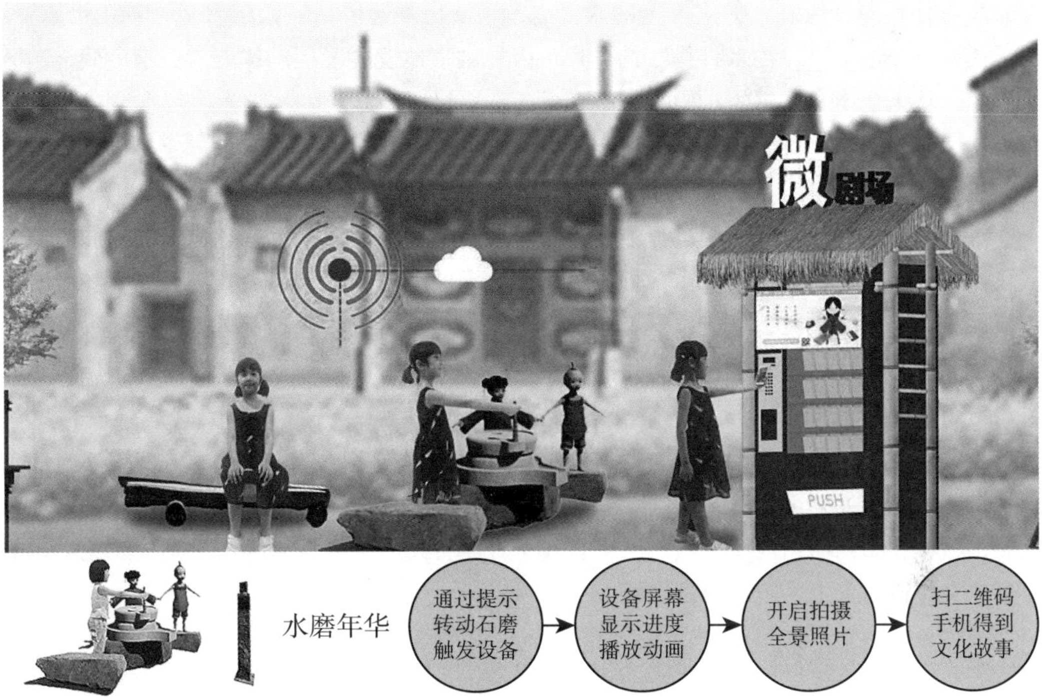

图 2-7 “水磨年华”规划体验

图 2-8 “似水牛年”规划体验

秉承着朴素的价值观、务实肯干的人生态度，Q村乘着乡村振兴的春风，利用山水资源，还原了《桃花源记》里“往来种作”的场景，因地制宜地发展了运动休闲、民宿度假、田园观光等产业，从一个闭塞落后的小山村，一跃成为富裕村、网红村。

（三）建设实施及项目效果

Q村在游戏化设计与开发的过程中，保持了现有的旅游资源与生态环境，因地制宜地确定游戏化设备的布局点，以“亲山水，慢生活”为主题的乡村景观小品为核心，以智慧旅游、科技创新、全域合作为手段，打造出具有当地特色的乡村旅游游戏化参与模式，搭建符合景区规范和行业标准的文化创意设施设备，将高质量“游戏化场景产品”全面落地建设于该村旅游产业发展与布局之中。

在景区游戏化智慧改造助力下，Q村成功获批成为国家3A级旅游景区，包含Q村在内的乡镇获批成为国家4A级旅游景区，该旅游景区接待游客数量远超国内同级别旅游景区。在数智文旅创新创业团队与当地新乡贤的共同合作下，Q村完成了从旮旯小山村到生活美学村的华丽蜕变，引导村民走上了旅游致富之路。

四、乡村数智文旅游戏化产品应用价值

总的来说，华中师范大学乡村数智文旅游戏化项目自推出至今，已经通过理论与应用实践的反复打磨，形成了逐渐完善的产品体系，助推了中国乡村旅游的创新发展和高质量发展，也取得了良好的教育成效，综合效应明显。

（一）助力人才培养：产学研一体化搭建自我提升平台

1. 厚植文化底蕴，涵养爱国情怀

游戏化数智文旅创新创业项目的实施，为广大大学生走进乡村提供了宝贵的机会与可能。一些大学生利用项目实习和实践机会，积极开展实地调研，综合运用多种调研方法挖掘乡村特有的文化底蕴和旅游特色。Q村历史文化底蕴深厚：相传当年秦始皇派徐福东渡求取长生不老药时曾路过这里，当地人为了纪念改“畝山”为“秦山”，山下有村庄也因此命名为秦夹岙；根据光绪年间的《慈溪县志》记载，早在唐朝时期，Q村就有人在此居住，可见Q村古老的历史。通过深度挖掘乡村文化，学生们拓展了知识范围，陶冶了文化情操，潜移默化地增强文化自觉、坚定文化自信。助力乡村振兴、厚植家国情怀，通过游戏化数智文旅项目引领大学生在躬身乡村文化发掘中不断成长，有助于乡村文化振兴加速提质。

2. 推动学科交叉，打造实践课堂

大学生创新创业项目扎根乡村，带领多专业、各层级学生深入乡村实践，分析乡村旅游发

展难题，运用旅游管理、人文地理、经济与工商管理、思想政治教育等多学科知识，发挥团队成员专业所长，应用于乡村振兴和农村现代化实践，为乡村发展提出创新性解决思路。同时，团队成员深入乡村，进行充分的调研走访，为乡村量身打造景观设计、旅游线路方案，在全过程参与中深化对旅游体验理论、游戏化理论和场景理论知识的理解并积累实践经验。由于创新创业实践成果较为突出，该乡村数智文旅创新创业团队曾获第三届中国地理信息技术创业大赛全国企业组三等奖、数字中国创新大赛全国二等奖、第七届和第八届中国国际“互联网+”大赛全国铜奖（湖北金奖）等全国和省市级奖项20余项。团队核心成员闫岩被湖北省人力资源和社会保障厅评为“创业之星”，成为学校乃至湖北省的创业代表及典型，为更多的大学生树立了创业榜样。

3. 开展志愿服务，锻炼综合能力

该乡村数智文旅创新创业项目为高校学生提供实习岗位，学科涵盖地理科学类、经济管理类、计算机类、社会学类、教育学类等多个专业，实习岗位主要包括景观运营和维护、文创研发和组织、游客服务和组织。截至2024年5月，本游戏化数智文旅项目共招募12批次志愿者参与乡村景区改造、乡村旅游发展调研、乡村景观维护等实践活动。项目与华中师范大学、中国美术学院、杭州电子科技大学等高校的学术机构、学生社团、学生组织等合作，为多类专业本科生、研究生提供研学交流指导和寒暑假短期实习岗位。

4. 打造系统机制，提升创业能力

在文旅深度融合发展的背景下，本乡村游戏化数智文旅项目打造智慧化旅游方案，体现了团队成员的创新智慧和创新思维。团队注重创新精神培养和创业能力锻炼，坚持产学研结合；形成较为完善的人才选拔机制、培训机制、以老带新机制和激励机制，能保证项目持续健康运转。从项目前期的合作商谈、景观设计、到项目中的运营管理、维护保障，团队架构在运转中不断完善，更加科学合理。

（二）推动乡村振兴：乡村发展综合目标明显

1. 带动就业：智能平台引流入村带动农民就业

稳定就业、产业发展是推动乡村振兴的关键路径，农业增效、农民增收是乡村振兴赖以实现的基础和条件。让农业成为有奔头的产业，让农民成为体面的职业，让农村成为安居乐业的美丽家园，完成这些目标的一个核心问题就是要让农民得实惠，看到“钱”景和“前”景。本游戏化数智文旅项目提供了基本的云平台、线下技术实物产品、线下景观设计，通过“乡村合伙人＋两商”的模式，多角度、多层次促进乡村居民收入增加，为乡村地区的村民提供就业岗位、增加居民收入。

2. 持续造血：互惠合作模式使乡村发展可持续

产业兴旺是乡村振兴的抓手和保证，可持续发展助力乡村振兴。本游戏化数智文旅项目以乡村旅游新业态、新模式实现乡村文旅商融合，推动乡村产业振兴。项目整合运用云计算技术、物联网技术、互联网技术、人工智能技术与移动通信技术，经多年理论研究与实践总结打造出“智拍秀、导玩秀、社区秀”三大核心产品，形成了“信息分享模块、游客交互模块、社交电商模块、服务管理模块”四大模块，发展游客参与度高、体验感好、互动性强的乡村体验式旅游。

在此基础上，项目采取乡村合伙人制度以及“线上＋线下”双营收的宣传推广模式，依托现实技术手段盘活景区资源，使游客获得较好的旅游体验。

目前，项目团队已完成了全国 6 省 21 个乡村景区的规划设计与部署，与携程、飞猪、美团、京粮等多个合作商建立合作关系。并在形成以旅游为核心的乡村全产业链的基础上，建立较为完善的人才培训体系，为乡村可持续性发展“造血”，促进乡村振兴全面推行、乡村持续性自主发展。项目带动文旅产业的发展，推动乡村产业兴旺，进而推动乡村振兴。通过增加乡村的内生造血能力，推动乡村可持续发展。

3. 文化传承：数字文旅技术赋能乡村文化创新

乡村旅游中，乡土文化与地区特色文化是核心吸引力，乡村旅游应不断传承乡村民俗、建筑文化、饮食习惯等物质和非物质文化。对此，在乡村景区智慧化建设过程中应注重以下三点。第一，“保”，即保护特色乡村文化。对乡村旅游景区规划改造的突出特点不是“大拆大建”，而是因地制宜、因势利导，依据当地历史文化和特色景观策划能够显扬当地特点的乡村景观，打造独具一格的乡村旅游品牌。第二，“导”，引导乡村文化与高新技术融合。借助云平台与五大核心互联网技术，使同质化的乡村资源“活起来”，呈现独特的故事线，并能够在同一空间根据市场需要多次变换景观设计与体验式项目内容，从而可以全方位、多层次、多领域地展现乡村特色文化，使游客通过体验式旅游，充分调动多感官，真正尝到、听到、看到、闻到、摸到感兴趣的旅游产品和独特文化。第三，“造”，传承乡村文化、打造多个平台。项目团队注重打造基于乡村景区的研学营地建设，根据具体的乡村特色开发体验教育课程平台（亲子）、美学生活课程平台（散客）、文创拓展课程平台（团建）等，充分发挥和延展线上云平台和线下旅游资源的文化教育功能。

总之，借助数字文旅技术有效促进乡土文化的保护与发展，为乡村振兴提供精神动力，不断促进乡村文化的持续发展与保护传承。

4. 智能监控：3S 技术为乡村生态环境保驾护航

发展乡村旅游，必然离不开优良的乡村生态环境保护。乡村数智文旅游戏化产品不仅能提升游客旅游体验、延长二次消费产业链，还能借助 3S 技术（即 GPS、GIS 和 RS，分别指全球定位系统技术、地理信息系统技术和遥感技术）、云计算技术、物联网技术等关注乡村生态环境保护与乡村绿色可持续发展。

在规划与改造前，团队会进行扎实调研与测量，秉持“拒绝大拆大建、立足乡村特色”的宗旨，尽力减少对乡村景观本身的破坏和拆改。改造完成后，景区可借助云计算技术、物联网技术、互联网技术、人工智能技术、移动通信技术实现部分线下景观的改造和建造适用于所有景观的可更改式体验项目，可有效减少后续景区的反复拆改。在后续管理中，项目可以借助景区管理系统实时监测景区安全状况、人流状况和卫生状况，借助遥感技术、地理信息系统和全球定位系统为乡村景区管理人员提供有效准确的参考数据，帮助乡村做好生态资源保护，实现景区生态良好、乡村生态宜居。

第三章　新思维、新路径：湖北省建设世界级旅游目的地探索

自改革开放，特别是中国共产党第十八次全国代表大会以来，中国旅游发展步入快车道。旅游业成为新兴的战略性支柱产业和具有显著时代特征的民生产业、幸福产业，已成功走出了一条中国特色的旅游发展之路。随着经济发展和人民生活水平不断提高，国民“求新、求奇、求知、求乐”的旅游愿望要求我们不断推出更多更好的旅游产品。

当前，全球新一轮科技革命和产业变革深入发展，创新领域、创新方式和创新范式深刻调整，旅游业既迎来新的战略机遇，也面临不少现实制约。2024 年 5 月 17 日，习近平总书记在全国旅游发展大会上强调，要着力完善现代旅游业体系，加快建设旅游强国，推动旅游业高质量发展行稳致远。面对这一新时代课题，世界级旅游目的地建设需要开拓新思维，探索不同于以往的新路径，知所来、识所在、明所往，积极求变，勇于破局。本章研究将以湖北省为案例地，以新思维为引领，探索打造世界级旅游目的地的新路径，为湖北省乃至全国的旅游业发展提供宝贵的启示和实用的参考，推动中国旅游业的持续繁荣与进步。

一、理论思考

（一）发展自觉：世界级旅游目的地建设应顺应新时代要求

1. 培育新质生产力推动旅游目的地数智化绿色化发展

新质生产力是以新技术深化应用为驱动，以新产业、新业态和新模式进而构建起新型社会生产关系和社会制度体系的生产力，是推动人类文明进步的重要动力。新质生产力的基本特点是专、精、特、新，重要特征是数字化和绿色化。发展新质生产力，消费者可以获得更为个性化和多样化的商品和服务，满足他们对高品质生活的追求，能够提高人民的幸福感、获得感与满意度。在全球经济竞争日益激烈的背景下，新质生产力有助于构建未来的竞争优势，谁能抢占新质生产力的发展制高点，谁就能在未来的发展中掌握主动权。

数字技术的持续变革、绿色发展理念的不断深入将推动新质生产力持续发展，进而构建全新的旅游业生产形式和消费方式。基于传统的视角，旅游业长期被看作一种资源依赖型产业；

但基于创新的视角，旅游业不仅是资源型产业，更是创新型产业。以创新起主导作用的新质生产力，可以加快形成旅游创新体系，引领旅游资源属性与范畴变迁，从而创造出旅游新资源、新业态、新市场、新模式、新场景，推动旅游业供给侧结构性改革[①]。通过提升旅游劳动者的绿色意识和认同感，使用绿色创新的劳动资料以及提倡绿色的劳动对象的服务模式，促使全社会形成生态友好的旅游发展和生活方式，形成人与自然和谐共生的新格局。

旅游目的地建设应坚持绿色发展理念和发展模式，把握机遇，积极应对挑战，通过科技创新和产业升级，不断释放新质生产力的活力，引入先进的信息技术，打造智慧化的旅游服务体系，提供个性化的旅游体验，建构具有国际竞争力的新模式、新业态，让人们在享受美好旅游体验的同时，也能感受到绿色发展的魅力和价值。这不仅是对当前经济发展阶段的准确把握，也是对未来发展趋势的科学预见。

2. 以旅游业高质量发展推进中国式现代化

中国式现代化是中国共产党领导的社会主义现代化，既有各国现代化的共同特征，更有基于自己国情的中国特色。建设中国式现代化的伟大目标就是希望建设一个全体人民共同富裕而不是两极分化、贫富失衡的现代化，一个人与自然和谐共生而不是环境破坏、生态危机的现代化，一个精神丰富、物质富足而不是精神空虚、物欲横流的现代化，一个和平发展而不是穷兵黩武、倚强凌弱的现代化。其特征包括：人口规模巨大、全体人民共同富裕、物质文明和精神文明协调发展、人与自然和谐共生，以及走和平发展道路。其本质强调高质量发展和以人为本，追求经济效益和社会效益的全面提升。旅游业高质量发展是以满足游客个性化、品质化和多样化的旅游需求为导向，坚持人民至上的原则，强调供给的有效性和发展的公平性；旅游业的经济效益固然不容忽视，但不是旅游发展的全部内涵，更不是终极目标。发展旅游业的目的不仅为区域经济发展做出贡献，也要为区域生态环境系统、为全体民众的幸福指数增长和福利发展做出积极的贡献。

旅游业高质量发展不仅是中国式现代化的重要组成部分，也是推进中国式现代化的重要引擎，从旅游业高质量发展推进中国式现代化的作用机制来看，高质量发展的大众旅游能高效助推人口规模巨大的中国式现代化，高质量发展的乡村旅游能明显促进全体人民共同富裕的中国式现代化，高质量发展的文化旅游能大力推动物质文明和精神文明相协调的中国式现代化，高质量发展的生态旅游能进一步强化人与自然和谐共生的中国式现代化，高质量发展的国际旅游能有效推进走和平发展道路的中国式现代化。

建设世界级旅游目的地，满足消费者多元化的旅游需求，提升中国在全球旅游市场的竞争力，不仅是实现中国式现代化，推进旅游业高质量发展的重要途径，更是中国式现代化和旅游业高质量发展的具体表现，为全球旅游业提供了实现现代化和高质量发展的新范例。

---

① 王金伟，陆林．等．新质生产力赋能旅游业高质量发展：理论内涵与科学问题［J］．自然资源学报，2024，37（7）：1643-1663.

3. 建设世界旅游强国

建设中国特色的旅游强国，是立足国际经验提出的中国方略。中国旅游业已经从一个小规模、弱基础的产业逐渐成长为新兴的战略性支柱产业，旅游业的高质量发展和现代化已全面融入国家战略体系，肩负着服务美好生活、促进经济发展、构筑精神家园、展示中国形象、增进文明互鉴的重要使命。

改革开放 40 多年来，中国走出了一条体现中国特色、反映世界趋势、遵循旅游规律的发展之路，其发展壮大为世界所瞩目[①]。根据国家统计局2023年统计公报显示，2023年中国入境游客达 8203 万人次，入境游客总花费达 530 亿美元；国内居民出境人数达 10096 万人次，其中因私出境为9684万人次[②]。据联合国旅游组织数据显示，2023年中国游客海外消费金额高达 1965 亿美元，超越美国、德国，再次稳坐最大出境旅游消费国之位[③]。同时，得益于中国政府的利好政策，中国的免签国家范围越来越大，截至 2024 年 6 月底，已与 157 个国家缔结了涵盖不同护照的互免签证协定，与 44 个国家达成简化签证手续协定，与包括泰国、新加坡、马尔代夫在内的 24 个国家实现全面互免签证[④]。入境旅游正加速回暖，中国作为国际旅游的主要客源国和目的地，在为世界旅游业的复苏注入强劲的动力。

未来旅游业的区域竞争会更加激烈。中国旅游需要与世界旅游建立良好的“竞合”秩序关系，通过科技创新高质量地培育打造一批享誉世界的旅游目的地，加强中国旅游与世界旅游的双向互动，让中国旅游更好更快地融入世界，也让世界游客更客观更深刻地认知中国，以中国之活力给世界以动力，实现从旅游资源大国向世界旅游强国的转变，从世界第一大旅游客源国向世界第一大旅游目的地国的转变，让中国旅游在全球旅游中真正拥有话语权，成为主导世界旅游产业发展的中坚力量。

（二）逻辑起点：新时代语境下世界级旅游目的地特质及建设要求

1. 世界级旅游目的地内涵及特质

自 2009 年国务院颁布《关于加快发展旅游业的意见》以来，中国多地相继提出了建设世界一流旅游目的地或旅游城市的战略目标。多年来，党和政府高度重视世界级旅游目的地的建设，制定了一系列相关政策。《“十四五”旅游业发展规划》明确指出要推动文化和旅游深度融合，建设一批富有文化底蕴的世界级旅游景区和度假区。与此同时，学术界对世界级旅游目的地建设也进行了广泛的探讨。有学者从要素方向切入，认为世界级旅游目的地依托于旅游吸

---

① 胡静，谢双玉，等. 2016 中国旅游业发展报告［M］. 中国旅游出版社，2016.

② 国家统计局. 中华人民共和国2023年国民经济和社会发展统计公报［R］. 2024-02-29. https://www.stats.gov.cn/sj/zxfb/202402/t20240228_1947915.html.

③ 世界旅游组织（UNWTO）. China recovers its position as top spender in 2023 as Asia and the Pacific reopens to tourism［N］. 2024-06-04. https://www.unwto.org/news/china-recovers-its-position-as-top-spender-in-2023-as-asia-and-the-pacific-reopens-to-tourism.

④ 中国领事网. 中国与外国互免签证协定一览表［N］. 2024-05-28. http://cs.mfa.gov.cn/zlbg/tyxy_660627/202110/t20211029_10403855.shtml.

引物、服务设施及生活环境，是一个能吸引一定规模的游客专程到访并提供所需的旅游活动和相关服务的地域[①]。也有学者立足现实层面，将境外游客绝对数、游客结构（境外游客占比）以及与此相关的收入结构作为检验世界级旅游目的地的关键因素[②]。还有学者从全要素、全行业、全过程、全方位、全时空、全社会、全部门、全游客等多个角度，对建设世界一流旅游目的地进行了创新性思考[③]。除此之外，一些学者从实证研究的角度对世界级旅游目的地的评价体系[④⑤]、竞争力评价[⑥]、路径探析[⑦]、赋能机理[⑧]等方面进行了分析研判，给本研究提供了很好的启示，但世界级旅游目的地的内涵与外延认知还需基于中国的发展实际进一步探讨。

本研究认为，世界级旅游目的地是指在国际上享有广泛知名度和影响力的地域，基于极具特色的文化底蕴、丰富而驰名的旅游吸引物、联通世界的交通设施、优质的服务设施以及宜居的环境，吸引大规模的国内外旅游者前往从事旅游活动的空间复合体。基于以上分析，中国特色的世界级旅游目的地其特质体现在以下几个方面。

（1）以国际化视野为导向，以系统性思维为引领

在全球化深入发展的背景下，旅游业竞争日益激烈。国际化视野意味着要放眼全球，学习和借鉴世界先进的旅游发展经验和管理模式，并充分发挥本土旅游资源优势。同时，要加强系统性思维的运用，构建高效、协同的产业体系。这个体系不仅要具备强大的综合效益，还要具备广泛的辐射能力，带动相关产业的发展，形成区域经济的增长极。

（2）以绿色发展为底色，以人与自然和谐共生为宗旨

绿色发展强调生态环境保护和资源的可持续利用，这对于旅游业尤为重要。一个成功的世界级旅游目的地不仅需要优美的自然景观，更需要充分发挥共同体思维，寻求人与自然和谐共生的美丽壮举，实施长周期的环境保护措施，确保旅游业的可持续发展，保护自然资源和生态环境，最终实现自在自然和人化自然的辩证统一。

（3）以科技创新为驱动，以高效协调为支撑

当前，科技创新是驱动现代旅游业行业升级和提升竞争力的关键因素。世界级旅游目的地通过不断引入和应用先进技术，创造了新的旅游产品和服务形式，满足了游客多样化和个性化的需求，提升了旅游管理水平，推动产业结构优化升级和经济增长模式转变，增强了旅游行业整体竞争力。高效协调是确保旅游业高质量发展的重要保障，世界级旅游目的地通过资源整合

---

① 黄震方．世界级旅游目的地的基本概念与建设要求［J］．旅游论坛，2023，16（2）：45-49.

② 夏赞才，汤群辉．加快建设世界旅游目的地［J］．新湘评论，2022（18）：25-26.

③ 厉新建，张凌云，崔莉．全域旅游：建设世界一流旅游目的地的理念创新——以北京为例［J］．人文地理，2013，28（3）：130-134.

④ 王汝辉．西藏建设世界级旅游目的地差距诊断及战略选择研究——基于SMED评估体系视角［J］．中国藏学，2013（3）：35-40.

⑤ 龙江群，李瑞，周丽，等．世界级旅游目的地指标体系的构建与评价——以黔西南州兴义市为例［J］．兴义民族师范学院学报，2024（1）：60-71.

⑥ 何海，王亚辉．基于TDI城市类世界知名旅游目的地旅游综合竞争力比较研究［J］．经济地理，2023，43（9）：231-240.

⑦ 尹宏，冯婵．成都建设世界旅游目的地城市的条件优势、制约因素与路径选择［J］．成都行政学院学报，2015（6）：82-87.

⑧ 宾阳．加快世界旅游目的地建设　把潜在优势转化为发展胜势［J］．新型城镇化，2023（Z1）：104-106.

和优化，实现各类资源的高效配置和合理利用，最大化地发挥旅游资源的综合效益，促进旅游业内部各环节的顺畅衔接，并确保旅游资源和服务的公平分配，使各类旅游企业和相关利益主体能够公平参与和受益。

（4）以推动中华优秀传统文化创造性转化和创新性发展为使命

中华优秀传统文化是中国旅游业发展的宝贵资源和独特优势。世界级旅游目的地以中华优秀传统文化为载体，通过文化创意和创新设计，将中国文化精髓巧妙地融到世界级旅游目的地建设中，打造出兼具特色与创新的旅游产品。将中华优秀传统文化作为文明交流互鉴的重要桥梁和纽带，推动中华文化走向世界，增强中国的亲和力和感召力，让世界进一步了解中国，从而提升中国的影响力和国际地位。

（5）以旅游业可持续发展为目标

旅游业是推动社会进步、构筑精神家园、增进文明互鉴、加快现代化进程的动力产业。旅游业可持续发展是经济效益、社会效益和环境效益的协调统一。世界级旅游目的地促进地方经济的持续增长，通过多样化的旅游产品和优质服务吸引游客，助力地区共富增收；关注当地社区的利益，通过社区参与和文化保护，增强旅游业对当地社会的正面影响，提升居民生活质量和幸福感；以环境保护为前提，采取有效措施防止污染和资源的过度消耗，确保自然景观和生态系统的完整性与可持续性。世界级旅游目的地的打造不仅是旅游业蓬勃发展的结晶，更是对可持续发展的深刻实践。

（6）以满足人民日益增长的美好生活需要为核心

随着生活水平的提高，人们对生活质量的关注度日益增加，世界级旅游目的地的发展应始终坚持以人为本，关注游客的实际体验和多样化的需求，通过高质量的服务品质、丰富的产品供给、宜居宜游的环境和多彩的文化体验，提升居民和游客的幸福感和获得感，促进社会的和谐发展，并最终实现对人民日益增长的美好生活需要的满足。

总之，中国世界级旅游目的地应以独具中华特色的丰富的旅游吸引物为首要引领，以便捷的交通设施、优质的服务设施、宜居宜游的环境以及立体化的市场体系为强力支撑，在全球范围内的旅游业发展和文化交流中扮演着重要的角色，并做出重要贡献。

2. 世界级旅游目的地建设要求

基于以上对世界级旅游目的地的认知，参照国际上著名旅游目的地的建设与发展经验，结合国际国内旅游目的地建设与评价相关研究成果，世界级旅游目的地的建设要求归纳为以下几个方面。

（1）旅游吸引物绿色创新

世界级旅游目的地需以相当规模和等级的旅游资源为基础，将科技元素与绿色可持续发展有机结合，打造兼具创新性、共享性、开放性和可持续性，能为游客提供独特的旅游体验的旅游产品，并对国内外旅游者产生强烈的吸引力。

（2）服务设施优质便捷

世界级旅游目的地应提供全方位、高质量的旅游服务，包括满足旅游者旅游活动及相关服务的配套基础设施、公共服务设施和接待服务设施。同时，应确保旅游目的地的生态、文化、社会和生活环境满足主客共享、主客优享的客观需求，为游客营造舒适、便捷、安全的旅游环境。

（3）全球化品牌与市场体系

世界级旅游目的地应积极拓展全球客源，以世界可以理解的方式开展有效的市场营销和品牌建设，吸引大量来自不同文化、有着不同偏好的游客将该地作为首选旅游目的地。

二、发展分析

湖北省是中华文明的重要发祥地之一，其独特的旅游资源与丰富的文化底蕴为打造世界级旅游目的地提供了得天独厚的优势。

（一）湖北打造世界级旅游目的地的特色与优势

1. 文旅资源禀赋独特

湖北是唯一一个长江干线流经里程超千公里的省份，拥有底蕴深厚的荆楚长江文化，具有得天独厚的自然与人文旅游资源。拥有河长在 100 公里以上的河流 43 条，纳入全省保护名录的湖泊 755 个，享有“千湖之省”的美称；富集“长江三峡”“三国文化”“武当太极”三张世界级名片；坐拥 4 处世界遗产、14 家 5A 级旅游景区、143 项非物质文化遗产、1098 处文物保护单位等旅游资源；蕴含楚文化之乡、三国文化之乡、远古文明发源地和近代革命策源地的“两乡两地”历史文化[①]。

长江地处“人类文明发生线”——神奇的北纬 30°，是中华民族的母亲河、中华文明的摇篮。底蕴深厚的长江文明滋养出了湖北与众不同的荆楚文化。长江（湖北段）是国家长江文化公园建设的重要区域，它西出武陵山区，流经沃野千里的江汉平原，东出大别山南麓，汉江、清江等作为其重要支流，勾勒出湖北河湖纵横的地理脉络。湖北省地貌多样，文化多元厚重，历史文化名城、文化遗产分布广泛，湖北最重要的经济和文化资源均沿长江分布。这里聚集了众多世界知名的自然和人文旅游资源，中医药杰出代表李时珍“医药双圣”的美誉享誉国际、诗仙李白等诸多诗人墨客的长江行旅留下了众多的诗文名篇和文化胜迹，这些赋予了荆楚长江作为一条流淌着文化、诗歌与美的大江，成为全民族共同文化记忆和精神家园的底气。“天下第一仙山”——武当山，“华中屋脊、地球之肾”——神农架，“世界地质奇观”——恩施大峡谷等绝美景观，天然呈现出一幅全球罕见的“千里江山，荆楚画卷”。

鄂东，以李时珍为代表的鄂东中医药文化历史悠久、文化底蕴深厚。李时珍纪念馆、药物园、李时珍医史文献馆等成为展示李时珍中医药文化的典型代表。“蕲春艾灸疗法”入选《第五批国家级非物质文化遗产代表性项目名录》，该疗法体现了中医学“辨证论治”“天人合一”

① 湖北省文化和旅游厅. https://wlt.hubei.gov.cn/.

和“治未病”等思想，融入了人民的现实生活、历史文化、社会习俗等多种内涵，具有健康科学、历史记忆和社会经济等重要价值，医药资源基础良好，品牌影响力日益强大。鄂东以药圣故里为核心的中医药集散地和辐射地的药材资源种植优势突出；鄂东中医药品牌以李时珍医药集团为核心，已形成中国驰名商标“本草纲目”、湖北省著名商标“李时珍”及黄冈市知名商标“蕲艾”“家方”等品牌。“蕲艾”品牌在“2023中国品牌价值评价信息”发布活动上，以品牌强度884和品牌价值110.05亿元，荣登全国区域品牌（地理标志）第30位，是唯一入围前30强的湖北地标品牌，具备进一步做大做强的坚实基础。服务市场及硬件基础不断夯实。药圣故里中医药康养市场主体众多，已具备一定的服务设施与资源基础（艾灸体验馆、蕲艾中医文化馆、药商配套住宅、配套街道等）；产业发展路径及储备日渐完善，凭借国家对中医药文化产业的扶持政策，蕲春坚持“以三产促二产、以二产带一产”的产业发展路径，依托高校、研究中心、企业搭建了省级科研人才培养和区域服务型人才的平台。

鄂西，旅游资源丰富，具备多个世界级影响力的优质旅游资源。鄂西空间多元，景区、乡村、城镇等广泛分布众多“慢游”资源，境内拥有世界文化遗产武当山、世界地质公园和世界自然遗产神农架、世界最著名大峡谷——长江三峡等核心资源；鄂西生态环境优美，自然、人文景观丰富。鄂西是湖北重要的生态功能区，是得天独厚的“生态宝地”，境内群山连绵、湖泊密布，山地、丘陵、平原、湖区俱存。鄂西乡村依山傍水，与秀美的“绿色”自然共融，地域景观特色鲜明，地方文化特色独具，传统村落主题鲜明；鄂西乡村遍布，乡村民俗独特，民风淳朴，村民生活闲适，热情好客，有着平和、稳定、安全和幸福的心态和状态。民间文化荟萃，原汁原味的竹山皮影、恩施女儿会、土家民歌、乡土技艺等勾勒出一幅幅古朴静谧的自然人文韵美画。

2. 基础服务设施稳步推进

湖北省是中国中部地区的重要省份、国内重要的交通枢纽。近年来，湖北省在国际化交通体系建设方面取得了一定的成效，交通运输基础设施网络不断完善，基础设施服务水平整体提升。

目前，高速公路通车里程超过7500公里，排名中部第一、全国第七，实现县县通高速公路，交通“硬联通”不断延伸、加密、成网，形成了较为完善的公路网络。铁路里程已经超过5200公里，其中高铁总里程达到2064公里，位居全国第八；同时，积极推进与“一带一路”共建国家的铁路连接，开通通往欧洲、中亚等地的国际铁路通道，国际化水平和影响力也在不断提升。长江（湖北段）干流全长1061公里，高等级航道里程2090公里，分布四个主要港口、14个重要港口，数量均居长江沿线省市前列。全省港口吞吐量、集装箱量、水路货运量连续多年居长江中上游首位[①]；拥有武汉天河、宜昌三峡、恩施许家坪三个国际机场，开通多条国际国内航线，武汉天河国际机场恢复对外国人24小时、144小时过境免签政策，极大便利了外

---

① 湖北日报．湖北“港口航母”即将启航：整合全省港口资源，打造千亿级港口企业［N］. 2021-06-09. https://news.hubeidaily.net/pc/231240.html.

籍旅客国际中转、短途旅行和在华停留等活动[①]。

3. 文旅市场拓展因势而进

湖北省文旅市场需求广阔。当前，中国旅游消费需求不断增长。作为中国中部长江经济带、南北大动脉的中心位置，湖北省具有承东启西、接南济北的地理优势和旅游交通优势，再加上湖北省政府高度重视发展旅游业，出台系列支持旅游业高质量发展的政策，推动了湖北文旅市场发展和现代化建设。近年来，湖北文旅市场规模不断壮大，文旅市场大幅升温，2023年上半年，湖北省旅游接待人数3.24亿人次，占全国14%，同比增长26.60%；旅游综合收入为3735.81亿元，占全国16%，同比增长29.30%[②]。2023年国庆假期8天，全省共接待游客8267.35万人次，旅游综合收入629.47亿元，同比增长88.4%和163.32%[③]。

4. 数智化建设初显成效

作为中部核心省份，湖北拥有打造数智化世界级旅游目的地全链条融通的优势条件。一是湖北拥有以东湖科学城为首的世界级科创中心，依托武汉东湖科学城、光谷科技创新大走廊和全省科技园区、科研院所、科技馆等科技资源，能够为湖北省数智化转型建设提供有力支撑。二是湖北省推出的"一部手机游湖北"平台已有相当规模的基础与覆盖，平台下综合服务功能（C端）方面已上线A级旅游景区420家、文博场馆400家、酒店1.6万家，注册用户超300万人[④]；产监决策功能（G端）方面已接入29类数据，共监测156家景区、3100多万条航空客运数据，4000多万条铁路客运数据，全省17个地市州客流数据；集散工具功能（B端）方面开拓了美团三方代理店铺、携程代理店铺，通过自有平台直连驴妈妈、携程及美团分销系统，总营收超过3亿元，服务游客累计过200万人次[⑤]。三是湖北省数智基建已初见成效。截至2024年4月底，湖北全省建成5G基站13.5万个[⑥]，实现武汉市城区旅游景点5G网络全覆盖，其他市州中心城区景点连续覆盖，省内机场、大型高铁站、部分5A级旅游景区等重点场所全覆盖，数智化设施在景区内大面积铺设。四是湖北省旅游吸引物数智化打造已在国内占有一定地位。2020年，武汉《夜上黄鹤楼》沉浸式体验新空间在2023年8月成功跻身文化和旅游部首批全国智慧旅游沉浸式体验新空间培育试点的24个项目。

---

① 极目新闻．恢复！武汉口岸迎来首批过境免签旅客［N］. 2023-02-12. https://www.ctdsb.net/c1734_202302/1664485.html.

② 湖北省人民政府．上半年湖北旅游接待3.24亿人次同比增长26.6%［N］. 2023-08-07. https://www.hubei.gov.cn/hbfb/bmdt/202308/t20230807_4785303.shtml.

③ 湖北省文化和旅游厅．2023年十一期间湖北省接待旅游收入情况［N］. 2023-11-06. https://wlt.hubei.gov.cn/zfxxgk/fdzdgknr/tjxx/2023/202312/t20231201_4983475.shtml.

④ 湖北省人民政府．"一部手机游湖北"上线试运行［N］. 2021-01-15. https://www.hubei.gov.cn/zwgk/hbyw/hbywqb/202101/t20210115_3247872.shtml.

⑤ 湖北日报网．一部手机游湖北"助力湖北文旅跑出加速度［N］. 2022-07-11. http://news.cnhubei.com/content/2022-07/11/content_14895089.html.

⑥ 湖北日报．湖北已累计建成13.5万个5G基站　5G建设位居全国前列［N］. 2024-05-16. https://news.hubeidaily.net/pc/c_2628769.html.

（二）湖北打造世界级旅游目的地的短板与差距

1. 世界级旅游吸引物品牌尚显不足

（1）旅游资源开发系统性不够

湖北省旅游发展以“一主引领，一江贯通”为基本格局。但是，从整体来看，长江（湖北段）水上旅游带上大部分旅游资源可游览性较差，文化、旅游景观延续呈破碎化、间断化特征。相比武汉两江四岸、宜昌清江画廊等极具代表性的长江（湖北段）水上游线，大部分长江（湖北段）干流及滠水、蕲水、浠水等主要支流河段的可游览性较差，区域内旅游协同发展、跨区域旅游协作未能形成，荆楚文化的完整性难以在断续的游线中得以展现，影响长江（湖北段）水上旅游带的文化延续性和长江文化传承发展。

（2）资源开发与市场需求衔接不畅

资源开发要以市场需求为导向，湖北旅游资源开发应满足不同群体对旅游的休闲观光、度假娱乐、康体疗养、陶冶情操等多层次、多元化诉求。目前，湖北省传统的“一江两山”等知名旅游吸引物已然不能满足游客追求慢节奏、感触乡野风情、自然成趣的惬意体验，散落在乡间的村落和“慢”文化逐渐得到众多游客的青睐。“健康疗养 + 度假”正在成为人民的生活时尚，顺应了消费升级以及大众对健康生活的诉求。传统的中医药和时尚的旅游“联姻”，迎合了国内外游客健康养生需求，实现“带有中药香气的说走就走的旅行”。但是，政府等主体目前尚未准确把握“慢游”“中医药康养”等极具发展潜力的新兴市场趋势，未能对乡村“慢游”资源，以及鄂东康体养生资源进行开发与市场开拓。同时，资源开发仍存在区域内多元空间联动不足问题，景与景、村与村、景与村之间缺乏有机联动，尚未将市场串联，难以形成合力，未能实现美美与共，相生相荣。

（3）“资源—产品—品牌”有机联系不足

湖北省文旅资源禀赋独特，但从文旅融合发展及打造世界级旅游目的地情况来看，存在“资源—产品—品牌缺乏有机联系”的问题，主要表现在资源开发不足、产品创新不够、品牌建设滞后、资源—产品—品牌之间的转化不足等方面。例如，鄂东“药圣故里”这一极具世界影响力的资源有待深入挖掘和充分利用，“中医药康养”品牌影响力不够，国际能见度与品牌效应尚需进一步提升；鄂中水资源丰富，但水产品尚需开发，滨水旅游产品创新不够，文化品牌彰显不足；鄂西“慢游”资源具有极大优势，然而相关主体在“慢游”的理解和价值认知上存在不足，致使“慢村”旅游开发意识淡薄，“慢游”产品供给受限，影响区域内特色资源与产品之间的有效转化。

2.“友好型”基础服务设施有待完善

（1）基础服务设施国际化水平有待提升

湖北省国际航空接待能力尚显不足。与国际上大型国际机场相比，湖北省航空接待规模和设施还有一定的差距，国际航线偏少，国际旅客吞吐量有待提升；国际化目的地标识单一，缺乏多样性和易识别性；国际化开放程度偏低，对入境游客的吸引力未能充分发挥。

（2）旅游交通智慧化服务体系尚不完善

湖北省交通智慧化和绿色化发展较弱，智慧交通技术应用深度和广度有待拓展，部分关键核心产品和技术自主创新能力不强，绿色低碳发展任务艰巨，清洁能源推广应用仍需加快；共享汽车租赁不畅，存在“规模效应尚未形成、监管体系尚未完善、分时租赁体验不佳”的发展痛点。公共停车场及新能源汽车充电设施建设相对滞后，存在“数量短缺、信息化程度不足、运营维护不到位”等问题，出现“排队一小时等车位、一桩难求、僵尸桩”等情况，难以满足国内外游客的需求。

3. 国内外文旅市场拓展仍需加强

（1）国际文旅市场持续回暖，但仍不具规模

湖北省国际文旅市场展现出积极回暖的趋势，成为国内外游客关注的热点。据湖北省文化和旅游厅最新报道，湖北省成功吸引了来自世界各地的游客，特别是武汉、宜昌、十堰等地，以其独特的自然风光和丰富的文化底蕴，成为国外游客探访的旅游胜地。数据显示，截至 2024 年 6 月，湖北省入境游客市场显著增长，外国游客人数较去年同期增长了 84.42%，线上消费金额实现了 189.88% 的增长；根据湖北某旅行社数据，2024 年上半年该旅行社接待入境游客人数较 2023 年同期增长了 220%、较新冠疫情前的 2019 年增长了 15%①，这些数据充分体现了湖北文旅市场回暖的强劲态势。此外，为了进一步推动文旅市场的繁荣发展，湖北省政府积极出台了《2024年文化和旅游业“引客入鄂”奖励政策方案》②，旨在通过政策激励，鼓励旅行社积极开拓省外及国际客源市场，利用跨地区消费的拉动效应，激发市场活力，充分发挥文旅融合在促进消费、推动经济发展中的重要作用。尽管湖北文旅市场在国际上取得了显著回暖，但值得注意的是，从绝对数量看，2024 年湖北上半年入境游客 120 万人次，与 2019 年同期的 161 万人次相比，仍显不足，入境旅游市场规模相对较小。

（2）国内文旅市场强劲复苏，但与经济发达省份相比还有较大提升空间

湖北省国内文旅市场在经历了一段时间的蓄力后，正展现出强有力的复苏态势。数据显示，2023 年，湖北省共接待游客超过 7 亿人次，实现旅游综合收入超过 7000 亿元，均超过 2019 年水平③；全年抽样统计的 20 家重点旅游景区接待游客 3102.75 万人次，同比增长 152.23%；全省三星级以上旅游饭店客房出租率达到53.24%，同比增长11%④。过去一年，湖北省文化和旅游厅抢抓旅游市场预期增强的有利形势，赴北京、上海、广州、深圳等 11 个重点城市开展营销活动，并联合金融机构启动湖北文旅金融“三全工程”，以“全覆盖、全产品、

① 湖北光明网．https://www.hbwmw.gov.cn/c/2024/06/58265.shtml.

② 湖北省文化和旅游厅．关于印发《2024年文化和旅游业“引客入鄂”奖励政策方案》的通知［EB/OL］. 2024-07-11. https://wlt.hubei.gov.cn/zfxxgk/zc/qtzdgkwj/202407/t20240711_5265878.shtml.

③ 湖北文明网．2023 年湖北接待游客逾 7 亿人次［N］. 2024-01-24. http://www.hbwmw.gov.cn/c/2024/01/54859.shtml.

④ 湖北省人民政府．2023 年湖北预计接待游客逾 7 亿人次 实现旅游收入超 7000 亿元［N］. 2024-01-19. https://www.hubei.gov.cn/hbfb/bmdt/202401/t20240119_5053675.shtml.

全链条”的方式支持全省各类文旅主体和项目发展①。同时，全省旅游产业升级正在全面加速，在建的 3 亿元以上文旅项目 148 个、总投资 2054 亿元；一批优质项目也在加快建设，新签约重大项目 104 个、签约金额 2171 亿元，已落地项目 61 个②，这些数据均表明湖北省旅游业复苏势头强劲。据中国旅游研究院武汉分院研究团队对全国旅游业发展连续跟踪研究发现，湖北省旅游业综合竞争力一直居于全国中游，与经济发达省份相比还有较大提升空间，对照湖北省旅游业发展“十四五”规划提出的“打造世界知名旅游目的地”的目标，当前仍存在一定差距与挑战。

4. 全链条数智建设水平亟待提升

（1）数据孤岛现象有待破局

旅游行业是一个包罗万象的综合行业，“食、住、行、游、购、娱”贯穿其中，成为一个整体。但是，湖北同全国许多省份一样，旅游业内各系统存在相互分散、相互独立、互不打通的问题，导致数据孤岛林立的现象。数智化全链条融通的基础是万物互联，因此，需要旅游行业打通数据孤岛，在游前、游中、游后的每一个环节都做到互联互通，数据可以在任何一个旅游单体部门有效地利用，进而推进旅游业数智化转型升级。

（2）数据鸿沟问题有待解决

文旅数智化平台是数智化全链条融通的载体，凭借着中国信息化建设的红利，数智平台有着一定的数据基础和优势，但现实面临的问题是在这样的基础上如何有效且全面地建成综合服务功能（C 端）、产监决策功能（G 端）、集散工具功能（B 端）的协同联动，为数智化世界级旅游目的地建设提供更好的数智服务、数智管理、数智营销，这样才是建成数智化世界级旅游目的地全链条融通的关键。

三、路径探索

（一）做足“荆楚长江”文旅品牌，打造国际黄金旅游带

1. 多点支撑——形成“强核、壮圈、筑带”多级发力格局

通过整合长江（湖北段）优质文旅资源，打破文旅品牌“小而散”的不利格局，以武汉都市休闲文旅区为核心，以鄂西生态文旅圈、鄂中饮食文旅圈、鄂东康养文旅圈为支撑，构筑“一核三圈”文旅品牌一体化的“荆楚长江黄金旅游带”，形成“一江贯通”的整体发展格局。

武汉依托“泛黄鹤楼”景区、“泛东湖”生态旅游风景区等景区休闲资源，升级或打造城市游憩中心、城市绿道、城市历史街区等城市中心休闲资源，充分挖掘知音文化、都市文化等

① 人民日报．湖北奋力推动文旅高质量发展［N］．2023-09-26．http://paper.people.com.cn/rmrbwap/html/2023-09/26/nw.D110000renmrb_20230926_1-12.htm.

② 楚天都市报．2023 年湖北接待游客逾 7 亿人次　实现旅游收入超 7000 亿元［N］．2024-01-24．http://news.cnhubei.com/content/2024-01/24/content_17312252.html.

特色休闲文化，打造“荆楚长江——江城知音”都市休闲文旅品牌。

鄂西依托神农架风景区、武当山风景区、恩施大峡谷景区、宜昌清江画廊风景区等自然风景名胜资源，充分挖掘生态文化，打造“荆楚长江——华中屋脊仙山林海”自然生态文旅品牌。

鄂中依托特色美食，重点整合潜江小龙虾、武汉热干面、沔阳三蒸等具有浓郁地方特色和文化底蕴的美食资源，开展美食节庆宣传推广活动，充分挖掘饮食文化，打造“荆楚长江——湖北龙虾”等“食尚”文旅品牌。

鄂东依托黄冈“药圣”李时珍故里、李时珍纪念馆、南武当风景区，咸宁九宫山风景区等文旅资源，充分挖掘中医药文化和道教养生文化，打造“荆楚长江——药圣故里”康养文旅品牌。

2. 水陆互补——完善“内联外通”综合基础设施

（1）强化长江码头建设，提升水陆衔接联动效应

加强长江（湖北段）西、中、东各段的码头建设。进一步完善长江干流宜昌—武汉段已有游轮码头，在巴东、荆州等重要节点选址增建游轮码头，在武汉—黄石段重要节点鄂州、黄冈、黄石等地选址新建游轮码头，完善游轮码头周边旅游服务基础设施，提升水陆衔接联动效应。

（2）加强长江游轮建设，升级水上线路载体功能

一方面进一步培育本土游轮公司做大做强；另一方面要加快引进或加强与世界知名游轮企业联合联动。可考虑引入全球有影响力的内河游轮集团公司投资建设游轮产品，开发具有深度体验、深层次文化内涵、多元化消费业态的水上旅游项目，带动全省长江水上旅游产品提档升级！

（二）做实“药圣故里”，打造鄂东世界级中医药康养旅游地

1. 强“基点”——深挖李时珍精神，讲好李时珍故事

（1）深挖李时珍精神，多元展示中医药文化价值

李时珍精神是中医药文化价值的重要组成部分，系统研究李时珍中医药文化历史渊源，深入挖掘凝练其文化核心内涵和时代价值。以“读懂中国·药圣故里对话”论坛、专题展览、博物馆等多元形式展现李时珍“格物明理、求实创新、知行合一、济世寿民”的科学精神，促进中医药学与现代科学的交流和融合，推动中医药文化走向世界。

（2）讲好李时珍故事，高质量发展康养旅游产业

康养旅游已由传统的养生概念扩展到包含健康、亚健康甚至病患的医养全人群健康旅游概念。在当前大健康时代，人们对于养生和健康的需求已不单单是治疗，而是表现为预防、治疗、修复、康养“四结合”。为此，应充分发挥鄂东区域优势，做好中药材文章，探索蕲艾中药材规模化、规范化种植模式，鼓励中药材种植企业与科研单位联合开展中药材种植试验，研发一批可复制、可推广的中药材种植技术，建设一批蕲艾试验示范推广基地。以蕲艾为龙头，做透康养旅游，立足中医药产业链，通过政府引导、市场主导、多方联动，构建“医、康、养、护”供应链，挖掘提升中医药市场价值链，共同讲好李时珍故事，高质量发展康养旅游产业。

2. 立“支点”——健全健康旅游服务体系，加大市场开拓力度

（1）高“浓度”构筑健康疗养文化“大氧吧”

融合以中医药文化传承为引领的康复养老、休闲娱乐、医疗日化等产业，以国家级和省级旅游地（李时珍纪念馆、百草园、九宫山、南武当等）为骨干，打破旅游地单个独立发展的模式，充分挖掘过渡地带资源的医药康养文化价值，建设中医药特色旅游乡村、度假区、主题文化街，形成以药圣故里为核心的中药科技农业、中药材种植、田园风情生态休闲旅游、李时珍中医药文化业态融合的中医药康养文旅圈。

（2）高标准供给中医药康养服务硬件

将“李时珍”中医药康养旅游所需新基建纳入国家基建的顶层设计，包括前端健康基建、后续跟踪基建和度假生活服务，推动国内知名科研院校、专业海外医疗中介机构同服务供应商合作。

（3）高质量开拓医药康养市场

康养不再是老年人的专属，不同的年龄层有不同的康养需求，对康养的理解也不同。为此，全年龄段市场开拓，开发具有适应不同年龄段的中医药特色旅游产品，满足多层次的中医药康养旅游市场需求，强化中医药引领。一是巩固完善以蕲艾品牌为核心的营销推广机制。二是拓展以全国热门城市为重点的旅游市场、挂牌营销中心，开展国际友好城市结对，形成海内外连锁旗舰模式。三是对标世界最高水平，打造多个国内国际领军的中医药标志性企业，充分建设和彰显国际中医药康养文化大都市的市场领军地位。

3. 抓“重点”——加强产业政策引导，狠抓人才引进

（1）高强度扶持中医药文化创意领域

以中医药为主体，构筑文化艺术、新闻出版、广播、电视、电影、设计服务、旅游休闲娱乐等在内的中医药文化创意产业“新引擎”，如《本草中国》等精品中医药文化纪录片的涌现。“药圣故里”需积极引进一大批中医药文化名人和文化创意领域的领军人才，打造“中医药文化人的天堂”。

（2）高站位制定医疗旅游的相关政策

加快推进旅游与健康、中医药结合，完善中医药健康旅游相关标准体系。出台政策鼓励结合湖北中医药资源特色，开发更多体验性强、参与度高的中医药健康旅游线路和旅游产品，将“药圣故里”打造成国家中医药健康旅游示范区和示范基地，吸引境内外消费者。同时，学习借鉴国际医疗旅游目的地发展经验，建议国家将湖北作为试点，探索具有中国特色的医疗旅游签证新类别。

（3）高要求构建“现代药圣”人才梯队与科创共同体

首先，应加强师承教育，着力构造鄂东老中青三代中医人传帮带体系。其次，依托国际合作机遇，积极引进海外中医药人才，组建一批李时珍医药专项骨干团队。发挥大学城引领作用，提升中医药科创活力。鼓励黄冈建设医药大学城，列入省局共建高校行列。加强与国际组织、联盟、企业等机构的密切联系，发起“中医药创新发展联盟”，建设“国际中医药培训基地”等项目。

4. 树“亮点”——做实“药圣故里”，打造世界康养福地品牌

做足蕲春“艾”文章，做响“中国艾都”品牌，以“中医人工智能 + 中华传统养生文化”为路径，开展大健康领域新探索，用现代技术激活传统智慧。在“互联网 +”的社会环境下，充分挖掘中华传统医学智慧的瑰宝《本草纲目》中记载的上千种药物、上万种药方，结合中医药养生、道家养生等东方智慧，将传统养生文化用现代科技手段提炼精髓，构建大健康品牌生态链，构筑康养旅游服务高地，做实“药圣故里”，打造中医药康养福地世界品牌。

（三）做靓“一江两山”新形象，打造鄂西国际慢游圈

1. 思想上高度重视，行动上凝聚合力

在思想上，唤醒“慢游”意识，打造“慢游鄂西金三角”。深刻认识到打造“慢游鄂西金三角”的前景和意义，将其作为区域发展及世界级旅游目的地建设的重要途径，给予高度的重视和支持。在行动上，聚合各方力量，推动打造“慢游鄂西金三角”。由政府主导，搭建村民、政府、社会力量共建共治共享平台，引导企业、社会组织、返乡“新农人”等各方力量共同参与“慢村”建设，激发乡村活力，留住传统风貌，共建鄂西国际优质慢游圈——“慢游鄂西金三角”。

2.“慢”为媒，“村”为介，打造三大慢游主题，形成优质慢游圈

以“慢”为媒，精准对接国际游客对“休闲慢游”与“有品质的乡村生活”的向往，顺应了时代潮流与全球旅游业的转型趋势，以“长江三峡、武当山、神农架”为核心资源，打造“休闲高峡平湖”“问道武当侠隐”“探秘神农幽境”三大慢游主题，架起国际文旅桥，引领旅游新风尚。

以“村”为介，围绕三个慢游主题，深度挖掘并整合区域内的自然风貌、人文底蕴、民俗风情及历史遗迹，细致梳理各乡村的独特魅力，最大限度地保留传统农业的空间单元与生产技艺（原始农田、沟渠、水塘等），将“慢”的主要理念，如小尺度（小规模生产）、低密度（村民适当）、高品质（追求绿色的生活方式、反污染，反噪声）等深植于“慢餐以品其味，慢居以享其宁，慢行以观其景，慢游以悟其情，慢活以怡其心”的生活艺术之中，精准评选出“优质慢村”，立起国际文旅牌。经过巧妙布局，将散落各处的乡村“连点成线、串线为片”，形成一个集“观光、休闲、度假、养生、文化体验”为一体的鄂西乡村休闲国际优质慢游圈。

（四）建设优质便捷的服务设施，加速荆楚蝶变

1. 练就“铁肩膀”，建设“友好型—国际化”基础服务设施

（1）新增国际航线，扩大对外接待能力

加大对国际机场建设的投入，扩大武汉天河机场的规模，完善机场的各项设施，提高机场的国际竞争力。增加国际航线，重点增加与欧美、东南亚、日韩等主要地区的国际航线的航班

密度，提升湖北航空市场的国际化程度，扩大国际影响力。

（2）完善过境签相关政策，建立多语种标识和服务体系

制定科学免签政策，增加免签范围，延长过境免签的停留时间。推动重点交通枢纽、高等级旅游吸引物、城市公共场所建立多国别语种标识体系，并提供专业化人工服务。在边境口岸和旅游景区提供多语种的导游和服务人员，以解决语言沟通问题，提供更好的旅游接待和服务。

（3）构建国际化文旅人才培养体系

拓宽培养渠道，以武汉七校联盟为首，增办中外合作项目，储备拥有国际化视野的旅游人才。以政府为主导，搭建旅游人才交流平台，拓宽省内优秀旅游人才出国深造、交流的渠道并出台旅游人才交流的互惠政策，打造一批懂策划、会经营、善管理、能创新、强服务的旅游人才队伍，最终建立与国际接轨的旅游服务体系和导游服务队伍。

2. 锤炼“真本领”，构筑“友好型—智慧化”公共服务体系

（1）完善智慧交通服务体系

实现“荆楚租车一键通”，打通并整合一嗨租车、神州租车等租车企业的线上租车程序入口，丰富出租汽车品类，满足各种租车群体的需求，进而推动形成统一开放、竞争有序、供给充足的汽车租赁市场。解决汽车租赁市场现存的“小、散、弱”的状况；设置“一键租车、一键还车”功能，不断扩大服务半径，实现“一点租多点还、一城租多城还”的租赁服务。

（2）完善停车续航服务场所

充分利用空间，在公共场所、旅游景区等重点区域修建双层停车场、立体式停车场、交叉式停车场、电梯式停车场等，实现“地上地下相互连接，地面空中相互交叉”的布局，满足游客的停车需求。建立“移动充电站”，以点覆面，通过物流配送的形式，采用“外卖”方式，实现充电桩配置和利用最大化。

（五）创新对外话语体系：寻找民间大使讲好湖北故事

1. 选择民间大使

长期旅居海外、心系祖国发展的同胞既有“爱国之心”，又兼具跨文化背景和国际视野，是我们旅游国际化发展的重要人脉资源。要从中寻找到“爱中国，知中国，知湖北，有思想”且掌握现代信息技术的媒体人成为湖北旅游发展的民间大使。这些民间大使应能融通中外文化，基于我们想讲的和国外受众想听的，寻找情感共鸣点、话语共同点，能够用海外受众理解的方式选择恰当的阐释框架，讲好湖北旅游故事，从而达到最广泛的营销宣传作用。

2. 民间大使的重任

民间大使可以充分利用现代信息技术联络运营和维护海外各类媒体资源，通过定期、不定期的方式，邀请海外网红参与相应的话题设定，涵盖大、中、小各类型网红资源。逐步布局各

大社交平台，构建多平台社交矩阵，在社交媒体上形成相应的舆论场；多维度营销湖北品牌，包括 Twitter、Youtube、Tiktok 等。由民间大使在海外社交媒体上建立并运营以湖北旅游为品牌核心的社交账号起步，逐步拥有自己的粉丝，形成有影响的社交品牌，成为关键意见领袖（KOL）。

（六）运用“数智”技术，打造数智化世界级旅游目的地

1. 强链——着力将“一部手机游湖北”项目向深处推进

以“游湖北”平台的信息整合能力为基石，加快平台项目向纵深细化，让云端握手旅游目的地，让数字为游客带来便利。鼓励湖北省内“国字号”、高级别、数智化能力强的目的地率先“上云”，将各目的地的亮点和特色进行数字化处理，实现指尖轻点即可“游览”旅游目的地的特色资源，开拓线上先打卡、线下再参观的“旅游新风尚”。

“云上目的地”一望即知。推出导览地图、线路推荐、美食电子地图等目的地空间信息预览；以“每日故事”推送等创新方式将目的地内的人文历史资源沉浸式演绎；将目的地的节事活动、旅游项目程序化表达以便游客预知参观流程。让游客与目的地先于云上相识，达到“未见其人，先闻其声”的效果。

动态信息实时更新。开放目的地内基础服务设施实时状态的可视化显示，实现卫生间、车位等信息的一键查询，同时提供车位预约、商品线上购买线下提货等服务；推出参观舒适度指数等重要服务功能，观众可随时查询重要景点附近的人流量等参观舒适程度信息，并结合查询结果灵活调整游览线路，实现自助式“错峰”游览；全力保障平台信息更新的时效性，力争动态信息的全网最快更新，让平台成为游客获取一手信息的首要渠道。

数智管理得心应手。建立全省目的地线上预约管理系统，倡导“无预约、不出游”理念。将有条件的公共游憩空间、热门目的地的停车场车位预约、入园预约等重要流量信息在云端实现监管与调控。同时，利用游客数字足迹、浏览量、点击量等信息助力目的地调配基础服务设施分布格局、优化景区宣传营销方案，助力企业和政府加强旅游供给管理、提升管理效率，实现全方位数智化升级。

榜样引领，标杆先行。以 1~2 个优质旅游目的地（城市或景区）为模板，如武汉或武汉东湖，凸显“榜样引领，标杆先行”作用，全力打造和呈现一个全行业数字化智慧文旅建设的领先标杆，一个数智化的世界知名旅游目的地，一个充分展现中国现代化公共服务能力和社会治理能力的典范旅游城市。

2. 补链——强化湖北文旅数智化新形象

挖掘提取创新元素，设计湖北系列“数字吉祥物”。鼓励湖北各旅游目的地围绕“荆楚长江”核心品牌，以“楚文化”为核心，深度挖掘自身独特优势和特色资源，自主打造各具特色的数字文旅吉祥物。通过生动、鲜活的设计语言，突出旅游目的地的差异化特征，以立体、深刻的设计内核彰显数字吉祥物的价值内涵，与游客共情、共感，让数字文旅吉祥物成为传播

“荆楚文化”、讲好“荆楚故事”的最佳代表。将数字吉祥物融入旅游目的地的各个方面，以数字吉祥物的人格化、数智化带动游客的交互体验升级，提升旅游目的地的IP形象。同时，通过展示展销，拓展对外交流合作，全面提升文创品牌知名度，实现文创“研发、生产、销售”市场化、规模化和产业化，开拓文旅消费新市场。

3. 固链——提升湖北文化旅游的数智化水平

让文化遗产“动起来”——创新文化遗产的展演形式。推进剧院、博物馆等文化场所的智能设备建设运用，利用全息投影、AR等技术提升表演、文物的立体化感官，让文化遗产以更加生动、形象的方式呈现给观众，提高观众的观赏体验和认识程度，使观众能够身临其境地感受古代文明的生活场景和文化内涵。

让历史人物“活起来”——打造系列“穿越时空与历史对话”的体验活动。利用数字化技术“复活”经典历史人物与游客进行交互活动，打破游客与人文历史的时代屏障，打造“与屈原对话”等一系列荆楚文化体验活动，让游客能够与屈原等历史人物进行跨越时空的对话，了解荆楚大地在不同时代的文化、政治、社会等情况，感受荆楚大地上古人的内心世界和思想精神。

让现实游客“走进去”——建设“沉浸式旅游新空间”系列工程。运用裸眼3D大屏、智能灯光演绎、VR等科技设施提升文化旅游吸引物的科技感，提升游客的参与感和获得感，打造出更加智能化、科技化的旅游体验和服务。

4. 延链——创新开发“荆楚长江黄金旅游带”数字孪生平台

采用前沿数字孪生技术和人工智能技术，利用渲染引擎、交互引擎、实时光影、数字还原等技术，将“荆楚长江黄金旅游带”上的亮点及其主要区域进行三维建模并“复刻”到线上，打造了一个人人可以随时随地参观的“1∶1”数字化荆楚长江黄金旅游带。全面融合景区全域时空大数据，实现全域资源数据共享。通过对旅游资源的数字化复原、虚拟化展示，为游客带来不同于以往的全景沉浸式、指尖云游体验。

数字孪生平台助力文化遗产传承——以“科技+文化”的形式，游客能裸眼全方位3D观赏到高清的景区景象，感受景区的自然风光和人文历史。同时，通过数字孪生等技术对景区文化遗产景观进行数字化复原，形成数字档案，将文化遗产转化为数字资产。

数字孪生平台推动品牌建设营销——基于数字化场景深入挖掘其中的文化内涵，围绕文化遗产IP打造文创生态产业链，强化经济效益。结合VR、AR、AI等前沿技术创新游览体验，为旅游资源注入新的生命力。利用新媒体传播特性吸引游客参与景区文创IP的多元化传播营销，实现“荆楚长江黄金旅游带”品牌化战略。

通过数字化技术展示、情景式带入和沉浸式互动体验，提高游客对历史文化的认知感和体验感。通过传统元素与现代潮流相融合的形式进行传承与弘扬，使荆楚文化焕发出新的光彩，实现在国内具有较强影响力、具备行业示范推广价值和标准的优秀重点文旅融合智慧化创新，形成可示范、可推广、可借鉴、可带动的荆楚效应和荆楚模式。

第二篇　中国旅游业发展评价与展望

本篇主要是从全国、京津冀、长江经济带三个空间层面对中国旅游业发展的供给、需求及发展环境状况进行理性分析和系统盘点；并在此基础上从省域及重点城市两个空间层面进行区域旅游竞争力分析评价。以此为基础，《报告》最后从宏观层面、部门层面及行业层面分别提出了中国旅游业高质量发展的对策建议。

本篇共有四章，分别是全国旅游业发展盘点、省域旅游发展评价、重点城市旅游发展评价及中国旅游业发展对策。

第四章　全国旅游业发展盘点

本章从全国视角，以及长江经济带和京津冀地区两个重点区域视角全面评估了旅游发展需求、供给和环境状况，分析中国旅游业的整体状况和区域格局，以便为制定国家旅游发展战略和改革措施提供参考。旅游需求方面，主要关注旅游接待规模和旅游收入；旅游供给分析包括住宿设施、旅游景区和旅行社，重点关注供给侧的发展现状和潜力；旅游发展环境方面则涵盖了自然环境和社会经济环境。《报告》始终秉持数据的时效性与科学性原则，优先采用 2023 年数据以反映旅游业最新发展。但由于部分数据（如各类型接待设施等）尚未完全更新且获取难度较大，分析中仍使用了 2022 年数据，并在报告中注明年份与来源。结合最新与既有数据，力求提供全面的分析与见解。

一、旅游需求盘点

（一）旅游接待规模及其变化

1. 国内出游总人数及增长率：新冠疫情后复苏，且双双加速

如图 4-1 所示，2023 年，中国国内旅游市场经历新冠疫情冲击疲软之后表现出强劲的复

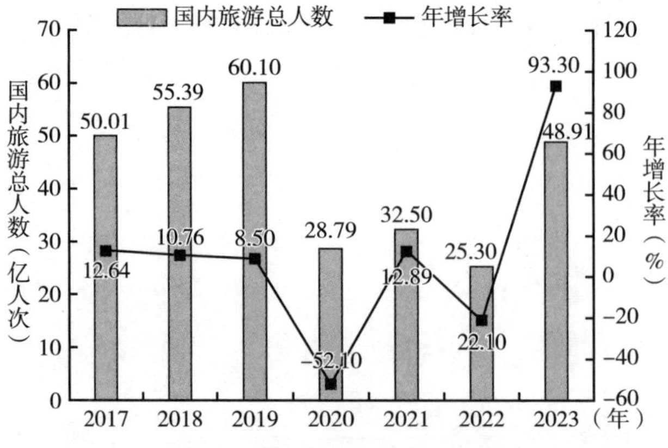

图 4-1　2017~2023 年国内旅游总人数及增长率

（数据来源：2017~2023 年文化和旅游发展统计公报，2023 年国内旅游数据情况，中华人民共和国文化和旅游部，2024 年 2 月 9 日，https://zwgk.mct.gov.cn/zfxxgkml/tjxx/202402/t20240208_951300.html。）

苏势头，国内出游总人数及增长率双双加速恢复。

2023年，中国国内旅游总人数达到48.91亿人次，相较于2022年增加了23.61亿人次，同比增长93.30%，充分体现了中国旅游业的巨大发展潜力以及疫情之后国民强大的旅游需求。

2. 长江经济带旅游接待总人数：整体波动下降；上游平稳，中游、下游下降

如图4-2所示，新冠疫情之前，长江经济带旅游持续增长，疫情后三年波动下降，仍未完全恢复至疫情之前2019年的旅游接待水平。2022年，长江经济带旅游接待规模为13.54亿人次，较2021年减少2.54亿人次，降幅为15.80%，占全国旅游接待总人数的比例为53.52%，这一占比较2021年下降了4.04个百分点。

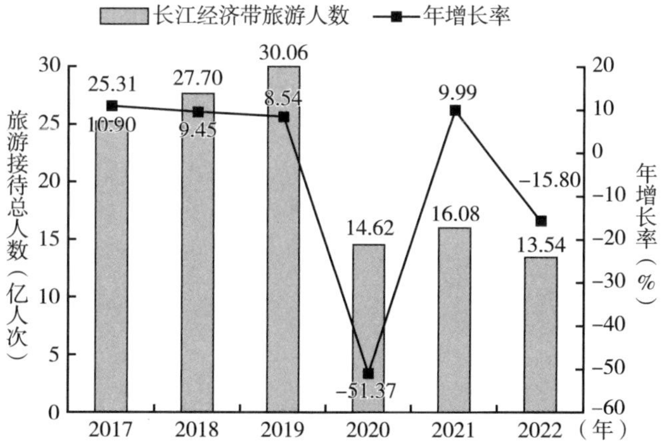

图4-2　2017~2022年长江经济带旅游接待总人数及增长率

（数据来源：各省2017~2019年国民经济和社会发展统计公报，各省2020~2023年统计年鉴，2017年全年旅游市场及综合贡献数据报告。注：由于统计口径不同，31个省域旅游接待总人数之和是全国旅游接待总人数的倍数，因此，将长江经济带各省域的旅游接待总人数除以这个倍数后，再进行加总。）

具体来看，2022年长江经济带上游、中游、下游①旅游接待总人数分别为5.18亿人次、5.56亿人次、2.81亿人次，分别较2021年减少了0.06亿人次、1.35亿人次、1.12亿人次（图4-3），降幅分别为0.10%、19.60%、28.55%。可见，2022年，长江经济带旅游业整体呈现出下滑趋势，下游地区下降最为显著。长江经济带上游、中游、下游占长江经济带旅游接待总人数的比例分别为38.26%、41.03%、20.73%，与2021年相比，上游地区上升了5.67个百分点，中游、下游地区则下降了1.94个、3.70个百分点。

3. 京津冀旅游接待总人数：总人数同比下降超三成；京津地区、河北省差距扩大

如图4-4所示，2022年，京津冀地区旅游接待总人数为1.6亿人次，比2021年降低了0.82亿人次，年降幅为33.80%；占全国旅游接待总人数的比例仅为6.33%，比2021年下降了0.11个百分点。其中，京津地区、河北省2022年旅游接待总人数分别为0.75亿人次、0.85亿人次（图4-5），

① 长江经济带上游、中游、下游的划分：上游包括重庆、四川、贵州、云南；中游包括湖北、湖南、江西、安徽；下游包括上海、浙江、江苏。

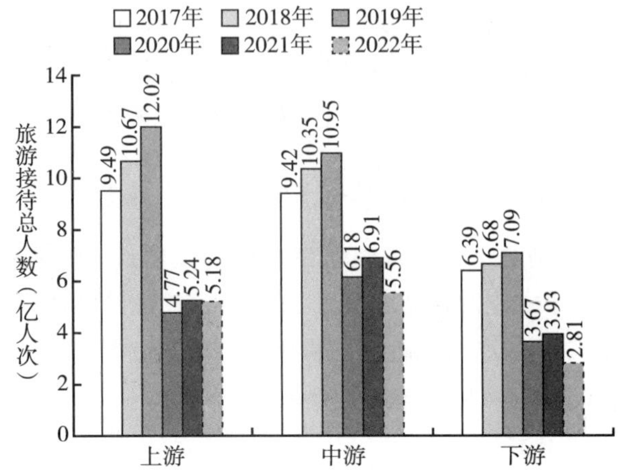

图 4-3　2017~2022 年长江经济带上游、中游、下游旅游接待总人数比较

（数据来源：同图 4-2。注：同图 4-2。）

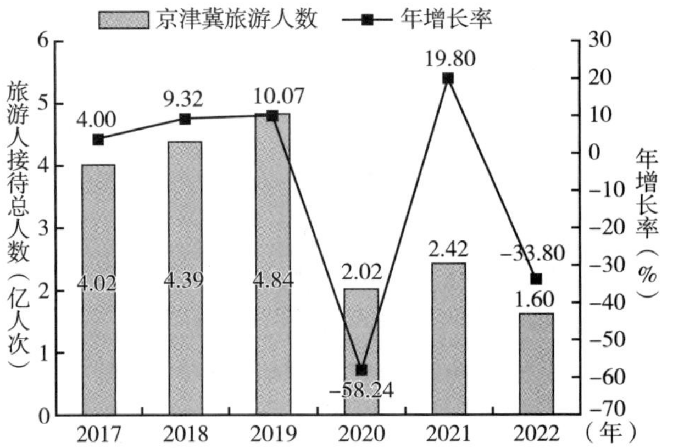

图 4-4　2017~2022 年京津冀地区旅游接待总人数及增长率

（数据来源：各省 2017~2019 年国民经济和社会发展统计公报，各省 2020~2023 年统计年鉴，2017 年全年旅游市场及综合贡献数据报告。注：由于统计口径不同，31 个省域旅游接待总人数之和是全国旅游接待总人数的倍数，因此，将北京、天津、河北的旅游接待总人数除以这个倍数后，再进行加总。）

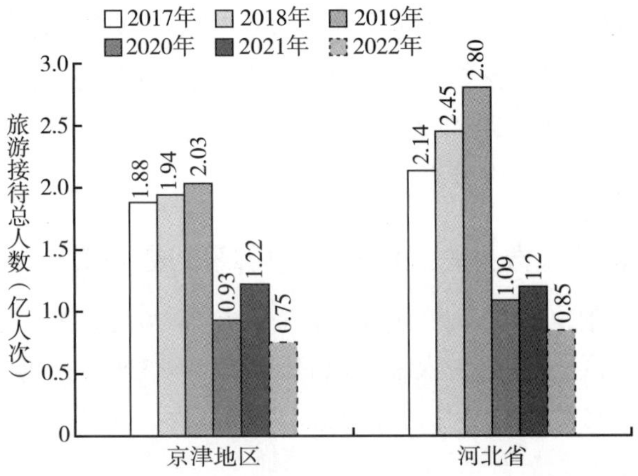

图 4-5　2017~2022 年京津地区与河北省旅游接待总人数比较

（数据来源：同图 4-4。注：同图 4-4。）

分别较 2021 年减少了 0.47 亿人次、0.35 亿人次，降幅分别为 38.28%、29.33%；占京津冀地区旅游接待总人数的比例分别为 46.88%、53.12%，与 2021 年相比，京津地区占比下降了 3.35 个百分点，河北省增加了 3.41 个百分点。两地之间旅游接待总人数的差距有所扩大，绝对差值由 2021 年的 0.02 亿人次扩大到 2022 年的 0.1 亿人次（图 4-5）。总体来看，2017~2019 年，河北省的旅游接待总人数上升增幅较大（图 4-5）；京津地区虽持续上升，但增幅较小。2020~2022 年，京津地区与河北省旅游业出现断崖式下降，京津地区与河北省旅游接待总人数平均年增长率也分别由 2017~2019 年的 1.54%、13.48% 降至 2020~2022 年的 −20.51%、−26.76%。

（二）旅游总收入规模及其变化

1. 旅游总收入及其变化：国内旅游收入 4.91 万亿元，增长 140.17%

2023 年，中国国内旅游收入达到 4.91 万亿元人民币，较 2022 年的 2.04 万亿元人民币增加了 28656 亿元人民币，增长 140.17%，这一增长速度显著高于国内旅游出游总人数的增速（93.3%）。总体而言，2023 年，国内旅游市场在经历了新冠疫情三年的低迷后，展现出旅游消费信心加强，旅游业强劲复苏增长的势头，显示出中国旅游业发展的巨大潜力和积极前景。

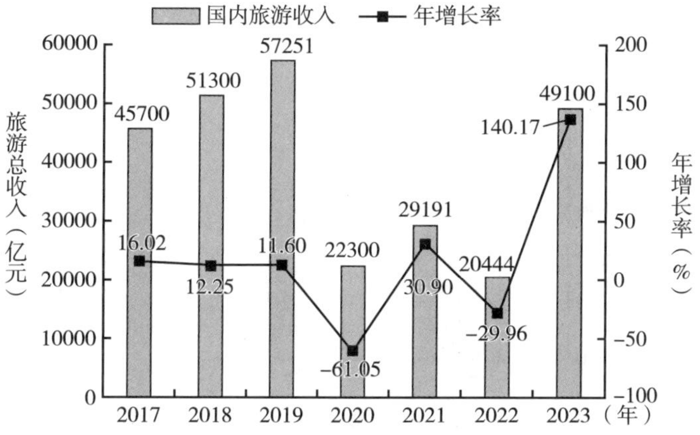

图 4-6　2017~2023 年国内旅游总收入及其变化

（数据来源：2017 年全年旅游市场及综合贡献数据报告；2018~2022 年文化和旅游发展统计公报；2023 年国内旅游数据源于中华人民共和国文化和旅游部，2024 年 2 月 9 日，https://zwgk.mct.gov.cn/zfxxgkml/tjxx/202402/t20240208_951300.html。）

2. 长江经济带旅游总收入：总量下降近两成；上游、中游地区占比相当，下游地区占比最小

如图 4-7 所示，2022 年，长江经济带国内旅游收入为 12233.39 亿元，较 2021 年减少 3055.55 亿元，同比下降 19.99%；但占全国旅游总收入的比重有所上升，由 2021 年的 52.38% 上升至 2022 年的 59.84%，上升了 7.46 个百分点。

2017~2019 年，长江经济带旅游总收入呈现较好的发展势头，2020 年受新冠疫情冲击大幅下降，2021 年开始恢复，2022 年旅游总收入又有所下降。

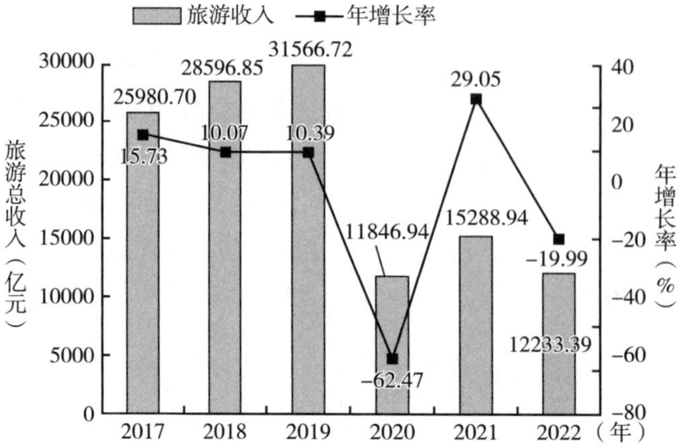

图 4-7　2017~2022 年长江经济带旅游总收入及其变化

（数据来源：各省 2017~2019 年国民经济和社会发展统计公报；各省 2020~2023 年统计年鉴；2017 年全年旅游市场及综合贡献数据报告。注：由于统计口径不同，31 个省域旅游总收入之和是全国旅游总收入的倍数，因此，将长江经济带各省域旅游总收入除以这个倍数后，分别加总求出不同区域的旅游总收入。）

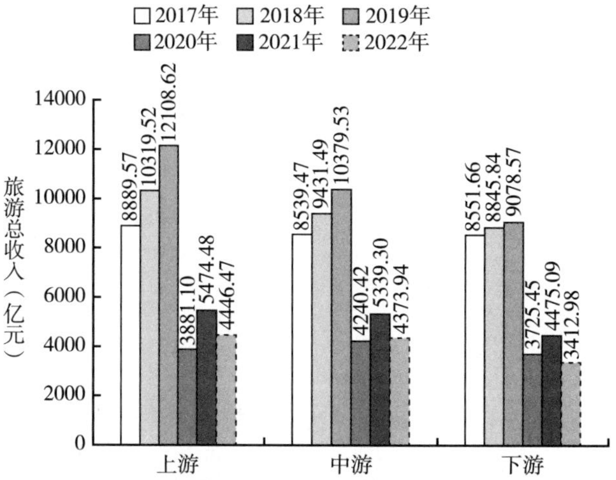

图 4-8　2017~2022 年长江经济带上游、中游、下游旅游总收入比较

（数据来源：同图 4-7。注：同图 5-7。）

2022 年，长江经济带上游、中游、下游的旅游总收入分别为 4446.47 亿元、4373.94 亿元和 3412.98 亿元，分别较 2021 年下降了 18.78%、18.08% 和 23.73%（图 4-8）；在长江经济带旅游总收入的比例分别为 36.35%、35.75%、27.90%，上游与中游分别较 2021 年上升了 0.54 个和 0.83 个百分点，下游地区则下降了 1.37 个百分点。2017~2022 年，长江经济带上游、中游、下游地区平均年增幅分别为 1.58%、-1.74% 与 -8.39%，发展势头并不平衡。

3. 京津冀地区旅游总收入：整体下降超四成；京津、冀旅游收入差距缩小

京津冀地区旅游复苏道路仍然一波三折。如图 4-9 所示，2022 年，京津冀地区旅游总收入为 1228.35 亿元，较 2021 年降低了 984.2 亿元，下降 44.48%；占全国旅游总收入的 6.01%，其占比较 2021 年下降 1.57 百分点。2017~2019 年，京津冀地区旅游总收入稳定上升，平均年

增幅为 8.24%，旅游业发展势头良好。2020 年，由于新冠疫情暴发，京津冀地区旅游业受到了严重冲击，旅游总收入骤降至 1510.49 亿元，同比下降 74.44%。随着地方政府不断优化政策、提升服务，文旅融合力度不断加大，京津冀地区旅游市场呈现出逐步回暖的态势。2021 年，京津冀地区旅游总收入回升至 2212.55 亿元，增幅达 46.48%。2022 年，旅游总收入再次下降。

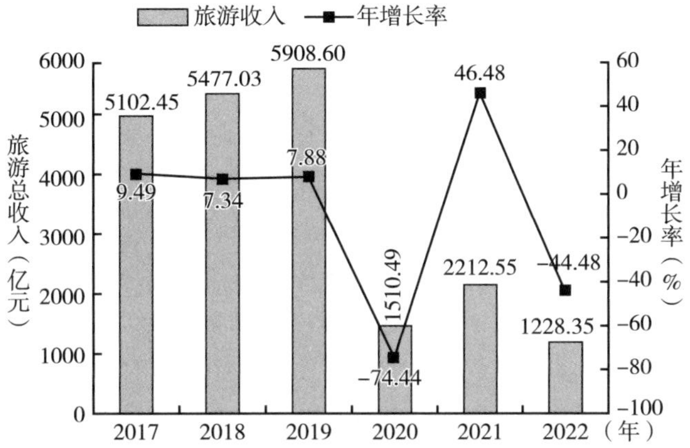

图 4-9　2017~2022 年京津冀地区旅游总收入及其变化

（数据来源：同图 4-4。注：由于统计口径不同，31 个省域旅游总收入之和是全国旅游总收入的倍数，因此，将北京、天津、河北的旅游总收入除以这个倍数后，再进行加总。）

如图 4-10 所示，京津地区、河北省 2022 年的旅游总收入分别为 641.90 亿元和 586.45 亿元，较 2021 年分别下降 49.97% 和 36.91%，在整个京津冀地区的旅游总收入的比例分别为 52.26% 和 47.74%，与 2021 年相比较，京津地区下降 5.73 个百分点，河北省增长 5.73 个百分点，两地旅游总收入差距由 2021 年的 353.55 亿元下降至 2022 年的 55.45 亿元，旅游总收入比值由 2021 年的 1.38（1283.05 : 929.50）降低到 2022 年的 1.09（641.90 : 586.45）。

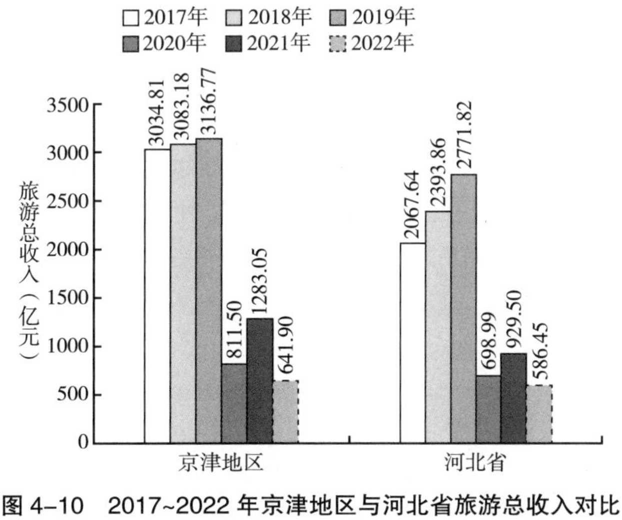

图 4-10　2017~2022 年京津地区与河北省旅游总收入对比

（数据来源：同图 4-4。注：同图 4-9。）

二、旅游供给盘点

（一）住宿设施供给

1. 数量规模及其变化

（1）全国住宿设施数量及其变化：总量略下降，“橄榄形”等级结构的尾端收缩，中高端等级饭店数仍占主导地位

据图 4-11 所示，2023 年度，全国共有 7245 家星级饭店的经营数据通过了省级文化和旅游行政部门的审核[①]，与 2022 年同期[②]相比，星级饭店数量减少了 92 家，降幅达 1.25%；纵观 2017~2023 年全国星级饭店数量的变化特征，2017~2019 年下降的速率较快，年均降幅为 9.74%，2021 年降至“谷底”的 6801 家，总量为近 7 年最低值，而后数量波动上升。

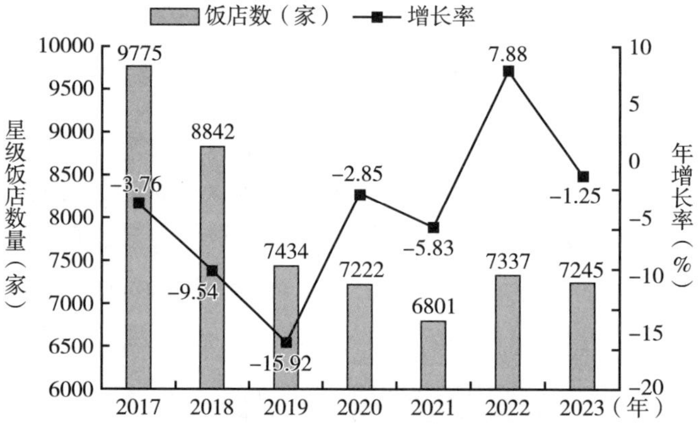

图 4-11　2017~2023 年全国星级饭店数量规模变化

（数据来源：2017~2023 年全国星级旅游饭店统计调查报告，中华人民共和国文化和旅游部。）

从星级饭店的等级结构来看，2023 年，五星级、四星级、三星级、二星级和一星级饭店数分别有 772 家、2325 家、3471 家、670 家和 7 家；与 2022 年相比，除了四星级饭店数量增加 1.75%，其他星级饭店数量都有所减少，五星级、三星级、二星级和一星级饭店的降幅分别为 1.40%、0.46%、12.76%、50%（图 4-12），二星级、一星级饭店数量下降幅度大。五星级、四星级饭店占星级饭店总量的比例分别为 10.66%、32.09%，而三星级、二星级、一星级饭店所占比例分别为 47.91%、9.24%、0.10%。总体来看，中国三星级饭店数量最多；五星级与四

① 中华人民共和国文化和旅游部. 2023 年度全国星级饭店统计调查报告［R］. 2024-04-30. https://zwgk.mct.gov.cn/zfxxgkml/tjxx/202404/t20240430_952645.html. 其中，新疆数据包括建设兵团，以下星级饭店统计数据按审核完成后星级饭店数计，下同。

② 中华人民共和国文化和旅游部. 2022 年度全国星级饭店统计调查报告［R］. 2023-02-13. https://zwgk.mct.gov.cn/zfxxgkml/tjxx/202304/t20230404_941165.html.

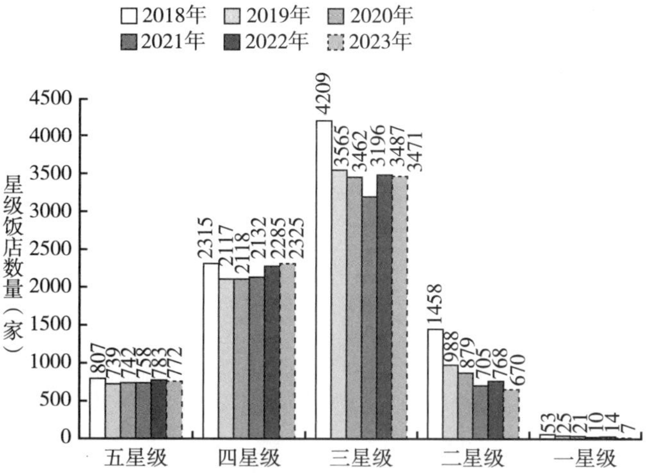

图 4-12　2018~2023 年全国不同等级星级饭店数量比较

（数据来源：同图 4-11。）

星级饭店合计占 42.75%，同比 2022 年（41.82%）有所提升。可见中国星级饭店结构逐渐从传统的“金字塔形”迈入“橄榄形”结构，星级饭店中高端化升级趋势明显。

（2）长江经济带住宿设施数量及其变化：总量持续下降，各段发展势头不同；上游以星级饭店和民宿设施为主，下游以亲子酒店和露营地数量最多

如图 4-13 所示，2023 年，长江经济带星级饭店数量为 2755 家，比 2022 年减少 72 家，降幅为 2.55%；2022 年、2023 年长江经济带星级饭店数量占全国星级饭店数量的比重分别为 38.53%、38.03%。纵观 2017~2023 年长江经济带星级饭店的变化特征，总体数量呈缓慢下降态势，但降幅波动较大，年均降幅为 5.65%。

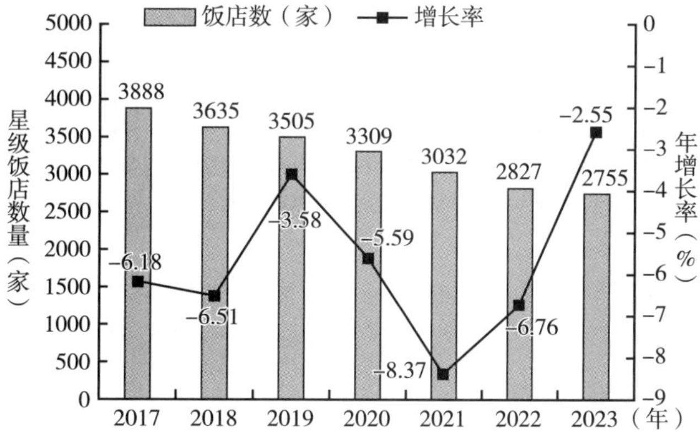

图 4-13　2017~2023 年长江经济带星级饭店数量规模变化

（数据来源：同图 4-11。）

如图 4-14 所示，2023 年，长江经济带上游、中游、下游星级饭店数量分别为 945 家、976 家、834 家。与 2022 年相比，中游增加了 39 家，增幅为 4.16%；而上游和下游则分别减少了 33 家和 78 家，分别下降 3.37% 和 8.55%。纵观 2017~2023 年，长江经济带上游、中游、

下游地区星级饭店数量都呈波动下降趋势，年均降幅分别为 4.62%、4.76%、7.32%。总体而言，长江经济带各区段星级饭店市场发展态势不同，整体呈现下降趋势。

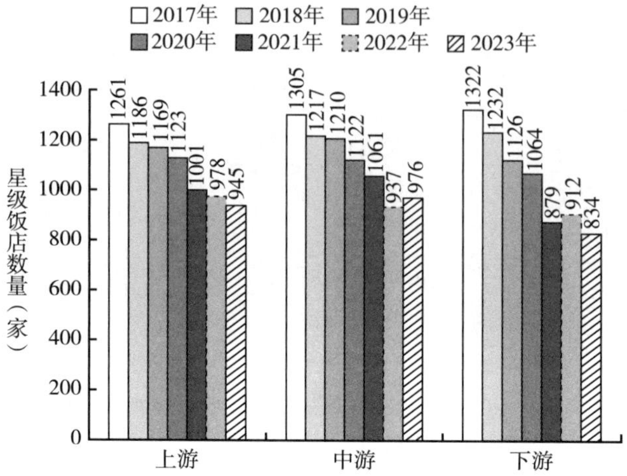

图 4-14　2017~2023 年长江经济带上游、中游、下游星级饭店数量规模对比

（数据来源：同图 4-11。）

2022 年长江经济带各类型住宿接待设施的发展情况可见表 4-1。

表 4-1　2022 年长江经济带各种类型住宿设施数量

区域	星级饭店		亲子酒店		露营营地		民宿		住宿设施总数	
	数量（家）	比例（%）	数量（家）	比例（%）	数量（家）	比例（%）	数量（家）	比例（%）	数量（家）	比例（%）
上游	978	34.59	1177	35.72	1447	27.34	34928	43.74	38530	42.22
中游	937	33.15	535	16.24	1380	26.07	23017	28.82	25869	28.34
下游	912	32.26	1583	48.04	2466	46.59	21908	27.44	26869	29.44
总计	2827	—	3295	—	5293	—	79853	—	91268	—

（数据来源：中华人民共和国文化和旅游部，2022 年度全国星级饭店统计调查报告［EB/OL］，https://zwgk.mct.gov.cn/zfxxgkml/tjxx/202304/t20230404_941165.html；2022 年各城市亲子酒店、民宿数据检索自去哪儿旅行网，露营营地数据检索自百度地图。）

由表 4-1 所知，2022 年，长江经济带共有亲子酒店 3295 家，露营地 5293 家，民宿 79853 家。其中，下游地区亲子酒店及露营地数量最多，所占比例分别为 48.04% 和 46.59%，较 2021 年而言，前者呈现下降状态（2021 年占 53.80%），后者有所上升（2021 年为 42.70%）；上游地区民宿数量仍占主导，所占比例为 43.74%，较 2021 年的 40.48% 上升了 3.26 个百分点；长江经济带地区的新型住宿接待设施以民宿为主，露营营地次之；总体而言，中游（28.34%）和下游地区（29.44%）总体数量差距不大，上游地区相对较多（42.22%）。

（3）京津冀地区住宿设施数量及其变化：总量持续下降，京津地区、河北省总量差距变小；京津地区星级饭店与亲子酒店占比大，河北省露营营地和民宿略占优

如图 4-15 所示，2023 年，京津冀地区星级饭店数量为 596 家，比 2022 年减少 86 家，降

幅为 12.61%，占全国星级饭店的比重为 8.23%，较 2022 年下降了 1.07 个百分点。

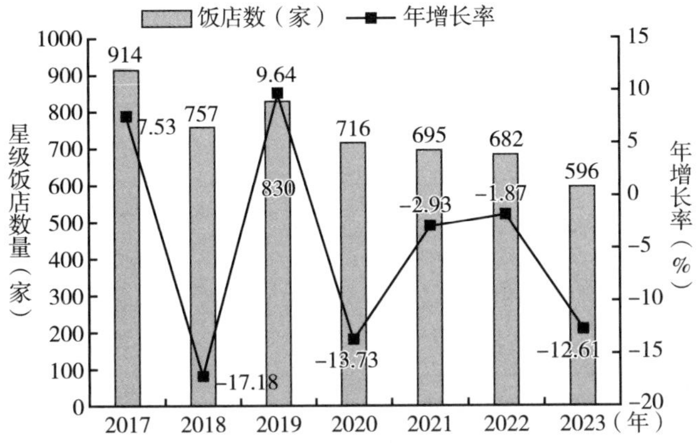

图 4-15　2017~2023 年京津冀地区星级饭店数量规模变化

（数据来源：同图 4-11。）

如图 4-16 所示，京津地区与河北省的星级饭店数量分别为 348 家和 248 家，与 2022 年相比，京津地区减少了 65 家，降幅为 15.74%，河北省减少了 21 家，降幅为 7.81%（图 4-16）；京津地区与河北省占京津冀地区星级饭店总数的比重分别为 58.39%、41.61%；与 2022 年相比，京津地区的比重下降了 2.17 个百分点，河北省的比重提高了 2.17 个百分点。京津地区与河北省在星级饭店数量差距仍在不断缩小，近三年两个地区总量比值从 2021 年的 1.63（431∶264）发展至 2022 年的 1.54（413∶269），再到 2023 年的 1.40（348∶248）。纵观 2017~2023 年，京津地区与河北省星级饭店数量总体上呈下降趋势，其中京津地区平均降幅为 4.13%，而河北省平均年降幅为 4.64%。

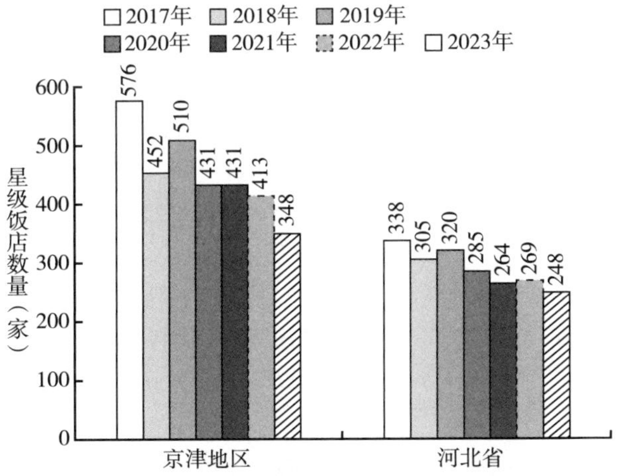

图 4-16　2017~2023 年京津地区与河北省星级饭店数量规模对比

（数据来源：同图 4-11。）

如表 4-2 所示，2022 年京津冀地区共有亲子酒店 406 家，露营营地 513 家，民宿 11594 家。其中，京津地区亲子酒店数量在京津冀地区所占比重较大，为 68.47%，而露营地、民宿数量的所占比例则与河北省大致相同，分别占 49.90%、49.59%。总体而言，京津地区与河北省住宿设施总数差距进一步收窄，占比分别为 50.75%、49.25%。

表 4-2　2022 年京津冀地区各种类型住宿设施数量

区域	星级饭店		亲子酒店		露营营地		民宿		住宿设施总数	
	数量（家）	比例	数量（家）	比例（%）	数量（家）	比例（%）	数量（家）	比例（%）	数量（家）	比例（%）
京津地区	413	60.56	278	68.47	256	49.90	5749	49.59	6696	50.75
河北省	269	39.44	128	31.53	257	50.10	5845	50.41	6499	49.25
总计	682	—	406	—	513	—	11594	—	13195	—

（数据来源：同表 4-1）

2. 经营效益及其变化

（1）全国星级饭店利润及变化：经营利润扭亏为盈，止跌回升势头喜人

如图 4-17 所示，2023 年，全国星级饭店利润为 29.17 亿元，扭转了 2022 年亏损 173.25 亿元的局面，止跌回升势头喜人。2017~2023 年，全国星级饭店的经营利润先降后升。2017~2019 年，全国星级饭店虽然持续盈利，但利润总量自 2018 年开始降低，增长率不断下降。在新冠疫情的冲击下，2020~2022 年，中国星级饭店连续三年处于严重亏损状态。随着旅游市场的复苏，星级饭店利润收入在 2023 年扭亏为盈。

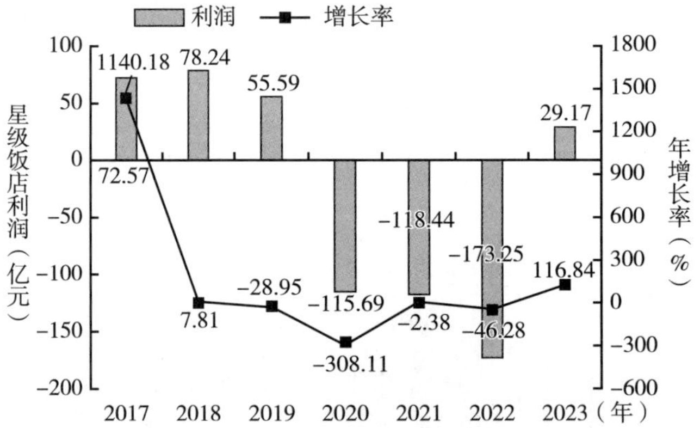

图 4-17　2017~2023 年全国星级饭店利润及其变化

（数据来源：《中国旅游统计年鉴》2019，2018~2022 年《全国星级饭店统计公报》）
2023 年来自 2023 年度全国星级旅游饭店统计调查报告，中华人民共和国文化和旅游部。）

（2）长江经济带星级饭店利润及变化：整体扭亏为盈；中下游正向增长，但上游仍然亏损

如图 4-18 所示，长江经济带星级饭店的利润由 2022 年巨亏 63.23 亿元转为 2023 年的盈利 12.06 亿元，整体扭亏为盈；其中，长江经济带上游、中游、下游 2023 年星级饭店利润分别为 −0.02 亿元、1.54 亿元、10.54 亿元，上游仍处于亏损状态，但中、下游已经由亏损转为盈利；相较于 2022 年，增幅分别为 99.88%、110.99%、132.13%（图 4-19），下游地区饭店利

润增幅最大。可见，上海、浙江和江苏作为中国经济发达的区域，星级饭店需求较为旺盛，恢复势头最大。

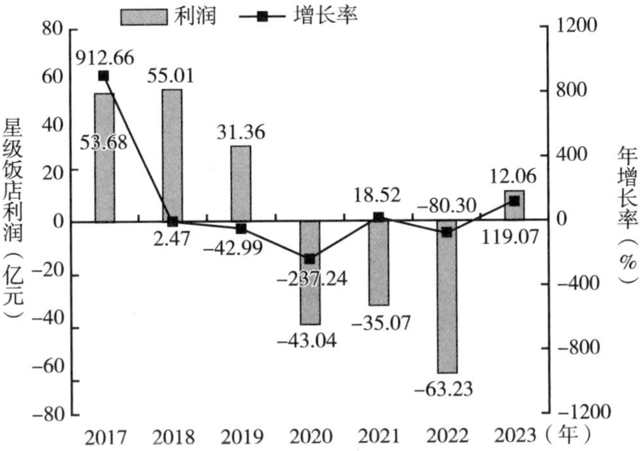

图 4-18　2017~2023 年长江经济带星级饭店利润及其变化

（数据来源：同图 4-17。）

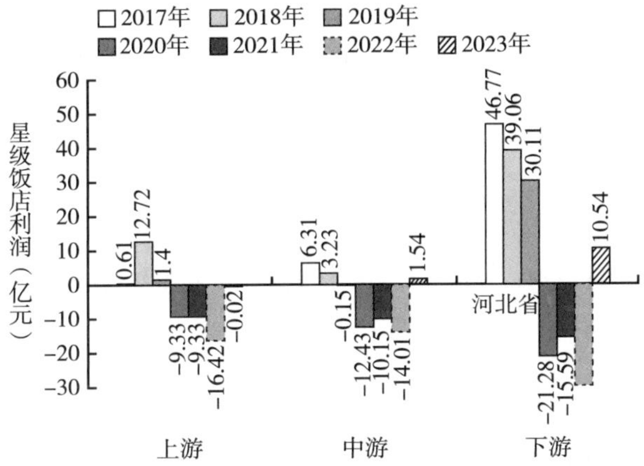

图 4-19　2017~2023 年长江经济带上游、中游、下游星级饭店利润比较

（数据来源：同图 4-17。）

（3）京津冀地区星级饭店利润及变化：总体扭亏为盈；京津地区由亏转盈，河北省持续亏损，但亏损额有所下降

如图 4-20 所示，2023 年，京津冀地区星级饭店利润为 6.41 亿元，相较于 2022 年亏损 12.41 亿元，利润总额大幅增加，成功实现扭亏为盈。

由图 4-21 可知，京津地区与河北省星级酒店利润存在巨大差异。2023 年，京津地区与河北省星级饭店利润分别为 13.69 亿元、-7.28 亿元。与 2022 年相比，京津地区已经成功摆脱新冠疫情的消极影响，顺利实现扭亏为盈；而河北省星级饭店仍然处于亏损状态，但亏损额由 2022 年 12.41 亿元减少为 7.28 亿元。2017~2023 年，京津地区星级饭店利润在 2020 年前保持着 3 年持续盈利状态，2020~2022 年星级饭店持续亏损，但 2023 年转为盈利态势；而河北省

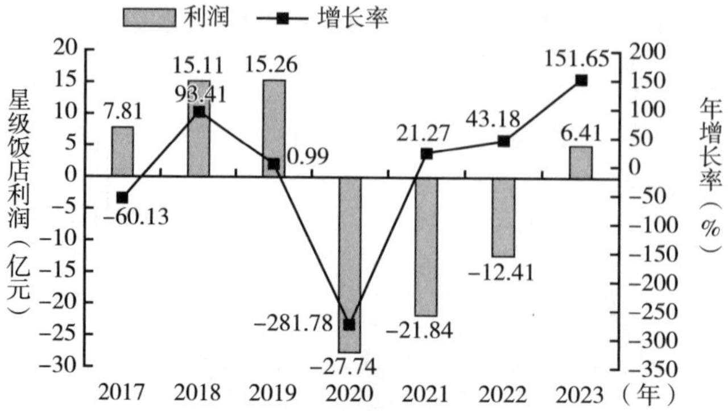

图 4-20　2017~2023 年京津冀地区星级饭店利润及其变化

（数据来源：同图 4-17。）

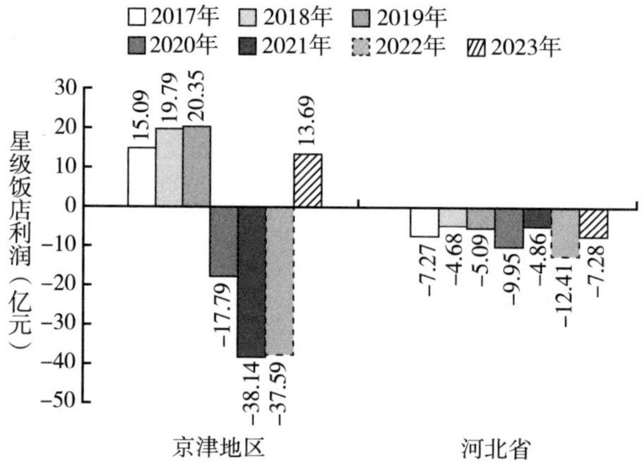

图 4-21　2017~2023 年京津地区与河北省星级饭店利润比较

（数据来源：同图 4-17。）

一直都处于亏损状态。

3. 发展效率及其变化

（1）全国星级饭店全员劳动生产率及其变化：近年波动变化，2023 年大幅上涨 52.00%

全国星级饭店全员劳动生产率在 2017~2023 年整个观察期内一波三折，动荡发展。2017~2018 年保持增长，2019~2020 年显著下降，2021 年恢复至 2019 年水平，但 2022 年又急剧下降，2023 年则大幅度上升至 25.49 万元 / 人，比 2022 年提高了 52.00%，上升幅度为近七年之最（图 4-22）。

（2）长江经济带星级饭店全员劳动生产率及其变化：整体涨超三成，下游涨幅最大

如图 4-23 所示，2023 年，长江经济带星级饭店全员劳动生产率为 25.11 万元 / 人，较 2022 年提高了 6.17 万元 / 人，涨幅为 32.58%。

2023 年，长江经济带上游、中游、下游星级饭店全员劳动生产率分别为 20.64 万元 / 人、21.55 万元 / 人、35.83 万元 / 人（图 4-24），与 2022 年相比均得到提升。其中，下游涨幅最大，

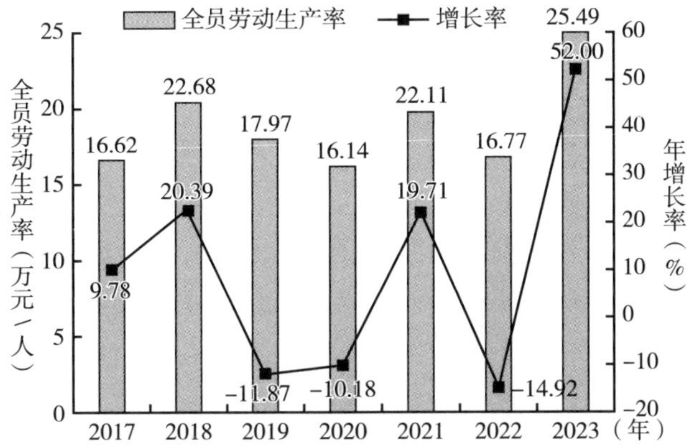

图 4-22　2017~2023 年全国星级饭店全员劳动生产率及其变化

（数据来源：同图 4-17。）

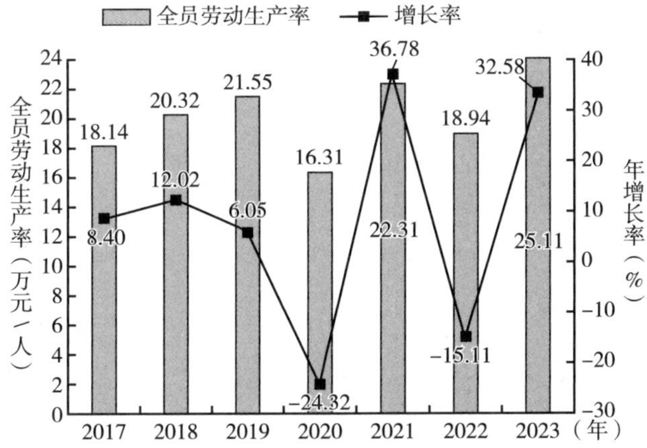

图 4-23　2017~2023 年长江经济带星级饭店全员劳动生产率及其变化

（数据来源：同图 4-17。）

为 36.83%，上游、中游虽然涨幅低于下游地区，但也保持着两位数的增长，分别为 30.07%、29.99%。纵观 2017~2023 年，如图 4-24 所示，长江经济带上游、中游、下游星级饭店全员劳动生产率前 3 年均保持上升；2020 年，其上升趋势因新冠疫情影响而中断。随着国家政策支持与旅游经济的复苏，在后 3 年呈波动提升。

（3）京津冀地区全员劳动生产率及其变化：整体涨超五成多；京津地区增长势头更强，京津地区与河北省差距拉大

如图 4-25 所示，2023 年，京津冀地区星级饭店全员劳动生产率为 29.86 万元 / 人，比 2022 年增加了 10.61 万元 / 人，涨幅为 55.12%，为近五年以来全员劳动生产率最高的年份。

如图 4-26 所示，京津地区、河北省 2023 年星级饭店全员劳动生产率分别为 35.13 万元 / 人、19.32 万元 / 人，分别比 2022 年提高了 13.60 万元 / 人、4.61 万元 / 人；京津地区星级饭店全员劳动生产率的涨幅远高于河北省，两者的发展差距进一步拉大，总体比值由 2022 年的 1.46（21.53 : 14.71）上升至 2023 年的 1.82（35.13 : 19.32）。纵观 2017~2023 年，京津地区星

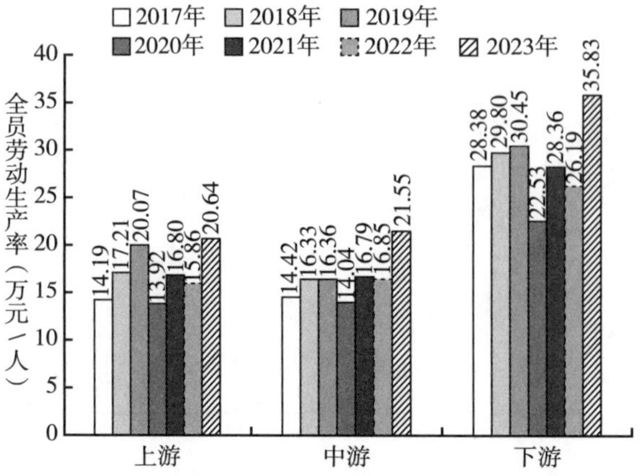

图 4-24　2017~2023 年长江经济带上游、中游、下游星级饭店全员劳动生产率对比

（数据来源：同图 4-17。）

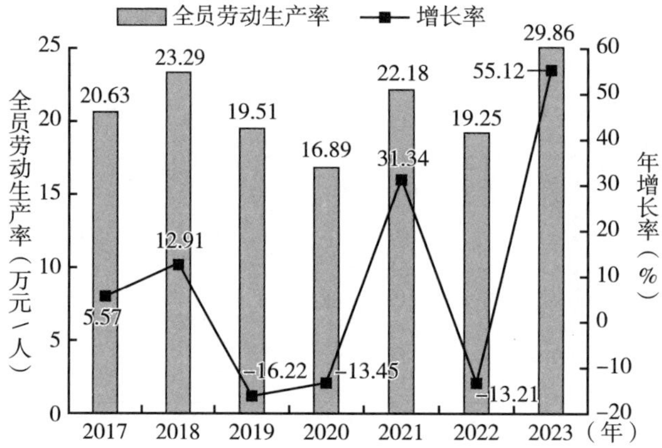

图 4-25　2017~2023 年京津冀地区星级饭店全员劳动生产率及其变化

（数据来源：同图 4-17。）

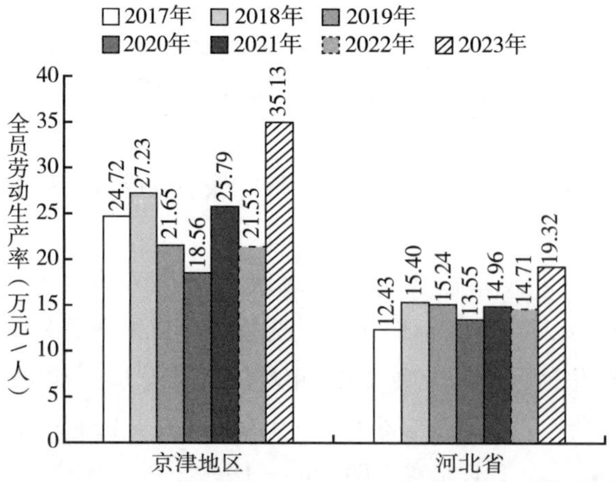

图 4-26　2017~2023 年京津地区与河北省星级饭店全员劳动生产率对比

（数据来源：同图 4-17。）

级饭店全员劳动生产率变化幅度较大，新冠疫情后复苏势头强劲，显示出中国饭店业强大的发展韧性。相比而言，河北省星级饭店全员劳动生产率相对稳定，2017~2022 年变化幅度稳定在 1 万 ~3 万元 / 人，但在 2023 年得到较大幅度的提升。

（二）旅游景区供给

1. 数量规模及其变化

（1）全国景区数量及其变化：总量增加，增幅收窄；3A 级旅游景区为主体，景区等级向中高端发展趋势明显

截至 2022 年年底，全国共有 A 级旅游景区 14917 家，较 2021 年增加了 721 家，增长率为 5.08%，增幅较 2021 年降低 1.89 个百分点，增幅有所收缩。2017~2022 年，全国 A 级旅游景区数量持续增长，平均年增长率为 7.23%（见图 4–27）。

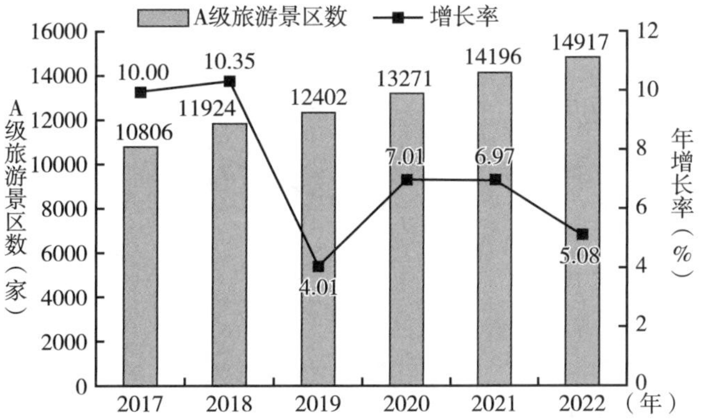

图 4–27　2017~2022 全国 A 级旅游景区数量规模变化

（数据来源：《中国旅游统计年鉴》2018，《中国文化文物和旅游统计年鉴》2019~2023。）

如图 4–28 所示，从等级结构来看，2022 年，全国 5A 级、4A 级、3A 级、2A 级和 1A 级旅游景区数量分别为 318 家、4589 家、8083 家、1850 家和 77 家，景区总量占比分别为 2.13%、30.76%、54.19%、12.40% 和 0.52%，3A 级旅游景区占据主导地位。从不同等级 A 级旅游景区数量的变化来看，相比 2021 年而言，2022 年 3A 级旅游景区数量增长幅度最大，涨幅为 7.17%；其次为 4A 级旅游景区，涨幅达到 6.06%；往后依次为 5A 级旅游景区（3.92%）、1A 级旅游景区（1.32%），2A 级旅游景区数量则下降了 4.88%。从占比来看，高等级旅游景区（5A 级和 4A 级景区）占比 32.90%，与 2021 年水平（32.64%）相当。低等级旅游景区（2A 级和 1A 级景区）占比 12.92%，较 2021 年占比下降 1.32 个百分点，景区等级向中高端发展的趋势进一步加强。

（2）长江经济带景区数量及其变化：总量持续增加，增速下降；上游总量下降，中游、下游数量增加，下游增速最快

如图 4–29 所示，截至 2022 年，长江经济带共有 A 级旅游景区 6290 家，较 2021 年增加了 308 家，增长 5.15%，增速较 2021 年（8.57%）有所下降，但仍略高于全国水平（5.08%）；占全国 A 级旅游景区总数的比例为 42.17%，与 2021 年水平（42.14%）相差无几。纵观 2017~

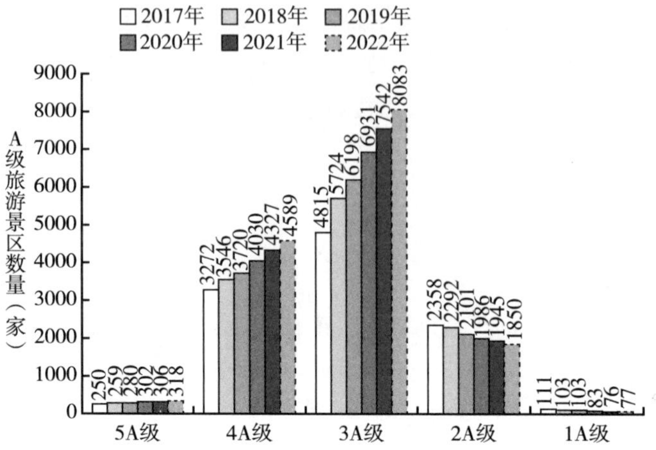

图 4-28　2017~2022 年全国不同等级 A 级旅游景区数量比较

（数据来源：同图 4-27。）

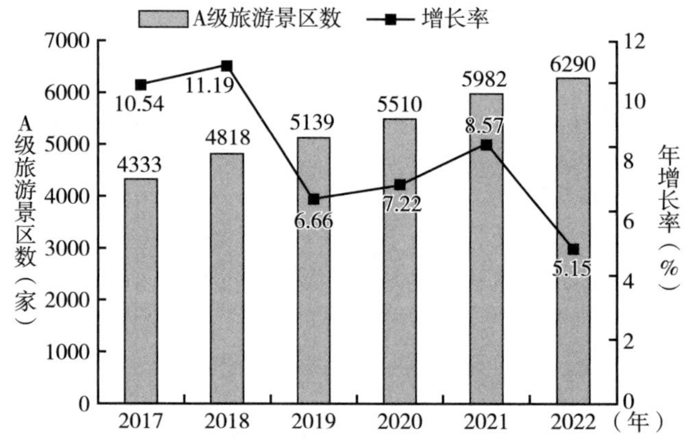

图 4-29　2017~2022 长江经济带 A 级旅游景区数量规模变化

（数据来源：同图 4-27。）

2022 年，长江经济带 A 级旅游景区数量持续增长，平均年增长率为 8.22%。

如图 4-30 所示，2022 年，长江经济带上游、中游、下游 A 级旅游景区数量分别为 2257 家、2352 家、1681 家，相比 2021 年，上游、中游、下游分别增加了 244 家、135 家、19 家，增幅分别为 12.12%、6.09%、1.14%。长江经济带上游、中游、下游地区 A 级旅游景区数量占长江经济带总数的比例分别为 35.88%、37.39%、26.72%，与 2021 年相比，上游地区和中游地区分别上升了 2.23 个百分点，下游地区则下降了 1.06 个百分点；纵观 2017~2022 年长江经济带上游、中游、下游 A 级旅游景区数量变化趋势，中游地区一直保持着平稳发展，上游地区数量有所回落，下游地区发展潜力相对较大。

如图 4-31 所示，2022 年，长江经济带各段 A 级旅游景区的等级结构与全国 A 级旅游景区的等级结构较为一致，均呈现出中高端旅游景区突出的特点。其中，长江经济带上游、中游、下游高等级（5A 级与 4A 级）旅游景区所占比例分别为 35.76%、34.78% 和 34.32%，低等级（1A 级与 2A 级）旅游景区所占比例分别为 11.35%、8.21% 和 11.01%，3A 级旅游景区所

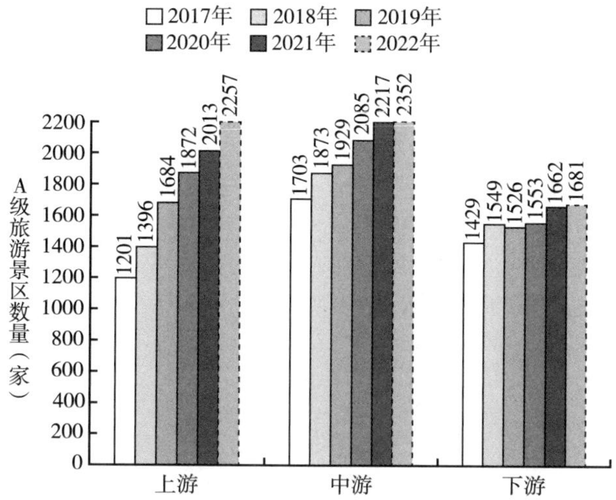

图 4-30　2017~2022 年长江经济带上游、中游、下游 A 级旅游景区数量比较

（数据来源：同图 4-27。）

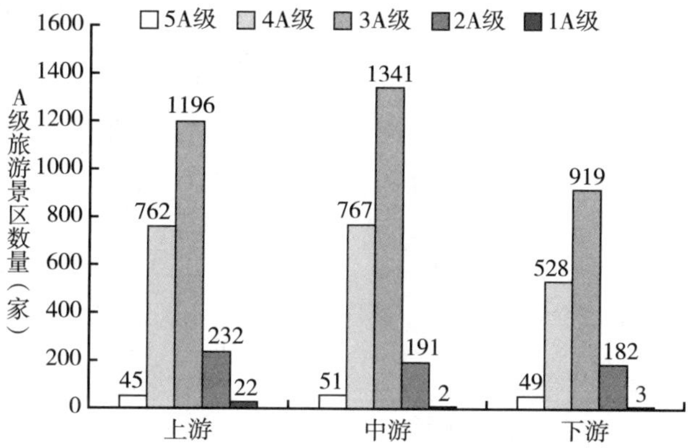

图 4-31　2022 年长江经济带上游、中游、下游 A 级旅游景区的等级结构比较

（数据来源：《中国文化文物和旅游统计年鉴 2023》。）

占比例分别为 52.99%、57.02% 和 54.67%。

（3）京津冀地区景区数量及其变化：总量增幅收窄；京津地区持续减少，河北略有增加，两地高等级景区数量相差不大

如图 4-32 所示，截至 2022 年年底，京津冀地区共有 A 级旅游景区 808 家，景区总数较 2021 年增加了 1 家，增幅为 0.12%，增幅较 2021 年下降 2.42 个百分点。京津冀地区 A 级旅游景区占全国 A 级旅游景区总数的 5.42%，比 2021 年下降 0.27 个百分点；纵观 2017~2022 年，除了 2019 年，京津冀地区 A 级旅游景区数量总体呈增长趋势，但增幅不稳定，2017~2019 年增幅持续下降，在 2020 年得到一定提升后，后两年的增加幅度持续收缩。

京津地区、河北省 2022 年 A 级旅游景区数量分别为 314 和 494 家，与 2021 年相比，前者减少了 7 家，后者则增加了 8 家。京津地区、河北省 A 级旅游景区数量占京津冀地区比例分别为 38.86% 和 61.14%，与 2021 年相比，前者下降了 0.92 个百分点，后者增加了 0.92 个百

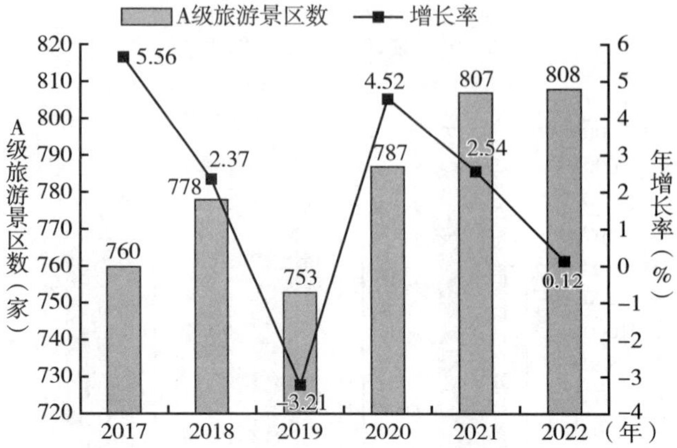

图 4-32　2017~2022 京津冀地区 A 级旅游景区数量规模变化

（数据来源：同图 4-27。）

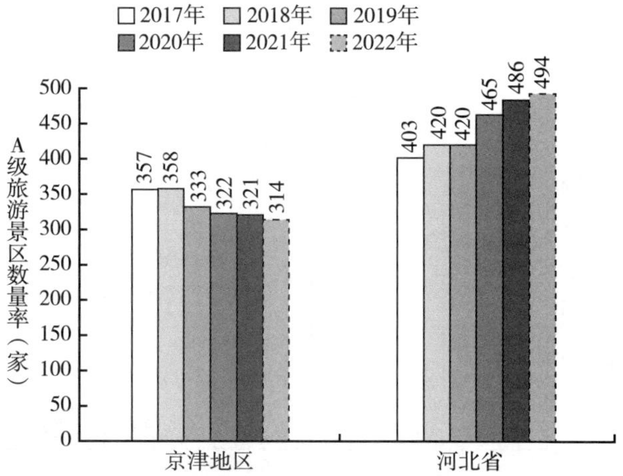

图 4-33　2017~2022 年京津地区与河北省 A 级旅游景区数量比较

（数据来源：同图 4-27。）

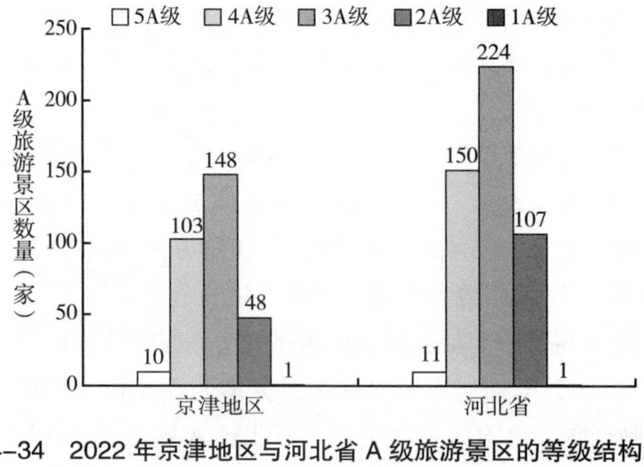

图 4-34　2022 年京津地区与河北省 A 级旅游景区的等级结构比较

（数据来源：数据来源：《中国文化文物和旅游统计年鉴 2023》。）

分点。纵观 2017~2022 年，京津地区景区数量总体处于下降趋势，而河北省则保持上升趋势，近 6 年来，平均年增长率分别为 -1.99% 和 5.25%。

从景区等级结构来看，2022 年，京津地区与河北省 A 级旅游景区的等级结构与全国、长江经济带 A 级旅游景区的等级结构类似，均以中高端旅游景区为主体。京津地区、河北省高等级旅游景区（4A 级和 5A 级）所占比例分别为 36.45% 和 32.79%，高等级旅游景区数量差距不大；低等级景区（2A 级和 1A 级）数量占比分别为 15.81%、21.86%，3A 级旅游景区占比分别为 47.74%、45.34%，由此可以看出，京津地区景区质量整体上略优于河北省（图 4-34）。

2. 经营效益及其变化

（1）全国 A 级旅游景区门票收入及其变化：整体波动下滑，2022 年下降一成多

如图 4-35 所示，2022 年，全国 A 级旅游景区门票收入为 336.42 亿元，与 2021 年相比减少了 44.55 亿元，下降 11.69%。全国 A 级旅游景区门票收入在 2017~2019 年呈波动下降的态势，除了 2018 年门票收入较前一年显著增长外，其余年份一直处于下降态势；受到新冠疫情的重大打击，2020 年降幅达 54.39%，2021~2022 年随着旅游市场的逐步复苏，尽管收入仍处于下降的态势，但是下降幅度有所减缓，近 6 年来平均年降幅为 12.13%。

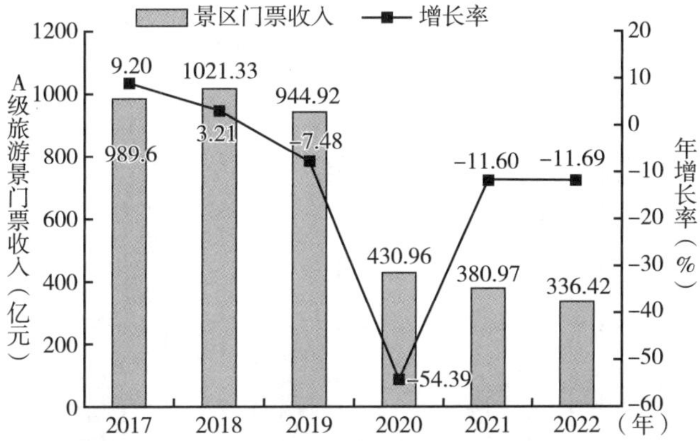

图 4-35　2017~2022 年全国 A 级旅游景区门票收入及其变化趋势

（数据来源:《中国旅游统计年鉴》2018,《中国文化文物和旅游统计年鉴》2019~2023。）

（2）长江经济带 A 级旅游景区门票收入及其变化：整体波动下降；2022 年，上中游增长；下游大幅度下降

如图 4-36 所示，2022 年，长江经济带 A 级旅游景区门票收入为 192.22 亿元，占全国 A 级旅游景区门票收入的 57.14%，比 2021 年下降了 5.23 亿元，降幅为 2.65%，降幅较 2021 年有所收窄，但下降趋势仍然明显。2017~2022 年，长江经济带景区门票收入波动下降，与全国 A 级旅游景区门票收入变化情况相似，除 2018 年门票收入增长之外，其余年份持续下降，2020 年更是呈现断崖式下降，往后下降幅度虽然趋于缓和，但门票收入总量持续下降，恢复营收增长仍然面临困难。

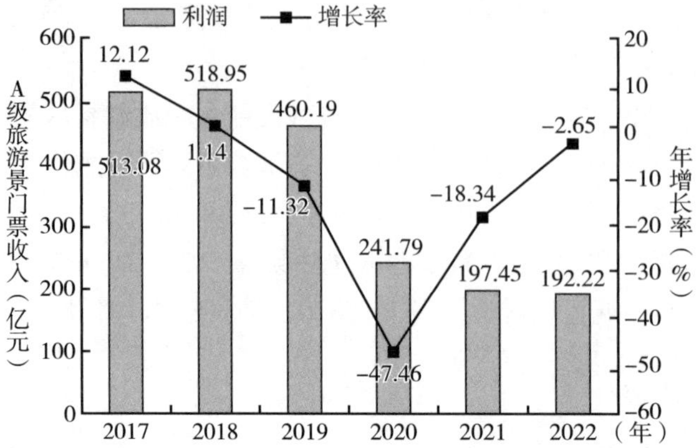

图 4-36　2017~2022 年长江经济带 A 级旅游景区门票收入及其变化

（数据来源：同图 4-35。）

如图 4-37 所示，2022 年，长江经济带上游、中游、下游 2022 年景区门票收入分别为 53.22 亿元、79.07 亿元、59.93 亿元（图 4-37），相较于 2021 年，上游和中游地区分别增加 1.56%、11.71%，下游地区则下降了 19.31%。由此可见，长江经济带中游地区景区门票收入涨幅最高，下游降幅最大。

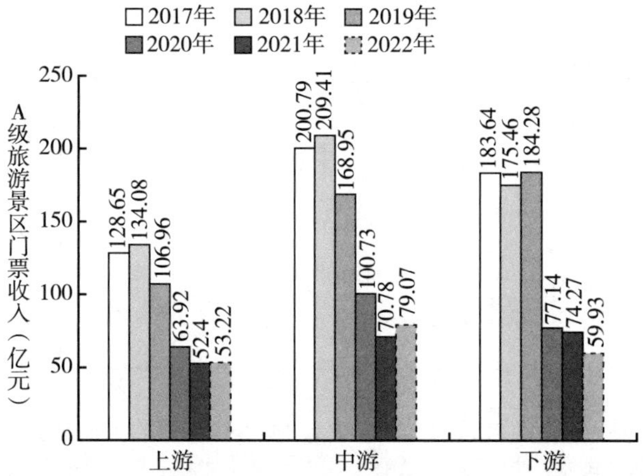

图 4-37　2017~2022 年长江经济带上游、中游、下游 A 级旅游景区门票收入比较

（数据来源：同图 4-35。）

（3）京津冀地区 A 级旅游景区门票收入及其变化：2022 年整体下降，京津地区下降，河北省增长，京津地区与河北省差距缩小

如图 4-38 所示，2022 年，京津冀地区 A 级旅游景区门票收入为 22.28 亿元，占全国 A 级旅游景区门票收入的 6.62%；比 2021 年下降了 4.64 亿元，降幅为 17.24%。其中，京津地区 2022 年 A 级旅游景区门票收入为 17.4 亿元，较 2021 年降低了 4.73 亿元，降幅为 21.37%；而河北省 2022 年 A 级旅游景区门票收入为 4.88 亿元（图 4-39），较 2021 年上升了 0.09 亿元。A 级旅游景区门票收入分别占京津、冀地区总额的 78.10%、21.90%，京津地区占比下降了 4.11 个百分点，河北省占比上升了 4.11 个百分点。如图 4-39 所示，纵观 2017~2022 年，京津地

区 A 级旅游景区门票收入先升后降：新冠疫情前连年增长，疫情后显著波动下降；河北省在 2020 年后一直保持低位发展，上升潜力较大。京津地区与河北省的差距进一步缩小，其 A 级旅游景区门票总收入比值由 2021 年的 4.62（22.13∶4.79）下降至 2022 年的 3.57（17.4∶4.88）。

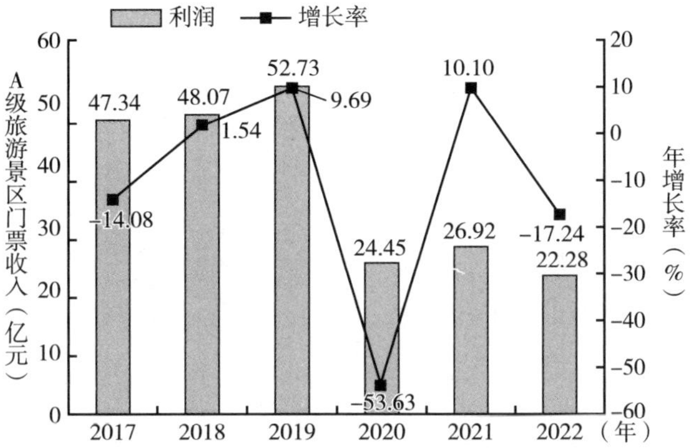

图 4-38　2017~2022 年京津冀地区 A 级旅游景区门票收入及其变化

（数据来源：同图 4-35。）

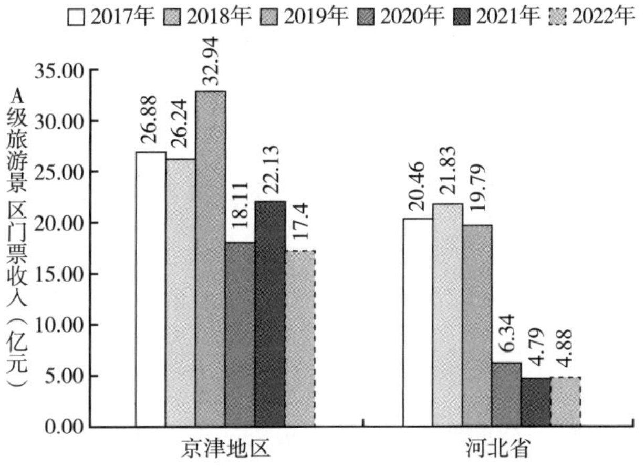

图 4-39　2017~2022 年京津地区与河北省 A 级旅游景区门票收入对比

（数据来源：同图 4-35。）

（三）旅行社供给

1. 全国旅行社数量及其变化：总量增加，增幅超过两成

如图 4-40 所示，截至 2023 年 12 月 31 日，全国旅行社总数为 56275 家（按 2023 年第四季度旅行社数量计算）[①]，比 2022 年增长了 24.61%。2017~2023 年，全国旅行社数量逐年递增，

① 中华人民共和国文化和旅游部. 2023 年度全国旅行社统计调查报告［R］. 2024-06-12. https://zwgk.mct.gov.cn/zfxxgkml/tjxx/202406/t20240618_953559.html.

2018 年增幅最大，增幅为 25.55%，随后保持每年 4% 左右的增幅，2022 年增幅上升至 6.43%，较 2021 年提升 2.13 个百分点，2023 年增幅上升至 24.61%，较 2022 年提升了 18.17 个百分点。

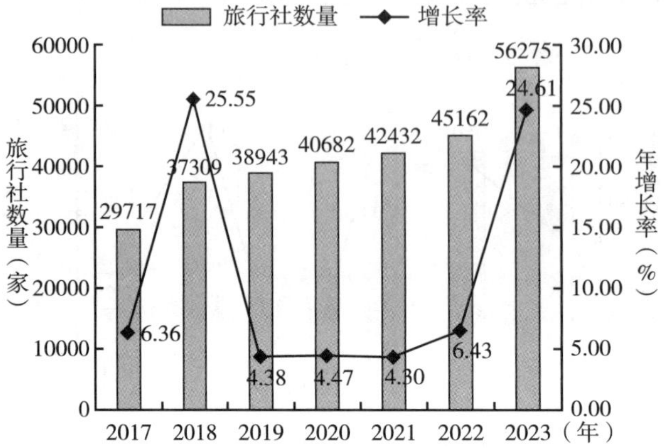

图 4-40　2017~2023 年全国旅行社数量规模变化

（数据来源：《中国旅游统计年鉴》2018、《中国文化文物和旅游统计年鉴》2019~2021、2021~2023 年全国旅行社统计调查报告。）

2. 长江经济带旅行社数量及其变化：总量增加超两成；上游增幅最大，下游占比最大

截至 2023 年年底，长江经济带共有旅行社 22920 家，占全国旅行社总数的 40.73%，较 2022 年增加了 3941 家，年增长率为 20.77%（图 4-41），涨幅较 2022 年上升了 12.57 个百分点。其中，长江经济带上游、中游、下游 2023 年的旅行社数量分别为 6147 家、7430 家、9343 家（图 4-42），比 2022 年分别增加了 30.59%、25.72%、11.73%，较 2022 年的增幅分别上升了 13.71 个、17.87 个、7.65 个百分点。

纵观 2017~2023 年，长江经济带上游、中游、下游地区旅行社数量均保持增长，2018 年增幅明显扩大后，2019~2022 年增幅趋于平缓，平均年增长率分别为 7.98%、6.46%、3.77%，但在 2023 年又呈现出较大幅度的提升。2023 年长江经济带上游、中游、下游地区旅行社数量占长江经济带总数的比例分别为 26.82%、32.42%、40.76%（图 4-43）。纵观 2017~2023 年，下游地区的占比虽一直显著高于上游、中游地区，但随着时间的推移，长江经济带上游、中游、下游差距不断收缩。

3. 京津冀地区旅行社数量及其变化：总量增幅近四成；京津、冀占比（7∶3）悬殊，且差异扩大

截至 2023 年，京津冀地区共有旅行社 7548 家，占全国旅行社的比重为 13.41%，较 2022 年增加了 2030 家，年增长率为 36.79%，增幅较 2022 年增加了 32.64 个百分点（图 4-44）。

如图 4-45 所示，京津地区、河北省 2023 年的旅行社数量分别为 5673 家、1875 家，与 2022 年相比，分别增加 1749 家、281 家，增幅分别为 44.57%、17.63%，京津地区增幅上升了

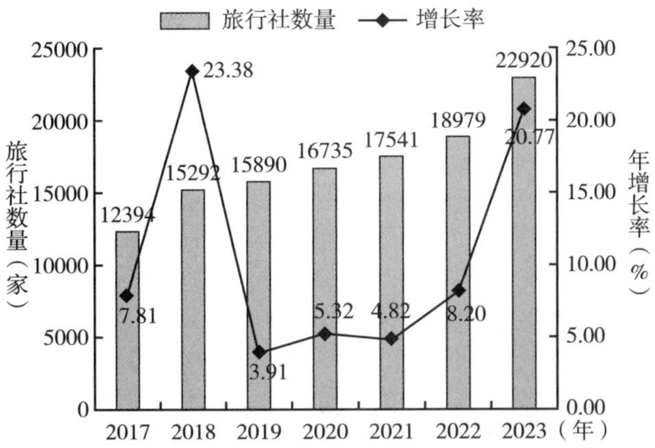

图 4-41　2017~2023 年长江经济带旅行社数量规模变化

（数据来源：同图 4-40。）

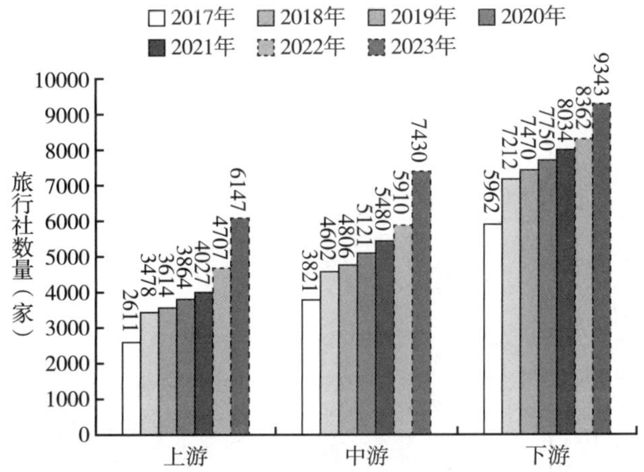

图 4-42　2017~2023 年长江经济带上游、中游、下游旅行社数量规模比较

（数据来源：同图 4-40。）

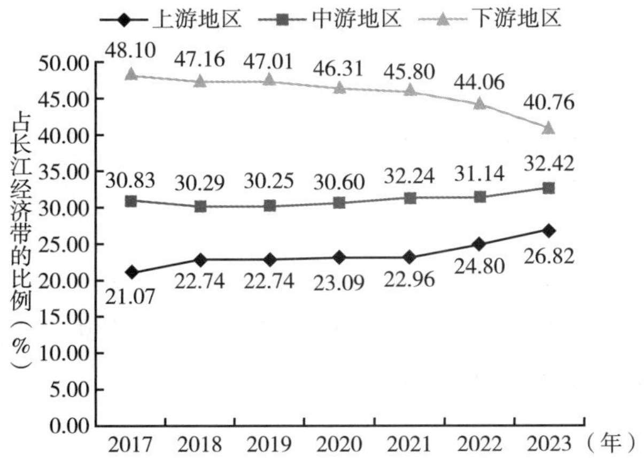

图 4-43　2017~2023 年长江经济带上游、中游、下游旅行社数量占长江经济带比例比较

（数据来源：同图 4-40。）

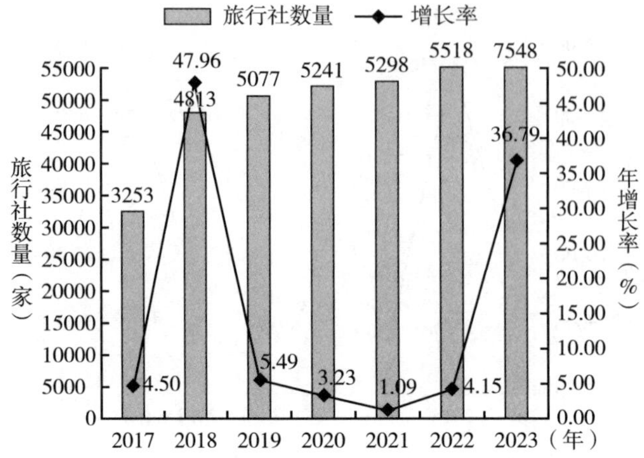

图 4-44 2017~2023 年京津冀地区旅行社数量规模变化

（数据来源：同图 4-40。）

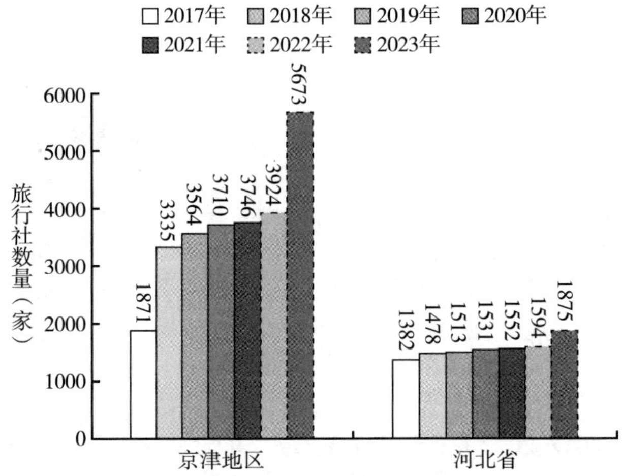

图 4-45 2017~2023 年京津地区与河北省旅行社数量规模比较

（数据来源：同图 4-40。）

39.82 个百分点，河北省增幅上升了 14.92 个百分点。2017~2023 年，京津地区旅行社数量波动明显，2018 年和 2023 年均出现爆发式增长，其余年份基本保持平稳增长的状态。反观河北省波动幅度相对稳定，除了 2023 年上升的数量超过 200 家，其余年份总体保持在 100~200 家的波动幅度。

2023 年，京津地区、河北省旅行社数量占京津冀地区总数比例分别为 75.16%、24.84%（图 4-46），京津地区的占比一直高于河北省，差距有扩大趋势，其中京津地区较 2022 年上升了 4.05 个百分点，而河北省占比则下降了 4.05 个百分点。

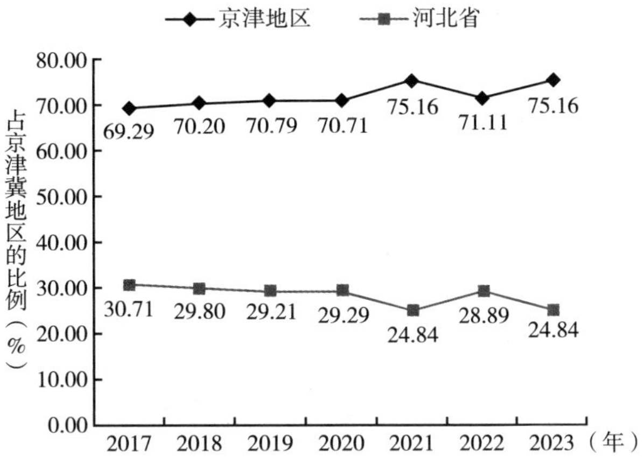

图 4-46 2017~2023 年京津地区与河北省旅行社数量占京津冀地区比例比较

（数据来源：同图 4-40。）

三、旅游业发展环境盘点

（一）自然环境盘点

1. 空气质量优良天数

（1）全国空气质量优良天数：全国省会城市平均 317 天，较前一年有所回落

如图 4-47 所示，2022 年，全国省会城市空气质量优良天数平均为 317 天，较 2021 年减少了 4 天，年降幅为 1.25%。2022 年，全国 339 个城市环境空气质量优良天数比例在 24.9%~100%，平均为 86.5%，比 2021 年下降 1.0 个百分点①。2017~2021 年全国空气质量优良天数总体呈上升趋势，平均年增长率为 2.67%，但在 2022 年有所下降。

（2）长江经济带空气质量优良天数：高出全国平均水平 7 天，较前一年下降；上游的优良天数保持高位，且继续上升，中游、下游地区下降

如图 4-48 所示，2022 年，长江经济带 11 个省份平均空气质量优良天数为 324 天，比全国平均值高出 7 天，比 2021 年少了 10 天，年降幅为 2.99%。整体看来，2017~2021 年，长江经济带空气质量优良天数总体呈上升趋势，但在 2022 年有所下降，与全国空气质量变化规律类似。

从各区来看，2022 年，长江经济带上游、中游、下游地区平均空气质量优良天数分别为 346 天、314 天、313 天（图 4-49），上游地区空气质量持续保持最优，中游地区空气质量优良天数略高于下游；中游和下游地区分别比 2021 年减少了 13 天、17 天，年降幅分别为 3.98%、

① 中华人民共和国生态环境部. 2022 中国生态环境状况公报［R］. 2023-05-30. https://www.mee.gov.cn/hjzl/sthjzk/zghjzkgb/202305/P020230529570623593284.pdf.

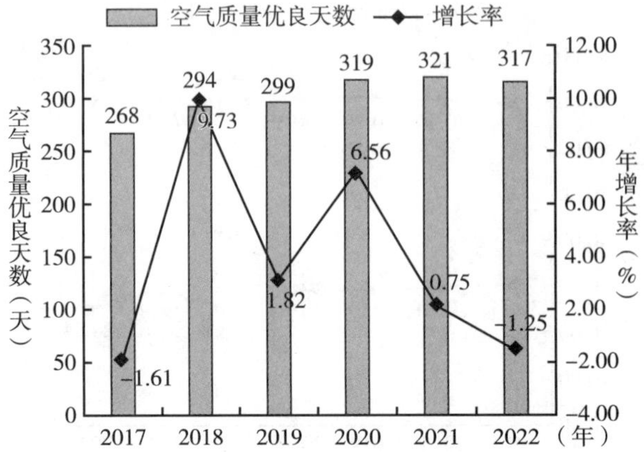

图 4-47　2017~2022 年全国省会城市空气质量优良天数及其变化

（数据来源：《中国环境统计年鉴》2017~2022；各省生态环境厅《2022 生态环境状况公报》。）

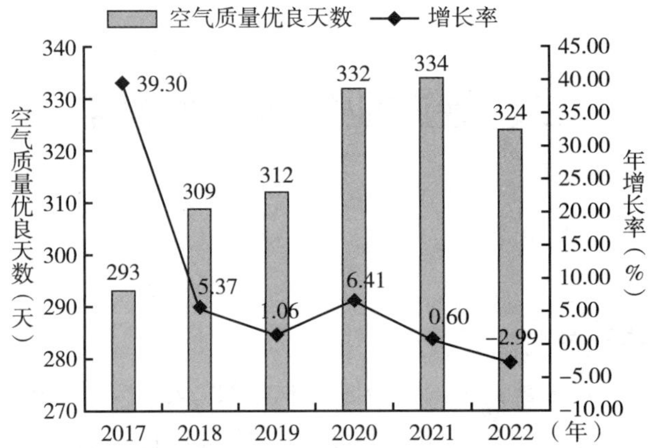

图 4-48　2017~2022 年长江经济带省会城市空气质量优良天数及其变化

（数据来源：同图 4-47。）

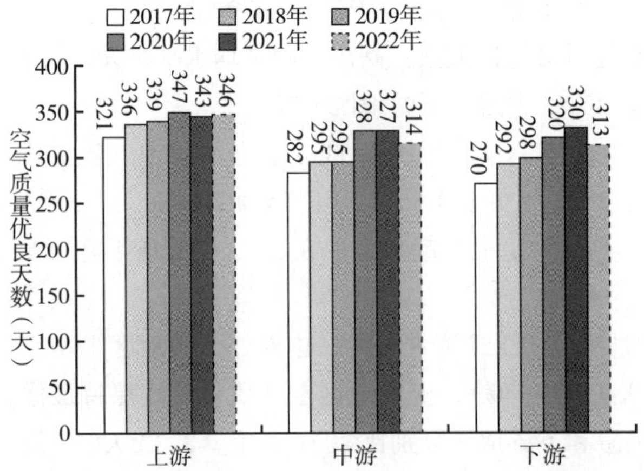

图 4-49　2017~2022 年长江经济带上游、中游、下游空气质量优良天数比较

（数据来源：同图 4-47。）

5.15%，下游地区下降幅度最大。上游地区增加了 3 天，年增幅为 0.87%。纵观 2017~2021 年，除了 2022 年有所回落，长江经济带上游、中游、下游地区空气质量优良天数总体上呈现波动性增长趋势，2017~2022 年平均增长幅度分别为 1.22%、1.99%、3.28%。

（3）京津冀地区空气质量优良天数：比全国平均水平低 43 天；京津地区与河北省差距不变

如图 4-50 所示，2022 年，京津冀地区平均空气质量优良天数为 274 天，比全国平均值少 43 天，与 2021 年天数持平。其中，京津地区、河北省 2022 年平均空气质量优良天数分别为 277 天、270 天，两地间的差距较上一年不变；与 2021 相比，京津地区与河北省空气质量优良天数均增加了 1 天，前者增幅为 0.36%，后者增幅为 0.37%，变化幅度均低于 2021 年。2017~2022 年，京津地区、河北省空气质量优良天数总体趋稳（图 4-51），两者的平均年增长率均为 4.66%。

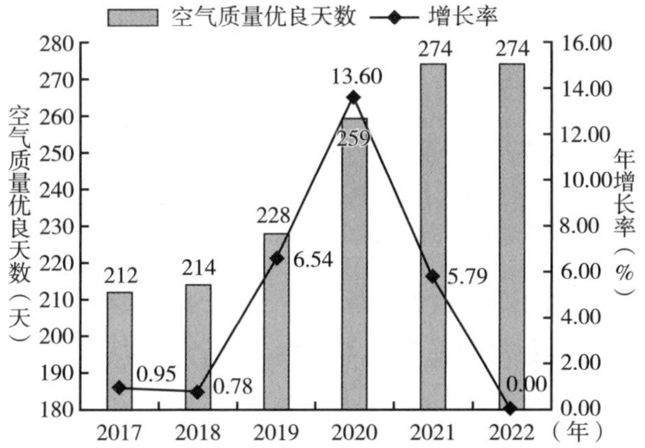

图 4-50　2017~2022 京津冀地区平均空气质量优良天数及其变化

（数据来源：同图 4-47。）

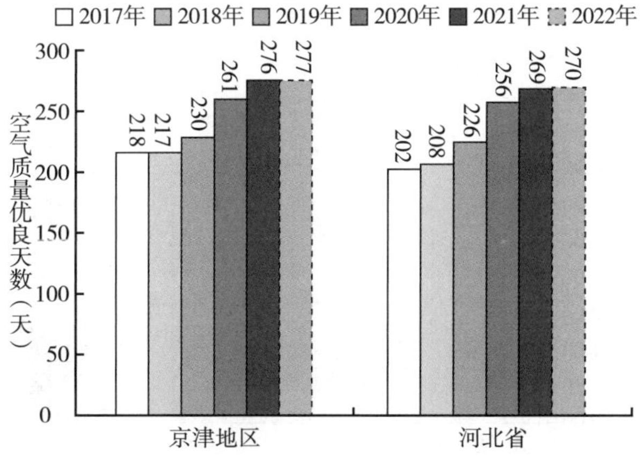

图 4-51　2017~2022 年京津地区与河北省空气质量优良天数比较

（数据来源：同图 4-47。）

2. 城市污水处理率

（1）全国城市污水处理率：平均处理率 98.05%，较前一年有所提升

截至 2022 年年底，全国 31 个省份城市污水处理率平均水平为 98.05%，较 2021 年（97.41%）提升了 0.64 个百分点，增幅为 0.66%（图 4-52）。2017~2022 年，全国城市污水处理率总体呈上升趋势，平均年增长率为 1.10%。

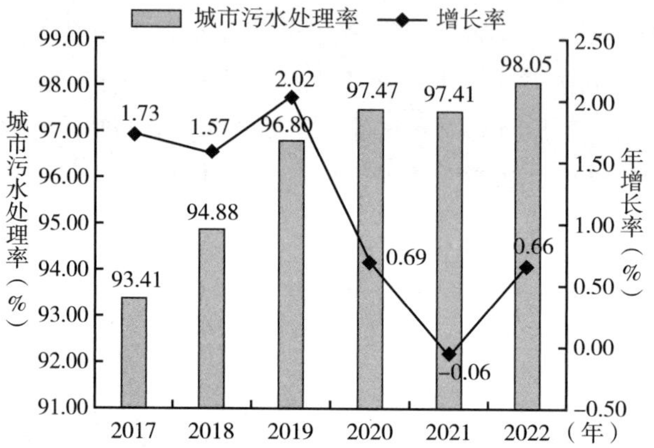

图 4-52　2017~2022 全国城市污水处理率及其变化

（数据来源：《中国环境统计年鉴》2018~2023；《中国第三产业统计年鉴 2022》。）

（2）长江经济带城市污水处理率：整体保持上升，上游处理率最高

2022 年，长江经济带城市污水处理率为 97.94%，较全国平均水平低了 0.11 个百分点；但比 2021 年上升了 0.19 个百分点，连续 6 年保持上升。其中，长江经济带上游、中游、下游地区 2022 年的城市污水处理率分别为 98.13%、97.88%、97.83%（图 4-53），差异较小，上游地区较中游、下游地区表现突出。与 2021 年相比，长江经济带上游、中游、下游地区的城市污水处理率分别

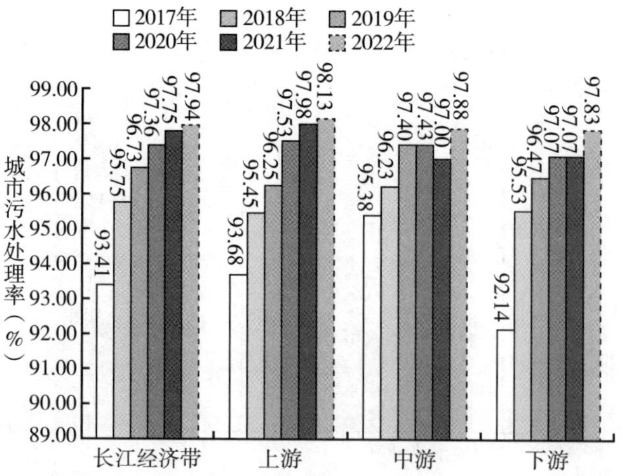

图 4-53　2017~2022 年长江经济带上游、中游、下游城市污水处理率比较

（数据来源：同图 4-52。）

提高了 0.14 个、0.87 个、0.76 个百分点，中游地区提高最多。纵观 2017~2022 年，长江经济带上游、中游、下游地区城市污水处理率持续保持上升，中游地区增幅有所减缓；下游城市污水处理率年均增幅最高，平均每年提高 1.27 个百分点，高于上游、中游地区 1.09 个和 0.73 个百分点。

（3）京津冀地区城市污水处理率：高于全国平均水平；京津地区与河北省差距收窄

如图 4-54 所示，2022 年，京津冀地区城市污水处理率为 98.53%，高于全国平均水平（98.05%）0.48 个百分点；比 2021 年（97.94%）上升了 0.59 个百分点，涨幅为 0.6%。其中，京津地区、河北省 2022 年的城市污水处理率分别为 98.25% 和 99.10%，相差 0.85 个百分点，后者略高于前者。与 2021 相比，京津地区城市污水处理率有所升高，升高了 0.49 个百分点；河北省的城市污水处理率较前一年持平，保持在 99.10%。纵观 2017~2022 年，京津地区的城市污水处理率平均每年提高 1.30 个百分点，但一直低于河北省；河北省城市污水处理率持续提升，但近五年来增速放缓，平均每年提高 1.23 个百分点。

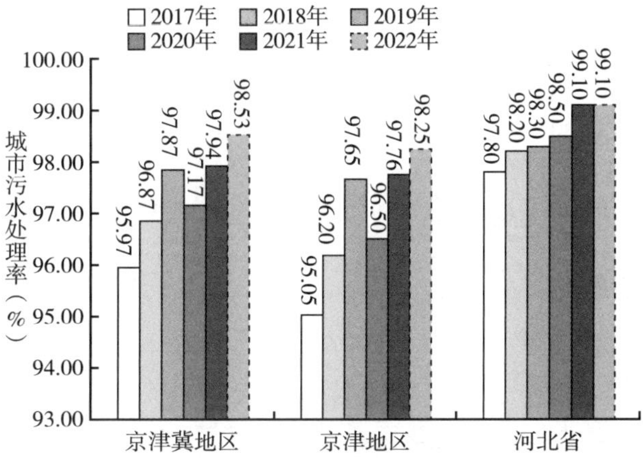

图 4-54　2017~2022 年京津冀地区及两大区域城市污水处理率比较

（数据来源：同图 4-52。）

3. 生活垃圾无害化处理率

（1）全国生活垃圾无害化处理率：平均水平 99.90%，较前一年略有提升

2022 年，全国 31 个省份生活垃圾无害化处理率平均值为 99.90%，较 2021 年（99.82%）增加了 0.08 个百分点。如图 4-55 所示，2017~2022 年，全国生活垃圾无害化处理率逐年持续、稳定提高，从 2017 年的 96.69% 提高到 2022 年的 99.90%，平均年增长率为 0.79%，年增长率呈波动下降趋势。

（2）长江经济带生活垃圾无害化处理率：平均水平为 99.84%，略低于全国平均水平；中游保持 100%；上游有所上升，下游略微下降

2022 年，长江经济带生活垃圾无害化处理率的平均值为 99.84%，比全国平均水平（99.90%）略低，但较 2021 年上涨了 0.24 个百分点（图 4-56）。其中，长江经济带上游、中游、下游生活垃圾无害化处理率分别为 99.95%、100%、99.47%（图 4-57），中游地区连续五年维

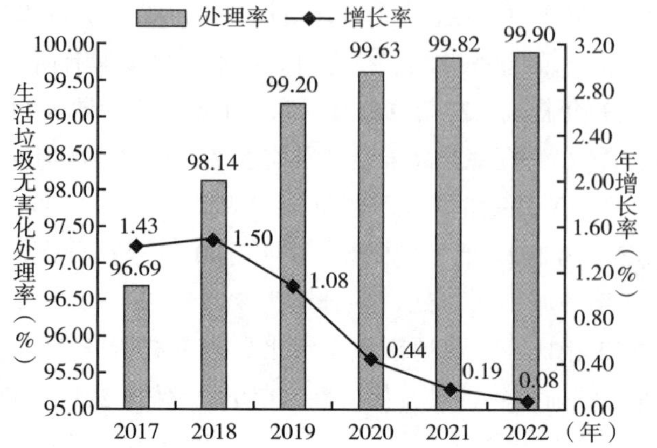

图 4-55　2017~2022 年全国生活垃圾无害化处理率及其变化

（数据来源:《中国环境统计年鉴》2018~2023,《中国统计年鉴》2023。）

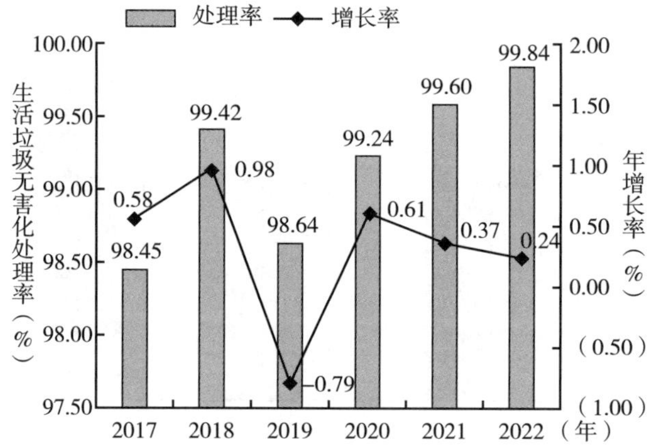

图 4-56　2017~2022 年长江经济带生活垃圾无害化处理率及其变化

（数据来源：同图 4-55。）

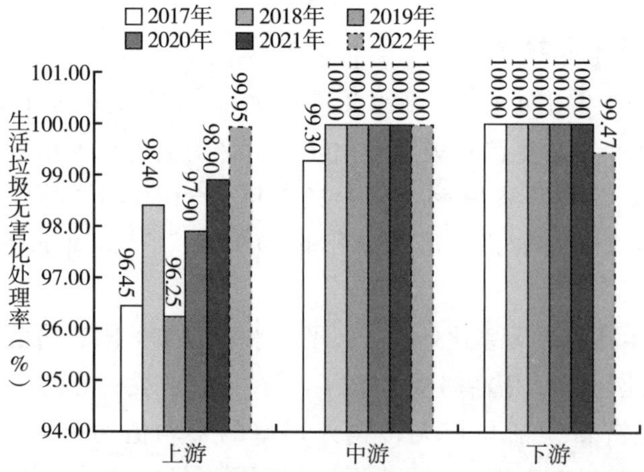

图 4-57　2017~2022 年长江经济带上游、中游、下游生活垃圾无害化处理率比较

（数据来源：同图 4-55。）

持在 100%；上游地区持续提高，较前一年提高了 1.05 个百分点；下游地区有所下降，较前一年下降了 0.53 个百分点。纵观 2017~2022 年，长江经济带生活垃圾无害化处理率总体保持在 1% 左右的变化幅度，上游地区变化幅度相对较大，中游地区与下游地区相对平稳。

（3）京津冀地区生活垃圾无害化处理率：连续三年 100%，高于全国水平

2022 年，京津冀地区生活垃圾无害化处理率平均值为 100%，与 2021 年持平，略高于全国平均水平。2017~2022 年，京津冀地区生活垃圾无害化处理率总体保持上升，2020~2022 年连续三年达到 100%（图 4-58）。

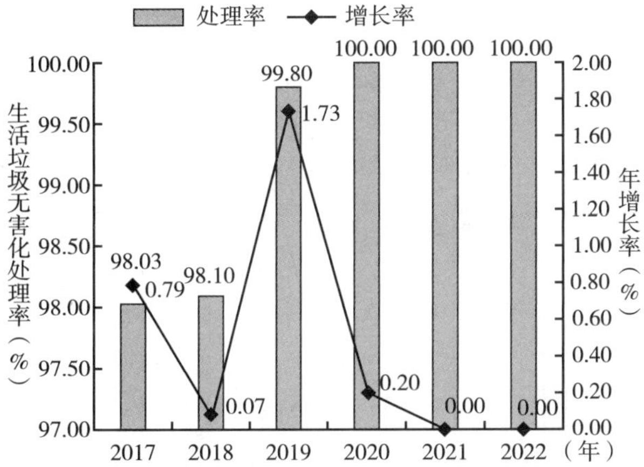

图 4-58　2017~2022 年京津冀地区生活垃圾无害化处理率及其变化

（数据来源：同图 4-55。）

如图 4-59 所示，京津地区、河北省 2022 年生活垃圾无害化处理率均为 100%，与 2021 年相同。京津地区生活垃圾无害化处理率在 2017~2018 年小幅上升，在 2019~2022 年维持在 100% 的水平；河北省生活垃圾无害化处理率在 2019 年小幅下降，但均超过 99%，2020~2022 年连续三年均为 100%。

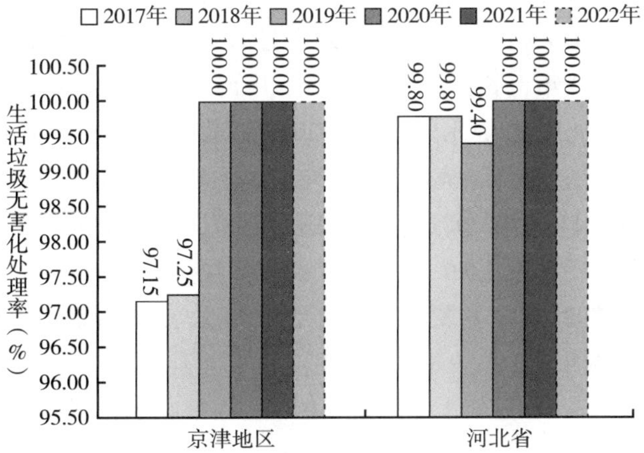

图 4-59　2017~2022 年京津地区与河北省生活垃圾无害化处理率及其变化

（数据来源：同图 4-55。）

（二）社会经济环境盘点

1. 经济发展水平

（1）全国 GDP：总量持续增长，增速缓中有升

2023 年，全年国内生产总值 126.01 万亿元，比 2022 年增长 5.20%，GDP 增长率较 2022 年（3%）有所上升。纵观 2017~2023 年，全国 GDP 一直保持增长态势，7 年间年均增长 6.84%。2023 年是全面贯彻党的二十大精神的开局之年，是三年新冠疫情防控转段后经济恢复发展的一年，全国 GDP 增速明显回升。

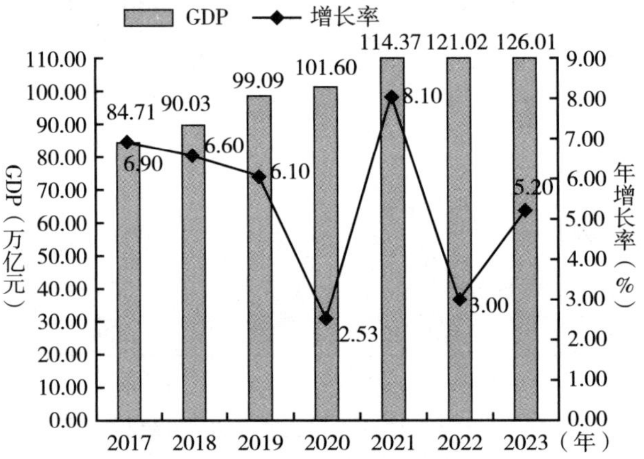

图 4-60　2017~2023 年全国国内生产总值（GDP）及其变化

（数据来源：GDP 数据来源于 2018~2022《中国统计年鉴》；2023 年国民经济和社会发展统计公报；GDP 增长率数据来源于 2016~2023 年国民经济和社会发展统计公报，按不变价格计算。）

（2）长江经济带 GDP：总量持续上升，增幅有所放缓；长江经济带上游、中游、下游地区经济发展差距依旧显著，下游地区发展遥遥领先

2022 年，长江经济带 GDP 达到 55.98 万亿元，较 2021 年增长了 5.58%，但增幅比 2021 年下降了 6.85 个百分点（见图 4-61）；占全国 GDP 总量的 46.25%，与 2021 年的 46.36% 相差不大。

如图 4-62 所示，2022 年，长江经济带上游、中游、下游地区的 GDP 总值分别为 13.50 万亿元、17.95 万亿元、24.52 万亿元，分别比 2021 年增加了 5.06%、6.42%、5.25%，增幅较 2021 年有所下降。2022 年，长江经济带上游、中游、下游地区 GDP 占长江经济带的比重分别为 24.12%、32.07%、43.81%，与 2021 年相比变化很小，中游地区占比略有上升，上游、下游地区占比略有下降，长江经济带上游、中游、下游地区经济发展水平差异显著的状况依旧明显（图 4-63）。纵观 2017~2022 年，其变化规律与全国类似，长江经济带上游、中游、下游地区 GDP 逐年稳步增长，平均年增幅为 9.84%、9.08% 和 8.26%。

（3）京津冀地区 GDP：总量较上年增加 4.04%，增幅收窄；京津冀持续上升，发展差异缩小

如图 4-64 所示，2022 年，京津冀地区 GDP 上升至 10.03 万亿元，较 2021 年增加了 4.04%，

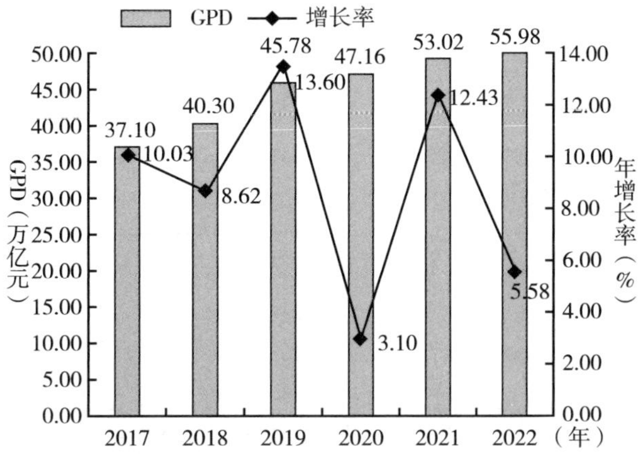

图 4-61　2017~2022 年长江经济带国内生产总值（GDP）及其变化

（数据来源：GDP 数据来源于《中国统计年鉴》2018~2023。）

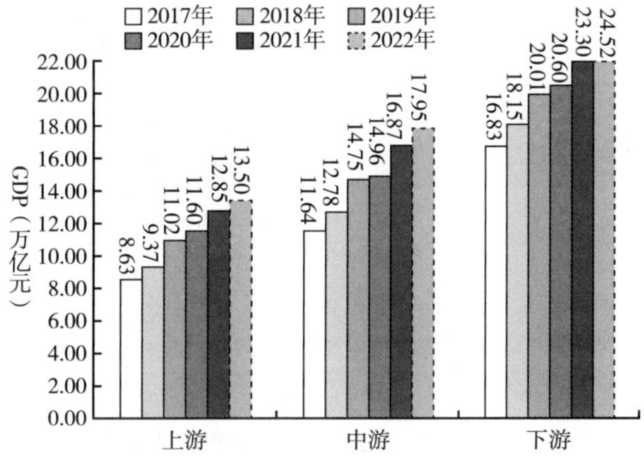

图 4-62　2017~2022 年长江经济带上游、中游、下游国内生产总值（GDP）比较

（数据来源：《中国统计年鉴》2017~2023。）

占全国 GDP 总量的 8.29%，占比较去年降低了 0.14 个百分点。2022 年，京津地区、河北省的 GDP 总值分别为 5.79 万亿元、4.24 万亿元（图 4-65），增长率分别为 3.43%、4.88%，占京津冀地区的比重分别为 57.75%、42.25%；与 2021 年相比，京津地区略微下降 0.34 个百分点，河北省增长 0.34 个百分点（图 4-66）。纵观 2017~2022 年，河北省的 GDP 发展水平一直低于京津地区，平均占比 42.01%，低于京津地区的 57.99%（图 4-66），但两者发展差距有所缩小，京津地区与河北省总量比值由 2021 年的 1.39（5.6∶4.04）降低至 2022 年的 1.37（5.79∶4.24）。

2. 交通发展水平

（1）全国旅客周转量：总量大幅下降，降幅达 54.41%

2022 年，全国旅客周转量为 9007.64 亿人 / 公里，与 2021 年相比大幅下降 10750.46 亿人 / 公里，降幅为 54.41%（图 4-67）。纵观 2017~2022 年，全国旅客周转量呈现先增后减，再增

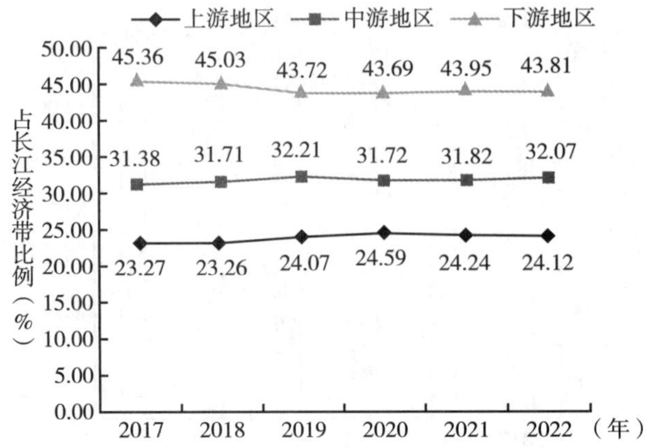

图 4-63　2017~2022 年长江经济带上游、中游、下游国内生产总值（GDP）占长江经济带比例比较

（数据来源：同图 4-62。）

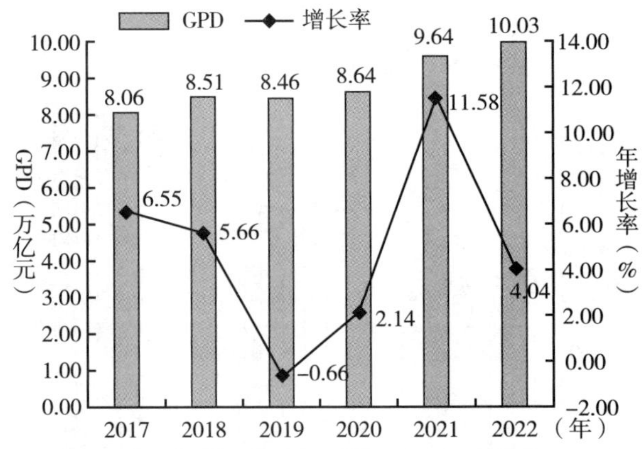

图 4-64　2017~2022 年京津冀地区国内生产总值（GDP）及其变化

（数据来源：GDP 数据来源于《中国统计年鉴》2018~2023。）

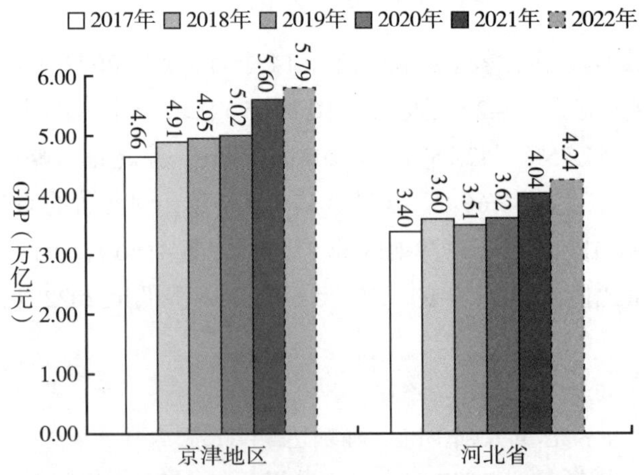

图 4-65　2017~2022 年京津地区与河北省国内生产总值（GDP）比较

（数据来源：《中国统计年鉴》2018~2023。）

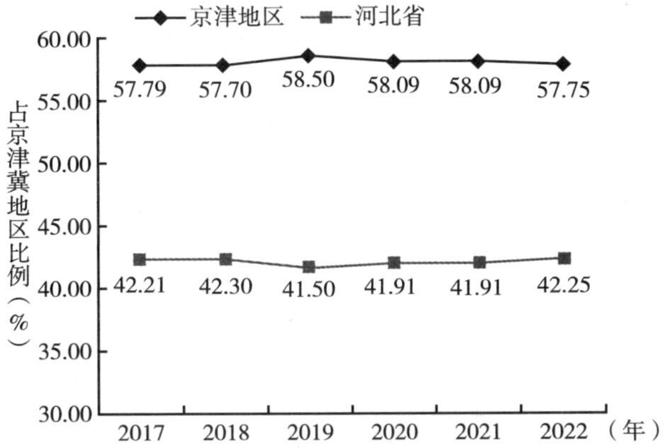

图 4-66　2017~2022 年京津与河北省国内生产总值（GDP）占京津冀地区 GDP 比例比较

（数据来源：同图 4-65。）

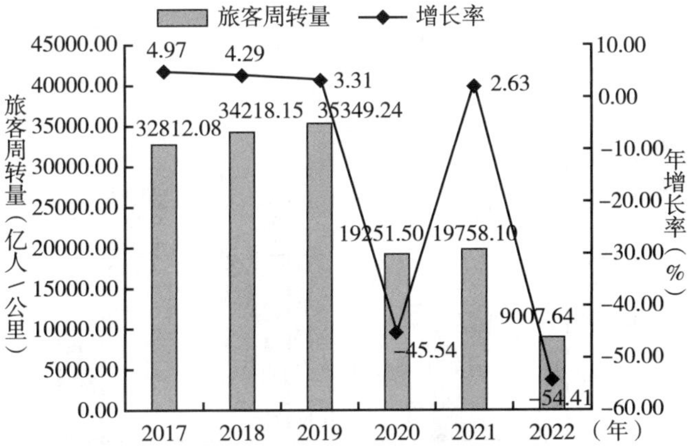

图 4-67　2017~2022 年全国旅客周转量及其变化

（数据来源：《中国统计年鉴》2018~2023。）

加后减少的趋势，平均年变化幅度为 -14.13%，随着旅游市场的逐步复苏，全国旅客周转量有望回温。

（2）长江经济带旅客周转量：下降近三成；中游地区显著高于上游、下游地区，上游、下游地区发展差距进一步缩小

如图 4-68 所示，2022 年，长江经济带旅客周转量 4455.05 亿人 / 公里，较 2021 年下降了 1791.98 亿人 / 公里，下降幅度为 28.69%；占全国总量的 49.46%，较 2021 年（31.62%）上升了 17.84 个百分点。2017~2022 年，前三年长江经济带旅客周转量总体缓慢上升，但 2020~2022 年急剧下降，2021 年则降中缓升。

2022 年，长江经济带上游、中游、下游地区旅客周转量分别为 1166.56 亿人 / 公里、2100.93 亿人 / 公里、1187.56 亿人 / 公里（图 4-69），中游地区周转量最高；长江经济带上游、中游、下游地区较 2021 年分别下降了 25.76%、25.92%、35.45%。2022 年，长江经济带上游、中游、下游地区旅客周转量在长江经济带的占比分别为 26.19%、47.16%、26.66%（图 4-70），

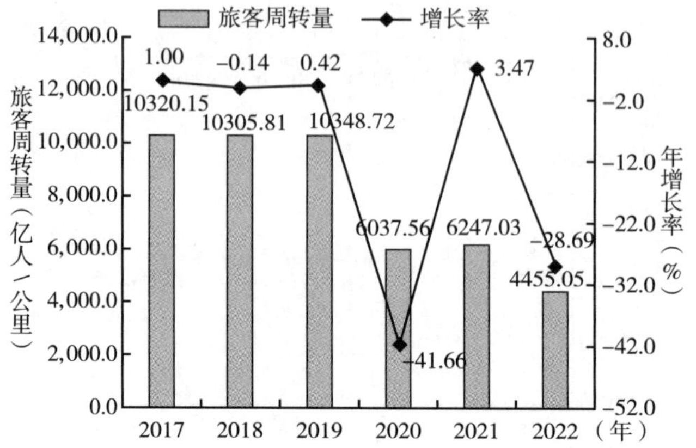

图 4-68　2017~2022 年长江经济带旅客周转量及其变化

（数据来源：同图 4-67。）

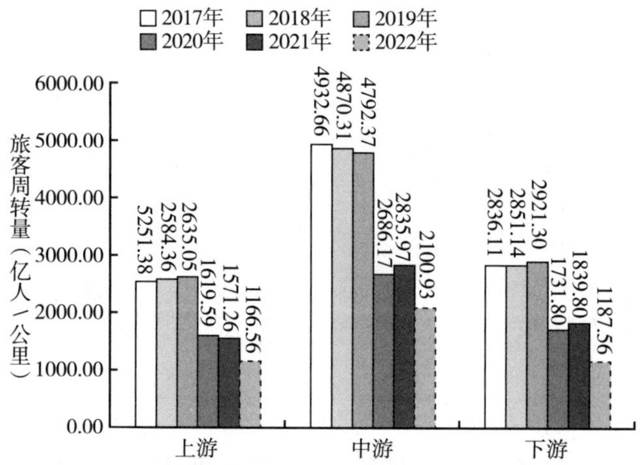

图 4-69　2017~2022 年长江经济带上游、中游、下游旅客周转量比较

（数据来源：同图 4-67。）

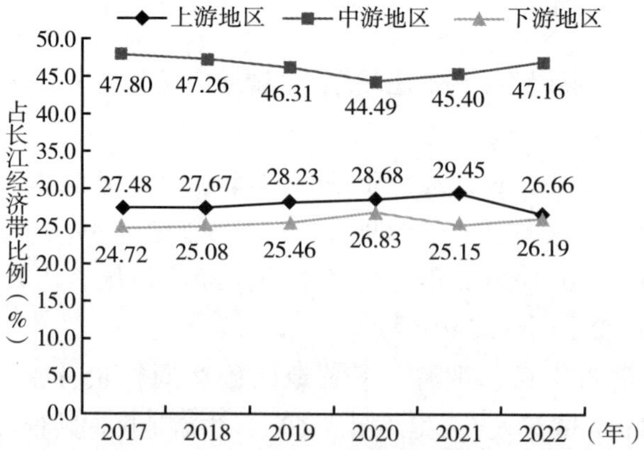

图 4-70　2017~2022 年长江经济带上游、中游、下游旅客周转量占长江经济带比例的变化及比较

（数据来源：同图 4-67。）

上游和中游较去年分别提高了 1.04 个和 1.76 个百分点，而下游地区则下降了 2.79%。纵观 2017~2022 年，长江经济带上游旅客周转量前三年持续上升，后三年持续下降；中游地区则是在六年间整体持续下降，只在 2021 年呈现出降中有升的短暂局面；长江经济带下游的变化规律与整个长江经济带变化规律相同：前三年小幅上升，后三年剧降下降，且 2021 年平稳回升，但仍难掩继续下降的颓势。总体而言，上游、下游平均年增长率分别为 0.76%、-0.11%；中游地区旅客周转量一直显著高于上游、下游地区，平均年增长率为 -0.22%。

（3）京津冀地区旅客周转量：总量下降 43.32%；河北省周转量为京津地区的一倍多，但两者差距持续缩小

如图 4-71 所示，2022 年京津冀地区旅客周转量为 568.32 亿人 / 公里，较 2021 年下降了 434.41 亿人 / 公里，下降幅度为 43.32%；占全国总量的 6.31%，较 2021 年占比上升了 1.23 个百分点。2017~2022 年，京津冀地区旅客周转量自 2017 年持续稳步增加，在 2020 年大幅度下跌后（降幅 53.74%），于 2021 年实现恢复性增加（增幅 16.40%），但在 2022 年又出现了较大幅度下降（降幅 43.32%）。

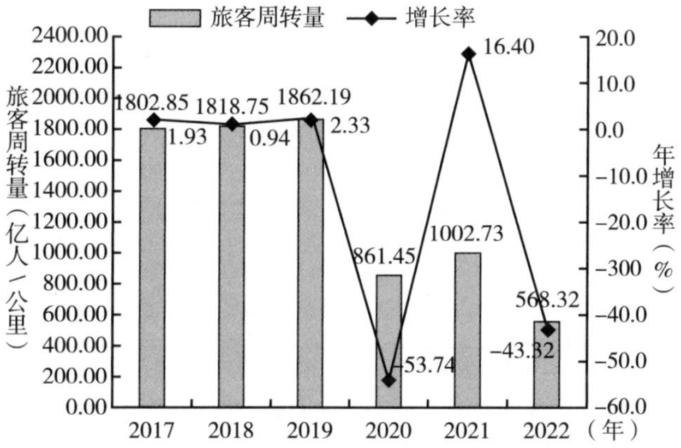

图 4-71　2017~2022 年京津冀地区旅客周转量及其变化

（数据来源：《中国统计年鉴》2018~2023。）

2022 年，京津地区、河北省旅客周转量分别为 186.11 亿人 / 公里、382.21 亿人 / 公里（图 4-72）。其中京津地区的旅客周转量比 2021 年下降了 41.95%，河北省的旅客周转量比 2021 年下降了 43.97%。京津地区与河北省旅客周转量占京津冀地区的比例分别为 32.75%、67.25%（图 4-73），前者占比较 2021 年上升了 0.77 个百分点，后者下降了 0.77 个百分点。2017~2022 年，河北省和京津地区的旅客周转量的显著差距持续存在，发展差距较去年有微幅缩小，旅客周转量比值由 2021 年的 2.13（682.13∶320.6）降低至 2022 年的 2.05（382.21∶186.11）。

3. 创新能力

（1）全国万人专利授权数：约 25.91 件 / 万人，年下降 20.45%

如图 4-74 所示，2022 年，全国万人专利授权数为 25.91 件 / 万人，比 2021 年下降了约 6.66 万件，降幅为 20.45%。2017~2022 年，全国万人专利授权数在前五年一直保持增长状态且增幅

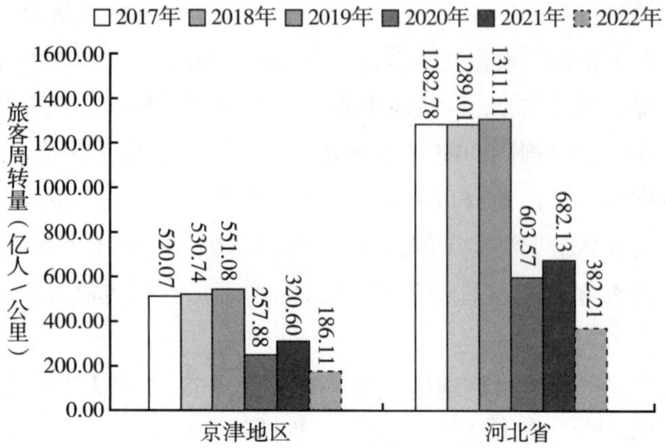

图 4–72　2017~2022 年京津地区与河北省旅客周转量比较

（数据来源：同图 4–71。）

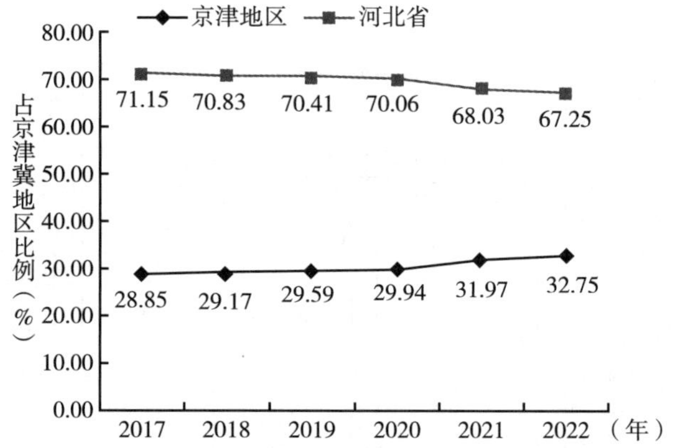

图 4–73　2017~2022 年京津地区与河北省旅客周转量占京津冀地区比例的变化及比较

（数据来源：同图 4–71。）

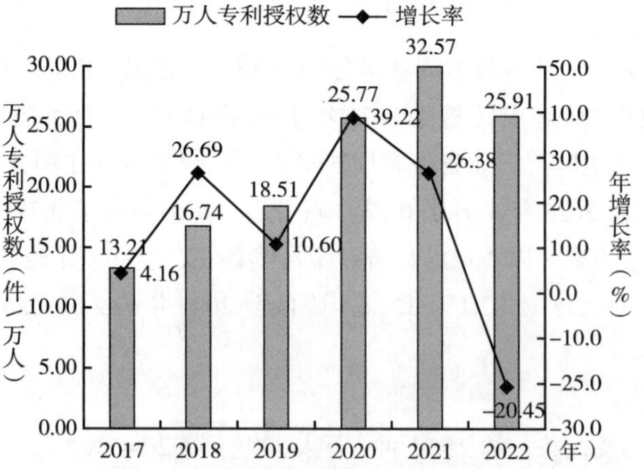

图 4–74　2017~2022 年全国万人专利授权数及其变化

（数据来源：同图 4–71。）

起伏较大，但万人专利授权数总数在 2022 年有所回落，六年间平均年增幅为 14.43%。

（2）长江经济带万人专利授权数：总量下降，下游优势明显，上游相对弱

2022 年，长江经济带万人专利授权数为 31.10 件 / 万人，比 2021 年下降了 6.79%。2017~2022 年，长江经济带万人专利授权数在前五年持续增长，平均年增幅为 24.75%；2022 年，这一总量开始下降（图 4-75）。

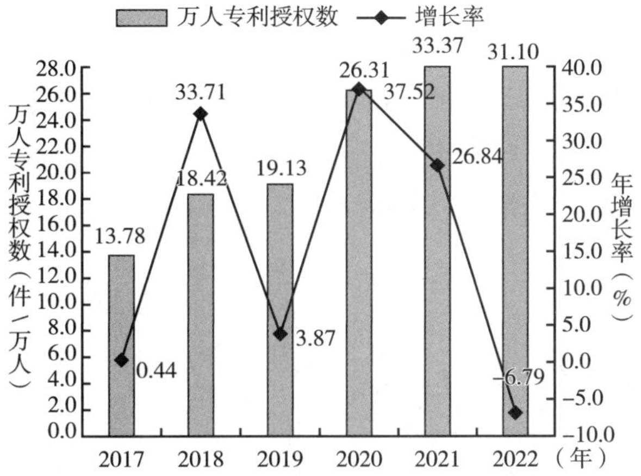

图 4-75　2017~2022 年长江经济带万人专利授权数及其变化

（数据来源：《中国统计年鉴》2018~2022。）

2022 年，长江经济带上游、中游、下游地区万人专利授权数分别为 13.23 件 / 万人、20.97 件 / 万人、68.45 件 / 万人，下游地区的科技水平显著高于上游、中游地区（图 4-76）；与 2021 年相比分别减少了约 2 件、1 件、4 件，分别下降了 12.18%、4.88%、6.06%。纵观 2017~2022 年，长江经济带上游、中游、下游地区万人专利授权数在前五年稳步持续增加，但在 2022 年均有明显的回落，平均年增幅分别为 13.57%、21.09%、14.84%，中游发展速度相对较快，上游与下游速度相对持平。

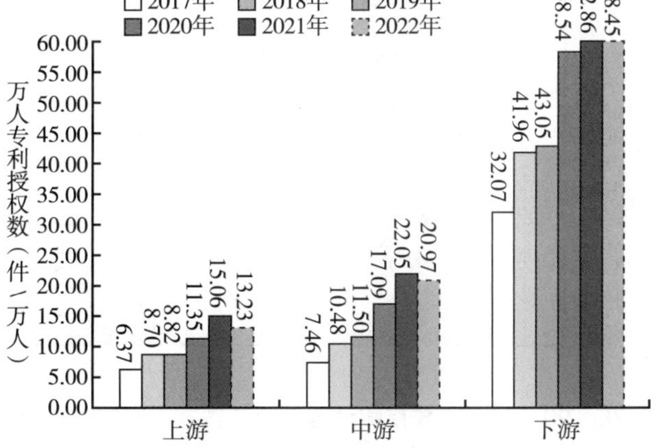

图 4-76　2017~2022 年长江经济带上游、中游、下游万人专利授权数比较

（数据来源：同图 4-75。）

（3）京津冀地区万人专利授权数：2022 年显著高于全国平均水平；京津地区总量远大于河北省，但两者发展差距在缩小

2022 年京津冀地区万人专利授权数为 53.62 件 / 万人，显著高于全国水平，但比 2021 年减少了约 6 件，降低了 9.75%，变幅绝对值较 2021 年下降了 36.05 个百分点。2017~2022 年平均年增幅为 14.29%（图 4-77）。其中，京津地区、河北省 2022 年万人专利授权数分别为 72.66 件、15.54 件，分别比 2021 年约减少了 8 件和 1 件（图 4-78），降幅分别为 10.37%、3.59%，两地之间差距有所缩小，总量差值由 2021 年的 64.94 件下降至 2022 年的 57.12 件。纵观 2017~2022 年，前 5 年京津地区、河北省万人专利授权数都持续增加，但在 2022 年均有所下降，平均年增幅分别为 13.41%、26.07%。

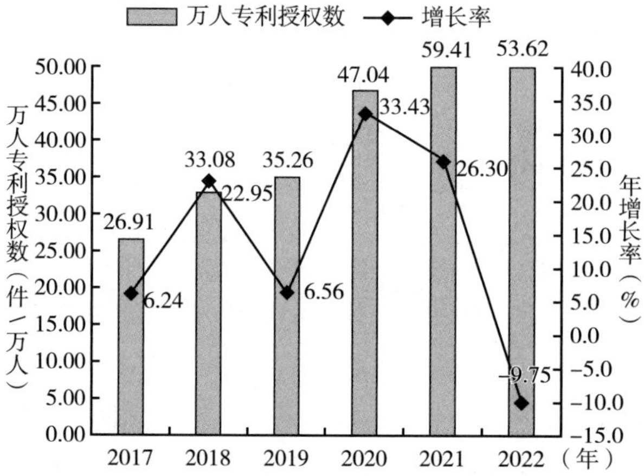

图 4-77　2017~2022 年京津冀地区万人专利授权数及其变化

（数据来源：《中国统计年鉴》2018~2023。）

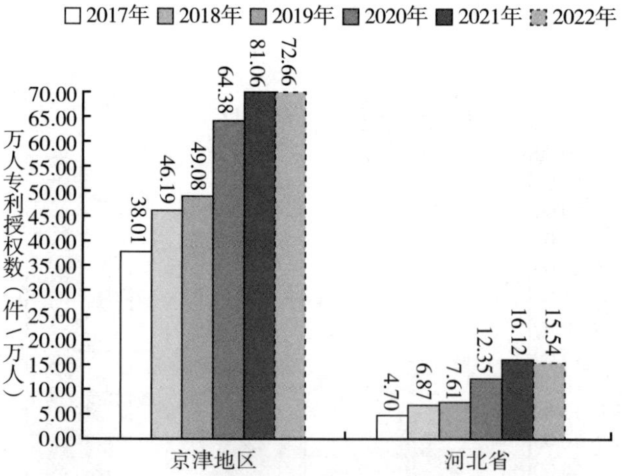

图 4-78　2017~2022 年京津地区与河北省万人专利授权数比较

（数据来源：同图 4-77。）

4. 信息化水平

（1）全国互联网普及率：平均水平达到 75.6%，涨幅为 5.59%

如图 4–79 所示，截至 2022 年 12 月，中国网民规模达 10.67 亿，互联网普及率达 75.60%，较 2021 年增加约 4 个百分点，增幅为 5.59%。纵观 2017~2022 年，只在 2020 年有较大幅度的下降，而后 2021~2022 年稳步上升，但仍未达到 2019 年水平，近六年平均年增幅为 3.06%。

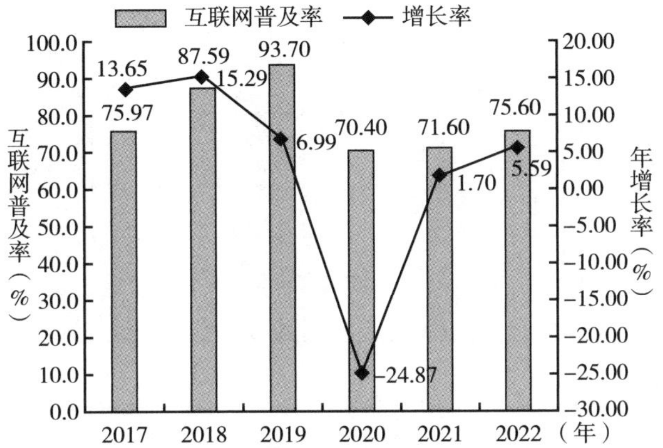

图 4–79　2017~2022 年全国互联网普及率及其变化

（数据来源：《中国统计年鉴》2018~2023，2021 年互联网网民规模数据来源于：中国互联网络信息中心，第 48 次中国互联网发展状况统计报告；2022 年互联网网民规模数据来源于：中国互联网络信息中心，第 51 次《中国互联网络发展状况统计报告》；互联网普及率 = 互联网宽带接入用户数 / 年末总户数。）

（2）长江经济带互联网普及率：整体普及率 100%，各区段互联网全覆盖

2022 年，长江经济带互联网普及率为 100%，高于全国水平 24.4 个百分点，（图 4–80）。2017~2021 年，长江经济带互联网普及率持续提高，2021~2022 年连续两年保持互联网全覆盖，进一步反映了社会的进步和经济的快速发展，为各行各业提供了坚实的基础设施支持。同样，

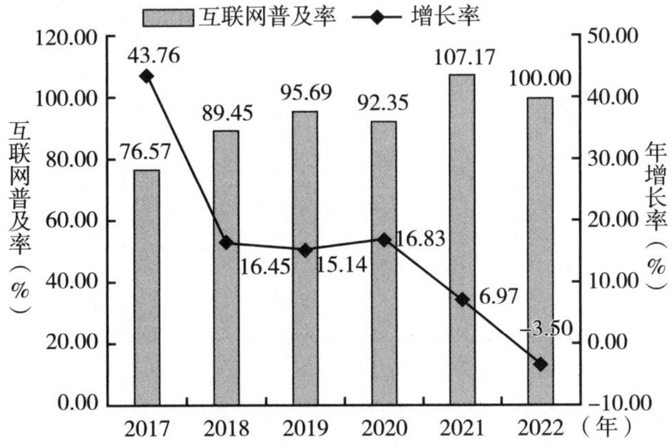

图 4–80　2017~2022 年长江经济带互联网普及率及其变化

（数据来源：《中国统计年鉴》2018~2023；2022 年互联网普及率统计口径较往年有所变化，超 100% 的数值统一按 100% 处理；互联网普及率 = 互联网宽带接入用户数 / 年末总户数。）

长江经济带上游、中游、下游地区在2021~2022年期间保持互联网全覆盖（图4–81）。纵观2017~2022年，上游和下游地区在2020年有微幅下降，总体呈现上升态势。中游地区互联网普及率在前五年一直保持稳步增长，最后实现全覆盖。

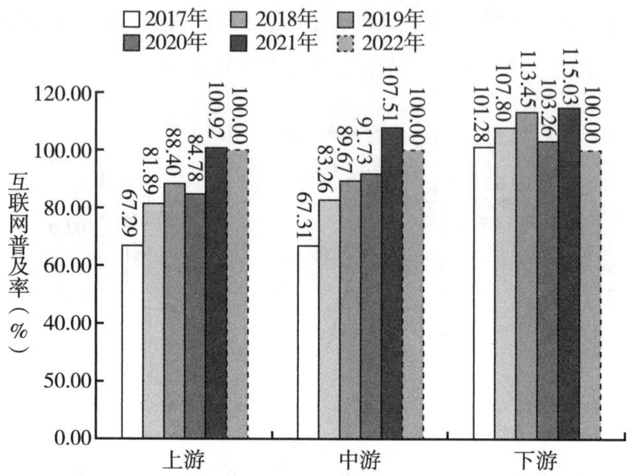

图4–81　2017~2022年长江经济带上游、中游、下游互联网普及率比较

（数据来源:《中国统计年鉴》2018~2023；2022年互联网普及率统计口径较往年有所变化，超100%的数值统一按100%处理；互联网普及率＝互联网宽带接入用户数/年末总户数。）

（3）京津冀地区互联网普及率：2022年整体下降；河北省互联网全覆盖，京津地区与河北省差距缩小

2022年，京津冀地区互联网普及率为99.34%，比全国水平高23.74个百分点，较2021年下降了0.67个百分点（图4–82）。2017~2022年，京津冀地区互联网普及率波动增长，平均年增长率为9.18%。

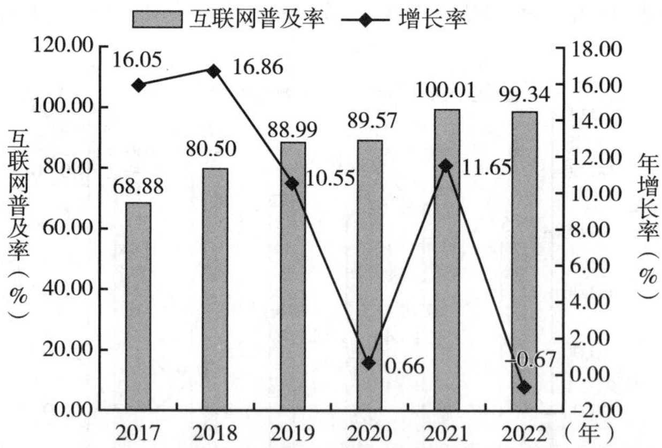

图4–82　2017~2022年京津冀地区互联网普及率及其变化

（数据来源:《中国统计年鉴》2018~2023；2022年互联网普及率统计口径较往年有所变化，超100%的数值统一按100%处理；互联网普及率＝互联网宽带接入用户数/年末总户数。）

2022 年，京津地区、河北省互联网普及率分别为 99%、100%（图 4-83），河北省略高于京津地区。从变化特征来看，2017~2022 年，河北省互联网普及率在 2018 年及 2021 年两次实现了互联网普及率大幅提升，并在 2021~2022 年实现互联网全覆盖。纵观 2017~2022 年，京津地区互联网普及率整体呈现逐年增长态势，直到 2022 年的 99% 普及率，基本接近互联网全覆盖。

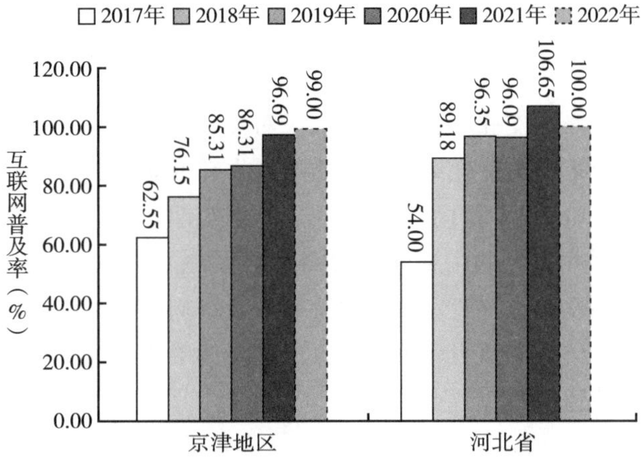

图 4-83　2017~2022 年京津地区与河北省互联网普及率比较

（数据来源：《中国统计年鉴》2018~2023；2022 年互联网普及率统计口径较往年有所变化，超 100% 的数值统一按 100% 处理；互联网普及率 = 互联网宽带接入用户数 / 年末总户数。）

第五章　省域旅游业发展评价

旅游业是国民经济战略性支柱产业和满足人民对美好生活的向往的民生产业。近年来，随着新一轮科技革命和产业革命的持续深入，新质生产力在推动旅游产业高质量发展中，展现出了前所未有的巨大潜力，旅游业迈向了关键性的创新重塑期。为全面了解各省域旅游业发展差异，精准识别旅游业发展中存在的主要问题和突出矛盾，《报告》坚持基于对新时代旅游业基本内涵特征的剖析，选择反映旅游业发展的关键要素及影响因素，从发展现状、发展潜力和发展环境三个方面，构建旅游业竞争力评价体系，以期摸清中国各省域旅游业发展实力，推动旅游业高质量发展提供政策建议和智力支撑。

一、评价体系构建

（一）评价原则与指标体系

1. 评价原则与思路

科学性、系统性、前瞻性、可量可行性是《报告》自出版以来一贯坚持的原则，其目的旨在科学构建评价指标体系、从严把控数据和资料的获取途径，力求客观精准地测度中国各省域的旅游业发展水平。因数据收集的局限性，《报告》未涉及香港特别行政区、澳门特别行政区和台湾省。

省域旅游业发展评价借鉴世界经济论坛对世界各国旅游业竞争力的评价思路，并结合中国的国情，从供给、需求及发展环境三个方面遴选反映旅游业发展现状、潜力表现的重要指标，科学表征旅游业发展的数量规模、经济效益、质量水平、可持续能力、创新能力及支撑保障水平等内涵，评析省际差异，纵向比较年际动态，探究区域旅游业发展的特色与亮点。

2. 指标体系的构建

省域旅游业竞争力评价体系如图 5-1 所示，具体由现实竞争力（B1）、潜在竞争力（B2）和发展环境竞争力（B3）三个维度七个方面的相关指标组成。

（1）现实竞争力（B1）

旅游现实竞争力反映区域旅游产业的现实发展成效，是旅游市场区域间的博弈竞争结果，

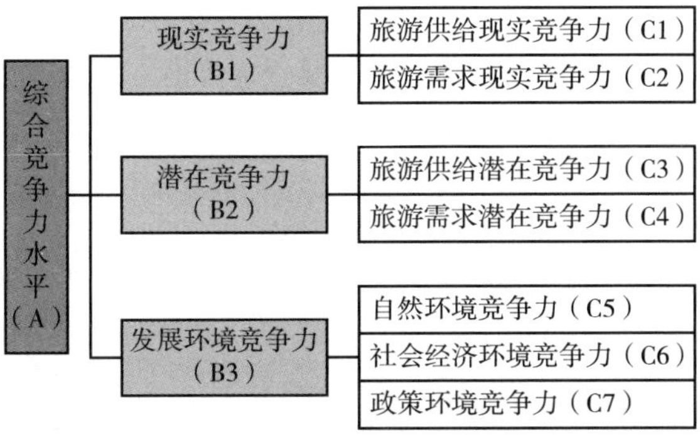

图 5-1　中国省域旅游业竞争力评价指标体系框架

由旅游供给现实竞争力（C1）和旅游需求现实竞争力（C2）两层指标科学表征，主要从省域旅游业发展的数量规模和经营效益进行分析评价。

数量规模旨在评价旅游业发展的"量"，主要指标涉及旅游接待总人数、吸引物数量、住宿设施数量、旅行社数量及旅游从业人员数量等。经营效益倾向于对"质"的衡量，由旅游总收入、产业全员劳动生产率及产业利润等指标进行组合评价。

（2）潜在竞争力（B2）

潜在竞争力是基于已有旅游资源受到各种因素的影响作用形成的一种潜在竞争能力，这种能力在一定条件下能够转化为现实能力，是衡量区域旅游产业发展前景及后续能力的一种综合测度，由旅游供给潜在竞争力（C3）和旅游需求潜在竞争力（C4）两层指标科学表征。在评价思路上，《报告》主要从持续发展能力、优质资源的供给及创新能力三个方面来评价旅游产业的潜在竞争力。

持续发展能力反映的是省域旅游业的持续发展水平，主要指标包括旅游接待总人数增长率、旅游总收入增长率、吸引物数量增长率等；优质资源作为区域旅游发展的重要载体，其稀缺性与优质性是旅游潜力形成和发挥作用的必要支撑，可通过高级别吸引物、高质量的旅游产业实体等旅游资源数量来反映；创新能力是引领型发展方式形成新的增长点和增长极的关键部分，注重开放、系统、多维度、多层次的创新人才培养体系，尤其以旅游发展中人的创新创造成果衡量创新能力，《报告》则选取旅游专利授权数和近三年国家社科旅游类立项数量进行创新能力的评价。

（3）发展环境竞争力（B3）

发展环境是旅游业发展所需的外部要素系统，体现着旅游发展的承载力和支撑力，是提升区域旅游业竞争力的重要保障，主要考量旅游业发展所依赖的自然环境竞争力（C5）、社会经济环境竞争力（C6）及政策环境竞争力（C7）三个方面的内容。

自然环境反映了区域内自然因子的本底特征，是旅游业发展的基础约束力，可从空气质量、污水处理、生活垃圾处理等方面进行评价；社会经济环境由区域经济发展水平、基础设施和服务设施水平等层面综合表现，涉及区域的经济状况、现代通信和交通等基础设施，以及创新能力等指标；政策环境是指在旅游发展中决定或影响政策制定和实施的自然条件和社会条件的总和，表现出国家和地方政府在宏观层面的调控和引导力，考虑到政策环境较难量化，《报告》主要从地方政府对旅游发展的“重视程度”及“宣传推广力度”两方面进行评价。省域旅游业发展综合评价具体指标及数据来源如表 5-1 所示。

表 5-1　2022 年中国 31 个省域旅游业发展综合评价指标体系

目标层	准则层	因子层	指标层	数据来源
综合竞争力	B1 现实竞争力	C1 旅游供给现实竞争力	D1 旅游吸引物数量	《中国文化文物和旅游统计年鉴 2023》《中国统计年鉴 2023》
			D2 住宿设施数量	见表 52
			D3 旅行社数量	《中国文化文物和旅游统计年鉴 2023》
			D4 旅游从业人员人数	《中国文化文物和旅游统计年鉴 2023》
			D5 景区全员劳动生产率	《中国文化文物和旅游统计年鉴 2023》
			D6 星级饭店全员劳动生产率	《中国文化文物和旅游统计年鉴 2023》
			D7 星级饭店利润	《中国文化文物和旅游统计年鉴 2023》
		C2 旅游需求现实竞争力	D8 旅游接待总人数	各省域统计年鉴 2023
			D9 旅游总收入	各省域统计年鉴 2023
	B2 潜在竞争力	C3 旅游供给潜在竞争力	D10 吸引物发展速度	《中国文化文物和旅游统计年鉴 2022/2023》
			D11 住宿接待业发展速度	见表 58
			D12 旅行社发展速度	《中国文化文物和旅游统计年鉴 2022/2032》
			D13 旅游从业人员发展速度	《中国文化文物和旅游统计年鉴 2022/2023》
			D14 高级别吸引物数量	见表 58
			D15 中国旅游集团二十强数量	中国旅游研究院官网
			D16 旅游专利授权数	中国知网，以“旅游，酒店，缆车，索道，景区，纪念品，旅行社”等为关键词，搜索专利数量
			D17 国家社科旅游类立项数量	全国哲学社会科学工作办公室
		C4 旅游需求潜在竞争力	D18 旅游接待总人数增长率	各省统计年鉴 2022、2023
			D19 旅游总收入增长率	各省统计年鉴 2022、2023
	B3 展环境竞争力	C5 自然环境竞争力	D20 空气质量优良天数	各省生态环境厅《2022 年生态环境状况公报》
			D21 城市污水处理率	《中国第三产业统计年鉴 2023》
			D22 生活垃圾无害化处理率	《中国统计年鉴 2023》
		C6 社会经济环境竞争力	D23 经济发展水平	《中国统计年鉴 2023》
			D24 年旅客周转量	《中国统计年鉴 2023》
			D25 万人专利授权数	《中国统计年鉴 2023》
			D26 互联网普及率	《中国统计年鉴 2023》
		C7 政策环境竞争力	D27 旅游主管部门官方自媒体平台多样性	新浪微博官网；微信客户端；App Store；抖音 App；快手 App；今日头条 App
			D28 政府工作报告中提及“旅游”“文旅融合”的次数	各省政府官网

注：旅游需求潜在竞争力部分，因受新冠疫情影响，与往年份《报告》相比，“入境游客人均花费”和“游览两次及以上入境游客占比”两个指标的官方数据缺失，特此说明。

（二）数据来源与数据处理

1. 数据来源

《报告》所需数据主要来源于《中国文化文物和旅游统计年鉴 2023》《中国统计年鉴 2023》及各省 2023 年统计年鉴，部分数据来源于中华人民共和国文化和旅游部官网，各省文化和旅游厅官网以及部分在线旅游网站（如携程网、去哪儿网等）和自媒体平台，各评价指标的数据来源具体可见表 5-1。

2. 数据处理

《报告》主要参考世界经济论坛在全球旅游竞争力评价研究中采用的求和法，具体计算步骤和方法如下。

首先，为消除不同指标的量纲影响，对各省（市）的评价指标进行如公式（1）和公式（2）所示的归一化处理，获得各省（市）每个指标的相对位序值。

$$\text{正向指标：} X_{ij}=\frac{X_{ij}-\min X_{ij}}{\max X_{ij}-\min X_{ij}} \quad \text{（公式 1）}$$

$$\text{负向指标：} X_{ij}=\frac{\max X_{ij}-X_{ij}}{\max X_{ij}-\min X_{ij}} \quad \text{（公式 2）}$$

公式中：X_{ij} 为第 i 个省第 j 个指标的原始数据（i=1，2…n；j=1，2…m），X_{ij} 为第 i 省 j 指标的标准化值，$\max X_{ij}$、$\min X_{ij}$ 分别为第 j 个数据在 2022 年所有取值的最大和最小值。

其次，根据建构的评价指标体系进行算术求和，得到各省（市）的竞争力评价结果。

二、旅游现实竞争力分析与评价

（一）旅游供给现实竞争力分析

《报告》从旅游资源、旅游设施及旅游服务三个维度对旅游供给进行分析，现实竞争力关注数量规模与经营效益。《报告》以旅游吸引物、住宿设施、旅行社及旅游从业者数量为旅游供给现状发展的数量规模指标（D1-D4），以景区全员劳动生产率、星级饭店全员劳动生产率及星级饭店利润为旅游供给现状发展的经营效益指标（D5-D7）。对 31 个省域七项指标原始数据的收集、归一化处理后，得到各指标的特征值（表 5-2）及省域旅游供给现实竞争力的评价结果（表 5-3）。

表 5-2　2022 年中国 31 个省域旅游供给现实竞争力评价指标及其基本描述统计

评价指标	平均值	最大值	最小值	标准差	变异系数
C1 旅游供给现实竞争力	255.86	508.72	127.81	87.97	0.35
D1 旅游吸引物数量（个）	677.55	1869	128	380.49	0.56
A 级旅游景区数量	481.23	1204	84	257.95	0.54
博物馆数量	196.32	665	15	137.29	0.70
D2 住宿设施数量（个）	6238.94	19796	721	4559.37	0.73
星级饭店数量	235.19	446	63	105.27	0.45
亲子酒店数量 *	176.68	932	1	202.10	1.14
露营地数量 *	351.13	1368	55	299.58	0.85
民宿数量 *	5475.94	17742	484	4068.94	0.74
D3 旅行社数量（家）	1051.71	2607	169	643.21	0.61
D4 旅游从业人员人数（人）	75610.32	281997	6491	57100.50	0.76
D5 景区全员劳动生产率（千元 / 人）	26.27	91.79	9.22	17.49	0.67
D6 星级饭店全员劳动生产率（千元 / 人）	167.74	299.95	111.71	43.30	0.26
D7 星级饭店利润（亿元）	−5.85	0.06	−36.11	6.79	−1.16

（数据来源：A 级旅游景区数量、星级饭店数量、旅行社数量、旅行社从业人员数量、景区从业人员数量、景区营业收入、星级饭店从业人员数量、星级饭店营业收入及星级饭店利润数据来源于《中国文化文物和旅游统计年鉴 2023》；博物馆数量来源于《中国统计年鉴 2023》；亲子酒店数量、民宿数量来源于携程网，2024 年 6 月，https://www.ctrip.com/；露营地数量来源于百度地图，https://map.baidu.com/，2024 年 6 月；* 表示该指标为 2024 年数据。）

基于评价结果，《报告》借助 ArcGIS10.8 软件对中国 31 个省域旅游供给现实竞争力进行了可视化处理并进一步分析其空间分异特征（图 5-2）；同时，《报告》以旅游供给数量规模与经营效益得分均值为临界点进行聚类分析，以反映省域旅游业供给的类型特征（图 5-3）。

此外，《报告》从历史演变的角度，对比分析了本年度旅游供给现实竞争力评价结果较上年度的变化，以反映整体年际变化态势。2022 年是新冠疫情暴发的第三年，国内旅游业发展面临更为复杂、严峻的发展环境，《报告》选取景区全员劳动生产率（D5）这一指标，旨在从微观视角反映新冠疫情影响下的旅游业。

表 5-3　2022 年中国 31 个省域旅游供给现实竞争力综合评价分值及排序

省域	C1 旅游供给现实竞争力			数量规模		经营效益	
	分值	排序	排序变动	分值	排序	分值	排序
浙江	508.72	1	0	297.60	2	211.12	1
广东	423.30	2	0	307.93	1	115.37	20
山东	415.76	3	0	289.15	3	126.61	13
江苏	385.81	4	0	224.97	5	160.83	7
四川	359.78	5	0	256.92	4	102.86	29

续表

省域	C1 旅游供给现实竞争力			数量规模		经营效益	
	分值	排序	排序变动	分值	排序	分值	排序
江西	315.64	6	+5	110.60	16	205.05	2
安徽	305.44	7	0	145.45	9	159.99	8
云南	295.39	8	+11	170.89	6	124.51	14
湖南	288.67	9	−1	166.74	7	121.92	17
湖北	280.59	10	0	135.23	11	145.35	10
上海	280.20	11	−5	84.13	21	196.07	3
福建	278.75	12	+2	127.99	12	150.76	9
河南	260.74	13	−4	152.24	8	108.50	26
陕西	244.93	14	+2	121.05	13	123.88	16
重庆	236.61	15	+2	70.50	25	166.11	4
贵州	234.38	16	+4	92.75	19	141.63	12
河北	225.08	17	+10	140.78	10	84.30	31
广西	222.89	18	0	114.40	14	108.49	27
辽宁	220.28	19	+2	112.09	15	108.19	28
新疆	211.93	20	+6	99.09	18	112.84	21
北京	205.18	21	−6	105.38	17	99.81	30
山西	201.31	22	+2	81.91	22	119.39	19
内蒙古	200.17	23	0	87.88	20	112.29	22
海南	199.12	24	−12	33.88	27	165.24	6
甘肃	189.37	25	−3	79.48	23	109.89	24
天津	184.56	26	−13	18.67	29	165.90	5
黑龙江	182.65	27	−2	73.09	24	109.56	25
青海	164.62	28	0	21.78	28	142.84	11
吉林	151.22	29	0	38.96	26	112.26	23
西藏	130.78	30	0	6.39	31	124.39	15
宁夏	127.81	31	0	7.46	30	120.35	18

注：+ 表示名次增长，− 表示名次下降。

1. 现状分析：浙粤鲁苏川表现优异，四成省域高于平均水平，省际差异相对小；高值区主要分布于东部—南部沿线省份，低值区呈西南—东北连片分布；规模—效益双优型省域偏少，约半数为数量规模或经营效益单优型

2022 年，全国 31 个省域旅游供给现实竞争力得分均值为 255.86（表 5–2），13 个省域得分高于均值，占比为 42%（表 5–3）。省域旅游供给现实竞争力变异系数为 0.35（表 5–2），

相对较低，表明各省域间旅游供给现状发展水平差异不大。从排名上看，浙江、广东、山东、江苏、四川旅游供给现实竞争力居省域前五，其中山东吸引物数量（D1）、广东住宿设施数量（D2）、广东旅行社数量（D3）、四川旅游业从业人员（D4）位居第一；旅游供给现实竞争力排在后五位的省域分别是黑龙江、青海、吉林、西藏、宁夏。

从空间分布上看（图 5-2），2022 年各省域旅游供给现实竞争力高值区集中分布于东部—南部沿线省份及西南部的云南和四川，呈东部沿海—西南部双区域连片状分布；浙江省作为旅游资源大省，其旅游供给现实竞争力的优势较为突出；表现中等的省域主要分布于中国的中部地区；低值区呈西南—东北连片状分布。

基于省域旅游供给现状数量规模—经营效益的聚类分析可知（表 5-3、图 5-3），四大象限内均有省域分布。总体来看，5 个省域位于第一象限，两指标均高于均值，为双优型；7 个省域为经营效益单优型，位于第二象限；12 个省域为无优型省域，位于第三象限；7 个省域为数量规模单优型，位于第四象限。具体来看，江苏、浙江、安徽、福建和湖北五省表现为规模—效益双优，其中江苏、浙江、安徽和湖北四省域的供给现实竞争力整体居于前十；广东、山东、四川、云南、湖南等 7 个省域数量规模表现较好，但经营效益得分低于省域平均水平；

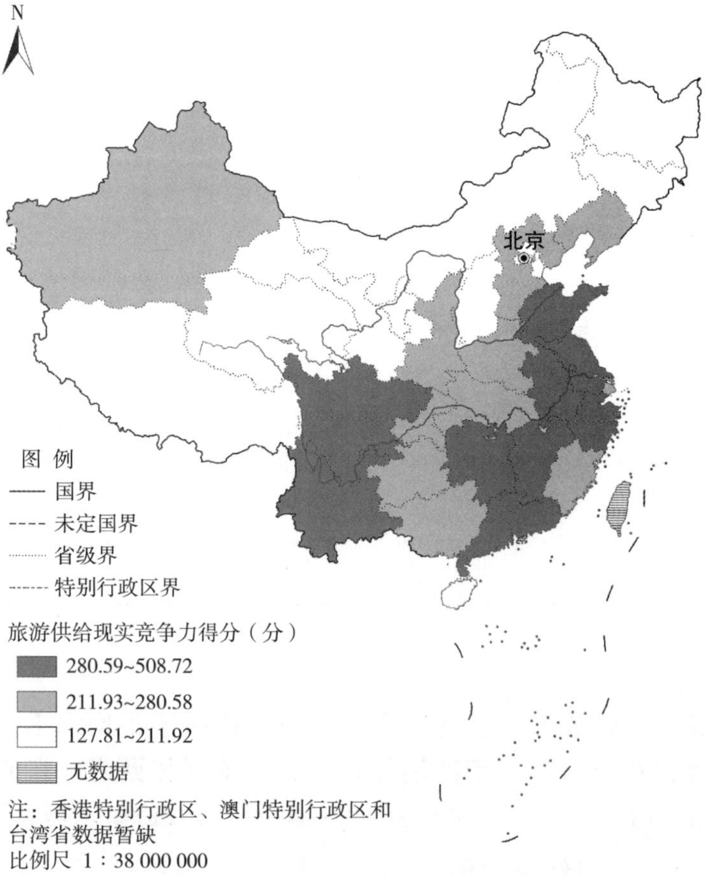

图 5-2 2022 年中国 31 个省域旅游供给现实竞争力空间分布

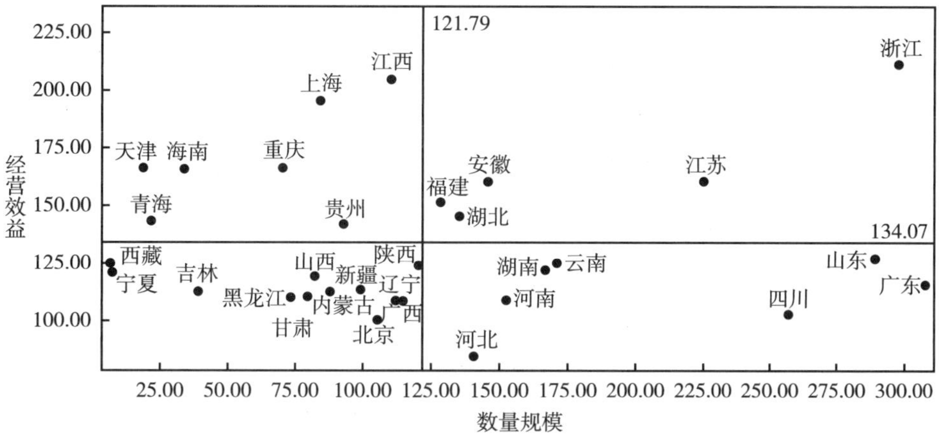

图 5-3　省域旅游供给现实竞争力数量规模—经营效益聚类分布

上海、江西、天津、海南、重庆等 7 个省域经营效益表现较好，其中上海星级饭店全员劳动生产率（D6）、江西景区全员劳动生产率（D5）、海南星级饭店利润（D7）位列第一；除上述省份外，甘肃、宁夏、新疆等 12 省域数量规模和经营效益均表现一般，得分低于省域平均水平。

2. 年际变化：六成省域排名发生变动，变动幅度较大；云南提升最快（+11），天津下降最多（–13）

与上一年相比，2022 年省域旅游供给现实竞争力的排名有所变动（表 5–3），13 个省域排名无变动，10 个省域排名上升，8 个省域排名下降；省域排名变动幅度较大，共有 8 个省域名次变动幅度超过 5 个位次（65%），其中 4 个省域超过 10 个位次，名次变动低于 3 个位次的省域有 21 个（35%）。

从具体的省域排名变动来看，供给现实竞争力排名前五位的省域维持上一年度排位，安徽、湖北、广西、内蒙古、青海、吉林、西藏和宁夏的位次也同上年度一致，无变动；云南、河北、新疆旅游供给现实竞争力提升最快，分别提升 11 个、10 个、6 个位次；其中，云南省景区全员劳动生产率与星级饭店利润提升位次较多，分别提升 14 个、28 个位次，新疆住宿设施数量（D2）提升 10 个位次；上海、北京、海南、天津、河南等 8 省域位次下降，其中北京、海南、天津 3 个省域排名下降最多，分别下降 6 个、12 个、13 个位次，海南住宿设施数量（D2）下降 14 个位次，上海星级酒店利润（D7）下降 25 个位次。

3. 景区全员劳动生产率：省域均值小幅下降，东部省份优于中西部省份；景区从业人数和景区营业收入均小幅下降

数据显示，2022 年景区全员劳动生产率省域均值为 26.27 千元 / 人（表 5–2），相较于上一年度的省域均值（27.27 千元 / 人）略微下降；整体上东部省份优于中西部省份，江西、浙江、重庆排名前三。

景区全员劳动生产率指标由景区从业人数及景区营业收入计算得出，相较于上一年度，景区

从业人数和营业收入均小幅下降。2022年，省域旅游景区从业人数均值为75610.32人，较2021年下降8.20%；省域景区营业收入均值为10.85亿元，较2021年降幅为11.72%。2022年，江西省景区营业收入最高，为37.36亿元，年收入超20亿元的省份有江西、四川、浙江及山东四省。

（二）旅游需求现实竞争力分析

选用区域旅游接待总人数（D8）和旅游总收入（D9）反映区域旅游需求的发展现状。旅游接待总人数由国内旅游接待人数与入境旅游接待人数构成，旅游总收入由国内旅游收入与国际旅游收入构成，前者用于反映旅游需求现状的数量规模，后者反映旅游需求现状的经营效益。《报告》在获取31个省域两项指标原始数据的基础上，进一步归一化处理并计算得到各指标特征值（表5-4）及31个省域旅游需求现实竞争力的评价结果（表5-5、图5-4）。

此外，《报告》以旅游需求数量规模和经营效益得分均值为临界点，对旅游需求现实竞争力的类型特征进行分析（图5-5）。为了解旅游需求现状的发展态势，《报告》还与上一年度各省域旅游需求现状排名进行了比较，分析其年际变化。为更深入反映旅游需求现状特征，《报告》还对D层指标进行了详细分析。

表5-4　2022年中国31个省域旅游需求现实竞争力评价指标及其基本描述统计

类型	评价指标	平均值	最大值	最小值	标准差	变异系数
旅游需求现状	C2 旅游需求现实竞争力	71.79	200.00	0.00	56.35	0.78
	D8 旅游接待总人数（万人次）	31890.17	84096.44	1921.56	23162.34	0.73
	D9 旅游总收入（亿元）	3383.58	9444.43	74.02	2742.25	0.81

（数据来源：各省国内旅游人数、入境过夜游客人数及国内旅游收入、国际旅游收入来自各省《统计年鉴2023》；广东省由于旅游接待人数统计口径发生变化，仅统计国内过夜游游客人数，与其他省份统计口径不一致，为使数据具有横向可比性，故此处对比、参考广东省旅游总收入及近五年旅游接待总人数增长率均值推算出2022年广东省旅游接待总人数。）

表5-5　2022年中国31个省域旅游需求现实竞争力综合评价分值及排序

省域	C2 旅游需求现实竞争力			旅游接待总人数		旅游总收入	
	分值	排序	排序变动	分值	排序	分值	排序
云南	200.00	1	+5	100.00	1	100.00	1
江苏	161.31	2	−1	62.59	7	98.72	2
四川	149.66	3	+5	75.11	3	74.55	3
江西	138.08	4	+1	77.41	2	60.67	8
广西	137.07	5	−3	69.35	4	67.71	5
山东	132.75	6	−3	69.23	5	63.52	6
湖北	127.27	7	+2	68.80	6	58.47	9
湖南	119.03	8	+4	50.58	12	68.45	4

续表

省域	C2 旅游需求现实竞争力			旅游接待总人数		旅游总收入	
	分值	排序	排序变动	分值	排序	分值	排序
贵州	112.73	9	−2	57.54	9	55.19	10
安徽	106.77	10	0	58.03	8	48.75	11
浙江	106.42	11	+2	43.28	14	63.14	7
广东	100.94	12	−1	56.76	10	44.18	13
福建	90.76	13	+1	45.36	13	45.40	12
河南	83.65	14	−10	50.72	11	32.93	14
河北	69.33	15	0	38.01	16	31.32	15
陕西	67.06	16	0	39.83	15	27.22	16
山西	47.73	17	—	33.01	17	14.72	21
北京	45.95	18	+1	19.85	20	26.11	17
上海	43.28	19	−1	20.64	19	22.65	18
辽宁	39.90	20	−3	23.17	18	16.73	19
吉林	27.38	21	−1	11.68	23	15.70	20
甘肃	20.37	22	−1	14.07	21	6.31	27
内蒙古	19.37	23	+2	8.92	25	10.46	24
黑龙江	18.79	24	0	12.04	22	6.74	26
天津	18.77	25	−3	11.31	24	7.46	25
海南	15.43	26	0	4.97	26	10.47	23
重庆	14.86	27	0	4.30	27	10.56	22
西藏	4.87	28	0	1.32	29	3.55	28
宁夏	4.86	29	+1	2.39	28	2.47	29
青海	1.05	30	−1	0.29	30	0.76	30
新疆	0	31	−8	0.00	31	0.00	31

注：+表示名次增长，−表示名次下降。山西省未公布 2021 年旅游接待总人数及旅游总收入，故《报告》中位次变动分析不包含山西省。

1. 现状分析：约半数省域需求现实竞争力高于平均水平，省域间差异显著，云、苏、川、赣、桂名列前五；高值区集中于长江流域地区，低值区呈青藏高原—西北—东北向连片分布；类型特征上，“双高—双低”集聚特征显著，四成省域为“双优型”，半数省域为“无优型”，冀、豫、陕呈规模单优

由表 5-4 及表 5-5 可知，2022 年，全国 31 个省域旅游需求现实竞争力得分均值为 71.79，有 14 个省域得分高于均值，省域旅游需求现实竞争力变异系数为 0.78，在 7 个 C 层指标中相

对较大，说明省域间差异较大。在需求现实竞争力方面，云南、江苏、四川、江西、广西位居前五，云南旅游总收入及旅游接待总人数位列省域第一；需求现实竞争力后五位的省域分别为重庆、西藏、宁夏、青海、新疆，新疆旅游接待总人数与旅游总收入均排在省域末位。

从空间分布来看（图 5-4），2022 年，省域旅游需求现实竞争力的高值区主要分布于长江流域沿线省份（滇、苏、川、赣、鄂、湘、皖等）；低值区连片分布于青藏高原—西北—东北一线；需求现实竞争力一般的省域主要分布于高值区域两侧的华北和华南地区。

区域旅游总收入和旅游接待总人数呈现正相关关系，总收入随总人数的变化而变化，因此旅游需求"规模—效益"聚类特征呈现出"双高—双低"集聚特征（图 5-5）。根据表 5-5、图 5-5 可知，湖北、江苏、浙江、安徽等 13 个省域表现为数量规模与经营效益双优，位于第一象限；北京、上海、天津等 15 个省域旅游需求数量规模与经营效益均处于均值以下，处于第三"双低"象限；河北、河南、陕西旅游接待总人数得分高于均值，但旅游总收入得分低于均值，位于第四象限，表现为规模单优型；无省域处于效益单优象限。

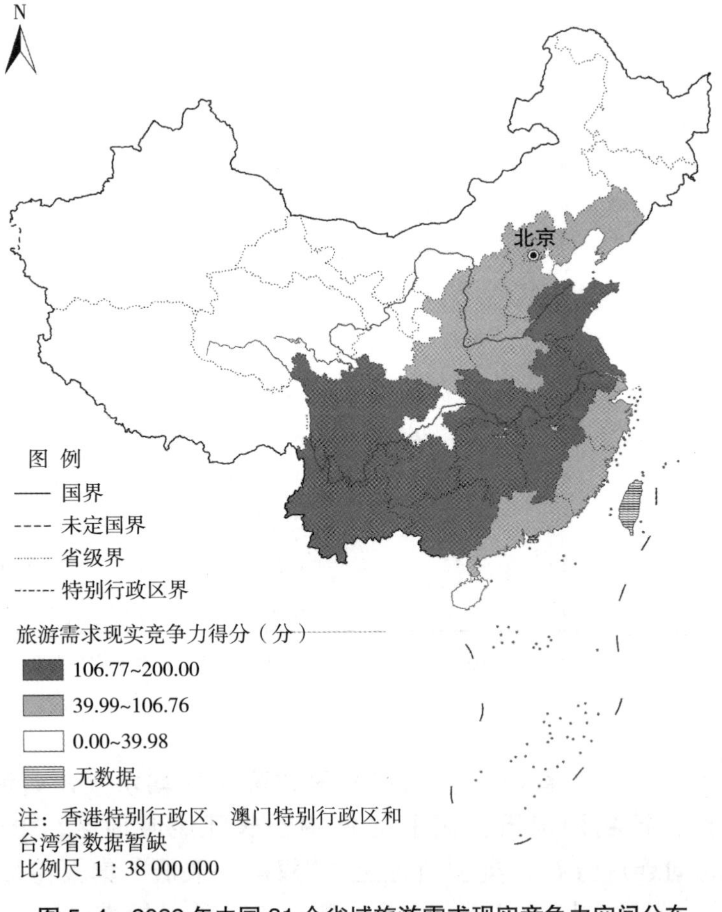

图 5-4　2022 年中国 31 个省域旅游需求现实竞争力空间分布

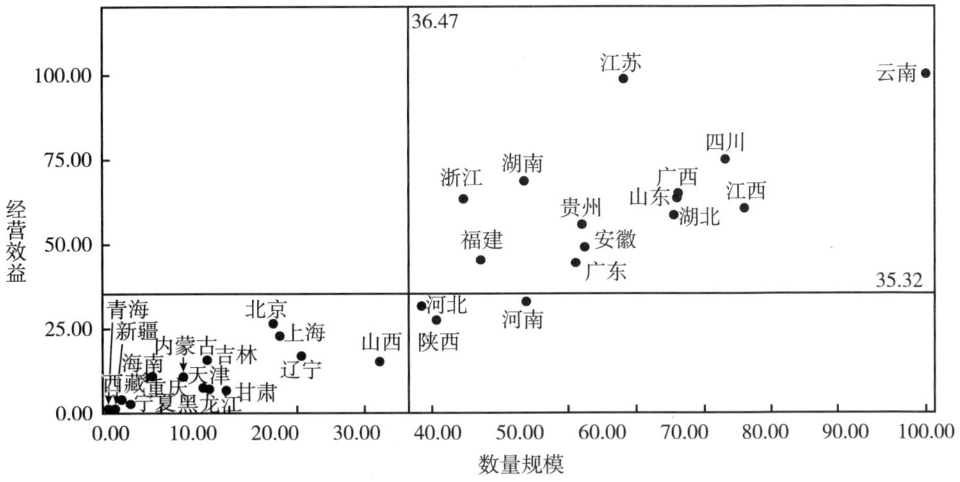

图 5-5　省域旅游需求现实竞争力数量规模—经营效益聚类分布

2. 年际变化：八成省域排名发生变动，整体排名变幅较小；川、滇提升较快（+5），豫、新下降较多（-10、-8）

与上一年度相比，2022 年，23 个省域的旅游需求现实竞争力排名发生变化（表 5-5），其中 13 个省域排名下降，10 个省域排名上升。整体排名变幅较小，18 个省域排名变动等于或低于 3 个位次，4 个省域排名变动超过 5 个位次。

从具体的排名变动来看，皖、冀、陕、黑、琼、渝、藏七省排名无变动；从省域旅游需求竞争力来看，因四川、云南旅游接待总人数和旅游总收入均位居前三，其旅游需求竞争力排名提升最快，均提升 5 个位次；由于旅游总收入与旅游接待总人数排位的大幅下跌，河南和新疆跌幅较大，分别下跌 10 个、8 个位次。

3. 旅游接待规模：省均接待旅游者 3.19 亿人次，恢复至新冠疫情前的 47.44%，滇、赣、川居前三；省均旅游总收入 3383 亿元，恢复至新冠疫情前的 48.25%，滇、苏、川居前三

2022 年，全国省均旅游接待总人数 3.19 亿人次（表 5-4），较上一年度下降 18.21%，恢复至新冠疫情前的 47.44%，15 个省域旅游接待总人数高于平均水平。具体来看，云南、江西、四川、广西、山东及湖北六省，旅游接待总人数超过 5 亿人次；内蒙古、海南、重庆、宁夏、西藏及青海六省不足 1 亿人次。2022 年，省域旅游接待总人数的变异系数为 0.73（表 5-4），为近三年来的最高值，表明省域间旅游需求现实竞争力数量规模差异变大。

2022 年，近 50% 的省域旅游总收入高于平均水平 3383.58 亿元（表 5-4），恢复至新冠疫情前的 48.25%。具体来看，云南和江苏的旅游总收入突破 9000 亿元，位列省域前二；西藏、青海、宁夏及新疆收入不足 500 亿元，居省域后列。2022 年，省域旅游总收入的变异系数为 0.81（表 5-4），表明省域间旅游需求现实竞争力数量规模差异明显。

（三）旅游现实竞争力评价

1. 评价结果

将反映 31 个省域旅游供给现实竞争力（C1）和需求现实竞争力（C2）的各项指标分别进行归一化处理后加总计算，得到省域旅游现实竞争力评价结果（表 5-6、图 5-6、图 5-7）。

表 5-6　2022 年中国 31 个省域旅游现实竞争力评价结果及其构成

省域	B1 旅游现实竞争力			C1 旅游供给现实竞争力		C2 旅游需求现实竞争力	
	分值	排序	排序变动	分值	排序	分值	排序
北京	251.14	20	−3	205.18	21	45.95	18
天津	203.33	26	−7	184.56	26	18.77	25
河北	294.41	17	+4	225.08	17	69.33	15
山西	249.03	21	—	201.31	22	47.73	17
内蒙古	219.54	22	+2	200.17	23	19.37	23
辽宁	260.18	18	0	220.28	19	39.90	20
吉林	178.59	28	−1	151.22	29	27.38	21
黑龙江	201.43	27	−1	182.65	27	18.79	24
上海	323.48	15	−6	280.20	11	43.28	19
江苏	547.12	3	−2	385.81	4	161.31	2
浙江	615.13	1	+2	508.72	1	106.42	11
安徽	412.21	8	−1	305.44	7	106.77	10
福建	369.51	11	+4	278.75	12	90.76	13
江西	453.72	7	+1	315.64	6	138.08	4
山东	548.51	2	0	415.76	3	132.75	6
河南	344.40	14	−8	260.74	13	83.65	14
湖北	407.86	9	+2	280.59	10	127.27	7
湖南	407.69	10	+2	288.67	9	119.03	8
广东	524.24	4	0	423.30	2	100.94	12
广西	359.96	12	−2	222.89	18	137.07	5
海南	214.55	23	−3	199.12	24	15.43	26
重庆	251.47	19	+3	236.61	15	14.86	27
四川	509.44	5	0	359.78	5	149.66	3
贵州	347.11	13	+1	234.38	16	112.73	9
云南	495.39	6	+7	295.39	8	200.00	1
西藏	135.65	30	−1	130.78	30	4.87	28

续表

省域	B1 旅游现实竞争力			C1 旅游供给现实竞争力		C2 旅游需求现实竞争力	
	分值	排序	排序变动	分值	排序	分值	排序
陕西	311.99	16	0	244.93	14	67.06	16
甘肃	209.75	25	−2	189.37	25	20.37	22
青海	165.66	29	−1	164.62	28	1.05	30
宁夏	132.67	31	−1	127.81	31	4.86	29
新疆	211.93	24	+1	211.93	20	0.00	31

注：+ 表示名次增长，- 表示名次下降。山西省未公布 2021 年旅游接待总人数及旅游总收入，故《报告》中位次变动分析不包含山西省。

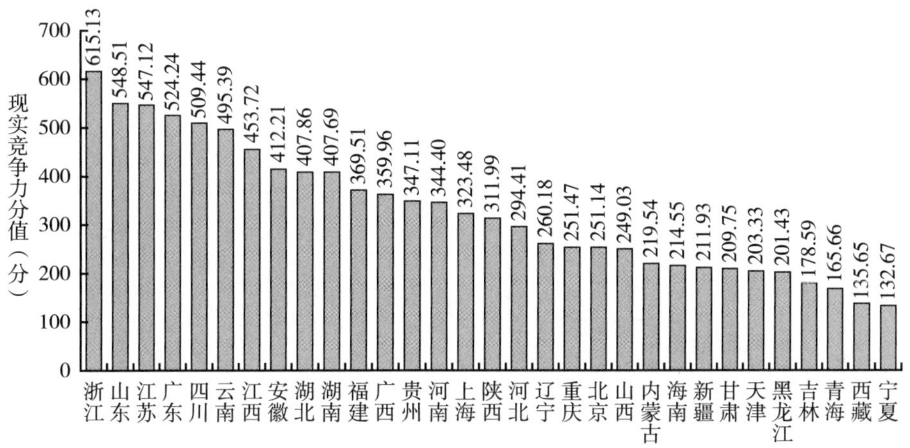

图 5-6　2022 年中国 31 个省域旅游现实竞争力评价结果

2. 评价结果分析

依据各省域旅游现实竞争力得分高低，将全国 31 个省域分为三个梯队，第一、第二梯队成员各 10 个省域，第三梯队 11 个省域。《报告》从梯队成员构成、年际变化、空间分布及竞争力内部差异等多角度对旅游现实竞争力进行分析。

（1）现实竞争力第一梯队：梯队成员变动不大，以华东地区省域为主，浙江得分最高；云南排名上升最多（+7），鄂、湘、浙、赣小幅上升，苏、皖小幅下降；鲁、苏、川、滇、赣、皖、鄂、湘供给—需求现状双优，粤、浙供给现状单优

如表 5-6、图 5-6 所示，2022 年省域旅游现实竞争力第一梯队成员包括浙江、山东、江苏、广东、四川、云南、江西、安徽、湖北及湖南，现实竞争力得分均在 407 分以上，华东省份居多（图 5-7）。与上一年度相比，云南、湖北、湖南由第二梯队晋升至第一梯队。

与上一年度相比，第一梯队成员山东、广东、四川排名无变动，其余省域位次均发生变动。其中，得益于供给现实竞争力排位的显著提升，云南旅游现实竞争力排名提升最快，上升

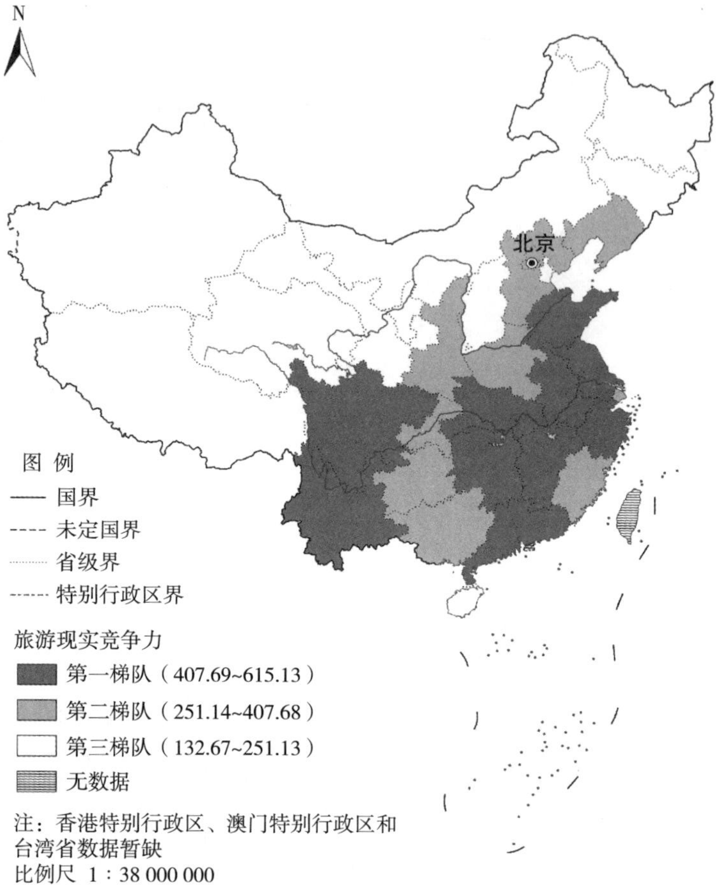

图 5-7　2022 年中国 31 个省域旅游现实竞争力空间分布

7 个位次；湖北、湖南、浙江排名上升 2 个位次，江西排名上升 1 个位次，变动较小；江苏、安徽排名分别下降 2 个及 1 个位次。

从第一梯队成员的需求与供给现实竞争力表现来看（图 5-8），多数省域均衡发展。山东、江苏、四川、云南、江西、安徽、湖北及湖南旅游供给和需求现实竞争力均表现较好，为“双优型”省域；广东、浙江旅游需求现实竞争力排名处于第二梯队，表现逊色于供给现实竞争力，为“供给现状单优型”省域。

（2）现实竞争力第二梯队：梯队成员构成变动较小，西南—华中—华北一线居多；成员排名变动较大，河北、福建提升较快（+4），河南下降最多（-8）；桂、贵需求现状单优

如表 5-6、图 5-6 所示，2022 年省域旅游现实竞争力第二梯队成员按得分高低依次为福建、广西、贵州、河南、上海、陕西、河北、辽宁、重庆、北京，现实竞争力得分均在 250~407 分，主要分布于西南—华中—华北一线（图 5-7）。与上一年度相比，河北和重庆由第三梯队上升至第二梯队，河南、上海、广西由第一梯队下降至第二梯队。

与上一年度相比，第二梯队成员旅游现实竞争力得分排名总体变动略大，除陕西、辽宁外，其余省域名次均发生变动。福建、贵州、河北和重庆小幅提升，其中，河北得益于旅游供

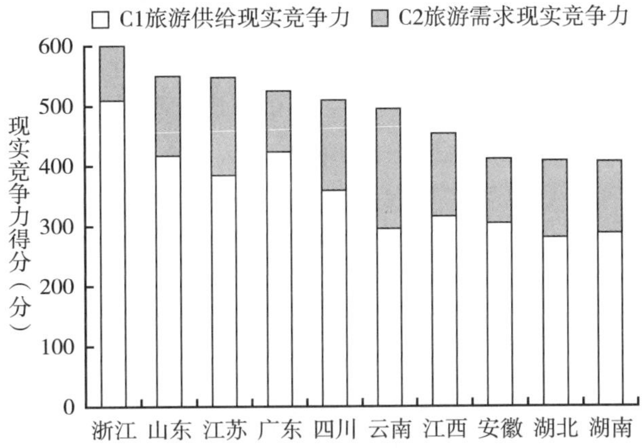

图 5-8　2022 年旅游现实竞争力第一梯队省域及其组成

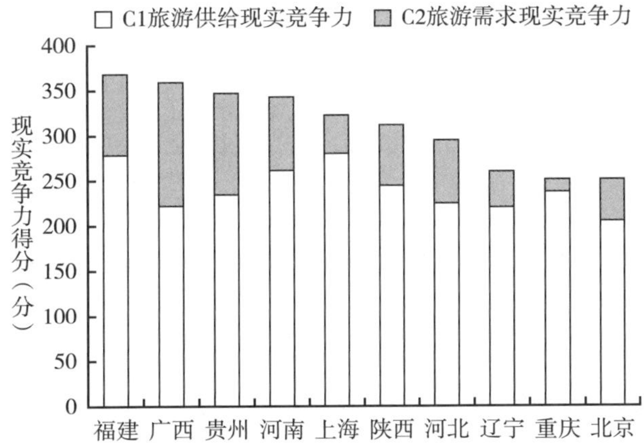

图 5-9　2022 年旅游现实竞争力第二梯队省域及其组成

给现实竞争力的优异表现，整体提升 4 个位次，福建提升 4 个位次，两省域在本梯队中位次提升较多；河南、上海大幅下降，河南受需求现实竞争力排位显著下降的影响，旅游现实竞争力整体下降 8 个位次，在本梯队中位次降幅最为明显；上海受供给现实竞争力位次下降的影响（-5），旅游现实竞争力整体下降 6 个位次；其余省份位次变动幅度较小，均在 2 个位次左右。

从第二梯队成员的需求与供给现实竞争力表现来看（图 5-9），旅游现实竞争力第二梯队成员表现各异，整体位于中等水平。广西、贵州需求现实竞争力表现较佳，分列 31 个省域的第 5 位、第 9 位，表现为“需求现状单优”。

（3）现实竞争力第三梯队：西北—东北一线集中分布，成员构成和排名变动小；天津下降最多（-7）；新疆供给现状相对较优，山西需求现状相对较优

如表 5-6、图 5-6 所示，2022 年省域旅游现实竞争力第三梯队成员包括山西、内蒙古、海南、新疆、甘肃、天津、黑龙江、吉林、青海、西藏、宁夏，现实竞争力得分均在 130~250 分之间，西北、东北省份居多（图 5-7），与 2021 年度相比，海南、天津由第二梯队降至第三梯队。

与上一年度相比，第三梯队成员整体得分排名变动较小，变动幅度多数均低于 3 个位次。天津受供给现实竞争力排位下降的影响（-13），现实竞争力整体排位下降最多（-7），内蒙古、新疆排名小幅上升，分别上升 2 个、1 个位次，其余省份位次降幅均在 1~3 个位次。

从第三梯队成员的需求与供给现实竞争力表现来看（图 5-10），第三梯队成员旅游现实竞争力整体表现较弱。山西旅游需求现实竞争力、辽宁旅游供给现实竞争力相对表现较好，分别排在第 17 位、第 20 位，其余省域旅游供给与需求现实竞争力排名均处于 20 名之后。

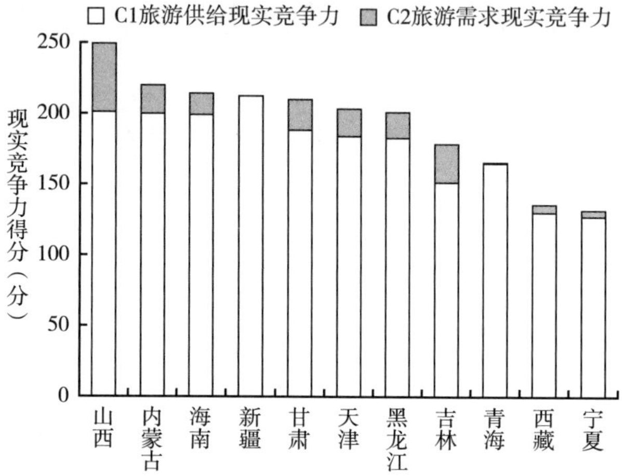

图 5-10　2022 年旅游现实竞争力第三梯队省域及其组成

三、旅游潜在竞争力分析与评价

潜在竞争力是旅游业在发展过程中，在一定要素的刺激下能够发挥出来并促进其持续发展的潜在能力，反映的是旅游业在自身发展过程中体现的发展壮大能力及未来发展水平，《报告》主要从供给潜力和需求潜力两部分进行衡量。

（一）旅游供给潜在竞争力分析

旅游供给潜力通过吸引物发展速度（D10）、住宿接待业发展速度（D11）、旅行社发展速度（D12）及旅游从业人员（D13）指标反映旅游供给的持续发展能力，以高级别吸引物数量（D14）及中国旅游集团二十强数量（D15）反映优质旅游供给资源，以旅游专利授权数（D16）及国家社科旅游类立项数量（D17）反映旅游发展的创新能力。在对原始数据收集、处理的基础上，计算得到各指标特征值（表 5-7）及 31 个省域旅游供给潜在竞争力评价结果（表 5-8）。基于评价结果，《报告》借助 ArcGIS10.8 软件对中国 31 个省域旅游供给潜在竞争力进行了可视化处理并进一步分析其空间分异特征（图 5-11）。

此外，《报告》以旅游供给持续发展能力、优质旅游资源及旅游创新能力得分均值为临界值进行聚类分析，以反映省域旅游供给潜在竞争力的类型特征（图 5-12）。同样地，《报告》

也对旅游供给潜在竞争力的年际变化进行了分析，并选取变异系数较高的指标“旅游从业人员发展速度”进行针对性分析。

表 5-7 2022 年中国 31 个省域旅游供给潜在竞争力评价指标体系及其基本描述统计

评价指标	平均值	最大值	最小值	标准差	变异系数
C2 旅游供给潜在竞争力	279.12	444.81	171.53	69.12	0.25
D10 吸引物发展速度（%）	5.33	16.35	−1.00	4.74	0.89
A 级旅游景区数量增长率	5.50	19.54	−2.71	6.01	1.09
博物馆数量增长率	8.16	116.67	−16.57	21.33	2.61
D11 住宿接待业发展速度（%）	59.41	83.62	8.71	12.53	0.21
星级饭店数量增长率	−4.71	23.58	−14.57	7.73	−1.64
星级饭店利润增长率	−186.00	36.31	−3127.91	566.71	−3.05
D12 旅行社发展速度（%）	5.35	38.81	−18.04	10.89	2.04
D13 旅游从业人员发展速度（%）	−6.91	29.66	−22.08	8.53	−1.23
D14 高级别吸引物数量（个）	124.48	277	32	55.30	0.44
5A 级旅游景区	10.29	25	2	5.09	0.49
国家非物质文化遗产	114.19	257	28	51.68	0.45
D15 中国旅游集团二十强数量（家）	0.94	6	0	1.41	1.51
D16 旅游专利授权数（件）	58.19	194	0	48.81	0.84
D17 国家社科旅游类立项数量（个）	2.29	6	0	1.69	0.74

（数据来源：《中国文化文物和旅游统计年鉴 2023》；2022 年度全国星级饭店统计公报，中华人民共和国文化和旅游部；国家非物质文化遗产网，http//www.ihchina.cn/；2022 年全域旅游示范区数量，中华人民共和国中央人民政府官网，http://www.gov.cn/fuwu/2019-09/27/content_5433799.htm，https://www.gov.cn/zhengce/zhengceku/2020-12/17/content_5570345.htm；2022 年中国旅游集团二十强名单，https://baike.baidu.com/item/2022%E5%B9%B4%E5%BA%A6%E4%B8%AD%E5%9B%BD%E6%97%85%E6%B8%B8%E9%9B%86%E5%9B%A220%E5%BC%BA/62445503?fr=ge_ala；2022 年旅游专利授权数量统计，中国知网专利板块；全国哲学社会科学工作办公室，http://www.nopss.gov.cn/。）

表 5-8 2022 年中国 31 个省域旅游供给潜在竞争力综合评价分值及排序

省份	C3 旅游供给潜在竞争力			持续发展能力		优质旅游资源		旅游创新能力	
	分值	排序	排序变化	分值	排序	分值	排序	分值	排序
浙江	444.81	1	+1	148.77	18	150.00	1	146.05	1
广东	395.87	2	−1	170.34	11	93.74	5	131.79	3
云南	381.68	3	+15	252.84	1	49.80	15	79.04	13
北京	368.48	4	+16	121.39	28	105.85	3	141.24	2
湖北	354.61	5	−1	172.88	9	68.50	11	113.23	4
贵州	337.53	6	+10	172.91	8	55.51	13	109.11	5
江苏	332.46	7	−2	136.27	23	96.19	4	100.00	9

续表

省份	C3 旅游供给潜在竞争力			持续发展能力		优质旅游资源		旅游创新能力	
	分值	排序	排序变化	分值	排序	分值	排序	分值	排序
福建	329.82	8	+13	154.87	16	66.87	12	108.08	6
山东	323.72	9	0	150.51	17	85.24	7	87.97	11
四川	322.14	10	+1	128.25	26	89.25	6	104.64	7
河北	303.04	11	+8	167.14	12	74.22	10	61.68	17
河南	292.06	12	0	161.04	14	44.08	19	86.94	12
广西	287.44	13	0	171.69	10	19.18	25	96.56	10
山西	285.05	14	−7	187.61	6	81.97	9	15.46	29
甘肃	281.42	15	+11	194.35	4	23.67	23	63.40	15
湖南	281.31	16	−10	133.79	25	47.35	16	100.17	8
新疆	280.15	17	−14	188.30	5	53.88	14	37.97	24
青海	275.77	18	+6	228.94	3	24.49	22	22.34	26
西藏	271.31	19	+4	235.87	2	31.84	21	3.61	31
安徽	268.64	20	−5	140.86	19	82.24	8	45.53	22
江西	237.37	21	−11	126.16	27	45.24	18	65.98	14
上海	233.54	22	−14	61.20	31	119.59	2	52.75	19
陕西	230.83	23	−9	163.54	13	45.65	17	21.65	27
吉林	214.34	24	+5	139.72	21	12.24	27	62.37	16
内蒙古	204.20	25	+2	159.70	15	32.65	20	11.86	30
重庆	203.32	26	−9	139.57	22	13.06	26	50.69	20
宁夏	199.76	27	−2	183.09	7	0.00	31	16.67	28
海南	187.46	28	−6	139.74	20	7.35	28	40.38	23
辽宁	181.38	29	−1	112.17	29	20.41	24	48.80	21
黑龙江	171.54	30	+1	134.43	24	6.53	30	30.58	25
天津	171.53	31	−1	107.89	30	6.94	29	56.70	18

注：+ 表示名次增长，− 表示名次下降。

1. 现状分析：省域间供给潜在竞争力差距较小，浙、粤、滇、京、鄂名列前五；沿海省域表现较好，低值区集中于东北—西北片区；类型特征上，“全优”型省域仅粤、桂、鄂三省，“双优”型省域占比最高，半数省域“单优”或“无优”

2022 年，全国 31 个省域旅游供给潜在竞争力得分均值为 279.12（表 5−7），17 个省域得分高于均值，占比为 54.84%（表 5−8）。省域旅游供给潜在竞争力变异系数为 0.25（表 5−7），在C层指标中相对较小，表明省域间差异较小。供给潜在竞争力得分排名前五的省份分别为浙江、广东、云南、北京、湖北，得分均超过350分，浙江的优质旅游资源得分和旅游创新能力得分排名第一，云南的持续发展能力得分排名第一；宁夏、海南、辽宁、黑龙江、天津供给潜在竞争力居后五位。

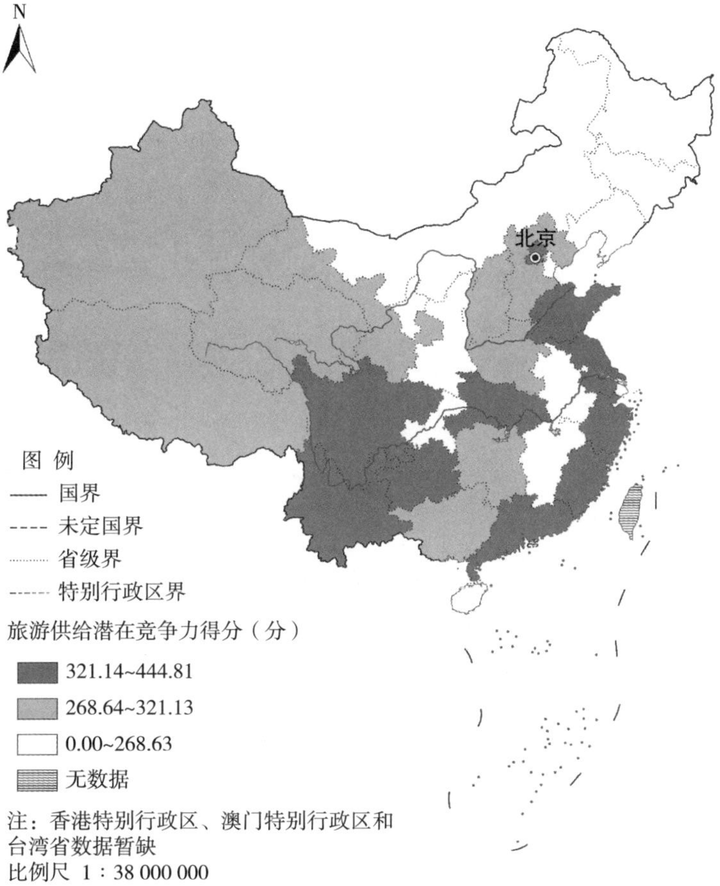

图5-11　2022年中国31个省域旅游供给潜在竞争力空间分布

从空间分布来看（图5-11），2022年，省域旅游供给潜在竞争力高值区主要分布于东部—南部沿海与西南、华中地区；竞争力一般的省域呈多区域连片分布，位于西部、华北及华南区域；供给潜在竞争力低值区主要集中于东北—西北地区。

基于省域旅游供给潜力持续发展能力—优质资源—创新能力的聚类分析（图5-12）可知，各类型省域数量分别为：全优型（3个）、双优型（12个）、单优型（8个）、无优型（8个）。具体来看，湖北、广东与贵州为潜在竞争力全优型省域，三省域在创新能力方面表现较佳，分别位列省域第三位、第四位、第五位；双优型省域以优质旅游资源—创新能力双优为主，包括北京、江苏、浙江、福建、山东、四川12个省域，云南、河南、广西表现为持续发展能力—创新能力双优型，河北、山西、新疆表现为持续发展能力—优质旅游资源双优型；单优型省域包括上海、安徽、湖南、西藏、陕西、甘肃、青海、宁夏8个省域，以持续发展能力单优为主；

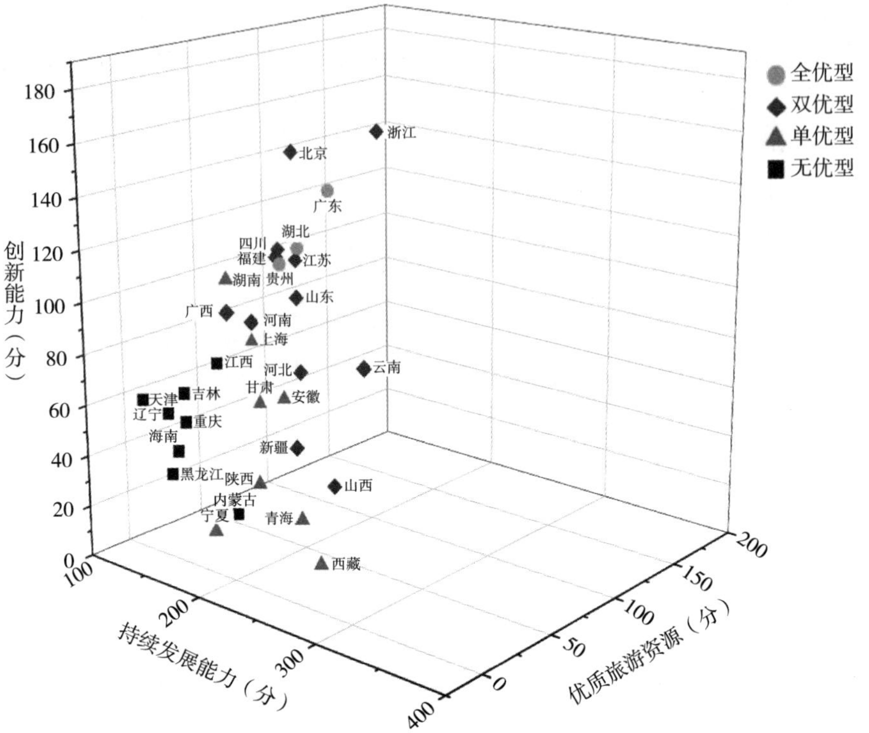

图 5-12　省域旅游供给潜在竞争力持续发展能力—优质资源—创新能力聚类分布

无优型包括天津、内蒙古、辽宁、吉林、黑龙江、江西、海南、重庆 8 个省域。

2. 年际变化：九成省份排名变动；北京排名提升最多（+16），新疆、上海下降较多（-14），鲁、豫、桂排名无变动

与 2021 度相比，2022 年省域旅游供给潜在竞争力水平同比下降 8.66%，31 个省域排名变动明显，28 个省域排名均发生变动，占比逾 90%。从变动幅度来看，15 个省域变动幅度超 5 个位次，10 个省域位次变动在 3 个位次以内；15 个省域排名下降，13 个省域位次提升。

从具体排名来看，山东、河南和广西排名无变动，分别位列 31 个省域的第 9 位、第 12 位和第 13 位；北京在位列第二的创新能力的加持下，整体排名提升了 16 个位次，增幅最高；得益于居于省域首位的可持续发展能力排名，云南提升了 15 个位次；受可持续发展能力、旅游创新能力大幅下降的影响，新疆和上海降幅较大，较上年均下降 14 个位次。

3. 旅游从业人员发展速度：省均降幅 6.91%，29 省域旅游从业人员减少，天津、上海降幅较大，西藏和青海旅游从业人员增加

2022 年，中国省域旅游从业人员发展速度均值为 -6.91%，各省域旅游从业人员发展速度明显分化，说明新冠疫情对各省旅游业造成的影响存在差异。29 省域旅游从业人员数量均不同程度地下降，天津和上海降幅较大，降幅分别为 22.0% 和 20%；天津、辽宁、吉林、黑龙

江、上海、河南、海南、甘肃、新疆 9 省域降幅超过 10%；山西、湖北、陕西、宁夏四省域旅游从业人员发展速度降幅低于 5%；西藏和青海旅游从业人员较上一年度有所增加，发展速度分别为 29.66% 和 9.10%，与新冠疫情冲击之下西藏旅游与西北旅游趋热的基本特征相符。

（二）旅游需求潜在竞争力分析

延续旅游需求现状分析思路，从数量规模与经营效益的可持续发展能力角度出发，对旅游需求潜力进行分析。《报告》选用旅游接待总人数增长率（D18）表征区域旅游需求规模的可持续发展能力，选用旅游总收入增长率（D19）表征区域旅游需求效益的可持续发展能力。通过对原始数据的搜集、整理，经归一化计算后得到各指标特征值（表 5-9）及 31 个省域旅游需求潜在竞争力评价结果（表 5-10、图 5-13）。

此外，《报告》以旅游需求数量规模和经营效益的可持续发展能力得分均值为依据进行聚类分析，以反映省域旅游需求潜在竞争力相对优势的异质性（图 5-14）；为理清旅游需求潜力的发展态势，《报告》还与上一年度各省域需求潜力排名进行了比较，分析其年际变化。《报告》还对 D 层指标进行了详细分析以更深入反映旅游需求潜力特征，

表 5-9　2022 年中国 31 个省域旅游需求潜在竞争力评价指标及其基本描述统计

评价指标	平均值	最大值	最小值	标准差	变异系数
C4 旅游需求潜在竞争力	110.54	198.41	0.00	38.19	0.35
D18 旅游接待总人数增长率（%）	−22.32	31.50	−89.92	23.62	−1.06
D19 旅游总收入增长率（%）	−28.31	26.35	−94.77	24.85	−0.88

（数据来源：各省 2021/2022 年各省国内旅游人数、入境过夜游客人数及国内旅游收入、国际旅游收入来自各省《统计年鉴 2022/2023》。）

表 5-10　2022 年中国 31 个省域旅游需求潜在竞争力综合评价分值及排序

省份	C4 旅游需求潜在竞争力			旅游接待总人数增长率		旅游总收入增长率	
	分值	排序	排序变化	分值	排序	分值	排序
云南	198.41	1	+19	29.57	2	26.35	1
四川	168.72	2	+23	31.50	1	−11.53	8
宁夏	163.68	3	+12	7.16	3	6.65	2
湖南	152.36	4	+26	0.93	4	−0.85	3
浙江	144.56	5	+24	−6.25	7	−3.13	5
湖北	142.85	6	−2	−3.56	5	−7.89	7
福建	139.62	7	+19	−3.80	6	−11.56	9
江西	130.26	8	+2	−11.79	11	−14.93	10

续表

省份	C4 旅游需求潜在竞争力			旅游接待总人数增长率		旅游总收入增长率	
	分值	排序	排序变化	分值	排序	分值	排序
安徽	126.39	9	+3	−14.59	12	−16.83	11
广东	124.32	10	+13	−11.46	9	−22.46	14
陕西	123.56	11	+10	−11.28	8	−23.56	15
西藏	122.97	12	+7	−27.70	20	−7.88	6
重庆	119.82	13	0	−38.24	25	−1.19	4
江苏	115.54	14	−13	−24.51	16	−20.07	12
贵州	115.47	15	+9	−23.64	15	−21.03	13
山东	113.78	16	−8	−19.50	13	−27.21	17
海南	111.33	17	−15	−25.88	17	−23.81	16
河北	107.24	18	+4	−22.64	14	−31.99	20
广西	106.62	19	−3	−26.21	18	−29.18	19
内蒙古	104.98	20	+8	−29.54	22	−27.84	18
山西	101.36	21	—	−11.48	10	−50.25	26
北京	96.18	22	−19	−28.54	21	−39.50	21
黑龙江	90.42	23	+4	−27.51	19	−47.51	23
上海	88.26	24	−10	−35.97	23	−41.68	22
辽宁	75.94	25	−8	−42.53	26	−50.06	25
河南	75.55	26	−21	−45.05	27	−48.02	24
天津	71.40	27	−21	−37.34	24	−60.73	29
吉林	71.26	28	−21	−45.38	28	−52.89	27
青海	66.38	29	−11	−45.69	29	−58.48	28
甘肃	57.42	30	−19	−51.16	30	−63.89	30
新疆	0.00	31	−22	−89.92	31	−94.77	31

注：+ 表示名次增长，− 表示名次下降。

1. 现状分析：过半省域需求潜在竞争力高于平均水平，云、川、宁、湘、浙名列前茅，省域差距较小；高值区和低值区穿插连片分布，高值区主要分布长江中下游沿线省域，低值区多分布于西北和东北区域；类型特征上，"双优"省域占比最高，"无优"型次之，"单优"型省域数量最少

2022 年全国 31 个省域旅游需求潜在竞争力得分均值为 110.54 分（表 5−9），17 个省域得分高于均值，占比约 54.84%。省域旅游需求现实竞争力变异系数为 0.35（表 5-9），在 7 个 C 层指标中较小，说明省域间差异较小。需求潜在竞争力得分排名前五的省域为云南、四川、宁夏、湖南、浙江，需求潜在竞争力后五位的省域分别为天津、吉林、青海、甘肃、新疆。

从空间分布来看（图 5-13），三类型省域穿插分布，需求潜在竞争力高值区主要分布于中国长江中下游沿线省域及西南部的云南和四川；需求潜在竞争力处于中等水平的省份，多集中于京津冀周边地区和川、滇、粤；需求潜力竞争力得分较低的省域主要集中于东北、西北地区。

在聚类分布上（图 5-14），数量规模—经营效益可持续发展水平“双优型”省域占比最大，位于第一象限，主要包括云南、四川、宁夏等 12 个省域；“无优型”省域共有 11 个，位于第三象限，均为旅游需求潜在竞争力整体排位靠后的省域，如北京、河北、广西等；单要素发展水平高于均值的省域共有 8 个，其中山西表现为数量规模可持续单优（第四象限），西藏、重庆、江苏、贵州和内蒙古表现为经营效益可持续单优（第二象限）。

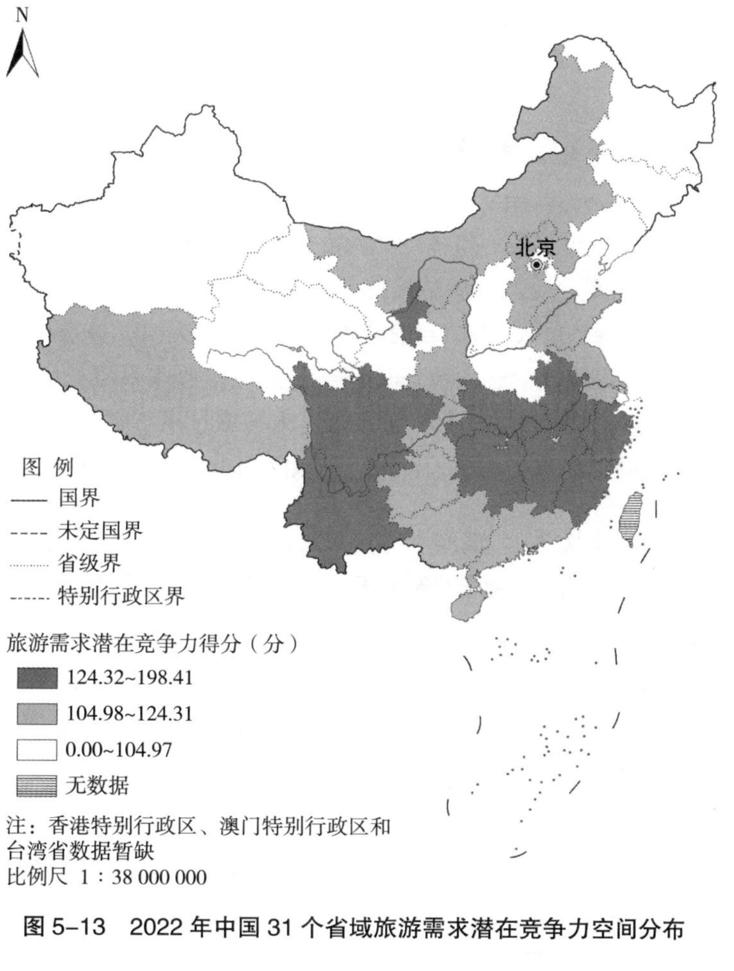

图 5-13　2022 年中国 31 个省域旅游需求潜在竞争力空间分布

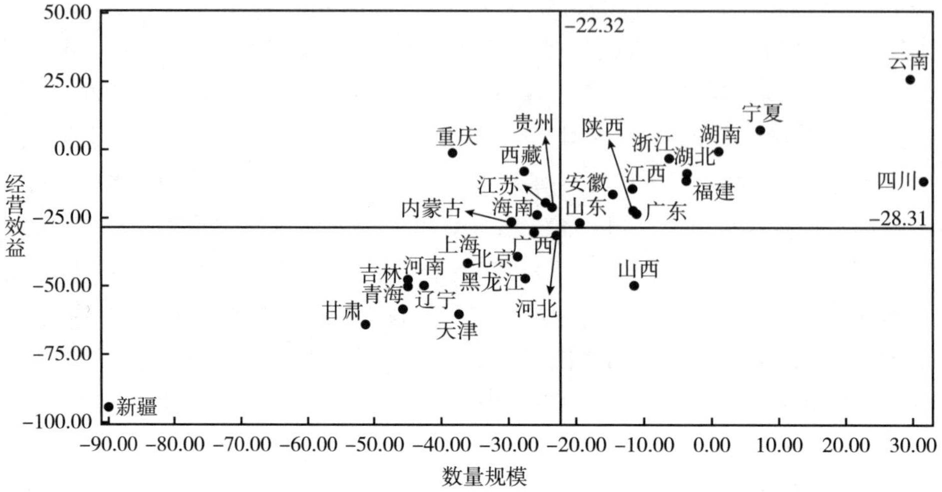

图 5-14 省域旅游需求潜在竞争力数量规模—经营效益可持续发展能力聚类分布

2. 年际变化：超九成省域排名变化明显；湖南提升最快（+26），新疆下降最快（–22）

与上一年度相比，2022 年省域旅游需求潜在竞争力水平略微下降，得分下降了 15.23。省域排名变动明显，除重庆外，其余省域排位均发生变动，15 个省域位次提升，14 个省域位次下降（表 5-10）。从变动幅度来看，整体变动幅度较大，18 个省域位次浮动超过 10 个位次。

从具体的排名变动来看，受益于旅游接待总人数和旅游总收入的大幅上升，湖南提升 26 个位次，提升幅度最大；浙江、四川、云南和福建表现较为突出，分别提升了 24 个、23 个、19 个、19 个位次，四川旅游接待总人数增长率与云南旅游总收入增长率分别位列省域第一；新疆下降 22 个位次，下降幅度最大，其旅游接待总人数增长率与旅游总收入增长率均排在末位，导致其整体排名下降；河南、天津、吉林三省域降幅也很大，均下降 21 个位次。

3. 旅游接待规模增长率：旅游接待总人数负增长趋势明显，新疆降幅最高；超九成省份旅游总收入下降，新疆降幅最大，云南和江西呈增长趋势

2022 年，全国 31 个省域旅游接待总人数增长率均值显著下降 22.32%，九成省域旅游市场呈下行趋势。从各省域表现来看，除云南、四川、宁夏和湖南增长率为正数外，其余 27 个省域旅游接待总人数增长率均较上一年下降。6 省域降幅超过 40%，包括新疆、甘肃、青海、吉林、河南、辽宁，新疆降幅最大，下降 89.92%；四川和云南旅游接待总人数增幅较大，分别增加 31.50% 和 29.57%。

随着旅游接待总人数增长率的下降，各省域旅游总收入增长率均不同程度地减少。数据显示，2022 年，省域旅游总收入增长率均值为 −28.31%，降幅高于旅游接待总人数平均增长率。具体来看，仅云南和宁夏两省域旅游总收入有所增长，增幅分别为 26.35% 和 6.65%；其余 29 省份旅游总收入均较上一年下降，河南、天津、吉林、青海、甘肃、新疆等 10 省域降幅超过

40%，新疆降幅最大，下降 94.77%。

（三）旅游潜在竞争力评价

1. 评价结果

与旅游现实竞争力评价思路一致，将反映中国 31 个省域旅游供给潜在竞争力（C3）和旅游需求潜在竞争力（C4）的各项指标（D10~D19）进行归一化处理后再加总计算，得到省域旅游潜在竞争力评价结果（表 5-11、图 5-15、图 5-16）。

表 5-11　2022 年中国 31 个省域旅游潜在竞争力评价结果及其构成

省份	B2 旅游潜在竞争力			C3 旅游供给潜在竞争力		C4 旅游需求潜在竞争力	
	分值	排序	排序变化	分值	排序	分值	排序
北京	464.66	7	+2	368.48	4	96.18	22
天津	242.93	31	−4	171.53	31	71.40	27
河北	410.27	12	+6	303.04	11	107.24	18
山西	386.41	16	—	285.05	14	101.36	21
内蒙古	309.19	25	+4	204.20	25	104.98	20
辽宁	257.32	30	−4	181.38	29	75.94	25
吉林	285.59	27	+1	214.34	24	71.26	28
黑龙江	261.96	29	+1	171.54	30	90.42	23
上海	321.80	24	−18	233.54	22	88.26	24
江苏	448.00	9	−6	332.46	7	115.54	14
浙江	589.38	1	+9	444.81	1	144.56	5
安徽	395.02	13	−2	268.64	20	126.39	9
福建	469.44	6	+15	329.82	8	139.62	7
江西	367.64	17	−9	237.37	21	130.26	8
山东	437.50	10	−5	323.72	9	113.78	16
河南	367.61	18	−11	292.06	12	75.55	26
湖北	497.47	4	0	354.61	5	142.85	6
湖南	433.67	11	+12	281.31	16	152.36	4
广东	520.19	3	−2	395.87	2	124.32	10
广西	394.06	15	−2	287.44	13	106.62	19
海南	298.79	26	−14	187.46	28	111.33	17
重庆	323.13	23	−9	203.32	26	119.82	13
四川	490.87	5	+11	322.14	10	168.72	2

续表

省份	B2 旅游潜在竞争力			C3 旅游供给潜在竞争力		C4 旅游需求潜在竞争力	
	分值	排序	排序变化	分值	排序	分值	排序
贵州	453.00	8	+11	337.53	6	115.47	15
云南	580.09	2	+15	381.68	3	198.41	1
西藏	394.29	14	+6	271.31	19	122.97	12
陕西	354.40	20	−5	230.83	23	123.56	11
甘肃	338.84	22	0	281.42	15	57.42	30
青海	342.15	21	+4	275.77	18	66.38	29
宁夏	363.44	19	+5	199.76	27	163.68	3
新疆	280.15	28	−26	280.15	17	0.00	31

注：+表示名次增长，−表示名次下降。山西省未公布 2021 年旅游接待总人数及旅游总收入，故《报告》中位次变动分析不包含山西省。

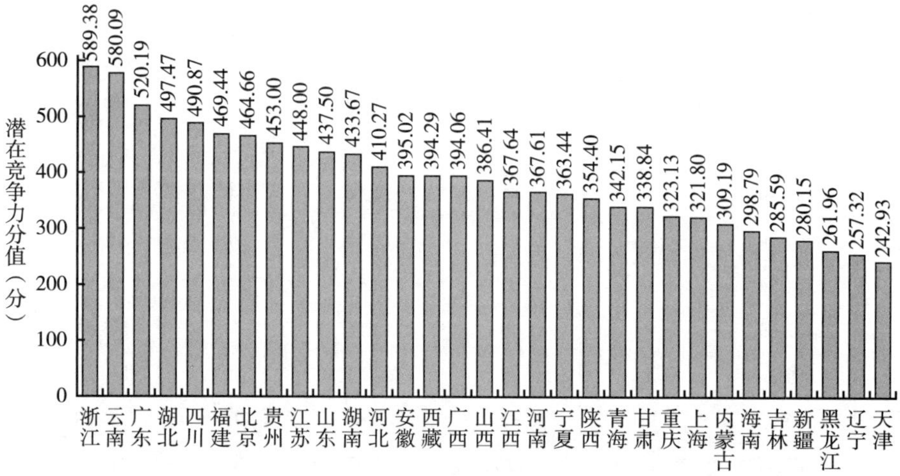

图 5-15　2022 年中国 31 个省域旅游潜在竞争力评价结果

2. 评价结果分析

延续旅游现实竞争力分析思路，将全国 31 个省域依据旅游潜在竞争力得分划分为三个梯队，第一、第二梯队成员各 10 个省域，第三梯队 11 个省域。《报告》将从梯队成员构成、年际变化、空间分布及竞争力内部差异等多角度对旅游潜在竞争力进行分析。

（1）潜在竞争力第一梯队：沿海和西南省份居多，成员变动较大；成员排名变动较大，滇、闽提升较大（+15），苏下降较多（−6）；浙、云、粤、鄂、川、闽供给—需求双优，京、贵、苏、鲁供给潜力单优

如表 5-11、图 5-15 所示，2022 年，省域旅游潜在竞争力第一梯队成员包括浙江、云南、

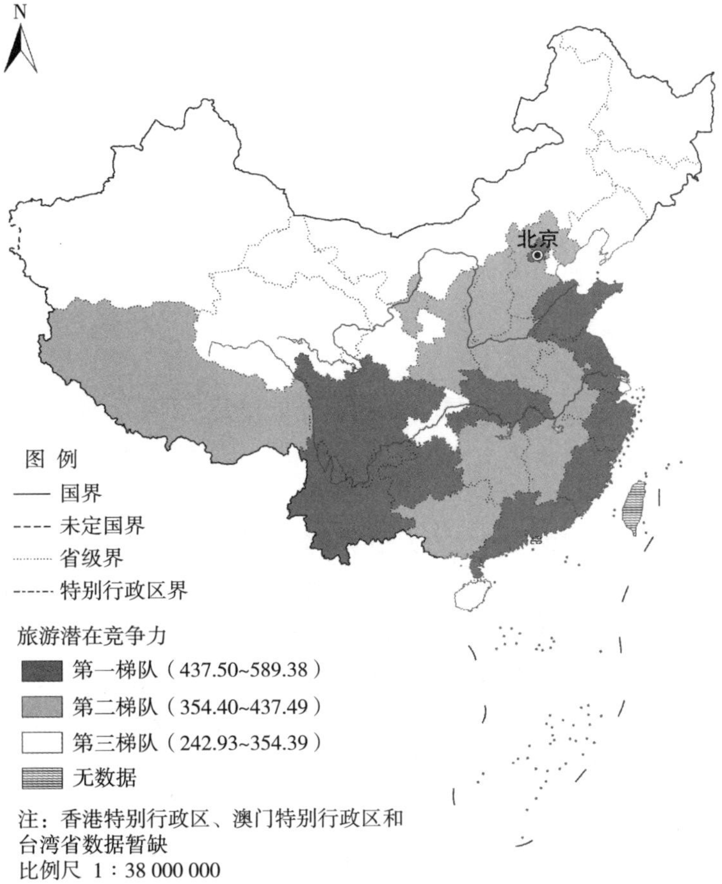

图 5-16　2022 年中国 31 个省域旅游潜在竞争力空间分布

广东、湖北、四川、福建、北京、贵州、江苏、山东，潜在竞争力得分均在 437 分以上，沿海省份居多（图 5-16）。与上一年度相比，云南、四川、福建和贵州由第二梯队晋升至第一梯队。

与前一年度相比，第一梯队成员旅游潜在竞争力得分排名总体变动较大。具体来看，云南和福建得益于需求潜力排名和供给潜力排名的大幅提升，均提升 15 个位次，是本梯队成员中位次提升较多的省域；贵州、四川上升 11 个位次，浙江上升 9 个位次，增幅较大。江苏、山东和广东分别下降了 6 个、5 个和 2 个位次。

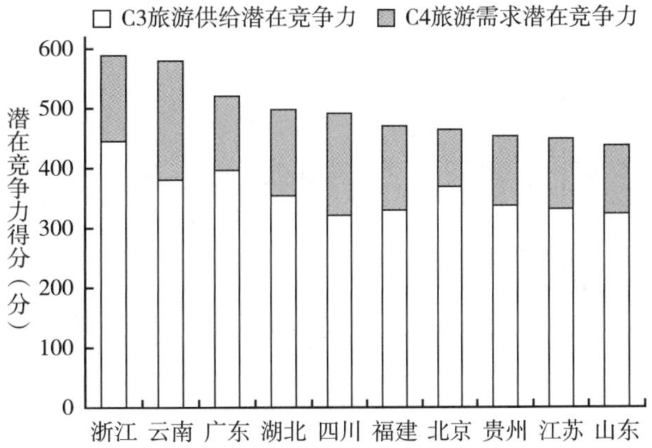

图 5-17　2022 年旅游潜在竞争力第一梯队省域及其组成

从第一梯队成员的需求与供给潜在竞争力表现来看（图 5-17），梯队成员的优势各有不同：浙江、云南、广东、湖北、四川和福建六省旅游需求与供给潜在竞争力均位于第一梯队，属均衡“双优型”；北京、贵州、江苏、山东四省域供给潜在竞争力表现突出，分列第4、第6、第7、第9位，但需求潜在竞争力排位均在11名后，属供给潜力“单优型”。

（2）潜在竞争力第二梯队：中部省份较多，成员变动较大；成员排名变动较大，湖南提升最多（+12），河南下降较多（-11）；湘、皖、赣、宁需求潜力单优

如表5-11、图5-15所示，2022年省域旅游潜在竞争力第二梯队成员包括湖南、河北、安徽、西藏、广西、山西、江西、河南、宁夏、陕西，其旅游潜在竞争力得分均在354~437分，中部省份居多（图5-16）。与上一年度相比，宁夏、湖南由第三梯队上升至第二梯队，江西、河南由第一梯队降至本梯队。

与上一年相比，第二梯队成员潜在竞争力排名变动较大。湖南、河北、西藏、宁夏四省域排名提升，其中湖南排名提升最多（+12），这主要得益于其需求潜在竞争力表现突出，由上一年度的第23名上升至第4名；安徽、江西、广西、河南、陕西排名下降，其中河南排名降低最多（-11），该省旅游需求潜在竞争力大幅度下降至第26名，导致其整体排名下降。

从第二梯队成员的需求与供给潜在竞争力表现来看（图5-18），第二梯队成员的优势表现各不相同：湖南、安徽、江西、宁夏四省需求潜在竞争力在省域中位列前10，属需求潜力“单优型”；其余省份供给与需求潜力排位均处于单项第二梯队或第三梯队，表现一般。

（3）潜在竞争力第三梯队：北方省份居多，成员构成变动较大；成员内部名次变动较大，内蒙古和青海提升较多（+4），新疆排名下降最多（-26）

如表5-11、图5-15所示，2022年省域旅游潜在竞争力第三梯队成员包括青海、甘肃、重庆、上海、内蒙古、海南、吉林、新疆、黑龙江、辽宁及天津，其旅游潜在竞争力得分在240~354分之间，主要分布于中国北部地区（图5-16）。与上一年度相比，第三梯队成员变动较大，新疆、上海由第一梯队降至本梯队，海南、重庆由第二梯队降至本梯队，其余省份梯队未变。

与上一年度相比，除甘肃无位次变动外，其余省份位次均有所变动。青海、内蒙古、吉林、黑龙江四省域排名上升，内蒙古和青海上升4个位次，提升幅度较大。重庆、上海、海南、新疆、辽宁、天津六省域排名下降，新疆位次下降最多（-26），这是因为其旅游需求潜在竞争力和供给潜在竞争力的位次均大幅下降。

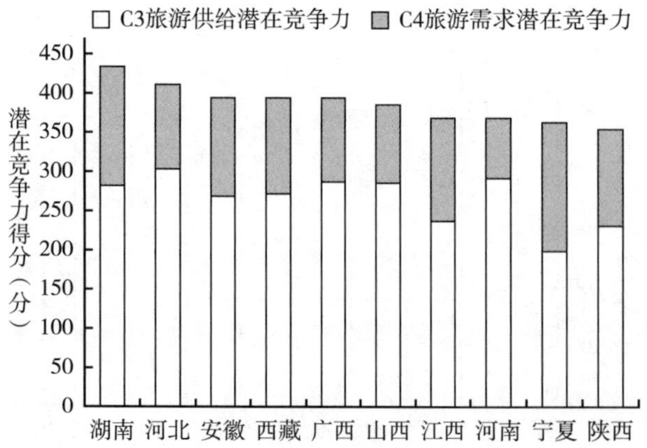

图5-18　2022年旅游潜在竞争力第二梯队省域及其组成

从第三梯队成员的需求与供给潜在竞争力表现来看（图5-19），第三梯队省域整体较弱，甘肃、青海和新疆的旅游供给潜在竞争力，以及重庆和海南的旅游需求潜在竞争力相对表现较好，排名处于10~20名，属于第二梯队，其余省域旅游供给与需求现实竞争力排名均

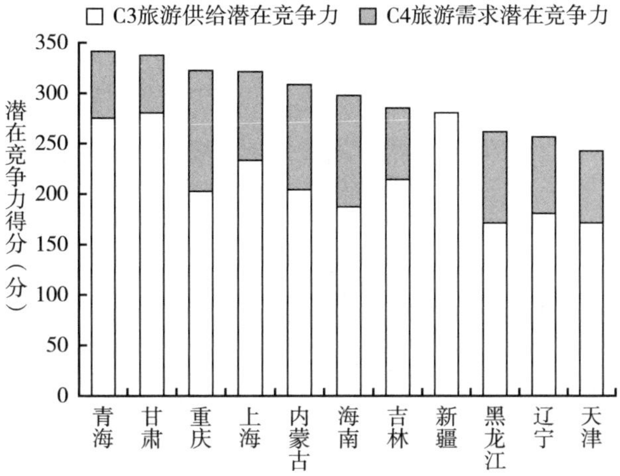

图 5-19　2022 年旅游潜在竞争力第三梯队省域及其组成

处于第三梯队。

四、发展环境竞争力分析与评价

区域发展环境对旅游目的地的整体竞争力也有着重要影响，因此，《报告》从自然环境、社会经济环境和政策环境三个方面对区域发展环境竞争力进行了分析与评价，评价过程亦与需求、供给竞争力的评价过程相似，包含指标构建、数据获取、算数求和、结果评价等，以下为具体评价结果分析。

（一）自然环境竞争力分析

在旅游业竞争力评价的框架背景下，自然环境竞争力着重考量直接影响游客环境感知与旅游体验质量的自然本底指标，因此《报告》选取空气质量优良天数（D20）、城市污水处理率（D21）和生活垃圾无害化处理率（D22）三个指标反映自然环境发展现状。通过收集各指标原始数据，计算得到各指标的特征值（表 5-12）及 31 个省域自然环境竞争力发展水平（表 5-13），并借助 ArcGIS10.8 软件进行可视化分析（图 5-20）。

归类与比较能够更为清晰地反映事物内部特征与差异，因此，《报告》从人类对自然环境干预程度强弱的视角，将 D20 指标归类为不可控因子，D21、D22 指标归类为可控因子，以两类因子的均值为临界点进行聚类与比较（图 5-21）。此外，《报告》还将本年度的评价结果与上年度结果进行纵向对比，以了解各省域自然环境竞争力的年际变化与发展态势。同时，选取指标 D22，横向对比各省域间生活垃圾无害化处理率，以更为微观的视角分析省域自然环境的差异。

表 5-12　2022 年中国 31 个省域自然环境现状评价指标及其基本描述统计

评价指标	平均值	最大值	最小值	标准差	变异系数
C5 自然环境竞争力	215.08	288.39	120.63	37.65	0.18
D20 空气质量优良天数（天）	317.35	364.00	242.00	34.08	0.11
D21 城市污水处理率（%）	98.05	99.50	95.90	0.84	0.01
D22 生活垃圾无害化处理率（%）	99.90	100.00	98.40	0.30	0.00

（数据来源：空气质量优良天数来源于各省生态环境厅《2022年生态环境状况公报》；城市污水处理率来源于《中国第三产业统计年鉴 2023》；生活垃圾无害化处理率来源于《中国统计年鉴 2023》。）

表 5-13　2022 年中国 31 个省域自然环境竞争力综合评价分值及排序

省域	C5 自然环境竞争力			空气优良天数		城市污水处理率		生活垃圾无害化处理率	
	分值	排序	排序变化	分值	排序	分值	排序	分值	排序
海南	288.39	1	0	96.72	4	91.67	2	100.00	1
云南	279.86	2	+1	100.00	1	86.11	4	93.75	25
贵州	275.44	3	+8	98.36	3	83.33	6	93.75	25
福建	268.44	4	−2	93.44	5	75.00	8	100.00	1
广西	266.62	5	−1	86.07	8	80.56	7	100.00	1
广东	246.81	6	+1	74.59	12	72.22	9	100.00	1
重庆	243.21	7	+24	73.77	13	69.44	12	100.00	1
宁夏	239.55	8	+11	53.44	20	86.11	4	100.00	1
吉林	233.93	9	−1	81.15	9	52.78	21	100.00	1
浙江	229.96	10	−5	68.85	16	61.11	15	100.00	1
湖南	227.82	11	−1	63.93	18	63.89	14	100.00	1
内蒙古	226.73	12	+2	79.51	10	47.22	23	100.00	1
江西	224.27	13	−7	77.05	11	47.22	23	100.00	1
甘肃	224.09	14	−1	71.31	14	52.78	21	100.00	1
黑龙江	219.08	15	−6	88.52	7	30.56	28	100.00	1
河北	211.84	16	+8	22.95	28	88.89	3	100.00	1
安徽	207.83	17	+3	46.72	22	61.11	15	100.00	1
西藏	206.12	18	+11	99.18	2	19.44	29	87.50	27
辽宁	204.64	19	−4	71.31	14	58.33	19	75.00	29
北京	197.18	20	+3	36.07	24	61.11	15	100.00	1
山西	196.81	21	+5	24.59	26	72.22	9	100.00	1
湖北	196.40	22	−5	49.18	21	47.22	23	100.00	1
山东	192.71	23	+5	20.49	29	72.22	9	100.00	1

续表

省域	C5 自然环境竞争力			空气优良天数		城市污水处理率		生活垃圾无害化处理率	
	分值	排序	排序变化	分值	排序	分值	排序	分值	排序
天津	189.94	24	+6	20.49	29	69.44	12	100.00	1
江苏	185.93	25	−4	44.26	23	41.67	26	100.00	1
新疆	185.70	26	−1	24.59	26	61.11	15	100.00	1
河南	181.25	27	0	0.00	31	100.00	1	81.25	28
四川	177.19	28	−12	68.85	16	8.33	30	100.00	1
陕西	160.22	29	−7	26.89	25	33.33	27	100.00	1
青海	158.91	30	−12	90.16	6	0.00	31	68.75	30
上海	120.63	31	−19	62.30	19	58.33	19	0.00	31

注：+ 表示与上年相比名次增长，− 表示名次下降。

1. 现状分析：近半数省域自然环境竞争力高于平均水平，琼、云、黔、闽、桂排名前五，省际差异较小；高值区分布于南北边界省域，其他地区表现一般；双优型省域占比最高（39%）

2022 年，全国 31 个省域自然环境竞争力均值为 215.08（表 5−12），其中 15 个省域高于均值，占比 48.39%。自然环境竞争力变异系数为 0.18，在 C 层指标中较小，说明省际差异较小。从排名看，琼、云、黔、闽、桂排名前五，豫、川、陕、青、沪排名后五。

从自然环境竞争力的空间格局看（图 5−20），总体呈现出南北边界省域高值集中，纬度居于中间的省域整体表现一般的分布形态。

从可控因子—不可控因子聚类分析结果看（图 5−21），四象限均有分布，其中双优型占比最高，达 41.94%；单优型占比约为 35.48%；无优型占比最低，占比为 22.58%。具体来看，处于双优型象限的省域包括云南、黑龙江、吉林、江西、福建等 13 个省域，其可控因子与不可控因子均高于均值；河北、宁夏、山西、天津、北京 5 个省域位于第二象限，即可控因子高于均值，但空气质量优良天数低于全国 31 个省域的平均水平；广西、广东、浙江、海南、重庆、浙江 6 个省域位于第四象限，即不可控因子高于平均水平，而可控因子低于平均水平，属于不可控因子单优型省域；无优省域位于第三象限，包括山东、江苏、新疆、安徽、河南等 7 个省域。

2. 年际变化：九成省域排名变动；重庆提升最多（+24），上海下降最多（−19）

与上一年度相比较，2022 年省域自然环境竞争力排位变化明显，29 个省域排位出现变动。从变动幅度来看，16 个省域位次变动幅度超 5 个位次，11 个省域位次变动在 3 个位次以内，2 个省域（河南、海南）位次较上年度未发生变动。

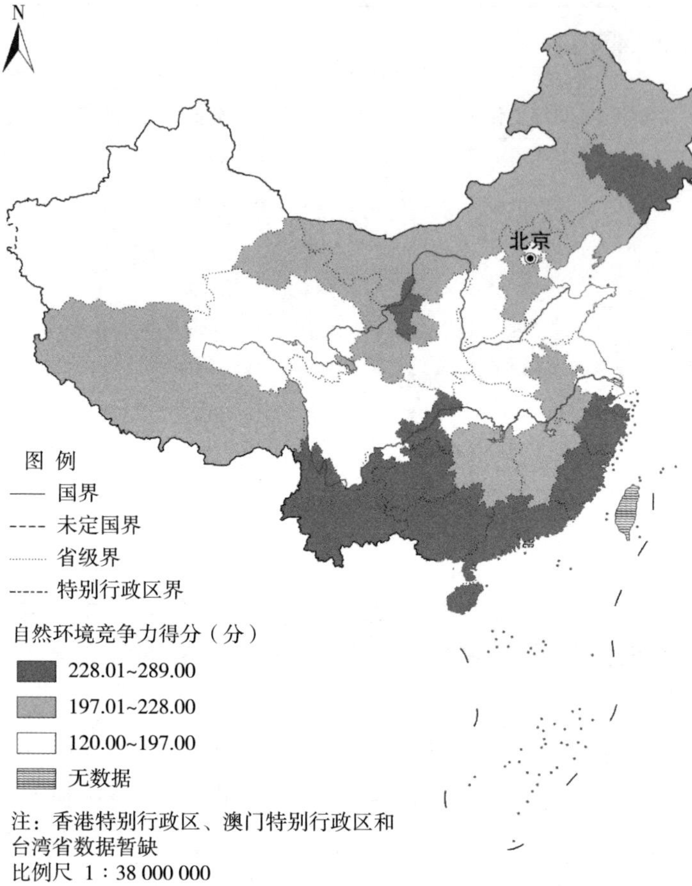

图 5-20　2022 年中国 31 个省域自然环境竞争力得分空间分布

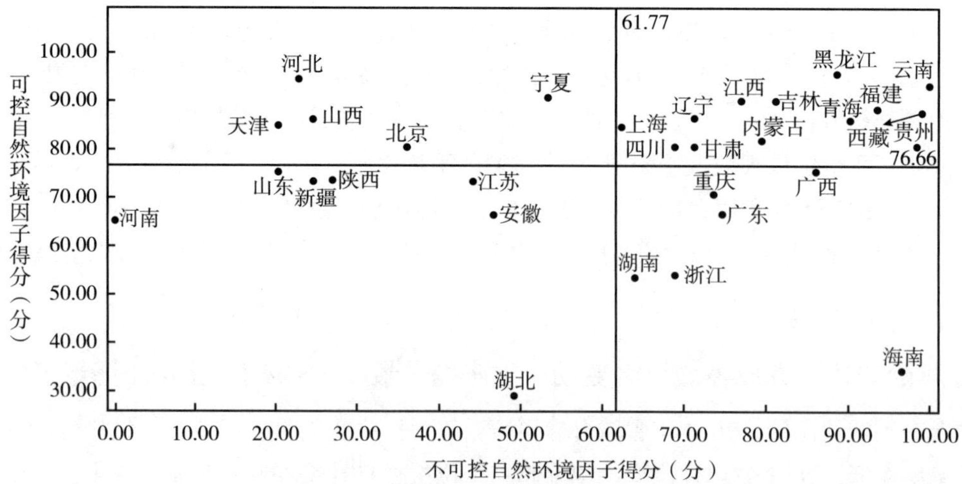

图 5-21　省域自然环境可控因子—不可控因子聚类分布

从具体排名来看，得益于生活垃圾无害化处理率这一指标得分的提升，重庆位次攀升最快，上升 24 个位次；西藏、宁夏整体位次提升幅度也较大，均上升 11 个位次。与重庆情况相反，上海受生活垃圾无害化处理率这一指标得分的大幅下降，其自然环境竞争力整体排位下降最多，下降了 19 个位次；四川、青海降幅也较大，均下降 12 个位次；吉林、湖南、广西、甘肃、新疆等省域均变动 1~2 个位次。

3. 生活垃圾无害化处理率：均值达 99.9%，24 省达到 100%

根据表 5-12 可知，2022 年各省域空气质量优良天数均值为 99.90%，较上一年度增加 0.08%，26 个省域高于均值水平。《中国统计年鉴 2023》数据显示，24 个省域生活垃圾无害化处理率达到 100%，贵州、云南、西藏、河南、辽宁、青海生活污水处理率高于 99%，上海市生活垃圾无害化处理率最低，为 98.40%。

（二）社会经济环境竞争力分析

区域社会经济环境直接关系到旅游业的整体发展水平，《报告》从经济发展水平、交通运输能力、创新水平、互联网通达度四个方面对区域社会经济环境竞争力进行评价，其中经济发展水平（D23）由 GDP 与人均 GDP 反映，年旅客周转量（D24）、万人专利授权数（D25）及互联网普及率（D26）分别用以指征交通运输、创新与互联网通达度。《报告》通过收集各指标原始数据，计算得到各指标的特征值（表 5-14）及 31 个省域社会经济环境竞争力的发展水平（表 5-15），并借助 ArcGIS10.8 软件进行可视化分析（图 5-22）。

同前述 C 层指标分析思路一致，《报告》从区位条件和信息技术两个视角，以指标 D23、D24 表征区位条件，将指标 D25、D26 归类为信息技术水平，以两类因子的均值为临界点进行聚类与比较（图 5-23）。除省际的横向对比外，《报告》还将评价结果同上一年度进行对比，分析其年际变化。同时，《报告》选取指标 D26“年旅客周转量”，进行单独分析。

表 5-14　2022 年中国 31 个省域社会经济环境现状评价指标及其基本描述统计

评价指标	平均值	最大值	最小值	标准差	变异系数
C6 社会经济环境竞争力	179.57	338.92	30.00	73.29	0.41
D23 经济发展水平	28.03	81.74	3.57	20.66	0.74
D24 年旅客周转量（亿人公里）	290.57	722.95	21.65	203.46	0.70
D25 万人专利授权数（件）	25.92	92.82	5.84	23.03	0.89
D26 互联网普及率（%）	97.92	100.00	78.98	5.46	0.06

（数据来源：互联网普及率通过《中国统计年鉴 2023》中各省份互联网宽带接入用户数与各省份总户数的比值计算得出。）

表 5-15 2022 年中国 31 个省域社会经济环境竞争力综合评价分值及排序

省域	C6 社会经济环境竞争力			经济发展水平		年旅客周转量		万人专利授权数		互联网普及率	
	分值	排序	排序变化	分值	排序	分值	排序	分值	排序	分值	排序
广东	338.92	1	+1	69.59	2	100.00	1	69.34	4	100.00	1
江苏	336.08	2	−1	81.74	1	85.42	4	68.91	5	100.00	1
浙江	292.84	3	0	55.05	5	66.89	5	70.89	3	100.00	1
北京	265.64	4	+2	65.54	3	9.55	26	100.00	1	90.55	27
上海	247.05	5	+2	63.16	4	7.77	27	76.12	2	100.00	1
山东	235.84	6	−2	47.70	7	56.13	9	32.00	8	100.00	1
湖南	232.52	7	+2	28.17	12	94.89	2	9.46	18	100.00	1
河南	226.43	8	−3	29.21	11	88.10	3	9.12	19	100.00	1
湖北	226.04	9	+2	36.52	8	64.60	7	24.93	9	100.00	1
安徽	215.28	10	−2	26.75	13	65.86	6	22.66	10	100.00	1
福建	214.41	11	+1	48.23	6	34.04	16	32.14	7	100.00	1
天津	195.58	12	−2	31.13	9	10.82	24	53.63	6	100.00	1
江西	195.13	13	+2	20.72	17	61.88	8	12.54	15	100.00	1
四川	194.13	14	−1	29.35	10	52.89	10	11.89	16	100.00	1
河北	182.54	15	−1	19.98	18	51.41	11	11.15	17	100.00	1
陕西	178.12	16	0	25.10	16	36.67	14	16.35	12	100.00	1
重庆	169.79	17	0	26.35	14	26.37	19	17.07	11	100.00	1
广西	166.24	18	0	11.99	23	50.78	12	3.46	27	100.00	1
贵州	154.20	19	+3	9.63	25	42.52	13	2.04	30	100.00	1
云南	151.49	20	+3	16.32	21	32.21	17	2.96	28	100.00	1
新疆	141.11	21	0	14.26	22	24.45	20	2.40	29	100.00	1
山西	137.24	22	−3	19.13	19	13.90	23	4.20	24	100.00	1
甘肃	133.93	23	−3	3.57	31	26.70	18	3.66	25	100.00	1
宁夏	124.76	24	0	9.69	24	2.12	30	12.95	14	100.00	1
海南	122.75	25	0	9.29	26	5.46	28	8.00	20	100.00	1
辽宁	116.29	26	+1	18.76	20	35.29	15	14.49	13	47.75	28
青海	112.57	27	−1	6.00	29	3.09	29	3.48	26	100.00	1
西藏	104.63	28	0	4.63	30	0.00	31	0.00	31	100.00	1
内蒙古	86.30	29	0	26.00	15	9.60	25	5.08	23	45.62	29
黑龙江	38.78	30	+1	7.53	28	14.92	21	6.84	22	9.49	30
吉林	30.00	31	−1	7.88	27	14.38	22	7.74	21	0.00	31

注：+ 表示名次较上年增长，− 表示名次下降。

1. 现状分析：近五成省域社会经济环境竞争力高于平均水平，粤、苏、浙、京、沪名列前五，省域之间差异较大；空间上呈现由东部沿海向西部内陆递减的趋势；类型特征上，无优型省域最多

2022 年全国 31 个省域社会经济环境竞争力均值为 179.57（表 5-14），其中 15 个省域高于均值，占比约为 48%。社会经济环境竞争力变异系数为 0.41，在 C 层指标中较大，说明省域间社会经济环境竞争力差异较大。从排名上看（表 5-15），粤、苏、浙、京、沪社会经济环境竞争力位列前五，青、藏、内蒙古、黑、吉居倒数五位。

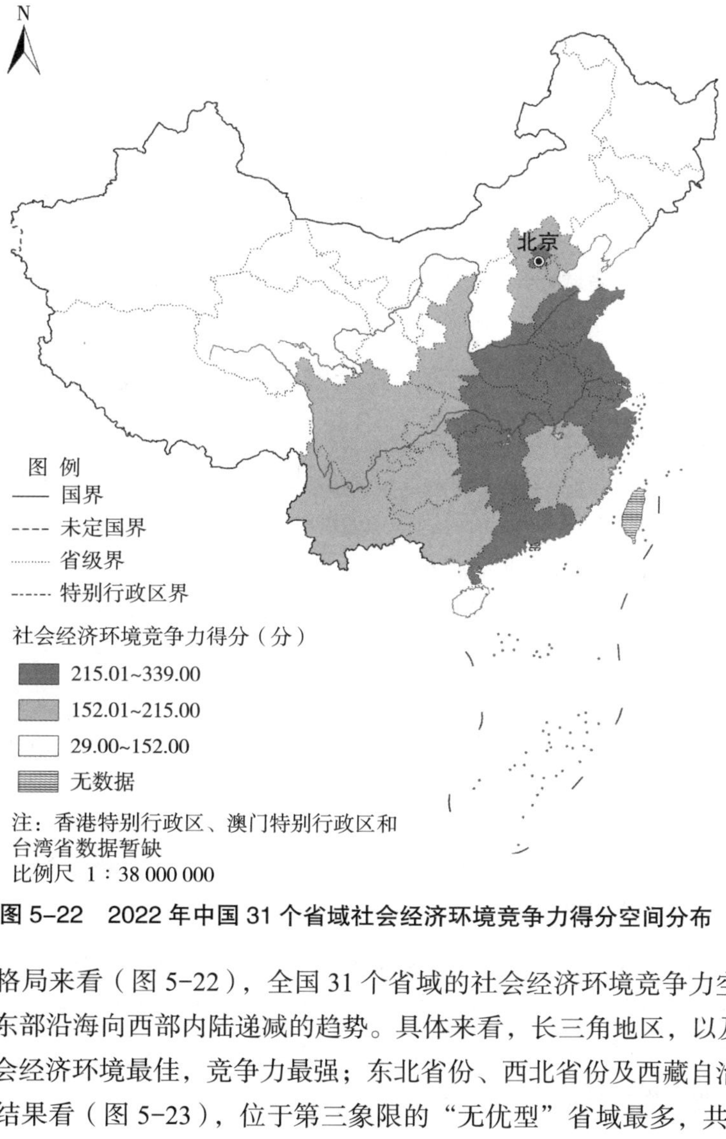

图 5-22　2022 年中国 31 个省域社会经济环境竞争力得分空间分布

从空间分布格局来看（图 5-22），全国 31 个省域的社会经济环境竞争力空间差异较为明显，整体呈现由东部沿海向西部内陆递减的趋势。具体来看，长三角地区，以及鲁、豫、东南沿海等地区，社会经济环境最佳，竞争力最强；东北省份、西北省份及西藏自治区为低值区。

从聚类分析结果看（图 5-23），位于第三象限的“无优型”省域最多，共计 14 个，占比近 50%，主要以西部省份为主；“双优型”省域主要包括广东、浙江、江苏、北京、上海等 9 个省域，以上省份其社会经济环境整体排位均靠前；“单优型”省域中，天津、重庆、陕西信息科技水平表现较好，高于平均值，但区位经济得分低于平均水平，处于第二象限；与之表现

相反，江西、四川、河北、湖南、河南五省，经济区位表现较优，信息技术水平得分低于平均值，属于经济区位单优型，处于第四象限。

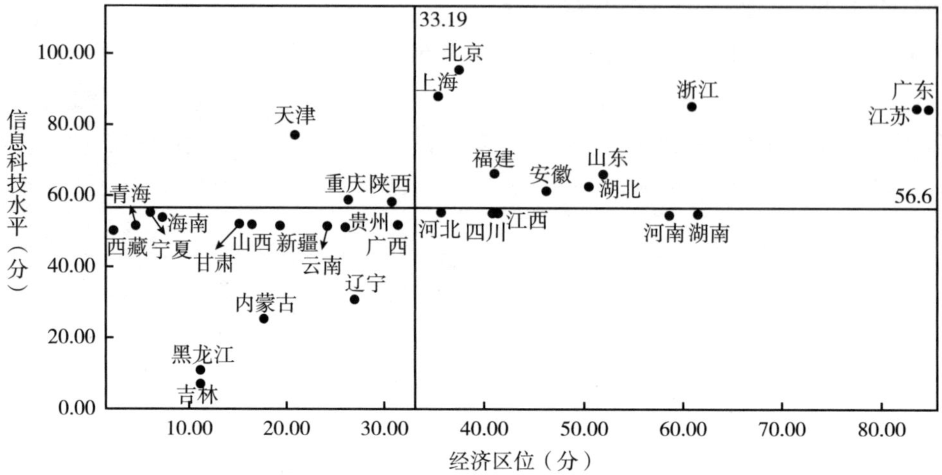

图 5-23　省域社会经济环境经济区位条件—信息科技水平聚类分布

2. 年际变化：9 省域位次无变动，其余省域变动幅度较小；云、贵位次提升较多（+3），豫、晋、甘位次下降较多（–3）

与上一年度相比，浙、陕、渝、桂、宁、新、内蒙古、藏、琼 9 省域 2022 年社会经济环境竞争力排名未发生变动（表 5–15），广东、北京、上海等 11 个省域名次提升，河南、山西、甘肃等 11 个省域名次下降，整体变动较小，位次变化均在 3 名以内。

从具体排名变动看，根据《中国统计年鉴 2023》统计数据，受年旅客周转量（D24）下降的影响，豫、晋、甘三省社会经济环境竞争力整体排位均下降 3 名；《中国统计年鉴 2023》数据显示，云南、贵州两省互联网普及率在本年度实现 100% 覆盖，得益于该项指标排位的提升，两省社会经济环境竞争力整体排位均上升 3 名；其余省份整体位次变动较小，一定程度上表明，各省域社会经济环境竞争力表现较为稳定。

3. 年旅客周转量：省均 290.57 亿人公里，较上年下降超 30%；广东最高，西藏最低；平均降幅 33.32%

受新冠疫情影响，2022 年，全国各省域年旅客周转量均值大幅下降，为 290.57 亿人公里，较上一年度下降 33.32%，且 31 个省域均为负增长。具体来看，广东省年旅客周转量最高，但不足 1000 亿人公里，西藏自治区最低，13 个省域周转量高于平均水平，其余省域均低于均值，青海、山西、内蒙古降幅超 45%。

（三）政策环境竞争力分析

政府对区域旅游发展起着重要的调控与监督作用，《报告》选取旅游主管部门官方自媒体平台多样性（D27）和政府工作报告提及“旅游”“文旅融合”的次数（D28）两项指标进行量化表征，前者反映区域官方对旅游业的宣传与推广力度，后者表示政府对旅游业的重视程度。通过收集各指标原始数据，计算得到各指标的特征值（表 5-16）及 31 个省域旅游政策环境竞争力发展水平（表 5-17），并借助 ArcGIS10.8 软件进行可视化分析（图 5-24）。

同前述 C 层指标分析思路一致，为更为深入地剖析不同省域政策环境竞争力内部差异，《报告》以两项指标的均值为临界点，对省域旅游业政策环境的类型特征进行聚类分析（图 5-25）。此外，为了解政策环境竞争力的年际变化，《报告》还将评价结果同上一年度进行对比，分析其发展态势。

表 5-16 2022 年中国 31 个省域政策环境现状评价指标及其基本描述统计

评价指标	平均值	最大值	最小值	标准差	变异系数
C7 政策环境竞争力	120.82	200.00	21.21	37.16	0.31
D27 旅游主管部门官方自媒体平台多样性	5.42	6	3	0.83	0.15
D28 政府工作报告中提及“旅游”“文旅融合”的次数（次）	15.26	35	2	8.62	0.57

（数据来源：旅游主管部门官方自媒体平台多样性来源于新浪微博官网、微信客户端、App Store、抖音 App、快手 App、今日头条 App；政府工作报告中提及“旅游”“文旅融合”的次数来源于各省政府官网。）

表 5-17 2022 年中国 31 个省域政策环境竞争力评价结果

省域	C7 政策环境竞争力			旅游主管部门官方自媒体平台多样性		政府工作报告中提及“旅游”“文旅融合”的次数	
	分值	排序	排序变化	分值	排序	分值	排序
山西	200.00	1	+16	100.00	1	100.00	1
新疆	193.94	2	−1	100.00	1	93.94	2
吉林	178.79	3	+3	100.00	1	78.79	5
海南	157.58	4	+8	100.00	1	57.58	7
四川	154.55	5	−2	100.00	1	54.55	9
湖南	151.52	6	+11	66.67	20	84.85	3
云南	142.42	7	+10	100.00	1	42.42	11
江苏	136.36	8	+20	100.00	1	36.36	13
甘肃	136.36	8	0	100.00	1	36.36	13
河北	133.33	10	−2	100.00	1	33.33	15
广西	133.33	10	0	66.67	20	66.67	6
青海	133.33	10	−6	100.00	1	33.33	15
福建	130.30	13	−8	100.00	1	30.30	19
天津	127.27	14	+16	100.00	1	27.27	20
山东	124.24	15	−1	100.00	1	24.24	21

续表

省域	C7 政策环境竞争力			旅游主管部门官方自媒体平台多样性		政府工作报告中提及“旅游”“文旅融合”的次数	
	分值	排序	排序变化	分值	排序	分值	排序
浙江	124.24	15	+7	66.67	20	57.58	7
西藏	121.21	17	−6	100.00	1	21.21	22
重庆	121.21	17	−16	66.67	20	54.55	9
黑龙江	115.15	19	+6	100.00	1	15.15	26
贵州	115.15	19	−12	33.33	27	81.82	4
北京	112.12	21	−8	100.00	1	12.12	27
安徽	112.12	21	+5	100.00	1	12.12	27
湖北	109.09	23	−3	100.00	1	9.09	30
河南	100.00	24	−9	100.00	1	0.00	31
辽宁	87.88	25	+6	66.67	20	21.21	22
江西	87.88	25	−5	66.67	20	21.21	22
广东	78.79	27	+2	66.67	20	12.12	27
陕西	72.73	28	−2	33.33	27	39.39	12
内蒙古	66.67	29	−13	33.33	27	33.33	15
上海	66.67	29	−5	33.33	27	33.33	15
宁夏	21.21	31	−11	0.00	31	21.21	22

注：+ 表示名次较上年增长，− 表示名次下降。

1. 现状分析：晋、新、吉、琼、川居前五，省域间差异较小；高值区呈西部、东北及东部沿海带状分布，低值区主要分布于华北、华中地区；类型特征上，单优型省域较多，占比近半

2022 年，全国 31 个省域政策环境竞争力均值为 120.82（表 5−16），其中 18 个省域高于均值，占比 58.06%。从其变异系数看，相对较小（0.31）。从排名上看（表 5−17），山西、新疆、吉林、海南、四川五省政策环境表现突出，位居前五，其中，山西省两项指标均位列第一位；广东、陕西、内蒙古、上海、宁夏排名后五，表现一般。

从空间分布上看（图 5−24），高值区主要分布于西部、东北及东部沿海省域，呈现带状分布特征；低值区主要集中于华北、华中地区。

从聚类分析结果看（图 5−25），山西、新疆、吉林、海南、四川及云南六省政府宣传及重视程度得分均超过均值，位于第一象限，属“双优型”；与之情况相反，陕西、内蒙古、辽宁、宁夏、广东、上海及江西，两项指标得分均低于省域平均水平，属“无优型”，位于第三象限；其余 18 省域均为“单优型”省域，分布于第二、第四象限，其中浙江、湖南、贵州、

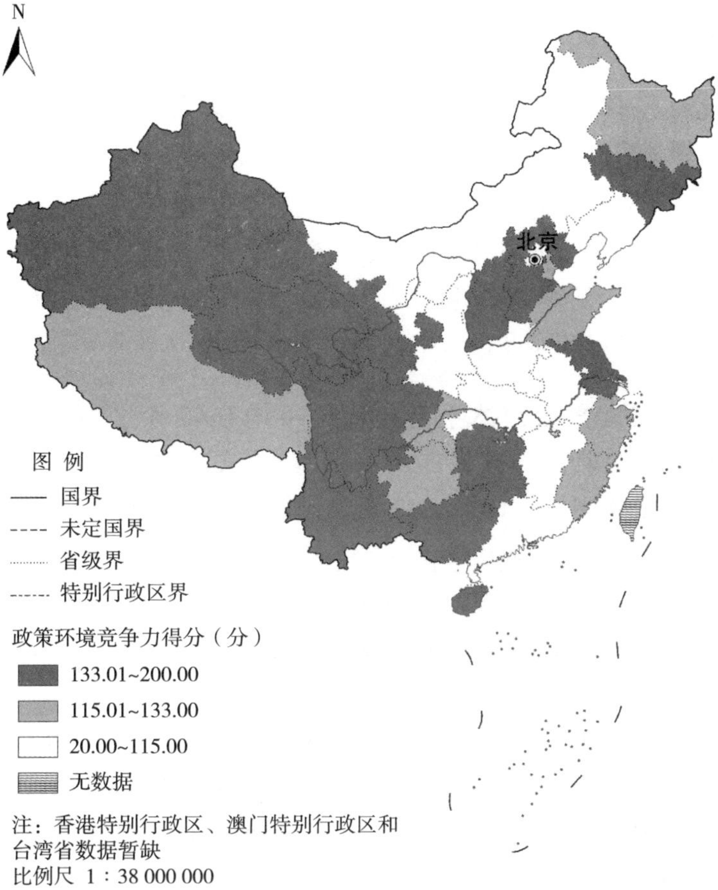

图 5-24　2022 年中国 31 个省域政策环境竞争力得分空间分布

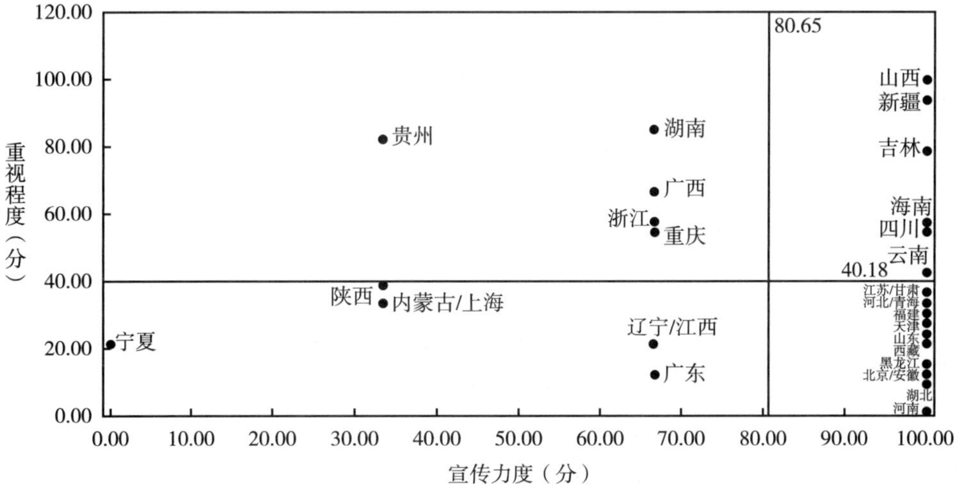

图 5-25　省域政策环境政府宣传推广力度—重视程度聚类分布

广西、重庆为重视程度单优型，即指标 D28 高于平均值，其余省份为宣传推广单优型，即指标 D27 高于平均值。

2. 年际变化：整体排名变化较大，29 个省域排名发生变动；江苏上升最多（+20），重庆下降最多（–16）

与上一年度相比，2022 年省域政策环境竞争力排位变化较大，仅甘肃、广西两省排位无变动，其余省域排名均有所提升或下降，具体来看：江苏、山西、天津等 12 省域位次提升，重庆、内蒙古、贵州等 17 省域位次下降（表 5–17）。从变动幅度来看，9 个省域位次提升或下降超过 10 个位次，江苏提升最多，上升 20 个位次，重庆位次跌落最多，下降 16 个位次。

3. 旅游主管部门官方自媒体平台多样性平均 5.42 个，19 省域超均值，六类自媒体平台全覆盖；政府工作报告提及“旅游”“文旅融合”及相关词汇次数平均 15.26 次，11 个省域超均值，山西、新疆、湖南超 30 次

2022 年，各省级主管部门自媒体平台数量均值为 5.42 个，较上年度均值提升 0.42，京津冀等 19 个省域高于均值，其官方自媒体平台涵盖新浪微博、微信、抖音、快手、今日头条及 App Store 六类，这一变化也表明，随着自媒体时代的到来，各地文化和旅游部门在自媒体开发与运用方面力度较大。

2022 年各省政府工作报告中提及“旅游”“文旅融合”的次数均值为 15.26 次，与上一年度（12.48 次）相比有所提升；11 个省域超均值。其中，山西提及次数最多，达 35 次，反映出该省域对旅游业发展的重视程度非常高；新疆、湖南位列第二、第三，提及次数高于 30 次；贵州、吉林两省提及次数均高于 25 次。

（四）旅游发展环境竞争力评价

1. 评价结果

将各省域自然环境竞争力、社会经济环境竞争力及政策环境竞争力评价结果加和汇总后得到各省发展环境竞争力的综合评价结果（表 5–18、图 5–26、图 5–27）。

表 5–18　2022 年中国 31 个省域发展环境竞争力评价结果

省域	B3 发展环境竞争力			C5 自然环境竞争力		C6 社会经济环境竞争力		C7 政策环境竞争力	
	分值	排序	排序变动	分值	排序	分值	排序	分值	排序
北京	574.94	6	+4	197.18	20	265.64	4	112.12	21
天津	512.79	19	+5	189.94	24	195.58	12	127.27	14
河北	527.72	16	−1	211.84	16	182.54	15	133.33	10
山西	534.05	14	+12	196.81	21	137.24	22	200.00	1

续表

省域	B3 发展环境竞争力			C5 自然环境竞争力		C6 社会经济环境竞争力		C7 政策环境竞争力	
	分值	排序	排序变动	分值	排序	分值	排序	分值	排序
内蒙古	379.70	30	−2	226.73	12	86.30	29	66.67	29
辽宁	408.82	27	+4	204.64	19	116.29	26	87.88	25
吉林	442.71	23	+4	233.93	9	30.00	31	178.79	3
黑龙江	373.01	31	−1	219.08	15	38.78	30	115.15	19
上海	434.34	24	−17	120.63	31	247.05	5	66.67	29
江苏	658.37	2	0	185.93	25	336.08	2	136.36	8
浙江	647.04	3	−2	229.96	10	292.84	3	124.24	16
安徽	535.23	12	+4	207.83	17	215.28	10	112.12	21
福建	613.16	4	0	268.44	4	214.41	11	130.30	13
江西	507.28	21	−12	224.27	13	195.13	13	87.88	25
山东	552.80	10	+1	192.71	23	235.84	6	124.24	15
河南	507.68	20	−7	181.25	27	226.43	8	100.00	24
湖北	531.53	15	−3	196.40	22	226.04	9	109.09	23
湖南	611.86	5	+1	227.82	11	232.52	7	151.52	6
广东	664.52	1	+2	246.81	6	338.92	1	78.79	27
广西	566.19	9	−1	266.62	5	166.24	18	133.33	10
海南	568.71	8	+6	288.39	1	122.75	25	157.58	4
重庆	534.21	13	+9	243.21	7	169.79	17	121.21	18
四川	525.86	17	−12	177.19	28	194.13	14	154.55	5
贵州	544.79	11	+8	275.44	3	154.20	19	115.15	19
云南	573.77	7	+11	279.86	2	151.49	20	142.42	7
西藏	431.97	25	+4	206.12	18	104.63	28	121.21	17
陕西	411.07	26	−3	160.22	29	178.12	16	72.73	28
甘肃	494.38	22	−2	224.09	14	133.93	23	136.36	8
青海	404.82	28	−7	158.91	30	112.57	27	133.33	10
宁夏	385.53	29	−4	239.55	8	124.76	24	21.21	31
新疆	520.75	18	−1	185.70	26	141.11	21	193.94	2

注：+ 表示名次增长，− 表示名次下降。

2. 评价结果分析

依据计算得到的各省域旅游发展环境综合评价得分的高低，将全国 31 个省域由高至低分为三个梯队，第一、第二梯队成员各 10 个省域，第三梯队 11 个省域。《报告》从梯队成员构

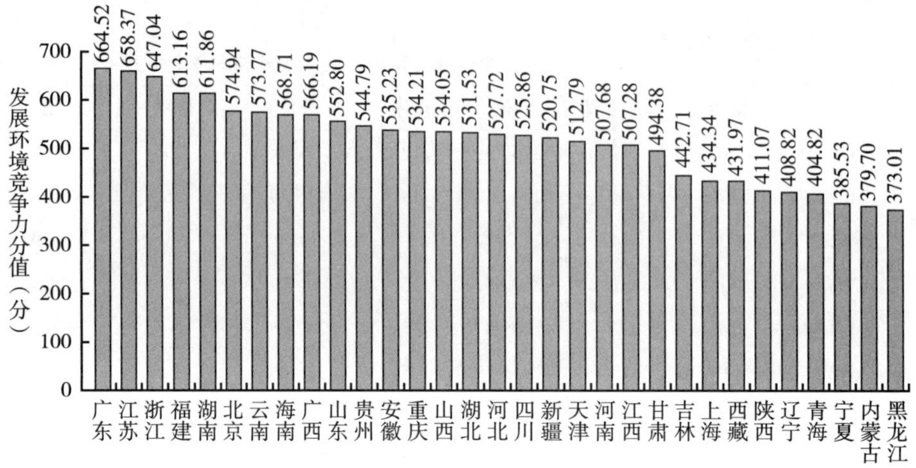

图 5-26　2022 年中国 31 个省域发展环境竞争力评价

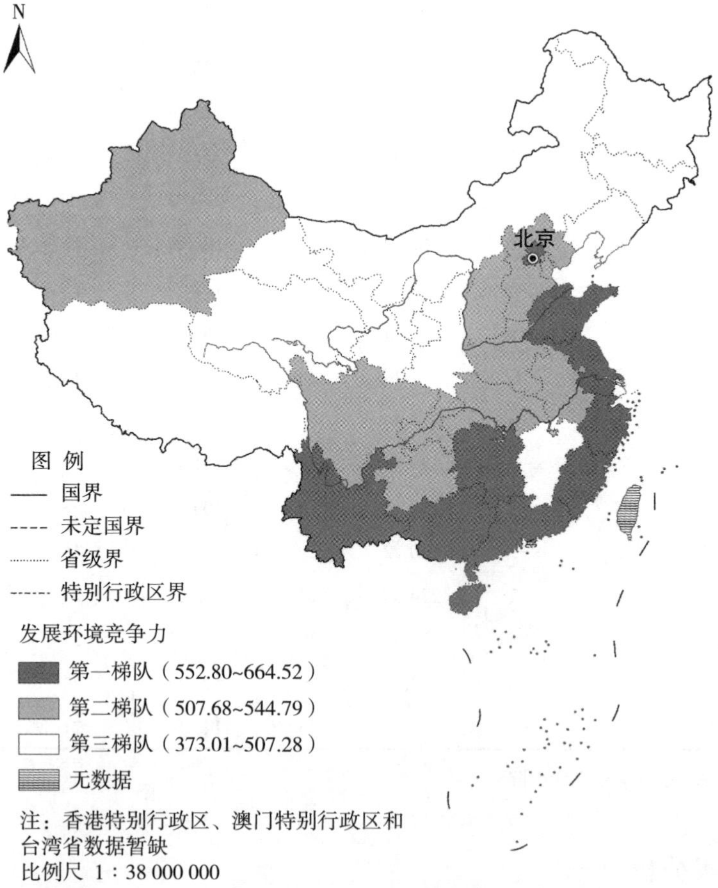

图 5-27　2022 年中国 31 个省域发展环境竞争力空间分布

成、年际变化、空间分布及竞争力内部差异等多角度对旅游发展环境竞争力进行分析。

（1）发展环境竞争力第一梯队：以东部沿海、华南地区省份为主，成员变动不大；云南位次提升最快（+11），浙、桂小幅下降；云、琼、桂自然—政策双优，粤、浙自然—社会双优，苏、湘社会—政策双优，京、鲁社会经济单优，福建自然环境单优

如表 5-18 和图 5-26 所示，2022 年省域发展环境竞争力第一梯队包括广东、江苏、浙江、福建、湖南、北京、云南、海南、广西及山东，发展环境竞争力得分均在 550 分以上，东部沿海及华南地区省份居多（图 5-27）。与上一年度相比，云南、海南、山东为新晋成员，原梯队成员四川、上海、江西被替代。

与上一年度相比，第一梯队成员中，云南、海南两省旅游发展环境竞争力得分排名变动较大，其余省份变动幅度较小，江苏、福建两省排名未发生变动。具体来看，得益于政策环境竞争力 10 个位次的大幅提升，云南省整体提升 11 位，由上年度第二梯队跃至第一梯队；与云南情况相似，同样受益于政策环境位次提升，海南整体提升 6 个位次，且海南省其自然环境竞争力连续多年居于省域首位；此外，北京、山东、广东及湖南位次均有小幅提升，浙江、广西位次小幅下降。

如图 5-28 所示，本梯队成员优劣势各异。云南、海南、广西三省表现为“自然—政策双优型”，在第一梯队成员中占比最高，广东、浙江为“自然—社会经济双优型”，江苏、湖南表现为“社会经济—政策双优型”，即在自然、社会经济或政策环境中，两方面得分排名居于前十位；北京、山东社会经济环境得分位列前十，自然环境与政策环境表现一般，为“社会经济单优型”；福建省自然、社会经济、政策环境竞争力排位分别为第 4、第 11、第 13，属于“自然环境单优型”省域。

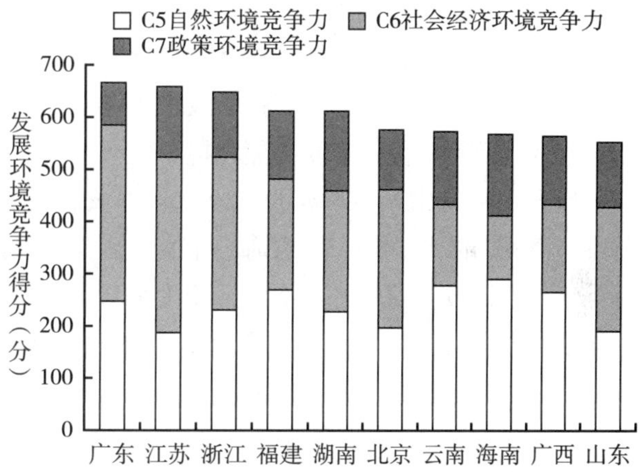

图 5-28　2022 年发展环境竞争力第一梯队省域及其组成

（2）发展环境竞争力第二梯队：西南、华北地区省份居多，分布较为分散；山西排名提升最多（+12），四川名次下降最多（-12）；晋、新、川、冀政策单优，豫、鄂、皖社会经济单优，黔、渝自然环境单优

如表 5-18 和图 5-26 所示，2022 年省域发展环境竞争力第二梯队包括贵州、安徽、重庆、山西、湖北、河北、四川、新疆、天津及河南，成员得分在 507.68~544.79 分，西南、华北地区省份居多（图 5-27）。相较于上一年度，重庆、山西、四川及天津为梯队新成员，原梯队成员山东、海南、云南晋升至第一梯队，甘肃排位下降至第三梯队。

与上一年度相比，成员排位变动较大。具体来看，山西省政策环境竞争力位居第一，较上一年度提升 16 个位次，其发展环境竞争力整体排名提升 12 个位次，由第三梯队提升至本梯队；

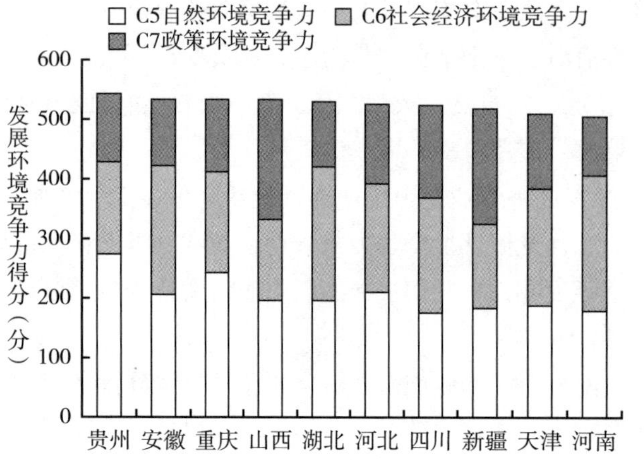

图 5-29　2022 年发展环境竞争力第二梯队省域及要素组成

贵州、重庆自然环境排位靠前，整体分别提升 8 个、9 个位次，在本梯队表现十分抢眼；与之相反，四川受自然环境竞争力排位大幅下降（-12）的影响，整体排位下降幅度在本梯队最大，下降 12 个位次；其余省份位次波动较小。

从发展环境竞争力第二梯队成员得分表现看（图 5-29），尽管该梯队成员整体表现一般，但也存在相对优势的方面。山西、新疆、四川及河北政策环境竞争力优势突出，排名分列第 1、第 2、第 5、第 10，属“政策单优型”；河南、湖北及安徽社会经济环境竞争力排名处于前十位，高于发展环境整体排名，属“社会经济单优型”；贵州与重庆自然环境排位第 3、第 7，属“自然环境单优型”。

（3）发展环境竞争力第三梯队：西北地区、东北地区省域居多，成员构成略有变动；上海与江西下降较多，吉、藏、辽提升较多（+4）；吉林自然—政策环境双优，上海社会经济单优；甘肃、青海政策单优，宁夏自然环境单优

如表 5-18 和图 5-26 所示，2022 年省域发展环境竞争力第三梯队包括江西、甘肃、吉林、上海、西藏、陕西、辽宁、青海、宁夏、内蒙古及黑龙江，成员得分低于 508 分，旅游发展环境竞争力整体较为薄弱。从空间分布上来看（图 5-27），西北地区、东北地区省份居多。与上一年度相比，江西、甘肃、上海分别由原第一梯队、第二梯队掉入本梯队，原梯队成员重庆、天津、山西分别提高至第二梯队。

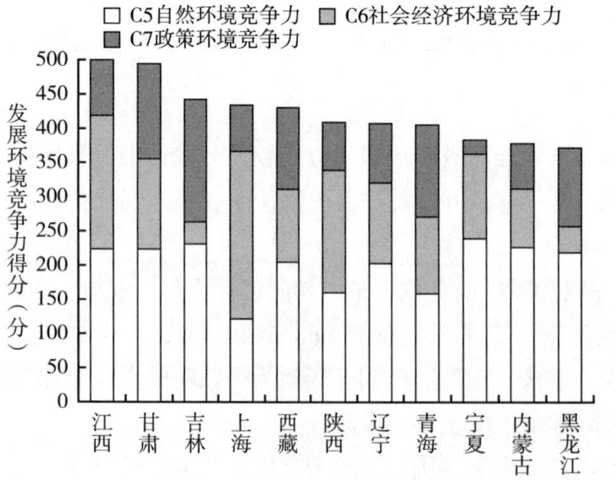

图 5-30　2022 年发展环境竞争力第三梯队省域及要素组成

与上一年度相比，成员内部位次变动较大。具体来看，上海生活垃圾无害化处理率（D22）低于平均水平致使自然环境竞争力位次大幅下降（-19），进而影响其发展环境竞争力整体下降 17 个位次；江西受自然环境竞争力与政策环境竞争力位次下降的影响，整体排位降幅也较为明显，下降 12 个位次；吉林、西藏、辽宁在梯队内部位次较上年度提升，分别提升 4 个位次。

从发展环境竞争力第三梯队成员各方面的表现看（图 5-30），它们整

体表现较弱，但部分省份也有表现相对较好的领域：吉林自然环境与政策环境得分排位居于第一梯队，属于“自然—政策双优型”；上海社会经济环境竞争力处于第一梯队，高于自然、政策环境排位，属于“社会经济单优型”梯队成员；甘肃、青海政策环境分列第 8 位、第 10 位，优势明显，属“政策环境单优型”；宁夏自然环境竞争力排名第 8，在第三梯队中优势突出。

五、省域旅游业综合竞争力评价

（一）评价结果

旅游业综合竞争力由现实竞争力、潜在竞争力和发展环境竞争力三部分构成，前述章节分别对 31 个省域的旅游现实竞争力、旅游潜在竞争力及旅游发展环境竞争力进行了分析，基于此，本节将 28 项 D 层指标分别归一化处理后再进行加和计算，得到省域旅游综合竞争力评价结果（表 5-19、图 5-31、图 5-32）。

表 5-19　2022 年中国 31 个省域旅游综合竞争力评价结果

省域	综合竞争力（A）分值	现实竞争力（B1）分值	潜在竞争力（B2）分值	发展环境竞争力（B3）分值
北京	1290.73	251.14	464.66	574.94
天津	959.04	203.33	242.93	512.79
河北	1232.40	294.41	410.27	527.72
山西	1169.49	249.03	386.41	534.05
内蒙古	908.43	219.54	309.19	379.70
辽宁	926.32	260.18	257.32	408.82
吉林	906.90	178.59	285.59	442.71
黑龙江	836.41	201.43	261.96	373.01
上海	1079.62	323.48	321.80	434.34
江苏	1653.49	547.12	448.00	658.37
浙江	1851.55	615.13	589.38	647.04
安徽	1342.46	412.21	395.02	535.23
福建	1452.10	369.51	469.44	613.16
江西	1328.65	453.72	367.64	507.28
山东	1538.81	548.51	437.50	552.80
河南	1219.69	344.40	367.61	507.68
湖北	1436.86	407.86	497.47	531.53
湖南	1453.22	407.69	433.67	611.86
广东	1708.95	524.24	520.19	664.52

续表

省域	综合竞争力（A）分值	现实竞争力（B1）分值	潜在竞争力（B2）分值	发展环境竞争力（B3）分值
广西	1320.21	359.96	394.06	566.19
海南	1082.06	214.55	298.79	568.71
重庆	1108.82	251.47	323.13	534.21
四川	1526.17	509.44	490.87	525.86
贵州	1344.91	347.11	453.00	544.79
云南	1649.25	495.39	580.09	573.77
西藏	961.91	135.65	394.29	431.97
陕西	1077.45	311.99	354.40	411.07
甘肃	1042.97	209.75	338.84	494.38
青海	912.64	165.66	342.15	404.82
宁夏	881.64	132.67	363.44	385.53
新疆	1012.84	211.93	280.15	520.75

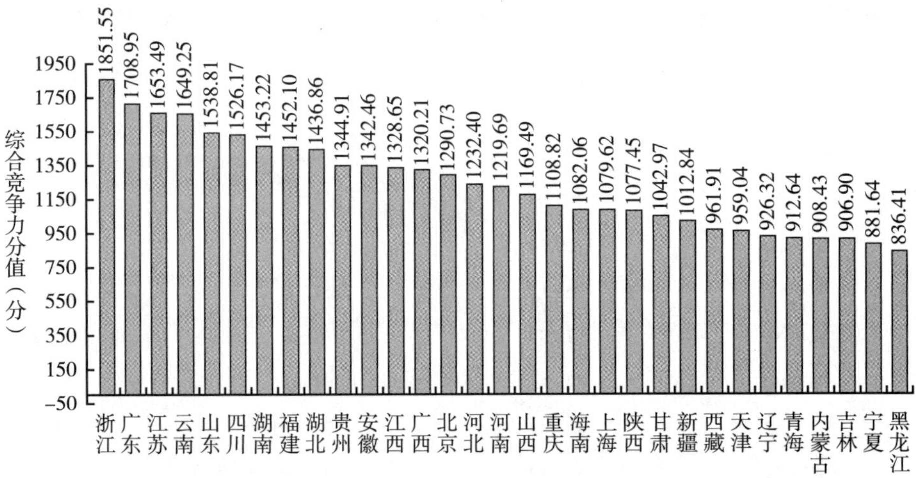

图 5-31　2022 年中国 31 个省域旅游综合竞争力评价结果

（二）评价结果分析

《报告》以旅游业综合竞争力得分排名为依据，将 31 个省域中的前十位划分为第一梯队，中间十位归为第二梯队，后十一位划入第三梯队，并从梯队成员构成、年际变化、空间分布及竞争力构成等多角度对综合竞争力评价结果进行分析（表 5-20）。由于各指标得分均为归一化后的得分，得分数值只反映所处 31 个省域中的相对位置，因此在分析各省域各指标的相对状况时，通过比较各指标排名来反映其相对优势领域与不足之处。

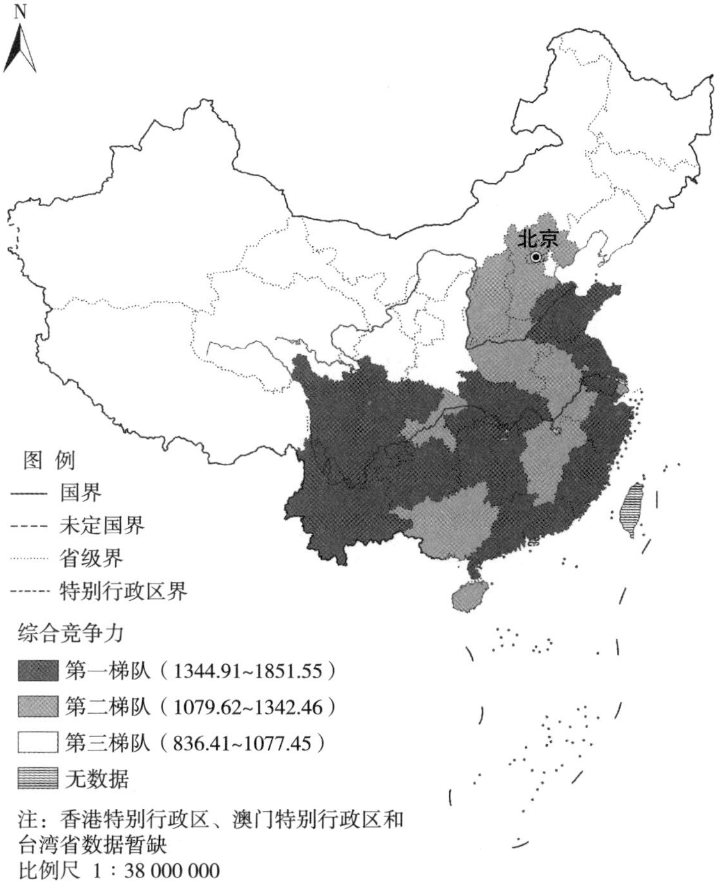

图 5-32　2022 年中国 31 个省域旅游综合竞争力空间分布

表 5-20　2022 年中国 31 个省域旅游综合竞争力构成

省域	综合竞争力			B1 现实竞争力		B2 潜在竞争力		B3 发展环境竞争力	
	分值	排序	排序变化	分值	排序	分值	排序	分值	排序
北京	1290.73	14	0	251.14	20	464.66	7	574.94	6
天津	959.04	25	−2	203.33	26	242.93	31	512.79	19
河北	1232.40	15	+5	294.41	17	410.27	12	527.72	16
山西	1169.49	17	--	249.03	21	386.41		534.05	14
内蒙古	908.43	28	+1	219.54	22	309.19	25	379.70	30
辽宁	926.32	26	−1	260.18	18	257.32	30	408.82	27
吉林	906.90	29	−3	178.59	28	285.59	27	442.71	23
黑龙江	836.41	31	−1	201.43	27	261.96	29	373.01	31
上海	1079.62	20	−13	323.48	15	321.80	24	434.34	24
江苏	1653.49	3	−2	547.12	3	448.00	9	658.37	2

续表

省域	综合竞争力			B1 现实竞争力		B2 潜在竞争力		B3 发展环境竞争力	
	分值	排序	排序变化	分值	排序	分值	排序	分值	排序
浙江	1851.55	1	+2	615.13	1	589.38	1	647.04	3
安徽	1342.46	11	0	412.21	8	395.02	13	535.23	12
福建	1452.10	8	+4	369.51	11	469.44	6	613.16	4
江西	1328.65	12	−4	453.72	7	367.64	17	507.28	21
山东	1538.81	5	−1	548.51	2	437.50	10	552.80	10
河南	1219.69	16	−7	344.40	14	367.61	18	507.68	20
湖北	1436.86	9	−3	407.86	9	497.47	4	531.53	15
湖南	1453.22	7	+6	407.69	10	433.67	11	611.86	5
广东	1708.95	2	0	524.24	4	520.19	3	664.52	1
广西	1320.21	13	−3	359.96	12	394.06	15	566.19	9
海南	1082.06	19	−1	214.55	23	298.79	26	568.71	8
重庆	1108.82	18	+3	251.47	19	323.13	23	534.21	13
四川	1526.17	6	−1	509.44	5	490.87	5	525.86	17
贵州	1344.91	10	+7	347.11	13	453.00	8	544.79	11
云南	1649.25	4	+11	495.39	6	580.09	2	573.77	7
西藏	961.91	24	+4	135.65	30	394.29	14	431.97	25
陕西	1077.45	21	−2	311.99	16	354.40	20	411.07	26
甘肃	1042.97	22	0	209.75	25	338.84	22	494.38	22
青海	912.64	27	−3	165.66	29	342.15	21	404.82	28
宁夏	881.64	30	−3	132.67	31	363.44	19	385.53	29
新疆	1012.84	23	−7	211.93	24	280.15	28	520.75	18

注：+ 表示名次增长，− 表示名次下降。

1. 综合竞争力第一梯队：多集中于东部沿海及西南地区，成员构成变动不大；多数成员排名发生变动，云南提升最多（+11）；浙、粤、苏、云、鲁全优，川、鄂现实—潜在双优，湖南现实—环境双优，贵州潜在单优

如表 5-20、图 5-31 所示，综合竞争力第一梯队成员包括浙江、广东、江苏、云南、山东、四川、湖南、福建、湖北及贵州，综合竞争力得分在 1300 分以上。从空间分布形态上来看，主要集中于东部沿海及西南旅游资源大省（图 5-32）。与上一年度相比，成员构成发生变动，云南、湖南、福建及贵州为本年度第一梯队新成员，原梯队成员上海、江西、河南及广西退出本梯队，其余成员与上年度保持一致，仍处于第一梯队。

与上一年度相比，除广东外，其余省份综合竞争力得分排名均发生变动。具体来看，云南潜在竞争力（+15）、现实竞争力（+7）及环境竞争力（+11）均大幅提升，因此其整体排位提升 11 个位次，助力该省由第二梯队晋升至第一梯队；得益于潜在竞争力位次的提升，福建、湖南、贵州三省综合竞争力排名得到显著提升；江苏、山东、四川及湖北位次有所下降，但降幅均在 3 个位次以内。

从综合竞争力第一梯队成员的旅游现实竞争力、潜在竞争力及发展环境竞争力三方面的表现来看（图 5-33），它们整体表现最优，但不同省域优势不同：浙江、广东、江苏、云南、山东五省为“全优型”省域，其旅游现实竞争力、潜在竞争力和发展环境竞争力排位均处于第一梯队；四川、湖北属于“现实—潜在双优型”省域，其现实竞争力和潜在竞争力排名均在第一梯队，但发展环境竞争力表现一般；湖南属“现实—环境双优型”省域，潜在竞争力得分排名处于第二梯队；贵州潜在竞争力表现突出，其现实竞争力与发展环境竞争力处于第二梯队，为“潜在单优型”省域。

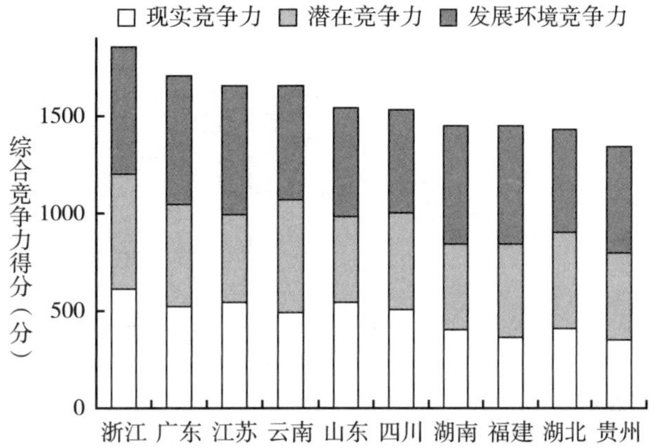

图 5-33　2022 年旅游综合竞争力第一梯队省域及其组成

2. 综合竞争力第二梯队：集中于中部地区，成员构成变动较大；各成员排名变动明显，上海下降最多（–13），河北提升最多（+5）；北京潜在—环境双优型，安徽、江西现实单优，海南、广西发展环境单优型

如表 5-20、图 5-31 所示，综合竞争力第二梯队成员包括安徽、江西、广西、北京、河北、河南、山西、重庆、海南及上海，得分在 1079~1344 分。从空间分布形态来看，主要集中于中部地区（图 5-32）。与上一年度相比，梯队成员变动较大，除安徽、北京、河北及海南外，其余省份均为梯队新成员，或从原第一梯队掉入（江西、广西、河南、上海），或从原第三梯队晋升（重庆）。

与上一年度相比，安徽、北京旅游综合竞争力得分排名未发生变动，其余各成员位次均发生变动。具体来看，上海位次下降最为明显，下降 13 个位次，其潜在竞争力、现实竞争力及发展环境竞争力分别下降 18 个、15 个、17 个位次；河南下降位次也较明显，下降 7 个位次，主要是受到潜在竞争力中需求潜在竞争力位次大幅下降的影响；河北上升 5 个位次，为本梯队中位次提升最多的省域，其旅游现实与潜在竞争力排位分别上升 4 个、6 个位次，尤其是该省域的供给现实竞争力，提升 10 个位次；其余梯队成员位次变动幅度较小，变动均在 4 个位次以内。

从综合竞争力第二梯队成员各要素表现来看，它们虽然整体一般，但也存在相对优势的领域（图 5-34），安徽、江西旅游现实竞争力位列第一梯队，属于“现实竞争力单优型”省域；海南、广西发展环境竞争力表现突出，分列第 8 位、第 9 位，属于“发展环境单优型”；北京潜在竞争力与发展环境竞争力分列第7位、第6位，为本梯队唯一的“双优型”省域。

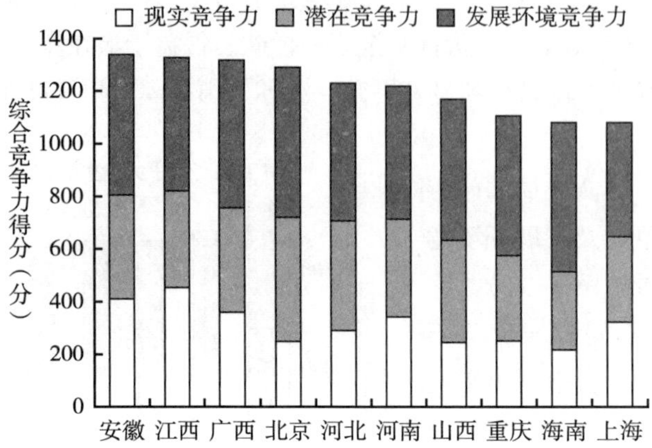

图5-34　2022年旅游综合竞争力第二梯队省域及其组成

3. 综合竞争力第三梯队：成员构成变动小，东北—西北带状分布；各成员内位次变动不大，新疆下降位次最多（–7），西藏位次提升最多（+4）；陕西现实—潜在较优，新疆、天津环境较优，西藏、宁夏潜在较优

如表5-20、图5-31所示，综合竞争力第三梯队成员包括陕西、甘肃、新疆、西藏、天津、辽宁、青海、内蒙古、吉林、宁夏及黑龙江，综合竞争力得分低于1078分。从空间分布形态来看，东北、西北省份居多，呈片状集中分布态势（图5-32）。与上一年度相比，成员构成变动小，陕西为新成员，其余均为上年度第三梯队成员。

与上一年度相比，除甘肃外，其余梯队成员排名均出现变动，但变动幅度不大。具体来看，新疆受潜在竞争力排位大幅度下降的影响（–26），整体下降7个位次，是本梯队中降幅最大的省域；西藏潜在竞争力与发展环境竞争力位次均有所提升，整体提升4个位次；其余省域排位变动均在3个位次以内。

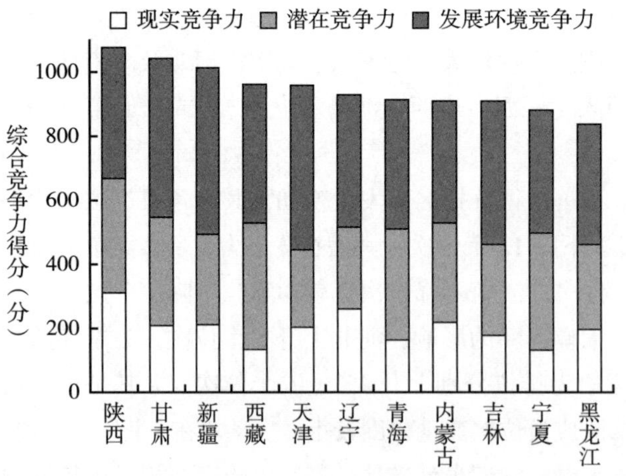

图5-35　2022年旅游综合竞争力第三梯队省域及其组成

如图5-35所示，综合竞争力第三梯队省域整体表现较弱，其现实、潜在、发展环境三大方面几乎均处在第三梯队，但部分省份也有表现相对较好的领域，陕西现实与潜在竞争力分别排在第16位和第20位，新疆、天津发展环境竞争力排名第18、第19，西藏、宁夏潜在竞争力排名第14、第19。

第六章　重点城市旅游业发展评价

本章的重点城市旅游业发展评价与省域旅游业评价思路一致，包括旅游业发展的现实竞争力、潜在竞争力和发展环境竞争力三方面，以便准确把握各重点城市旅游发展的优劣情况，探索城市旅游竞争力的提升对策。鉴于中国 15 个副省级城市旅游业发展的全国引领性与典型性，《报告》决定将其纳入重点城市旅游业竞争力评价的分析对象。

一、评价体系构建

《报告》的重点城市旅游竞争力水平评价体系构建与省域一致，同样从现实竞争力（B1）、潜在竞争力（B2）和发展环境竞争力（B3）三个方面分析。由于部分数据不可得，个别指标略有不同，具体指标体系见表 6-1。

表 6-1　2022 年中国 15 个副省级城市旅游业发展综合评价指标体系

目标层	准则层	因子层	指标层	数据来源
综合竞争力	B1 现实竞争力	C1 旅游供给现实竞争力	D1 旅游吸引物数量	2023 年各城市或所在省域统计年鉴；各城市文化和旅游局官网
			D2 住宿设施数量	见表 6-2
			D3 星级饭店利润	《2022 年全国星级饭店统计公报》
			D4 星级饭店全员劳动生产率	《2022 年全国星级饭店统计公报》
		C2 旅游需求现实竞争力	D5 旅游接待总人数	2023 年各城市或所在省域统计年鉴
			D6 旅游总收入	2023 年各城市或所在省域统计年鉴
	B2 潜在竞争力	C3 旅游供给潜在竞争力	D7 吸引物发展速度	2023/2022 年各城市或所在省域统计年鉴；各城市文化和旅游局官网
			D8 住宿接待业发展速度	见表 6-7
			D9 高级别吸引物数量	见表 6-7
			D10 高级别景区网络评价	携程网
			D11 中国旅游集团二十强数量	中国旅游研究院官网
			D12 旅游专利授权数	中国知网，以“旅游”为主题搜索专利数量
			D13 国家社科旅游类立项数量	全国哲学社会科学工作办公室

续表

目标层	准则层	因子层	指标层	数据来源
综合竞争力	B2 潜在竞争力	C4 旅游需求潜在竞争力	D14 旅游接待总人数增长率	2023/2022 年各城市或所在省域统计年鉴
			D15 旅游总收入增长率	2023/2022 年各城市或所在省域统计年鉴
	B3 发展环境竞争力	C5 自然环境竞争力	D16 空气质量优良天数	各城市生态环境局《2022 年生态环境状况公报》；中国统计年鉴 2023
			D17 污水集中处理率	《中国城市统计年鉴 2023》
			D18 生活垃圾无害化处理率	《中国城市统计年鉴 2023》；各市统计年鉴 2023
		C6 社会经济环境竞争力	D19 经济发展水平	《中国城市统计年鉴 2023》
			D20 年客运总量	《中国城市统计年鉴 2023》
			D21 互联网普及率	《中国城市统计年鉴 2023》
			D22 万人专利授权数	《中国城市统计年鉴 2023》
		C7 政策环境竞争力	D23 旅游主管部门官方自媒体平台多样性	新浪官微；微信客户端；AppStore；抖音 App；快手 App；今日头条 App
			D24 政府工作报告中提及“旅游”“文旅融合”的次数	2023 年各城市政府工作报告

注：2022 年入境游客人均花费和游览两次及以上入境游客占比两个指标的官方数据缺失，因此，与往年份发展报告相比，本报告旅游需求潜在竞争力部分无上述两项指标；另外，由于 2022 年国家自然科学基金（旅游类）数据收集受限，故指标 D13 仅以国家社会科学基金旅游类立项数为准，特此说明。

各指标数据的标准化、竞争力计算方法与第五章相同，本章不再叙述。

二、旅游现实竞争力分析与评价

《报告》依照省域对旅游竞争力的分析与评价思路，从旅游供给与旅游需求两个维度切入，全面分析与评价 15 个重点城市的旅游竞争力。

（一）旅游供给现实竞争力分析

《报告》从数量规模和经营效益两个方面衡量重点城市的旅游产业供给现实竞争力，其中旅游吸引物数量（D1）、住宿设施数量（D2）两个指标表征数量规模；星级饭店利润（D3）、星级饭店全员劳动生产率（D4）两个指标表征经营效益。《报告》基于评价指标源数据，运用描述性统计获取各重点城市的指标特征值（表 6–2）。并经过数据标准化，获得旅游供给现实竞争力的综合评价情况（表 6–3）。

《报告》为更直观掌握重点城市旅游供给现实竞争力的空间分布特征，利用 ArcGIS 10.8 空间分析工具将其可视化（图 6–1）；并借助 SPSS 软件，根据“数量规模”和“经营效益”两个维度进行聚类，折射出重点城市旅游业的类型特征（图 6–2）。星级饭店全员劳动生产率体现了城市旅游设施发展效率，可对此进行深入分析。

表 6–2　2022 年中国 15 个副省级城市旅游供给现实竞争力评价指标及其基本描述统计

评价指标	平均值	最大值	最小值	标准差	变异系数
C1 旅游供给现实竞争力	157.81	257.13	46.06	61.63	0.39
D1 旅游吸引物数量（个）	140	266	33	65.10	0.46
A 级旅游景区数量	70.60	116	18	28.70	0.41
博物馆数量	69.40	172	11	46.47	0.67
D2 住宿设施数量（个）	2088	5034	629	1242	0.60
星级饭店	54.73	125	9	27.10	0.50
亲子酒店 *	68	287	7	72.25	1.06
露营地 *	159.07	405	43	93.77	0.59
民宿 *	1806.40	4641	569	1127.08	0.62
D3 星级饭店利润（亿元）	−1.74	0.19	−3.5	1.08	−0.62
D4 星级饭店全员劳动生产率（千元 / 人）	219.00	355.72	157.44	51.81	0.24

（数据来源：A 级旅游景区数量、博物馆数量来源于各市或所在省域《统计年鉴 2023》和文化和旅游局官网；星级饭店数量来源于《2022 年第四季度全国星级饭店统计调查报告》，中华人民共和国文化和旅游部发布，2023 年 6 月；亲子酒店、民宿数量来源于去哪儿旅行，2024 年 6 月，https://www.qunar.com/；露营地数量来源于百度地图，https://map.baidu.com/，2024 年 6 月；星级饭店利润、星级饭店全员劳动生产率来源于《2022 年度全国星级饭店统计调查报告》，中华人民共和国文化和旅游部发布，2023 年 4 月；* 表示该指标为 2024 年数据。）

1. 现状分析：城市间供给水平差异较小，成都、青岛、杭州位列前三，长江经济带与环渤海经济圈的重点城市表现较好；六成城市规模—效益双优或单优

2022 年，15 个重点城市旅游供给现实竞争力得分均值为 157.81（表 6–2），近半数城市高于平均水平，表现较好。旅游供给现实竞争力的变异系数为 0.39，相对较小，表明全国 15 个重点城市的旅游供给水平差异不太明显。

排名上（表 6–3），成都、青岛、杭州位列前三，其中，成都旅游数量规模排名继续保持第一，青岛的数量规模和经营效益均位居前五，杭州数量规模排名位列第三；济南取代了长春，与厦门、大连位居后三，其中三市的经营效益差距较大，但数量规模均位居后四位。

表 6–3　2022 年中国 15 个副省级城市旅游供给现实竞争力综合评价分值及排序

城市	C1 旅游供给现实竞争力			数量规模		经营效益	
	分值	排序	排序变动	分值	排序	分值	排序
成都	257.13	1	0	200	1	57.13	11
青岛	255.89	2	0	111.85	4	144.03	2
杭州	219.29	3	1	145.71	3	73.59	8
南京	203.94	4	−1	57.87	9	146.07	1

续表

城市	C1 旅游供给现实竞争力			数量规模		经营效益	
	分值	排序	排序变动	分值	排序	分值	排序
西安	194.56	5	2	147.87	2	46.69	13
宁波	192.56	6	5	73.85	7	118.7	3
武汉	191.62	7	−2	88.86	6	102.76	4
广州	153.66	8	0	110.03	5	43.63	14
哈尔滨	134.67	9	1	60.41	8	74.25	7
深圳	111.29	10	−4	56.97	10	54.32	12
沈阳	106.78	11	1	46.3	11	60.48	10
长春	102.6	12	3	13.3	15	89.29	5
济南	98.65	13	−4	31.46	12	67.19	9
厦门	98.42	14	−1	22	13	76.42	6
大连	46.06	15	−1	19.22	14	26.84	15

注：+ 表示名次增长，− 表示名次下降。

空间分布上（图 6−1），15 个副省级城市中，除东北三市（大连、沈阳、长春），以及济南、厦门、深圳外，其余地区表现相对均衡。整体上，以长江经济带城市群为主的重点城市旅游供给现实竞争力水平更高。

从聚类特征上看（图 6−2），青岛、武汉为规模—效益双优，数量规模和经营效益整体靠前；成都、杭州、西安、广州数量规模表现优异；南京、长春、宁波经营效益表现突出；其他 6 个城市为规模—效益双低。

2. 年际变化：市域间差异增大；成都、青岛、广州排序不变；宁波上升最快（+5），深圳和济南下降较多（−4）

由表 6−2 可知，2022 年市域旅游供给现实竞争力变异系数为 0.39，较上一年度上升 0.01，说明市域间旅游供给现状发展水平的差异稍有增加。与上一年度相比，2022 年市域旅游供给现实竞争力的排名波动整体较大，15 个重点城市中仅 3 个城市的得分排名未发生变动，其他市域旅游供给现状竞争力水平均有变化。

从市域排名变动来看，宁波排名提升最多，上升了 5 个位次，其次是长春，上升了 3 个位次；排名下降城市中，深圳和济南降幅最大，达到 4 个位次，其余城市排名变动较小。各城市具体位次升降详见表 6−3。

3. 星级饭店全员劳动生产率：15 座重点城市星级饭店劳动生产率参差不齐，近半数城市高于平均水平，南京最高、哈尔滨最低

星级饭店全员劳动生产率是城市旅游服务设施效率水平的重要体现。2022 年，各市星级

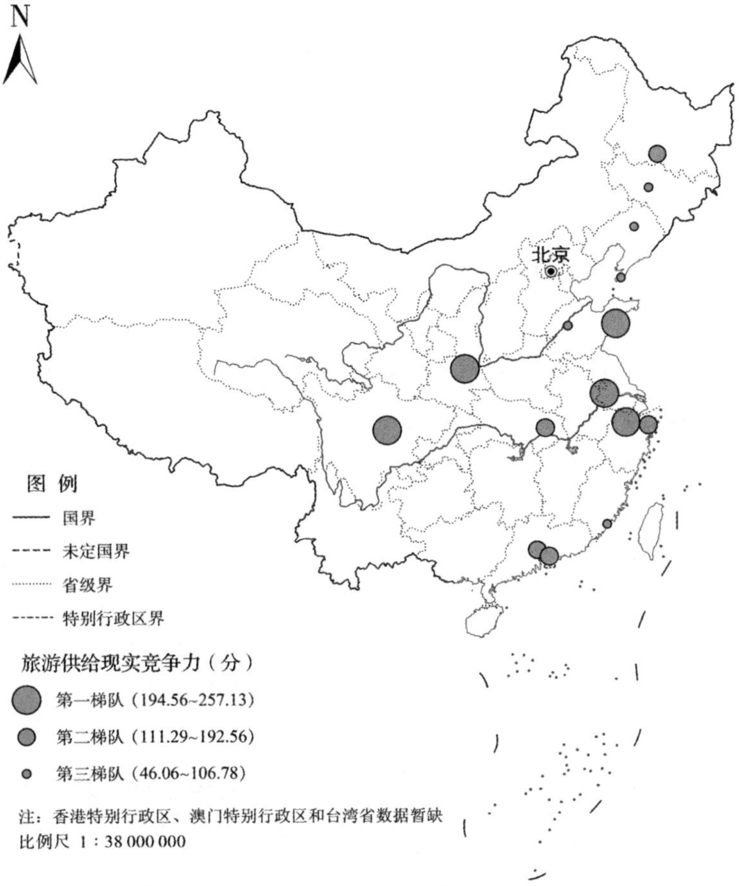

图 6-1　2022 年中国 15 个副省级城市旅游供给现实竞争力空间分布

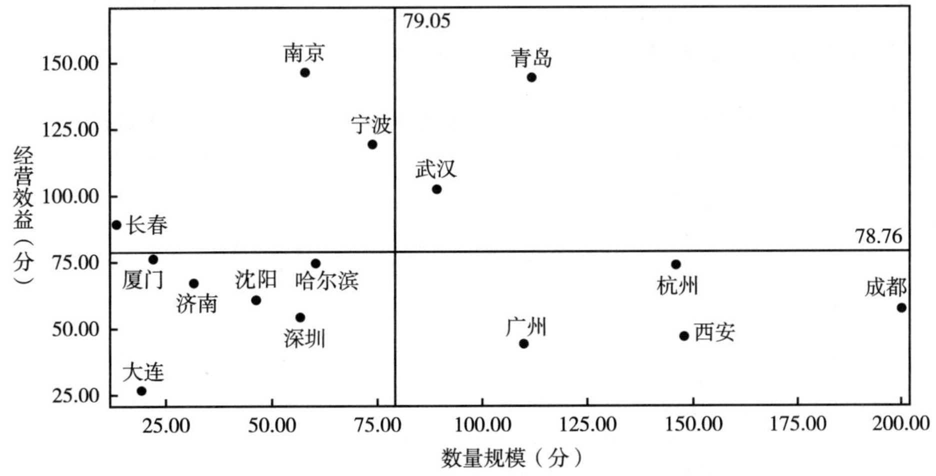

图 6-2　2022 年中国 15 个副省级城市旅游供给现实竞争力数量规模—经营效益聚类分布

---

① 本章地图图例的分数标注，以该分数段内副省级城市得分的最低值与最高值显示。

饭店全员劳动生产率均值约为219千元/人。南京、杭州、深圳、青岛、广州、厦门、武汉、宁波8市高于平均水平，其中，南京的星级饭店全员劳动生产率最高，达到355.72千元/人，杭州、深圳位居第二、第三位；济南、成都、大连、长春、西安、沈阳6市的指标得分较低，哈尔滨最低。2022年，各市星级饭店全员劳动生产率的变异系数为0.24，表明市域间旅游经营效益变化小，相比上一年度，差异有所增加。

（二）旅游需求现实竞争力分析

遵循旅游供给现实竞争力分析思路，从数量规模和经营效益两个方面衡量15个重点城市的旅游需求现实竞争力。其中数量规模由旅游接待总人数（D5）表征，经营效益由旅游总收入（D6）来表征。《报告》基于评价指标源数据，运用描述性统计获取各重点城市的指标特征值（表6-4）。并经过数据标准化，获得旅游需求现实竞争力的综合评价情况（表6-5）。

《报告》借以空间分析工具ArcGIS 10.8，将15个重点城市的旅游需求现实竞争力可视化，进而开展空间分布特征的分析（图6-3）；并将数量规模和经营效益视为两个变量作聚类分析，掌握各重点城市的旅游需求现实竞争力的类型特征（图6-4）。同时，《报告》还将旅游需求现状与上一年进行了比较分析，以考察市域旅游需求发展水平的年际变化趋势。此外，《报告》详细分析了市域的旅游接待总人数和旅游总收入情况，归纳出旅游需求的数量规模—经营效益现状特征。

表6-4　2022年中国15个副省级城市旅游需求现实竞争力评价指标及其基本描述统计

评价指标	平均值	最大值	最小值	标准差	变异系数
C2 旅游需求现实竞争力	72.86	196.68	9.89	60.81	0.83
D5 旅游接待总人数（万人）	9051.75	20882.72	3824.17	5393.55	0.60
D6 旅游总收入（亿元）	1236.61	2246.03	499.2	623.21	0.50

（数据来源：旅游接待总人数及旅游总收入来源于：2023年各城市或所在省域统计年鉴、文化和旅游局官网。）

表6-5　2022年中国15个副省级城市旅游需求现实竞争力综合评价分值及排序

城市	C2 旅游需求现实竞争力						
				旅游接待总人数		旅游总收入	
	分值	排序	排序变动	分值	排序	分值	排序
武汉	196.68	1	0	97.94	2	98.73	2
西安	187.64	2	0	100	1	87.64	3
成都	148.87	3	0	73.6	3	75.27	5
南京	121.04	4	0	38.2	4	82.83	4
广州	100	5	+6	0	15	100	1
杭州	76.05	6	0	25.1	5	50.95	6
青岛	45.21	7	0	16.18	8	29.04	8

续表

城市	C2 旅游需求现实竞争力			旅游接待总人数		旅游总收入	
	分值	排序	排序变动	分值	排序	分值	排序
深圳	42.62	8	0	6.28	14	36.34	7
厦门	36.47	9	0	16.09	9	20.38	9
济南	28.23	10	+2	16.07	10	12.16	12
长春	26.76	11	−6	10.6	11	16.16	10
大连	26.04	12	+3	22.64	6	3.4	14
沈阳	24.13	13	+1	19.67	7	4.45	13
宁波	23.27	14	−1	7.4	13	15.86	11
哈尔滨	9.89	15	−5	9.89	12	0	15

注：+ 表示名次增长，− 表示名次下降。

1. 现状分析：武汉、西安和成都仍位列前三；内陆城市表现突出，南北差异明显；南京、成都、武汉、西安为规模—效益双优，广州、杭州经营效益单优

由表 6−4、表 6−5 可知，2022 年，市域旅游需求现实竞争力平均得分为 72.86，武汉、西安、成都、南京和广州 5 座城市的旅游需求现状高于均值。旅游需求现实竞争力的变异系数为 0.83，相对较大，说明市域间旅游需求现状发展水平的变异程度较大，差异显著。具体地，武汉、西安和成都 3 市旅游需求现实竞争力位列前三，其中西安数量规模最优，广州经营效益最优，武汉数量规模和经营效益均位列第二；哈尔滨取代大连，与沈阳、宁波得分排名尾部，其中哈尔滨数量规模和经营效益均靠后，经营效益最低。

从空间特征来看（图 6−3），成都、武汉、杭州、南京等长江经济带内城市旅游需求现实竞争力表现较为优异。东北四市（哈尔滨、长春、沈阳、大连），山东（青岛、济南），沿海城市（宁波、厦门、深圳）的副省级城市排名居中和靠后。整体上，15 个副省级城市旅游需求现实竞争力水平呈较明显的南北分异。

从聚类特征来看（图 6−4），约九成城市为规模—效益“双优”或“双低”型：南京、成都、武汉、西安属于规模—效益双优，其规模与效益水平均高于均值；广州、杭州经营效益优势较明显，属于效益单优，其余 9 座城市属于规模—效益双低型。

2. 年际变化：8 城排名没有变化，市域间差异轻微减小；广州上升最快（+6），长春下降最快（–6）

相较上一年，2022 年，8 座城市旅游需求现实竞争力排名没有变动，7 座城市排名发生了变动。名次上升的城市中，广州提升最快（+6），其次为大连（+3）；名次下降的城市中，长春下降最快（−6），其次为哈尔滨（−5）。济南、沈阳、宁波 3 市排名升降相对较小，具体详

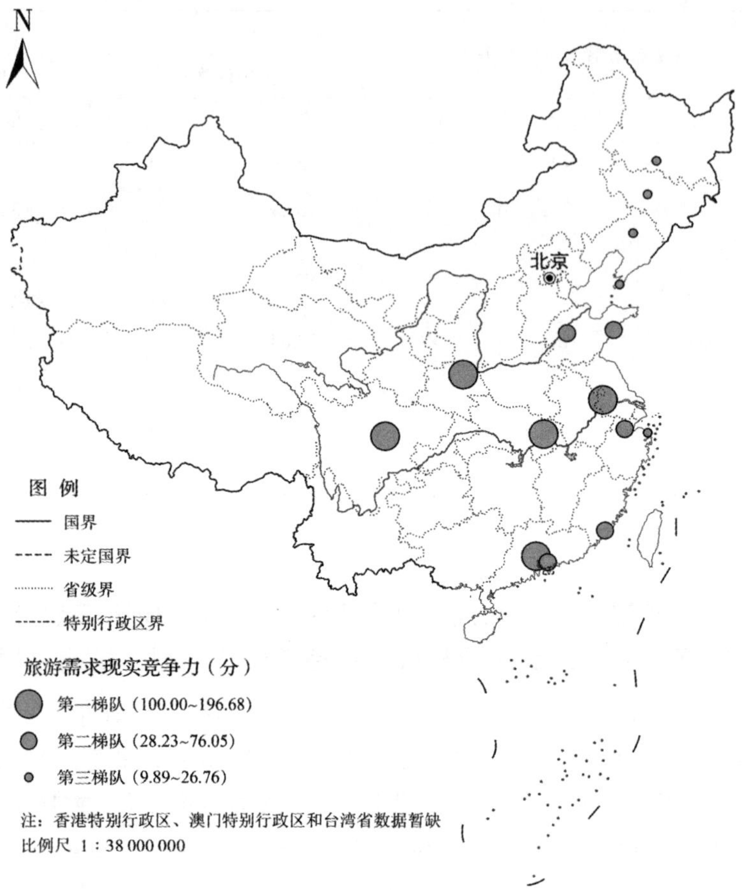

图 6-3　2022 年中国 15 个副省级城市旅游需求现实竞争力空间分布

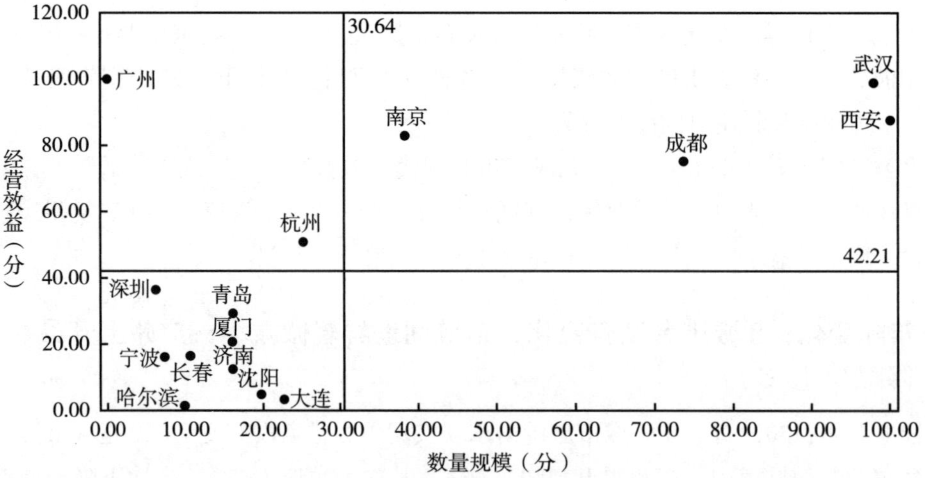

图 6-4　副省级城市旅游需求现实竞争力数量规模—经营效益聚类分布

见表6-5。另外，2022年市域旅游需求现实竞争力的变异系数为0.83，较上一年度下降了0.02，可见各重点城市间旅游需求现状的发展水平差异出现微弱的下降。

3. 旅游接待规模：较前一年下降，成都、武汉、西安位列前三，市域间差异较大；有四城旅游接待总人数和六城旅游总收入高于平均水平

2022年，15个重点城市的旅游接待总人数均值达9051.75万人次，较上一年度下降了18.2%。具体地，西安、武汉、成都、南京4市旅游接待总人数表现尤为突出，突破1亿人次，位居前四；广州、深圳、宁波3市旅游接待总人数排名最末，均不足0.6亿人次。另外，2022年市域旅游接待总人数变异系数为0.6，比去年上升了0.12，表明市域间旅游需求规模差异水平有所增加。

2022年，市域旅游总收入均值约为1236.61亿元，较上一年下降了20.8%，六个城市的旅游总收入均高于平均值，广州取代成都位居第一，与武汉、西安均突破2000亿元，位列前三，表现突出；哈尔滨、大连、沈阳旅游总收入排名后三位。另外，2022年，市域旅游总收入的变异系数为0.5，与上一年相比，市域间旅游需求现实竞争力的经营效益差异有所上升。

（三）旅游现实竞争力评价

1. 评价结果

参照省域旅游现实竞争力的分析思路，将反映全国15个重点城市旅游发展现状的供给现实竞争力（C1）和需求现实竞争力（C2）的6项评价指标（D1~D6）的数值进行标准化处理并求和，得到2022年市域旅游现实竞争力评价结果（表6-6、图6-5、图6-6）。

表6-6　2022年中国15个副省级重点城市旅游现实竞争力评价结果及其构成

城市	B1旅游现实竞争力						
				C1旅游供给现实竞争力		C2旅游需求现实竞争力	
	分值	排序	排序变动	分值	排序	分值	排序
成都	406.00	1	0	257.13	1	148.87	3
武汉	388.30	2	0	191.62	7	196.68	1
西安	382.21	3	0	194.56	5	187.64	2
南京	324.98	4	0	203.94	4	121.04	4
青岛	301.10	5	0	255.89	2	45.21	7
杭州	295.34	6	0	219.29	3	76.05	6
广州	253.66	7	+1	153.66	8	100.00	5
宁波	215.82	8	+5	192.56	6	23.27	14
深圳	153.91	9	−2	111.29	10	42.62	8
哈尔滨	144.56	10	0	134.67	9	9.89	15

续表

城市	B1 旅游现实竞争力			C1 旅游供给现实竞争力		C2 旅游需求现实竞争力	
	分值	排序	排序变动	分值	排序	分值	排序
厦门	134.89	11	+1	98.42	14	36.47	9
沈阳	130.91	12	+2	106.78	11	24.13	13
长春	129.36	13	−2	102.60	12	26.76	11
济南	126.88	14	−5	98.65	13	28.23	10
大连	72.09	15	0	46.06	15	26.04	12

注：+ 表示名次增长，- 表示名次下降。

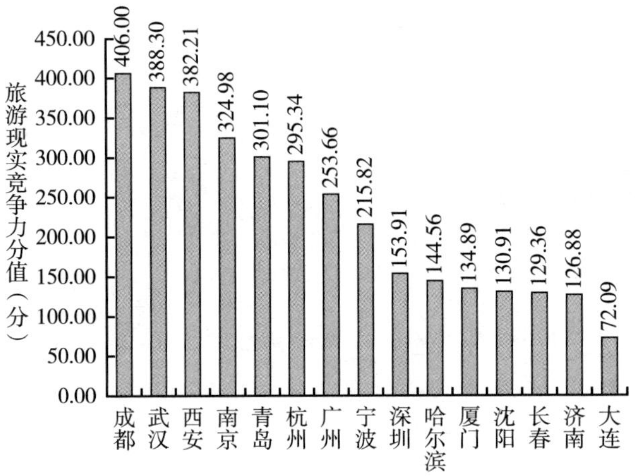

图 6-5　2022 年 15 个副省级城市旅游现实竞争力评价结果

2. 评价结果分析

将全国 15 个重点城市的旅游现实竞争力水平按照得分情况划分为三个梯队，其中第一梯队为排名前五的重点城市，第二梯队为排名中间五位的重点城市，第三梯队为排名后五位的重点城市。为详细掌握市域旅游现实竞争力水平情况，又从梯队城市构成、空间分布、年际变化及类型特征等维度开展了分析。鉴于对指标的数据标准化后，得分仅反映的是相对位置，至此，《报告》仍利用指标排名表示其相对优势与不足领域。

（1）现实竞争力第一梯队：以长江经济带沿线城市为主；成员构成无变化，排名变化小；成都、南京需求—供给双优，西安、武汉需求单优，青岛供给单优

2022 年，成都、武汉、西安、南京和青岛 5 市仍列于旅游现实竞争力的第一梯队（表 6-6、图 6-5），大多为长江经济带沿线城市。与上一年度相比，第一梯队成员排名不变。

由表 6-6、图 6-7 可知，2022 年，成都、南京、西安的供给现实竞争力与需求现实竞争力均位列前五，为需求—供给双优；青岛供给现状位列第二，是供给单优，西安需求现状居前

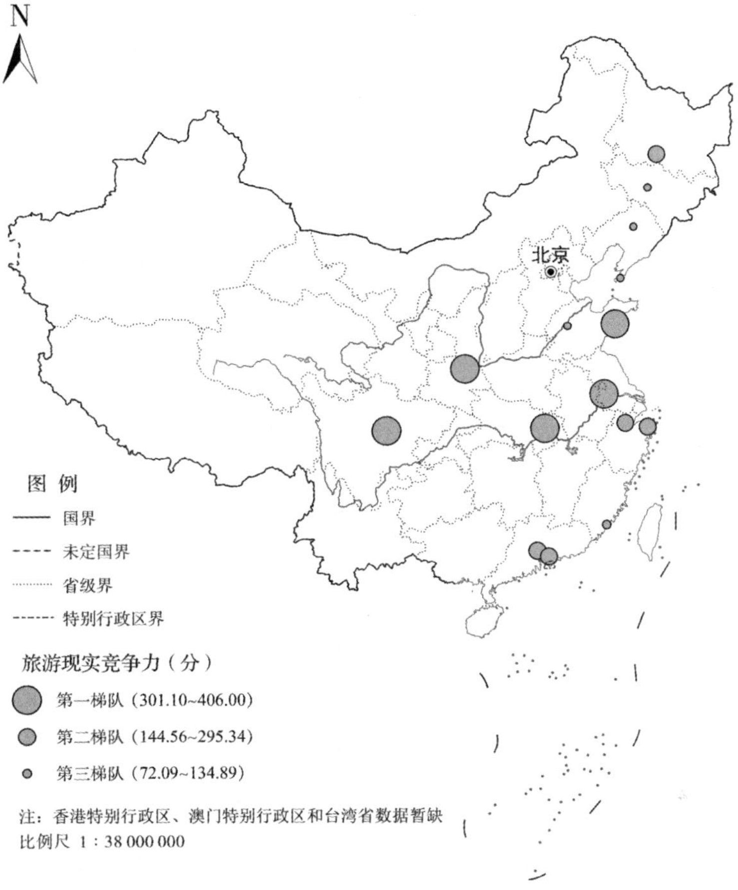

图 6-6　2022 年 15 个副省级城市旅游现实竞争力空间分布

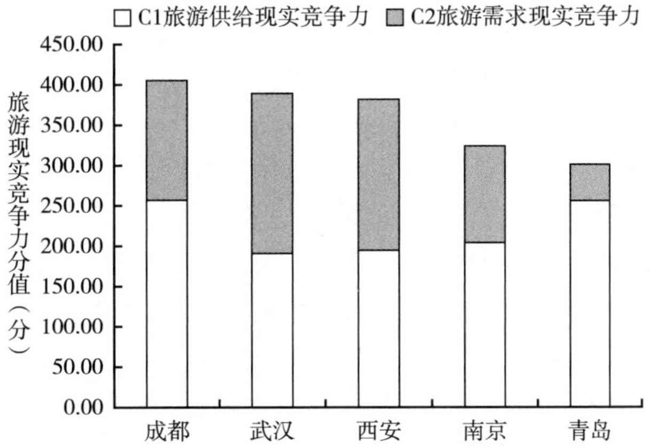

图 6-7　2022 年旅游现实竞争力第一梯队副省级城市及其组成

二，为需求单优。

（2）现实竞争力第二梯队：以东部沿海城市为主，变动较小；内部排名变动明显，宁波上升最多（+5），深圳下降明显（-2）；供给—需求多为中等水平，杭州、宁波、深圳、哈尔滨供给单优

2022 年市域旅游现实竞争力第二梯队成员依次为杭州、广州、宁波、深圳、哈尔滨，东部沿海城市众多。与上一年相比，梯队成员变动小，宁波为新成员，由第三梯队升至第二梯队。济南下降至第三梯队。

由表 6-6 可知，2022 年市域旅游现实竞争力第二梯队成员的内部得分排序变动明显。杭州和哈尔滨排名保持不变；宁波上升 5 个位次，广州上升 1 个位次，深圳下降 2 个位次。

由表 6-6、图 6-8 可知，2022 年，中国市域旅游现实竞争力第二梯队成员的供给—需求大都处于中等或中等偏上水平，杭州市旅游供给现实竞争力位列第三，比较领先。第二梯队城市中，杭州、宁波、深圳、哈尔滨表现出供给单优，广州则为需求单优。

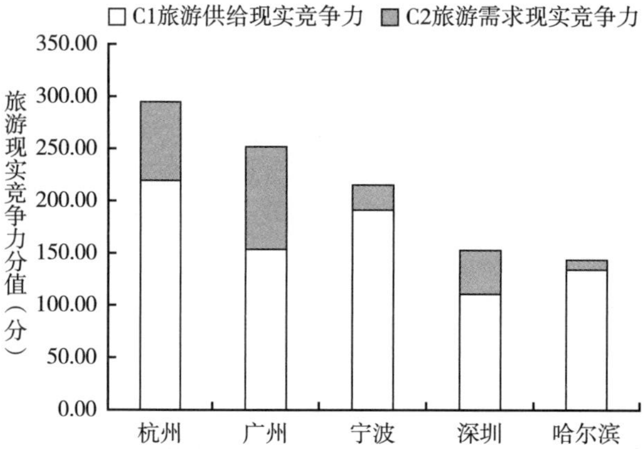

图 6-8　2022 年旅游现实竞争力第二梯队副省级城市及其组成

（3）现实竞争力第三梯队：多为东北城市，成员变动较小；成员排名变化显著，沈阳提升最多（+2），济南下降最多（-5）；厦门需求相对较优

2022 年，市域旅游现实竞争力第三梯队成员包括厦门、沈阳、长春、济南和大连。东北城市过半，成员构成变动较小，仅济南从上一年的第二梯队下降至今年第三梯队。

由表 6-6 可知，2022 年市域旅游现实竞争力的第三梯队中，仅大连排名不变，其旅游供给与需求现实竞争力表现及排名相对稳定；厦门旅游需求现实竞争力的表现在全国水平处于中上等，其旅游现实竞争力排名上升（+1）；长春和济南旅游供给和需求表现均有待提升，其排名分别较上一年下降 2 个、5 个位次。

由表 6-6、图 6-9 可知，2022 年市域旅游现实竞争力第三梯队成员的供给—需求水平总体均偏低，除了厦门的需求得分排列第 9 相对较优外，其他城市的供给现实竞争力和需求现实竞争力得分均在第 10 名及之后。

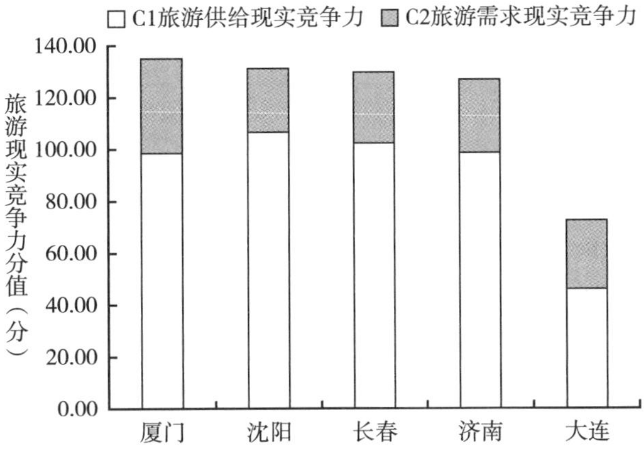

图 6-9　2022 年旅游现实竞争力第三梯队副省级城市及其组成

三、旅游潜在竞争力分析与评价

遵循重点城市的旅游现实竞争力分析思路，旅游潜在竞争力仍从供给与需求两个维度展开，即旅游供给潜力和旅游需求潜力。前者由旅游供给持续发展能力、优质旅游资源及旅游创新能力三个方面深入分析；后者则从旅游数量规模和经营效益的可持续发展两个方面深入分析。

（一）旅游供给潜在竞争力分析

《报告》中旅游供给的持续发展能力由吸引物发展速度（D7）和住宿接待业发展速度（D8）表征；优质旅游资源由高级别吸引物数量（D9）、高级别景区网络评价（D10）、中国旅游集团二十强数量（D11）表征；旅游创新能力由旅游专利授权数（D12）、国家社科旅游类立项数量（D13）表征。

首先，基于指标源数据，计算得出各指标的平均值、最大值、最小值、标准差、变异系数等特征值（表 6-7）；其次，将各指标数据归一化，进而得出各重点城市的旅游供给持续发展能力、优质旅游资源、旅游创新能力以及旅游供给潜在竞争力的得分结果（表 6-8、图 6-10），并依据旅游供给持续发展能力、优质旅游资源及旅游创新能力得分均值为临界聚类，分析市域旅游供给潜在竞争力的类型特征（图 6-11）；再次，通过比较旅游供给潜在竞争力各年的情况，分析各重点城市供给潜力的发展态势（表 6-7）；最后，筛选出变异系数较大的吸引物发展速度指标进行详细分析。

表 6-7　2022 年中国 15 个副省级城市旅游供给潜在竞争力评价指标及其基本描述统计

评价指标	平均值	最大值	最小值	标准差	变异系数
C3 旅游供给潜在竞争力	255.47	485.61	147.225	88.4	0.35
D7 吸引物发展速度（%）	6.68	111.11	−50.32	32.07	4.8

续表

评价指标	平均值	最大值	最小值	标准差	变异系数
D8 住宿设施发展速度（%）	9.15	29.71	−11.03	13.68	1.49
D9 高级别吸引物数量（个）	14.3	44	4	9.47	0.66
5A 级旅游景区数量	2.13	5	1	1.15	0.54
国家非物质文化遗产数量	11.27	40	1	9.037	0.8
全域旅游示范区数量	0.93	3	0	0.77	0.83
D10 高级别景区网络评价	4.47	4.67	4.21	0.1	0.02
D11 中国旅游集团二十强数量（家）	1	3	0	1	1
D12 旅游专利授权数（件）	35.5	90	8	26.64	0.75
D13 国家社科旅游类立项数量（个）	1.33	5	0	1.35	1.01

（数据来源：《中国文化文物和旅游统计年鉴 2023》，国家图书出版社，2023 年 12 月；《中国文化和旅游统计年鉴 2022》，国家图书出版社，2022 年 12 月；2023/2022 年度全国博物馆名录，国家文物局，http://www.ncha.gov.cn；《2022 年第四季度全国星级旅游饭店统计调查报告》，中华人民共和国文化和旅游部发布，2023 年 12 月；《2021 年第四季度全国星级饭店统计公报》，中华人民共和国文化和旅游部发布，2022 年 3 月；国家非物质文化遗产网，http//www.ihchina.cn/；中华人民共和国中央人民政府官网，https://www.gov.cn/；2022 年中国旅游集团二十强名单，中国旅游研究院，http://www.ctaweb.org.cn/；中国知网，https://www.cnki.net；全国哲学社会科学工作办公室，http://www.nopss.gov.cn/。）

表 6-8　2022 年中国 15 个副省级城市旅游供给潜在竞争力综合评价分值及排序

城市	C3 旅游供给潜在竞争力			持续发展能力		优质旅游资源		旅游创新能力	
	分值	排序	排序变动	分值	排序	分值	排序	分值	排序
杭州	485.61	1	0	102.60	6	251.06	1	131.95	2
成都	369.15	2	+2	119.02	3	124.77	5	125.37	3
武汉	326.23	3	0	45.56	13	129.45	4	151.22	1
厦门	305.71	4	+7	150.99	1	112.28	6	42.44	8
南京	304.59	5	0	104.88	5	138.74	3	60.98	6
广州	276.99	6	−4	37.25	14	157.06	2	82.68	5
西安	236.55	7	0	117.07	4	88.99	10	30.49	10
哈尔滨	230.36	8	+4	95.54	7	107.50	8	27.32	11
深圳	225.73	9	−1	74.90	10	50.83	15	100	4
青岛	224.06	10	−4	121.31	2	75.43	12	27.32	11
济南	191.82	11	+3	49.47	11	110.64	7	31.71	9
大连	173.88	12	−3	91.85	8	58.38	14	23.66	13
沈阳	170.68	13	0	46.33	12	104.34	9	20	14
宁波	163.48	14	−4	79.49	9	82.78	11	1.22	15
长春	147.23	15	0	36.42	15	63.49	13	47.32	7

注：+ 表示名次增长，− 表示名次下降

1. 现状分析：四成城市供给潜在竞争力表现较好，杭州、成都、武汉位列前三，市域间差异较小；南部城市表现突出；杭州、成都、南京为全优型，武汉、广州、厦门为双优型，单优和双低型城市占六成

由表 6-7 可知，2022 年，15 个副省级城市旅游供给潜在竞争力变异系数为 0.35，市域间差异较小。由表 6-8 可知，旅游供给潜在竞争力得分高于均值的城市有 6 个，占比为 40%，说明四成城市旅游供给潜在竞争力表现较好。从排名来看，前三位是杭州、成都和武汉；后三位是沈阳、宁波和长春。具体地，成都旅游供给潜在竞争力得益于持续发展能力的提升，排名第二；武汉旅游供给潜在竞争力排名稳定；宁波的旅游创新能力居末位；长春旅游供给潜在竞争力仍排名最后，其持续发展能力和优质旅游资源供给排名均靠后，旅游创新能力排名中等。

空间分布上来看（图 6-10），2022 年 15 个副省级城市的旅游供给潜在竞争力得分，除了东北地区部分城市（长春、沈阳、大连）和山东济南、浙江宁波外，其他地区的城市表现较好，水平均势，空间差异不大。

图 6-10　2022 年中国 15 个副省级城市旅游供给潜在竞争力空间分布

由聚类分布可知（图 6-11），15 个重点城市中，杭州、成都、南京的持续发展能力、优质旅游资源、旅游创新能力得分皆高于均值，属于“全优”型；武汉、广州、厦门其中两个要素的得分高于均值，属于“双优”型；深圳、济南、哈尔滨、西安、青岛、大连 6 座城市均有一个要素高于均值，属于“单优”型；长春、沈阳、宁波 3 座城市的三要素得分均低于均值，属于“无优”型，后两类共占城市总数的六成。

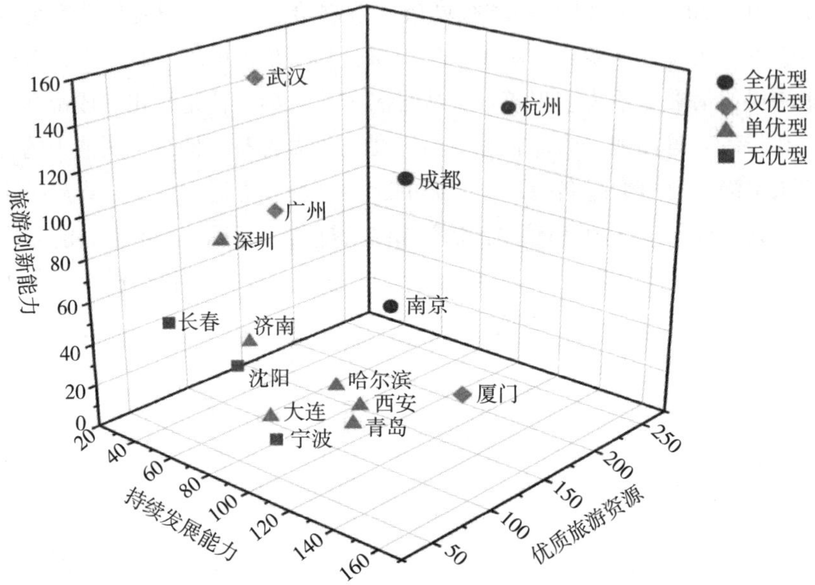

图 6-11　副省级城市旅游供给潜在竞争力持续发展能力—优质资源—创新能力聚类分布

2. 年际变化：9 城排名变化，市域差异有所增大；杭州、成都、武汉稳居前三；厦门提升最多（+7），广州、青岛、宁波下降较多（-4）

由表 6-8 可知，2022 年旅游供给潜在竞争力排名中，15 座城市中四成均无变动，说明旅游供给潜在竞争力整体变动较小。其变异系数相比前年增加了 0.07，说明市域差异有所增大。

从具体排名来看，杭州和武汉旅游供给潜在竞争力表现较好，近年稳居前三位，2022 年成都取代广州跃居第二位。从排名变动幅度来看，厦门排名提升最多（+7），这是源于其各项指标均大幅提升；广州、青岛和宁波排名降幅较大，均降低了 4 位，其中广州主要因为持续发展能力和旅游创新能力排名显著下降。

3. 吸引物发展速度：仅两成城市表现较好，市域差异稍大；成都、厦门、长春位居前三

吸引物发展速度是反映旅游供给潜力的可持续发展水平的重要指标。由表 6-7 可知，2022 年，市域吸引物发展速度的变异系数为 4.8，比上一年下降了 2.54 个点，表明市域差异有所缩减。高于吸引物发展速度均值水平且位居前列的城市仅长春、厦门和成都 3 座，其吸引物发展速度分别为 8%、32% 和 111%。

（二）旅游需求潜在竞争力分析

市域旅游需求潜在竞争力也从旅游需求数量规模与经营效益两方面进行评测。《报告》选取旅游接待总人数增长率（D14）这一指标表征旅游需求数量规模的可持续发展水平；选取旅游总收入增长率（D15）反映旅游需求经营效益的可持续发展水平。

首先，对各评价指标原始数据进行汇总和计算，得到各指标均值、最大值、最小值等特征值（表 6–9）；其次，对各评价指标数据进行标准化处理，在此基础上计算 15 个副省级城市旅游需求潜在竞争力得分并排序（表 6–10、图 6–12）；再次，分析旅游需求潜在竞争力排名的年际变化，以反映旅游需求潜在竞争力的动态变化态势（表 6–10）；复次，以旅游需求数量规模和经营效益的可持续发展水平均值为临界，进行聚类分析，以反映市域旅游需求潜在竞争力的类型特征（图 6–13）；最后，因旅游总收入增长率在一定程度上体现了旅游需求经营效益的可持续发展能力，故选取该指标进行特别分析。

表 6–9　2022 年中国 15 个副省级城市旅游需求潜在竞争力评价指标及其基本描述统计

评价指标	平均值	最大值	最小值	标准差	变异系数
C4 旅游需求潜在竞争力	59.31	133.94	0	38.58	0.65
D14 旅游接待总人数增长率（%）	−11.95	71.81	−45.86	26.92	−2.25
D15 旅游总收入增长率（%）	−18.36	57.7	−51.72	25.58	−1.39

（数据来源：各城市 2022/2021 年国内旅游人数、国内旅游收入及旅游外汇收入均来自各城市《统计年鉴 2023/2022》或《国民经济和社会发展统计公报 2022/2021》）

表 6–10　2022 年中国 15 个副省级城市旅游需求潜在竞争力综合评价分值及排序

城市	C4 旅游需求潜在竞争力			旅游接待总人数增长率		旅游总收入增长率	
	分值	排序	排序变动	分值	排序	分值	排序
大连	133.94	1	+8	100	1	33.94	6
广州	129.43	2	+4	29.43	6	100	1
沈阳	108.56	3	+7	54.77	2	53.79	2
宁波	78.30	4	+11	37.84	3	40.46	3
南京	74.39	5	+3	35.03	4	39.36	4
杭州	70.11	6	+8	30.94	5	39.17	5
西安	50.98	7	−6	19.23	11	31.75	7
济南	44.07	8	−6	22.10	7	21.97	9
武汉	43.72	9	+2	18.26	12	25.46	8
青岛	43.11	10	−7	22.05	8	21.06	10
深圳	40.06	11	−4	19.37	10	20.69	11
厦门	32.38	12	−7	16.43	13	15.95	12

续表

城市	C4 旅游需求潜在竞争力			旅游接待总人数增长率		旅游总收入增长率	
	分值	排序	排序变动	分值	排序	分值	排序
成都	31.50	13	-1	21.89	9	9.61	13
哈尔滨	9.11	14	-1	4.96	14	4.15	14
长春	0.00	15	-11	0	15	0.00	15

注：+ 表示名次增长，- 表示名次下降。

1. 现状分析：四成城市需求潜力表现较好，市域差异较大，大连、广州、沈阳名列前三；渤海湾、珠三角城市表现更优；类型分异显著，双优、双低城市共占八成

由表 6-9 可知，2022 年 15 座副省级城市旅游需求潜在竞争力变异系数为 0.65，在 C 级评价指标中较大，说明市域差异相对较大。由表 6-10 可知，旅游需求潜在竞争力得分高于均值的城市有 6 座，占比 40%，说明四成城市旅游需求潜力表现较好。从排名来看，前三位分别是大连、广州、沈阳；后三位分别是成都、哈尔滨、长春。大连需求潜在竞争力排名位于第 1，其旅游接待总人数增长率和旅游总收入增长率两个指标分别为第 1 和第 6，表现很突出。

在空间分布上（图 6-12），除了哈尔滨、长春、成都、厦门和深圳，其他城市表现相对均势。大连、沈阳和广州旅游需求潜力得分较高，排位较前。

类型特征上（图 6-13），城市间类型分异明显，广州、杭州、南京、宁波、沈阳、大连 6 座城市的旅游需求规模和经营效益水平均高于均值，属于“双优”型，占比 40%；长春、哈尔滨、厦门、武汉、青岛、成都 6 座城市表现为规模和效应“双低”型，占比 40%；其他均为单优型。

2. 年际变化：15 座城市排名均有变动，市域差异增加；宁波提升最多（+11），长春下降最多（-11）

由表 6-10 可知，2022 年 15 座副省级城市旅游需求潜在竞争力排名均发生大幅度变动，说明整体上旅游需求潜力竞争力排名显著变化。与上一年相比，旅游需求潜在竞争力变异系数增加 0.24，表明市域间差距略有增加。

从具体排名来看，宁波（+11）、杭州、大连（+8）、沈阳（+7）旅游需求潜在竞争力名次提升较多，三市均得益于旅游接待总人数和旅游总收入的双重提升作用。长春（-11）、青岛、厦门（-7）下降较大，其中长春居末位，因其旅游接待总人数和旅游总收入均出现较大降幅。

3. 旅游总收入增长率：市域差距明显，仅 2 城增长，其他均为下降，平均降幅约为 18%；长春、哈尔滨、成都等为负增长；广州增幅较大，超过 58%

由表 6-9 可知，旅游总收入增长率变异系数为 -1.39，在旅游需求潜在竞争力评价指标中

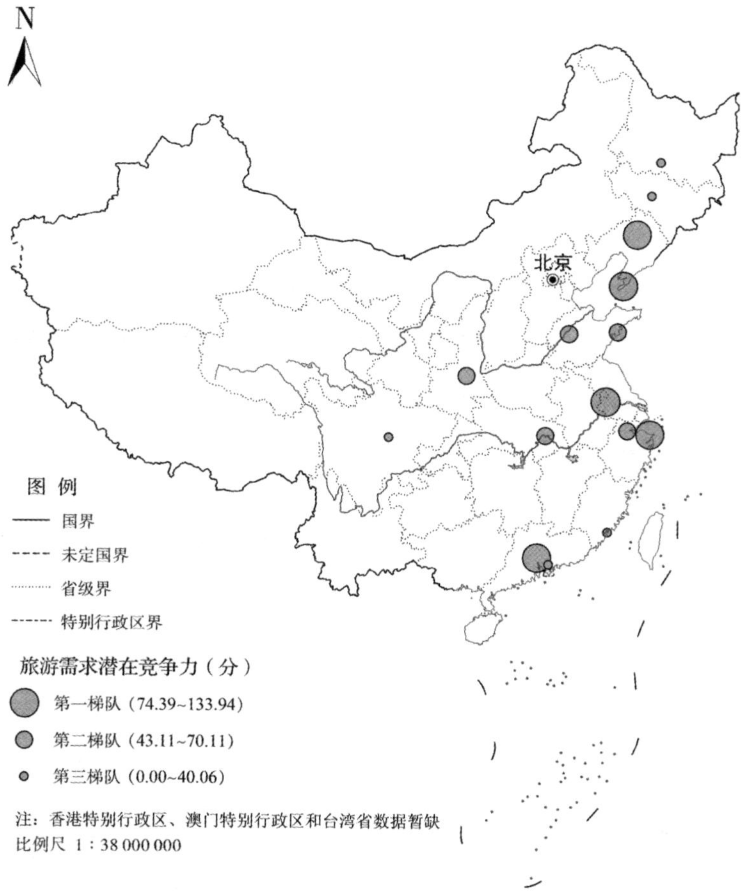

图 6-12　2022 年中国 15 个副省级城市旅游需求潜在竞争力空间分布

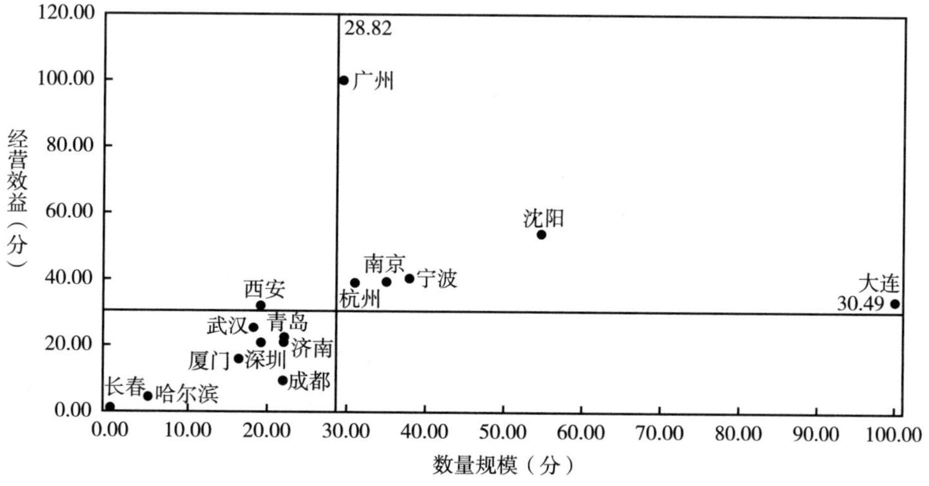

图 6-13　2022 年中国 15 个副省级城市旅游需求潜在竞争力规模—效益聚类分布

较大，表明市域间存在较大差距。2022 年，仅广州和沈阳 2 座城市旅游总收入增长率为正，其他城市均为负，平均降幅为 18%，降幅较大的城市有长春（52%）、哈尔滨（47%）、成都（41%）等，增幅最大的城市为广州。

（三）旅游潜在竞争力评价

1. 评价结果

将反映 15 座副省级城市旅游供给潜在竞争力（C3）和旅游需求潜在竞争力（C4）的 9 项指标（D7~D15）归一化处理后加总计算，得到中国 15 座副省级城市旅游潜在竞争力的综合得分和排名（表 6-11、图 6-14、图 6-15）。

表 6-11　2022 年中国 15 个副省级城市旅游潜在竞争力评价结果及其构成

城市	B2 旅游潜在竞争力			C3 旅游供给潜在竞争力		C4 旅游需求潜在竞争力	
	分值	排序	排序变动	分值	排序	分值	排序
杭州	555.72	1	+5	485.61	1	70.11	6
广州	406.43	2	-1	276.99	6	129.43	2
成都	400.65	3	+4	369.15	2	31.50	13
南京	378.99	4	0	304.59	5	74.39	5
武汉	369.94	5	-3	326.23	3	43.72	9
厦门	338.09	6	+3	305.71	4	32.38	12
大连	307.82	7	+3	173.88	12	133.94	1
西安	287.53	8	-3	236.55	7	50.98	7
沈阳	279.23	9	+2	170.68	13	108.56	3
青岛	267.17	10	-7	224.06	10	43.11	10
深圳	265.79	11	-3	225.73	9	40.06	11
宁波	241.78	12	+3	163.48	14	78.30	4
哈尔滨	239.47	13	-1	230.36	8	9.11	14
济南	235.89	14	-1	191.82	11	44.07	8
长春	147.23	15	-1	147.23	15	0.00	15

注：+ 表示名次增长，- 表示名次下降。

2. 评价结果分析

以旅游潜在竞争力得分排名为依据，将 15 座副省级城市划分为三个梯队，其中 1~5 位为第一梯队，6~10 位为第二梯队，11~15 位为第三梯队，并从梯队成员构成、年际变化、空间分布及竞争力表现等多方面对旅游潜在竞争力进行细化分析。由于各指标得分均为归一化后的值

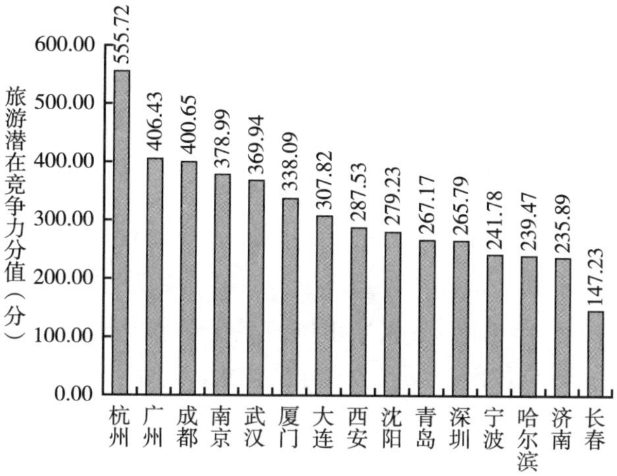

图 6-14　2022 年中国 15 个副省级城市旅游潜在竞争力评价结果

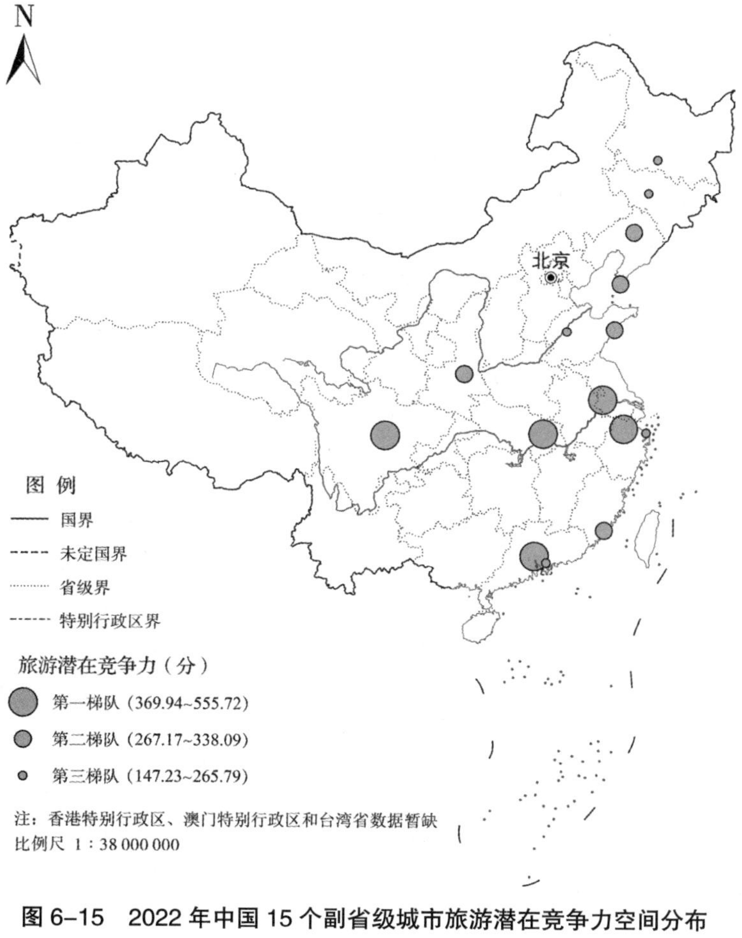

图 6-15　2022 年中国 15 个副省级城市旅游潜在竞争力空间分布

只反映各城市所处的相对位置，因此通过比较各指标排名来反映各城市的相对优势领域与不足之处。

（1）潜在竞争力第一梯队：均为南部城市，多处于长江流域内；成员构成和排名变动较大，杭州（+5）排名提升最多，青岛下降最多（-7）；杭州、成都、武汉供给潜力单优，广州需求潜力单优，南京为双优型

由表 6-11、图 6-14 可知，旅游潜在竞争力第一梯队成员包括杭州、广州、成都、南京、武汉，分值虽然相比前年整体下降，但均超过了 350 分，且为南部城市（图 6-15）。与上一年度相比，成员有所变动，杭州、成都作为新成员，由第二梯队上升为第一梯队，广州、武汉和南京所属梯队不变。与上一年相比，5 座城市旅游潜在竞争力排名大多发生变动。具体来看，杭州排名提升较大，上升 5 个位次，成都上升 4 个位次，南京位次无变化，广州、武汉分别下降了 1 个、3 个位次，原因在于广州供给潜在竞争力下降明显，武汉相较其他城市，旅游潜在竞争力整体上是下降的。

从供给和需求潜力的表现来看（图 6-16），第一梯队成员的优势表现各不相同。南京为供给—需求双优型，旅游供给潜在竞争力和旅游需求潜力竞争力均位于第一梯队；杭州、成都、武汉为供给潜力优势型，其旅游供给潜在竞争力位于第一梯队；广州为需求潜力优势型，其旅游需求潜在竞争力位于第一梯队，但旅游供给潜在竞争力位于第二梯队，说明供给潜在发展优势还有待提升。

（2）潜在竞争力第二梯队：空间分布分散，成员构成和排名变动显著；西安、青岛为供给—需求潜力均衡型；厦门为供给潜力优势型，大连、沈阳为需求潜力优势型

由表 6-11、图 6-14 可知，潜在竞争力第二梯队成员得分在 267~340 分；空间分布比较分散，除了东北地区的大连和沈阳外，还包括西北内陆的西安、华东地区的青岛和东南沿海的厦门（图 6-15）。与上一年度相比，成员变动较大，仅厦门和大连为原成员，且由第二梯队的末位上升至前两位，西安、沈阳、青岛均为新成员，其中西安、青岛从第一梯队跌至第二梯队，沈阳由第三梯队晋升至第二梯队。

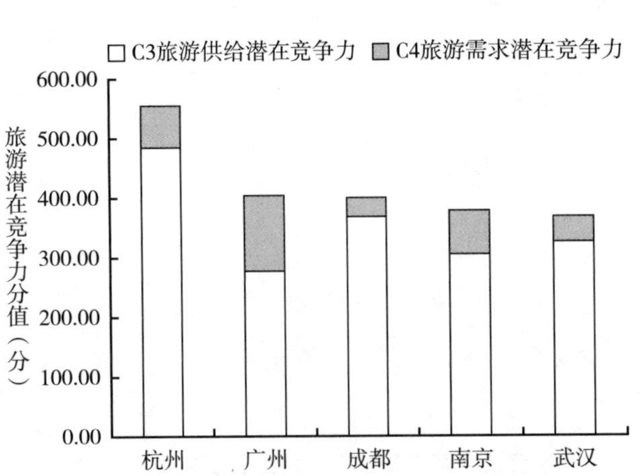

图 6-16　2022 年旅游潜在竞争力第一梯队副省级城市及其组成

相较上一年，第二梯队中，5 座城市的旅游潜在竞争力排名均有所变动。具体来看，厦门和大连排名均提升 3 位，这主要源于厦门的旅游供给潜在竞争力上升至第四、大连的旅游需求潜在竞争力上升至第一位；沈阳排名上升 2 个位次，较为稳定；西安、青岛排名分别降低 3 个、7 个位次，西安的旅游需求潜在竞争力下降了 6 位，青岛的旅游供给与需求潜在竞争力排名分别下降了 4 位、7 位。

从供给和需求潜力的表现来看（图 6-17），第二梯队城市的优势表现各不相同：西安、青岛潜力均衡，其旅游供给潜力和旅游需求潜力均位于第二梯队；厦门为供给潜力优势型，其旅游供给潜在竞争力均位于第一梯队，但需求潜在竞争力则位于第三梯队，表明需求潜力仍需提升；大连、沈阳为需求潜力优势型，其旅游需求潜在竞争力位于第一梯队，但旅游供给潜在竞争力位于第三梯队，说明其需求潜力表现突出。

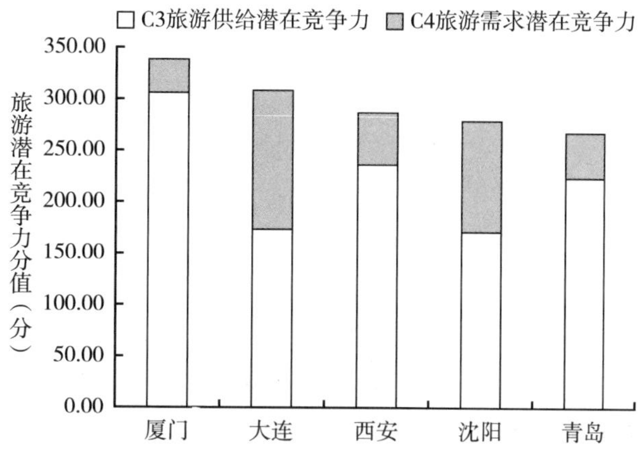

图 6-17　2022 年旅游潜在竞争力第二梯队副省级城市及其组成

（3）潜在竞争力第三梯队：主要地处东北及东部沿海，成员构成和排名变动较大；宁波（-10）下降最多；深圳、长春、济南供给—需求潜力较均衡，宁波、哈尔滨反差大

由表 6-11、图 6-14 可知，潜在竞争力第三梯队成员包括深圳、宁波、哈尔滨、济南、长春，整体得分为 140~267。第三梯队成员城市中，哈尔滨和长春位于东北，深圳、宁波和济南则位于中国东部沿海地区（图 6-15）。相比上一年，梯队成员变动较小，仅深圳为新成员，从第二梯队跌至本梯队，其他成员构成相对稳定。

与上一年相比，第三梯队成员潜在竞争力排名均发生变动。具体来看，深圳排名降了 3 位，降幅最大，主要是由于旅游接待总人数增长率、旅游总收入增长率等需求指标分值均有所下降；哈尔滨、济南和长春均下降了 1 位，长春主要由于旅游接待总人数增长率、旅游总收入增长率等需求指标分值下降，导致旅游需求潜力大幅下滑至末位；宁波则相反，旅游需求潜力骤升至第 4，整体排名上升 3 位。

从供给潜力和需求潜力的表现来看（图 6-18），除宁波的旅游需求潜力位于第一梯队，深圳、哈尔滨的旅游供给潜力位于第二梯队，济南旅游需求潜力位于第二梯队外，其余城市的供给与需求至少有一个在第三梯队。

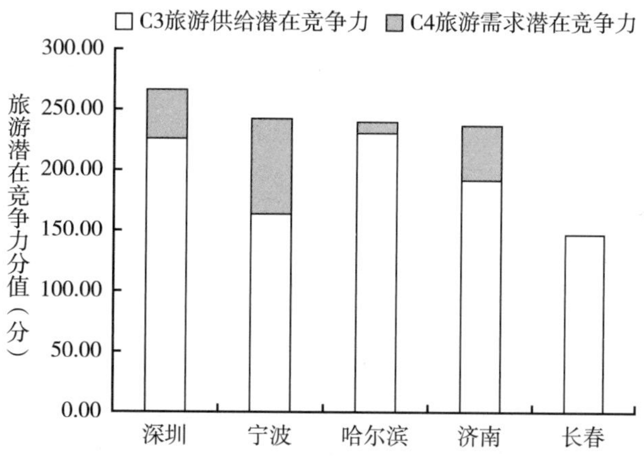

图 6-18　2022 年旅游潜在竞争力第三梯队副省级城市及其组成

四、旅游发展环境竞争力分析与评价

遵循省域分析思路，《报告》从自然环境（C5）、社会经济环境（C6）和政策环境（C7）三个方面测度旅游发展环境竞争力。

（一）自然环境竞争力分析

自然环境是城市旅游业发展的绿色基底，各自然因子对旅游业发展会产生不同程度的制约作用。为此，《报告》从污染物质气态、固态和液态三态视角出发，选取空气质量优良天数（D16）、污水集中处理率（D17）、生活垃圾无害化处理率（D18）三个指标对副省级城市旅游自然环境竞争力进行分析评价。

首先，对各指标的原始数据进行标准化后再汇总运算，得到15个副省级城市自然环境竞争力的描述统计特征值（表6-12）、自然环境综合评价和各指标得分（表6-13）；其次，借助空间分析工具ArcGIS10.8展示重点城市旅游业自然环境竞争力的空间格局特征（图6-19）；最后，《报告》还依据可控因子（含污水集中处理率、生活垃圾无害化处理率）和不可控因子（空气质量优良天数）维度进行聚类分析，探讨市域旅游业自然环境的“类型特征”（图6-20）。此外，为了解自然支撑环境的发展态势，《报告》还将评价分析结果与上一年度的分析结果进行了比较分析。空气质量优良天数是城市自然环境状况的重要且不可控考量指标，《报告》对该指标进行了专门分析。

表6-12　2022年中国15个副省级城市自然环境竞争力评价指标及其基本描述统计

评价指标	平均值	最大值	最小值	标准差	变异系数
C5 自然环境竞争力	224	300	54.15	55.25	0.25
D16 空气质量优良天数（天）	302.67	356	190	41.92	0.14
D17 城市污水处理率（%）	97.53	100	93.37	1.65	0.02
D18 生活垃圾无害化处理率（%）	100	100	99.98	0.005	0.00005

1. 现状分析：六成城市高于均值，厦门、沈阳和青岛排前三，市域之间差异较小；东部沿海城市均表现出色；双优型城市占比约半数

2022年，全国15个副省级城市自然环境竞争力均值为224（表6-12），其中，9个城市的得分高于均值。自然环境竞争力变异系数为0.25（表6-12），表明市域间差异较小。各城市中，厦门、沈阳、青岛位列前三（表6-13），除沈阳和青岛的空气质量优良天数指标外，三市其余指标均位于前三；成都、宁波、西安排名居最后三位（表6-13），其中，成都主要因为空气质量和污水处理率排名较低，宁波则是污水处理率排名最后，而西安的空气质量、污水处理率和生活垃圾无害化指标排名均靠后。

表 6-13　2022 年中国 15 个副省级城市自然环境竞争力综合评价分值及排序

城市	C5 自然环境竞争力			空气质量优良天数		污水集中处理率		生活垃圾无害化处理率	
	分值	排序	排序变化	分值	排序	分值	排序	分值	排序
厦门	300.00	1	0	100.00	1	100.00	1	100	1
沈阳	270.77	2	+1	78.31	7	92.46	2	100	1
青岛	265.04	3	+1	80.12	6	84.92	3	100	1
深圳	262.01	4	−2	87.95	3	74.06	6	100	1
广州	253.29	5	0	69.88	9	83.41	4	100	1
大连	248.73	6	0	89.16	2	59.58	9	100	1
长春	239.84	7	+2	87.95	3	51.89	12	100	1
南京	238.82	8	−1	60.84	12	77.98	5	100	1
杭州	227.20	9	−1	68.67	10	58.52	10	100	1
武汉	223.43	10	0	62.65	11	60.78	8	100	1
哈尔滨	205.77	11	+1	72.29	8	33.48	14	100	1
济南	196.80	12	+1	23.49	14	73.30	7	100	1
成都	192.37	13	+1	55.42	13	36.95	13	100	1
宁波	181.33	14	−3	81.33	5	0.00	15	100	1
西安	54.15	15	0	0.00	15	54.15	11	0	15

注：+ 表示与上年相比名次增长，− 表示名次下降。

从空间分布特征看（图 6-19），东部沿海城市厦门、沈阳、青岛、深圳、广州等城市排名靠前，自然环境竞争力水平较高，差异不大，南京、杭州、武汉等长江经济带中下城市群表现良好。

分析聚类分布可以发现（图 6-20），大连、杭州、深圳、青岛、广州、沈阳、厦门 7 座城市可控因子与不可控因子“双优”；南京、武汉、济南为可控因子“单优”；长春、哈尔滨、宁波则属于不可控因子单优型；成都、西安可控因子与不可控因子得分均小于均值，为“双低”型城市。

2. 年际变化：市域之间差异较小，10 城排名出现变化；厦门、沈阳仍居前三，长春提升最多（+2），宁波下降最多（−3）

相比上一年，2022 年，厦门、广州、大连、武汉、西安的排名维持不变，有 10 座重点城市自然环境竞争力排名出现变动，整体排名围绕 0~3 个位次小幅变动。自然环境竞争力的变异系数稳定在 0.25，表明城市间自然环境竞争力存在差异，但变异系数年际无变化。

从排名变化看，厦门、沈阳连续两年位居前三，厦门排名稳居第一位，沈阳的排名由上一年度的第 3 名上升到第 2 名，上升 1 位，表明两个城市自然环境竞争力强且稳定。在所有的重

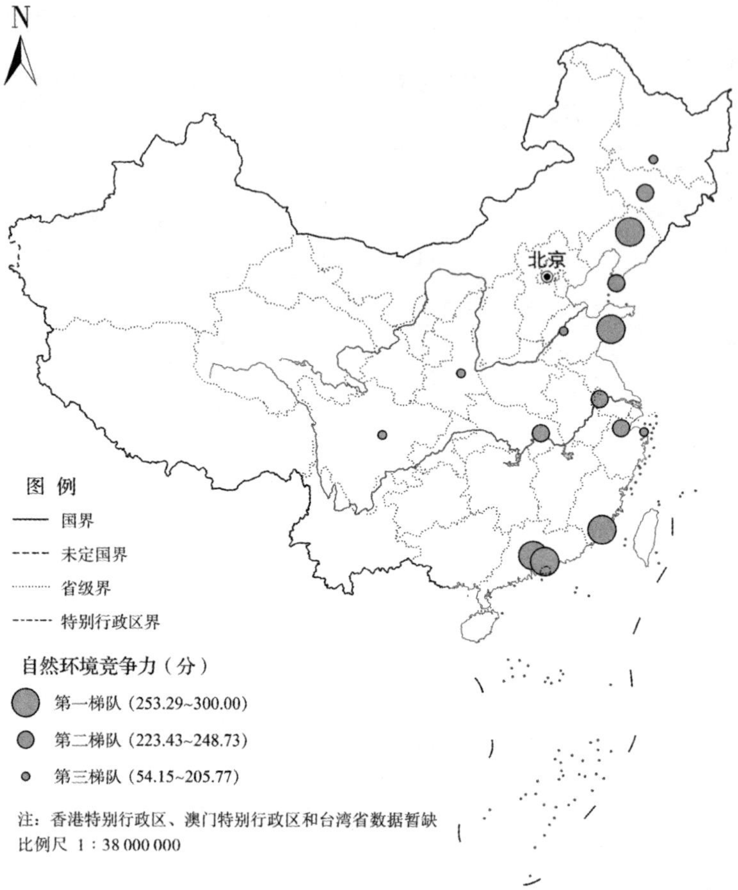

图 6-19　2022 年中国 15 个副省级城市自然环境竞争力空间分布

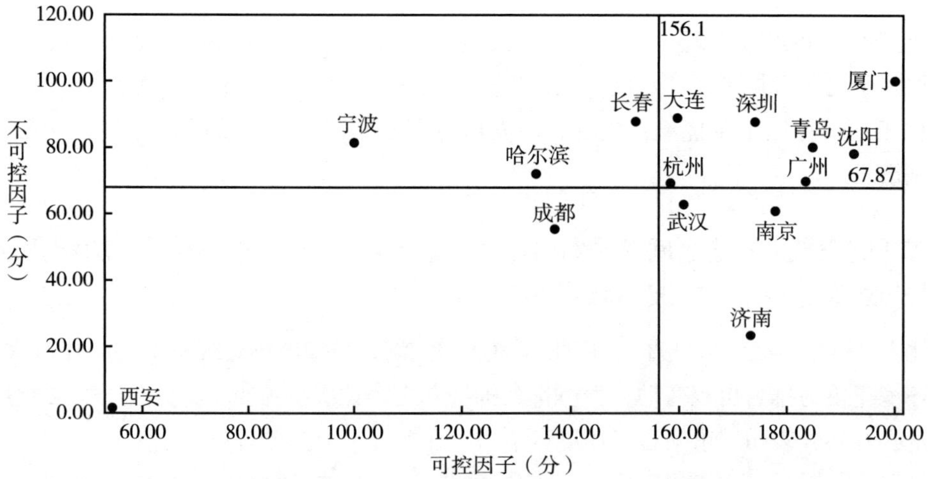

图 6-20　2022 年中国副省级城市自然环境竞争力可控—不可控因子聚类分布

点城市中，由于空气质量的下降，宁波的自然环境竞争力降幅最大，下降 3 位。而长春的排名上升 2 个位次，增幅最大（表 6-13）。

3. 空气质量优良天数：均值达到 302.67 天 / 年，约七城超均值，厦门排首位（356 天），西安排末位（190 天），跨度 160 天

空气质量优良天数是城市大气质量和城市生活环境质量的重要参考指标，是城市旅游发展的重要保障。2022 年，中国 15 个重点城市空气质量优良天数均值为 302.67 天，沈阳、大连、长春、哈尔滨、杭州、宁波、厦门、青岛、广州、深圳 10 座城市高于均值，整体表现相对较好。厦门几乎全年空气质量优良，排名第一；西安优良天数仅 190 天，排名最后，与厦门相差 160 天，差异较大。

（二）社会经济环境竞争力分析

社会经济条件是旅游业发展的重要动力和外在环境之一。与省域一致，《报告》从经济区位条件和信息科技水平两方面遴选指标，分析评价各重点城市的社会经济环境竞争力水平。主要分析内容和过程如下。

首先，通过收集各指标的原始数据，并进行归一化处理和求和运算，得到 15 个副省级城市社会环境竞争力指标描述统计分析的特征值（表 6-14）及社会经济环境竞争力水平得分（表 6-15）；其次，借助 ArcGIS10.8 空间分析工具，对各重点城市旅游业社会经济环境的空间差异进行了可视化处理（图 6-21）；再次，通过经济区位条件和信息科技水平的均值聚类分析，描绘了市域旅游业社会经济环境的“类型特征”（图 6-22）；最后，为了解社会经济环境的发展态势，《报告》还与上一年分析结果进行了比较分析。由于各城市年客运量差异较大，对城市社会经济环境竞争力影响较为突出，因此，《报告》对该指标进行了单独分析。

表 6-14　2022 年 15 个副省级城市社会经济环境竞争力评价指标及其基本描述统计

评价指标	平均值	最大值	最小值	标准差	变异系数
C6 社会经济环境竞争力	174.96	304.3	100	53.19	0.3
D19 经济发展水平	0.46	1	0	0.27	0.58
D20 年客运总量（万人）	17635.96	167226.9	3288	40135.33	2.28
D21 互联网普及率（%）	3.8	11.08	1.71	2.05	0.54
D22 万人专利授权数（件）	105.12	419.11	24.58	93.14	0.89

1. 现状分析：七城表现较好，深圳、成都、广州位列前三，市域间差异较小；东部沿海城市表现更好；大多城市为双优、双低型，厦门、成都、武汉为单优型

2022 年，全国 15 个副省级城市社会经济环境竞争力均值为 174.96（表 6-14），7 座城市（占比约 47%）得分高于均值，其社会经济环境竞争力相对较好。社会经济环境竞争力变异系数为 0.3（表 6-14），相对较小，表明市域间差异不大。

深圳、成都和广州位居前三，原因在于深圳和广州所有指标均居前三，成都年客运量和互联网普及率稳居首位（表 6-15）。沈阳、长春和哈尔滨与上一年的排名相同，都是位居最后三名（表 6-15），除互联网普及率指标外，这三个城市在其余三项指标中排名均靠后。

表 6-15　2022 年中国 15 个副省级城市社会经济环境竞争力综合评价分值及排序

城市	C6 社会经济环境竞争力			经济发展水平		年客运总量		万人专利授权数		互联网普及率	
	分值	排序	排序变化	分值	排序	分值	排序	分值	排序	分值	排序
深圳	304.30	1	0	100.00	1	4.30	3	100.00	1	100	1
成都	252.38	2	+1	45.13	8	100.00	1	7.26	11	100	1
广州	220.02	3	+1	81.78	2	8.51	2	29.74	3	100	1
杭州	196.52	4	+1	62.63	4	3.84	5	30.05	2	100	1
南京	196.24	5	−3	69.46	3	3.22	6	23.56	6	100	1
宁波	187.09	6	+1	61.40	5	0.85	10	24.84	5	100	1
武汉	175.62	7	+2	57.03	6	0.81	11	17.78	7	100	1
青岛	169.14	8	−2	52.48	7	0.33	13	16.33	8	100	1
厦门	167.49	9	−1	40.23	10	0.23	14	27.03	4	100	1
济南	158.23	10	0	40.60	9	3.84	4	13.79	9	100	1
西安	134.11	11	0	24.12	12	1.72	7	8.27	10	100	1
大连	132.94	12	0	27.64	11	0.92	9	4.38	12	100	1
沈阳	119.63	13	0	15.29	13	1.49	8	2.85	13	100	1
长春	110.62	14	0	9.62	14	0.65	12	0.35	14	100	1
哈尔滨	100.00	15	0	0.00	15	0.00	15	0.00	15	100	1

注：+ 表示与上年相比名次增长，− 表示名次下降。

如图 6-21 所示，在 15 个重点城市中，社会经济环境竞争力相对较弱的是东北四市（哈尔滨、长春、沈阳、大连）与西安，广州、深圳等，杭州和南京、宁波等长三角城市的社会经济发展表现较好，成都整体表现也不错，展现出良好的社会经济发展势头。

从聚类分析结果看（图 6-22），大部分城市呈“双优”或“双低”型，其中，宁波、杭州、南京、广州、深圳的两类要素均高于均值，为“双优”型，说明经济发展基础坚实、信息科技实力雄厚；哈尔滨、长春、沈阳、大连、济南、青岛、西安的两要素均低于均值，为“双低”型，其社会经济环境竞争力排名靠后。成都、武汉经济区位条件优于信息科技水平；厦门的信息科技水平优于经济区位条件，属于“单优”型。

2. 年际变化：8 城排名有变，市域差异略有下降；深圳、成都、广州稳居前三；武汉排名提升最多（+2），南京下降最多（−3）

2022 年，市域社会经济环境竞争力排名中，只有 8 个城市排名出现变化，深圳、济南、

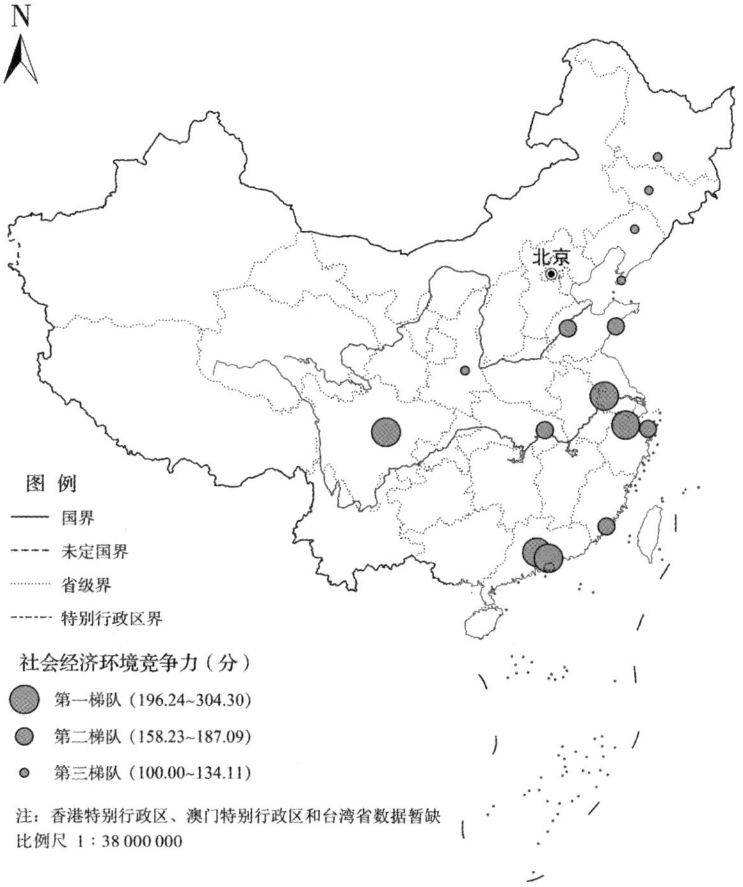

图 6-21　2022 年中国 15 个副省级城市社会经济环境竞争力空间分布

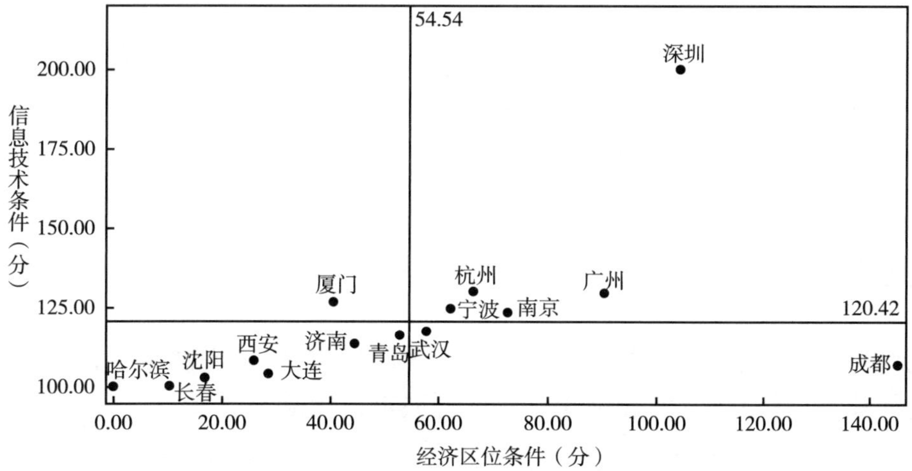

图 6-22　副省级城市社会经济环境竞争力经济区位条件—信息科技水平聚类分布

西安、大连、沈阳、长春、哈尔滨 7 座城市的社会经济环境竞争力排名与上一年度相比没有变化。社会经济环境竞争力的变异系数降低了 0.33，表明城市间社会经济环境竞争力的差异有所降低。

从具体排名变动看，各城市社会经济环境竞争力排名增降幅不明显，南京下降最多（−3）；武汉上升最多（+2），成都、广州、杭州和宁波四城均前进一名，南京、青岛、厦门排名下降。

3. 年客运总量：仅成都超平均水平，城市间差异大且有扩大态势；成都、广州、深圳位列前三，青岛、厦门和哈尔滨位列后三

年客运量一定程度上代表着城市旅游发展重要的基础设施条件。2022 年，年客运量均值达 17635.96 万人，仅成都超过该水平。年客运总量变异系数为 2.28，相较上一年略增，说明城市之间客运量的差异较大且有增大态势。从排名看，成都、广州和深圳排名前三，青岛、厦门和哈尔滨排名后三。

（三）政策环境竞争力分析

政策环境保障着旅游产业发展，是调控和监督旅游市场主体行为的重要支撑，直接影响着城市旅游竞争力。为此，《报告》从政府重视程度和宣传推广力度两个方面，选取可以表征市域旅游业政策环境竞争力水平的多个指标。

首先，对各指标源数据标准化处理后计算，获取各市相应指标的描述统计特征值（表 6−16）及政策环境竞争力得分（表 6−17）；其次，为更直观掌握重点城市旅游业政策环境的空间分布特征，利用 ArcGIS 10.8 空间分析工具将其可视化（图 6−23）；再次，以“宣传推广力度”与“政府重视程度”两个维度进行聚类，说明市域旅游业政策环境的类型及特征（图 6−24）；最后，通过分析政策环境竞争力的年际变化，了解政策环境的整体发展态势。同时，旅游主管部门官方自媒体平台多样性重点反映了政府对旅游的重视程度，《报告》将其单列详细分析。

表 6−16　2022 年中国 15 个副省级城市政策环境竞争力评价指标及其基本描述统计

评价指标	平均值	最大值	最小值	标准差	变异系数
C7 政策环境竞争力	104.07	178	25	45.48	0.44
D23 旅游主管部门官方自媒体平台多样性	4.53	6	2	1.09	0.24
D24 政府工作报告中提及“旅游”“文旅融合”的次数	9.3	20	2	5.22	0.56

1. 现状分析：近半城市超均值，青岛、西安、成都名列前茅，市域之间差异较小；厦门、杭州、宁波表现欠佳；双优型城市占比最高

2022 年，全国 15 个副省级城市政策环境竞争力均值为 104.07（表 6−16），其中，7 座城市得分高于均值，占比 46.7%。政策环境竞争力变异系数为 0.44（表 6−16），相对其他竞争力小，表明市域间差异较小，但相较上一年有所增加。青岛、西安、成都位列前三（表 6−17），

因为这三个城市的各项指标均位居前五，其中青岛的媒体平台多样性位列前茅，西安市的报告提及次数排名第一（表 6-17）；厦门、杭州、宁波得分位居最后三位，除了杭州的报告提及次数得分排名前五外，其他各项指标排名均较低。

表 6-17　2022 年中国 15 个副省级城市政策环境竞争力综合评价分值及排序

城市	C7 政策环境竞争力			旅游主管部门官方自媒体平台多样性		政府工作报告中提及“旅游”“文旅融合”的次数	
	分值	排序	排序变化	分值	排序	分值	排序
青岛	177.78	1	+1	100	1	77.78	3
西安	175.00	2	+2	75	4	100.00	1
成都	158.33	3	+7	75	4	83.33	2
深圳	138.89	4	+7	100	1	38.89	8
济南	133.33	5	+1	100	1	33.33	9
武汉	119.44	6	−1	75	4	44.44	5
大连	116.67	7	+7	50	9	66.67	4
沈阳	102.78	8	+4	75	4	27.78	10
广州	94.44	9	−3	50	9	44.44	5
哈尔滨	80.56	10	−7	75	4	5.56	14
长春	72.22	11	−5	50	9	22.22	11
南京	61.11	12	−3	50	9	11.11	12
厦门	61.11	12	−11	50	9	11.11	12
杭州	44.44	14	−2	0	15	44.44	5
宁波	25.00	15	0	25	14	0.00	15

注：+ 表示名次增长，- 表示名次下降。

从空间分布特征看（图 6-23），成都、深圳等南方城市表现较为突出，但也存在南京、宁波、杭州、厦门等排名靠后的城市，说明南方城市政策环境竞争力出现极化现象，内部差异较大；北方城市除长春外，其他排名均靠前或居中，相比南方差异较小。

从聚类分析结果可知（图 6-24），宣传推广—政府重视“双优”及“双低”的城市共 10 座，占比约为 66.67%。具体看，西安、成都、青岛、武汉 4 市为宣传推广—政府重视“双优”型，长春、南京、厦门、宁波 4 市属于“双低”型；济南、沈阳、哈尔滨、深圳属于宣传推广力度“单优”型；大连、广州、杭州属于政府重视程度“单优”型。

2. 年际变化：城市排名变动大，市域差异略有增大；成都、深圳、大连上升较多（+7），厦门下降最多（-11）

2022 年，市域政策环境竞争力排名变动很大，除宁波外，14 座城市排名均出现变动。变异系数较去年增加 0.06，表明城市间政策环境竞争力差异略有增大。其中，青岛上升 1 个位

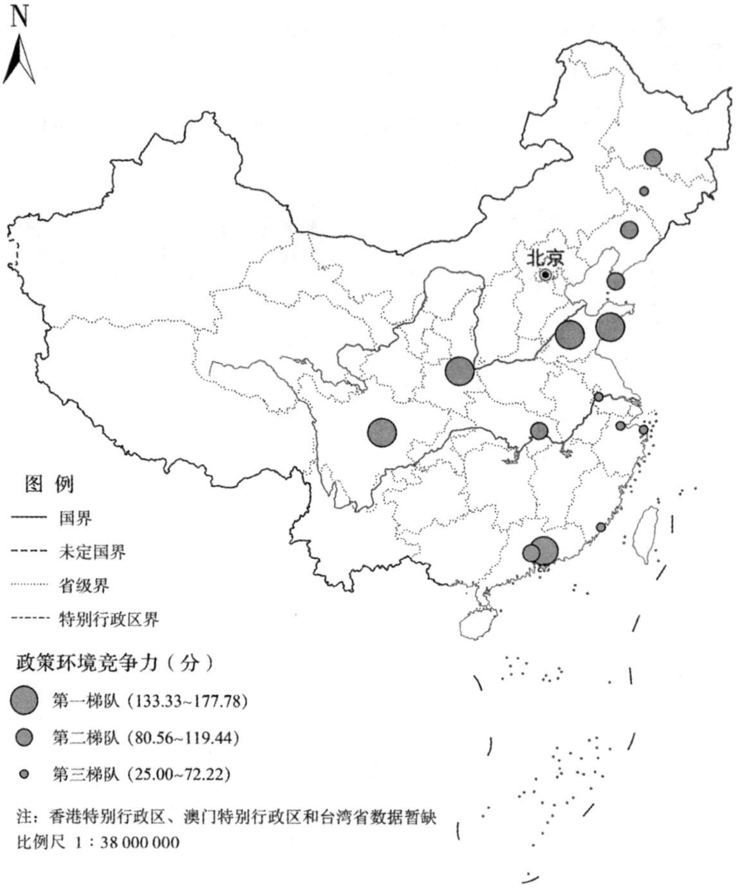

图 6-23　2022 年中国 15 个副省级城市政策环境竞争力空间分布

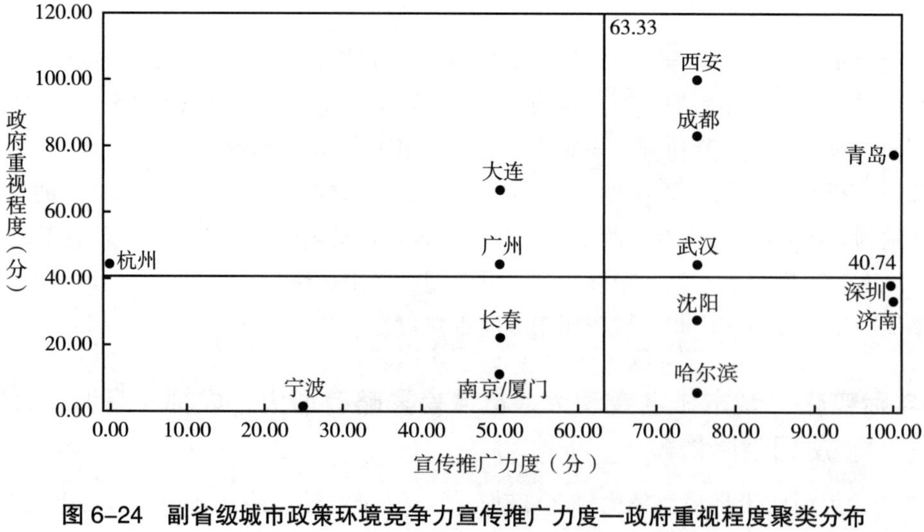

图 6-24　副省级城市政策环境竞争力宣传推广力度—政府重视程度聚类分布

次，跃居首位。厦门直降 11 个位次，主要是宣传推广与政府重视程度均显著下滑；成都、深圳、大连上升较多，均上升 7 个位次。

3. 政府工作报告中提及“旅游”“文旅融合”的次数：均值 9.3，城市之间差异较大，西安提及 20 次，排名第一

政府工作报告中提及“旅游”“文旅融合”的次数是反映政府对旅游工作重视情况的重要指标。2022 年各市的政府工作报告中提及“旅游”“文旅融合”的次数平均 9.3 次，其变异系数为 0.56，说明城市之间差异较大。西安提及 20 次，得分最高；宁波仅提及 2 次，排名最后。

（四）旅游发展环境竞争力评价

1. 评价结果

《报告》对 15 座重点城市旅游发展环境竞争力进行了综合分析。具体如下：对自然环境、社会经济环境和政策环境测度下的 9 项 D 层指标（D16~D24）的数值标准化后，汇总计算，得到 2022 年中国 15 个副省级城市发展环境竞争力的评价结果（表 6-18、图 6-25 和图 6-26）。

表 6-18 2022 年中国 15 个副省级城市旅游发展环境竞争力评价结果及其构成

城市	B3 发展环境竞争力			C5 自然环境竞争力		C6 社会经济环境竞争力		C7 政策环境竞争力	
	分值	排序	排序变化	分值	排序	分值	排序	分值	排序
深圳	705.20	1	+1	262.01	4	304.30	1	138.89	4
青岛	611.95	2	+3	265.04	3	169.14	8	177.78	1
成都	603.09	3	+3	192.37	13	252.38	2	158.33	3
广州	567.76	4	0	253.29	5	220.02	3	94.44	9
厦门	528.60	5	−4	300.00	1	167.49	9	61.11	12
武汉	518.50	6	+1	223.43	10	175.62	7	119.44	6
大连	498.34	7	+7	248.73	6	132.94	12	116.67	7
南京	496.18	8	−5	238.82	8	196.24	5	61.11	12
沈阳	493.18	9	+2	270.77	2	119.63	13	102.78	8
济南	488.36	10	−1	196.80	12	158.23	10	133.33	5
杭州	468.16	11	−3	227.20	9	196.52	4	44.44	14
长春	422.68	12	−2	239.84	7	110.62	14	72.22	11
宁波	393.41	13	0	181.33	14	187.09	6	25.00	15
哈尔滨	386.33	14	−2	205.77	11	100.00	15	80.56	10
西安	363.26	15	0	54.15	15	134.11	11	175.00	2

注：+ 表示名次增长，- 表示名次下降。

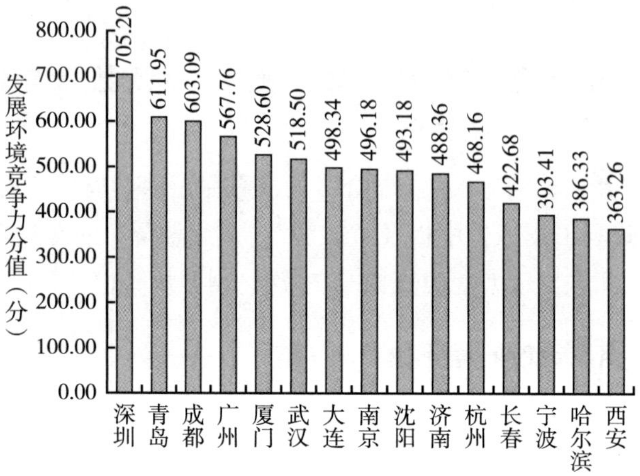

图 6–25　2022 年中国 15 个副省级城市旅游发展环境竞争力评价结果

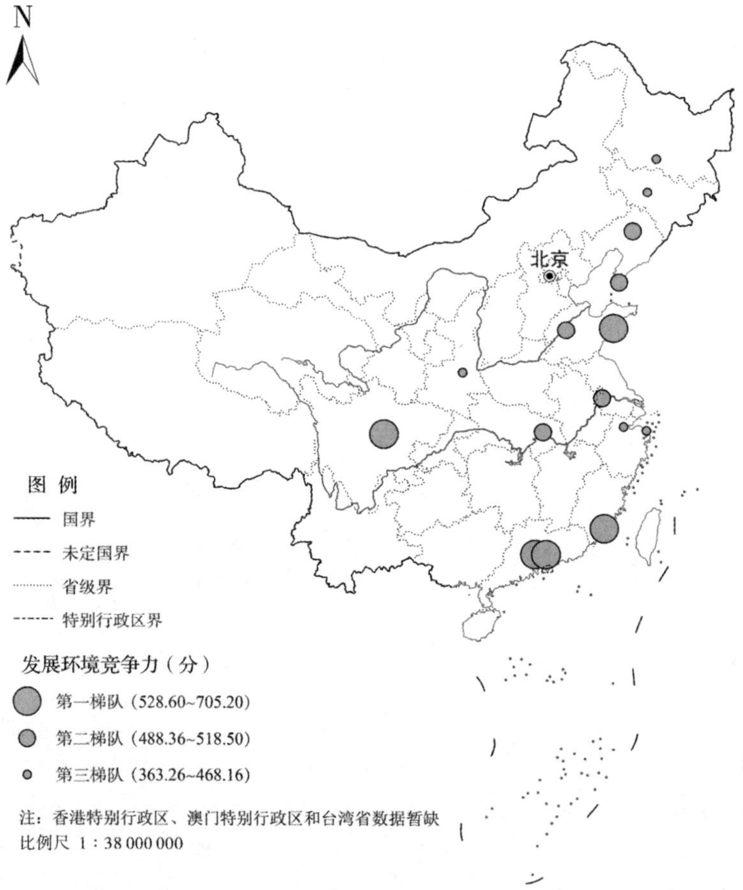

图 6–26　2022 年中国 15 个副省级城市旅游发展环境竞争力评价结果空间分布

2. 评价结果分析

依据旅游发展环境综合评价得分的高低，将 15 个重点城市分为三个梯队，并分别从梯队成员、空间分布、年际变化、各方面的相对状况等角度对各个梯队进行分析。由于各指标得分均为归一化后的得分，得分数值只反映所处的相对位置，因此通过比较各指标的排名来反映其相对优势领域与不足之处。

（1）发展环境竞争力第一梯队：沿海城市居多，成员构成较稳定；成员名次变动小，青岛、成都提升最多（+3），厦门下降最多（-4）；深圳、广州自然—社会经济双优，厦门、青岛自然—政策双优，南京社会经济单优

如表 6-18、图 6-25 所示，发展环境竞争力第一梯队成员包括深圳、青岛、成都、广州、厦门五座城市，综合得分在 520 分以上。从空间分布上来看，东部沿海城市占四席，内陆城市仅成都。与上一年度相比，成员变动较小，成都为这一年的新成员，取代上一年度的南京进入第一梯队。

相较上一年，第一梯队成员排名有所变动。厦门源于社会经济环境和政策环境的降低，由第一梯队的首位跌至第一梯队的末位；青岛、成都排名增长最大（+3），青岛政策环境竞争力升至第一位，成都社会经济与政策环境均位处前三。

从第一梯队成员的分项指标来看，如图 6-27 所示，梯队成员整体环境竞争力最强，但优势各异：深圳自然—社会—政策三优，广州自然—社会经济“双优”，青岛自然—政策“双优”，成都社会—政策“双优”，厦门自然环境“单优”。

（2）发展环境竞争力第二梯队：东部及东北部城市为主，成员构成变化较大；大连上升最快（+7），南京下降最多（-5）；济南政策环境单优，沈阳自然环境单优，南京社会经济环境单优

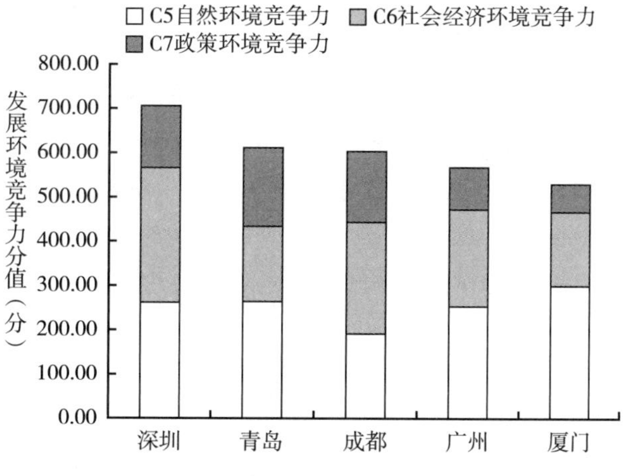

图 6-27　2022 年旅游发展环境竞争力第一梯队副省级城市及其组成

如表6-18、图6-25所示，发展环境竞争力第二梯队成员包括武汉、大连、南京、沈阳、济南，发展环境竞争力综合得分在 480~520 分之间。从空间分布来看，东部及东北部城市较多。与上一年相比，成员构成发生一定变动，武汉、济南为原成员，大连和沈阳由原第三梯队升至本梯队，南京由原第一梯队降至本梯队。

与上一年相比，梯队成员位次变动较大。大连由于政策环境竞争力的排名提高了 7 个位次，整体提升了 7 个位次；沈阳得益于自然环境和政策环境有所提升，致使排名提升 2 位；南京由于自然环境、社会经济环境、政策环境均下滑，致使其排名降了 5 位。

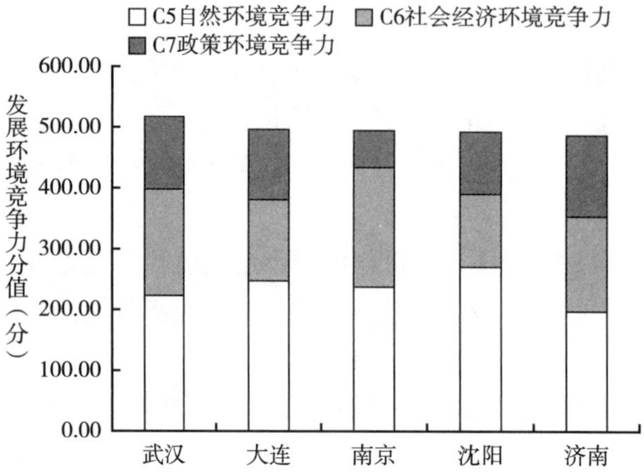

图 6-28　2022 年旅游发展环境竞争力第二梯队副省级城市及其组成

从第二梯队成员的分项指标来看，如图 6-28 所示，梯队成员整体环境竞争力中等，优势存在差异：南京社会经济环境处于第一梯队，沈阳的自然环境处于第一梯队，济南的政策环境处于第一梯队，相对具有优势；武汉的社会经济和政策环境均居中，大连的自然环境和政策位居第二梯队，与其整体排名匹配。

（3）发展环境竞争力第三梯队：多为沿海城市，成员构成变动较小；成员排名变动不大；杭州社会经济环境单优，西安政策环境单优

如表 6-18、图 6-25 所示，发展环境竞争力第三梯队成员包括杭州、长春、宁波、哈尔滨、西安，得分在 360~470 分。从空间格局来看，第三梯队的成员与上一年成员空间分布一致，均为 1 座内陆城市，4 座沿海城市，大体呈三角形分布。相比上一年，成员构成变动较小，只有杭州和长春为新成员，皆由上一年度的第二梯队跌入第三梯队。

对比上一年的梯队排名，本梯队变化不大。杭州受自然和政策环境竞争力排位下降的影响，整体下降 3 个位次，长春、哈尔滨由于政策环境竞争力也均有所下降，其发展环境竞争力总排名各自均下降了 2 个位次。

从第三梯队成员的分项指标来看，如图 6-29 所示，梯队成员环境整体竞争力最弱，但也有相对优势的领域，杭州的社会经济环境竞争力位列第 4，属于社会经济环境“单优”型；西安的政策环境位列第 2 位，相对优势明显，属政策环境“单优”型。

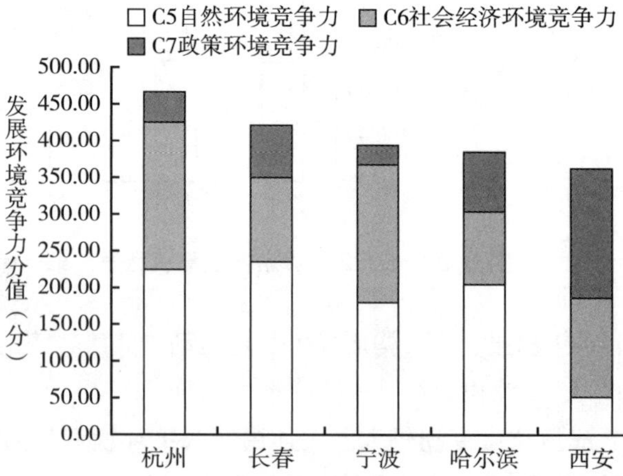

图 6-29　2022 年旅游发展环境竞争力第三梯队副省级城市及其组成

五、重点城市旅游业综合竞争力评价

（一）评价结果

基于市域旅游业综合竞争力评价指标体系，根据前述评价方法，将反映 15 座副省级城市 2022 年旅游现实竞争力（B1）、潜在竞争力（B2）和发展环境竞争力（B3）的计算得分加和，得到全国 15 座副省级城市旅游综合竞争力评价结果（表 6-19、图 6-30、图 6-31）。

表 6-19　2022 年中国 15 个副省级城市旅游综合竞争力评价结果

城市	综合竞争力（A）分值	现实竞争力（B1）分值	潜在竞争力（B2）分值	发展环境竞争力（B3）分值
成都	1409.74	406.00	400.65	603.09
杭州	1319.22	295.34	555.72	468.16
武汉	1276.74	388.30	369.94	518.50
广州	1227.85	253.66	406.43	567.76
南京	1200.14	324.98	378.99	496.18
青岛	1180.22	301.10	267.17	611.95
深圳	1124.91	153.91	265.79	705.20
西安	1033.00	382.21	287.53	363.26
厦门	1001.58	134.89	338.09	528.60
沈阳	903.32	130.91	279.23	493.18
大连	878.25	72.09	307.82	498.34
济南	851.14	126.88	235.89	488.36
宁波	851.02	215.82	241.78	393.41
哈尔滨	770.36	144.56	239.47	386.33
长春	699.26	129.36	147.23	422.68

（二）评价结果分析

《报告》依据市域旅游综合评价竞争力得分高低，将其分为三个梯队，每个梯队成员包括五座副省级城市。《报告》将分别从梯队成员构成、年际变化、空间分布与竞争力构成等角度对综合竞争力评价结果进行分析。由于各指标得分均为归一化后的得分，得分数值只反映所处的相对位置，因此通过比较各指标的排名来反映其相对优势领域与不足之处。

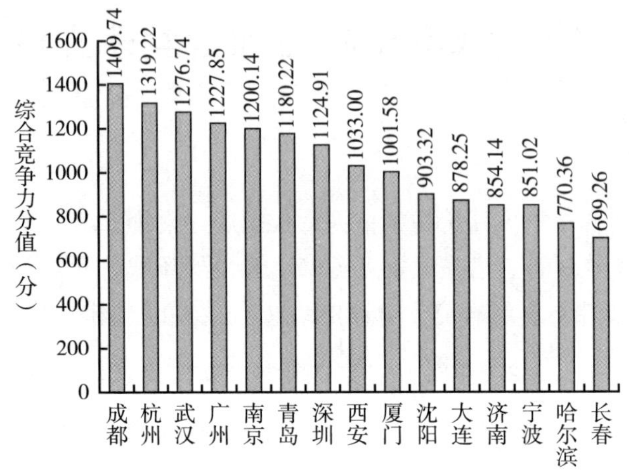

图 6-30　2022 年中国 15 个副省级城市旅游综合竞争力评价结果

图 6-31　2022 年中国 15 个副省级城市旅游综合竞争力的空间分布

表 6-20 2022 年中国 15 个副省级城市旅游综合竞争力构成

城市	综合竞争力（A）分值			现实竞争力（B1）分值		潜在竞争力（B2）分值		发展环境竞争力（B3）分值	
	分值	排序	排序变动	分值	排序	分值	排序	分值	排序
成都	1409.74	1	+2	406.00	1	400.65	3	603.09	3
杭州	1319.22	2	+6	295.34	6	555.72	1	468.16	11
武汉	1276.74	3	−2	388.30	2	369.94	5	518.50	6
广州	1227.85	4	0	253.66	7	406.43	2	567.76	4
南京	1200.14	5	−3	324.98	4	378.99	4	496.18	8
青岛	1180.22	6	−1	301.10	5	267.17	10	611.95	2
深圳	1124.91	7	−1	153.91	9	265.79	11	705.20	1
西安	1033.00	8	+1	382.21	3	287.53	8	363.26	15
厦门	1001.58	9	−2	134.89	11	338.09	6	528.60	5
沈阳	903.32	10	+2	130.91	12	279.23	9	493.18	9
大连	878.25	11	+3	72.09	15	307.82	7	498.34	7
济南	851.14	12	−2	126.88	14	235.89	14	488.36	10
宁波	851.02	13	+2	215.82	8	241.78	12	393.41	13
哈尔滨	770.36	14	−1	144.56	10	239.47	13	386.33	14
长春	699.26	15	−4	129.36	13	147.23	15	422.68	12

注：+ 表示名次增长，− 表示名次下降。

1. 综合竞争力第一梯队：均为南方城市，成员构成变动较小，排名变动大；成都全优，武汉、南京、广州双优，杭州潜力单优

如表 6-20、图 6-30 所示，综合竞争力第一梯队成员包括成都、杭州、武汉、广州、南京，整体得分位于 1200 分以上，均分布在南方。相较上一年，成员变动较小，仅杭州由原第二梯队升至该梯队，取代了原第一梯队中的青岛。

较上一年，第一梯队成员旅游综合竞争力得分排名变动稍大。广州排位不变，杭州、成都分别上升了 6 个、2 个位次，其中杭州得益于潜在竞争力排名第一的优势，成

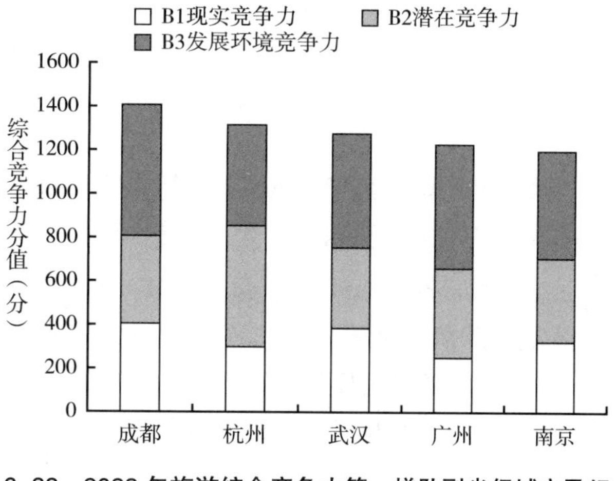

图 6-32 2022 年旅游综合竞争力第一梯队副省级城市及组成

都得益于潜在竞争力和发展环境竞争力较上一年有所提升。武汉和南京分别下降了2个、3个位次，主要原因在于潜在竞争力和发展环境竞争力的大幅下降。

从综合竞争力第一梯队成员的旅游现实竞争力、潜在竞争力及发展环境竞争力三方面的表现来看（图6-32），各个城市都有不同的优势竞争力：成都属于“全优”型城市，三方面得分均位列前三；武汉旅游现实竞争力和潜在竞争力“双优”，南京属于现实—潜力“双优”，广州潜在竞争力和发展环境竞争力“双优”，杭州潜在竞争力“单优”。

2. 综合竞争力第二梯队：东部沿海城市为主，成员构成变动不大；成员排名波动较小，厦门下降最多（-2），沈阳上升最多（+2）；青岛现实—发展环境双优，西安现实单优，深圳、厦门发展环境单优

如表6-20、图6-30所示，综合竞争力第二梯队成员包括青岛、深圳、西安、厦门、沈阳，整体得分在900~1200分，除西安之外的四城为沿海城市（图6-31）。相较上一年，成员变动不大，青岛、沈阳为分别由第一梯队、第三梯队降升至第二梯队，深圳、西安、厦门梯队位置不变。

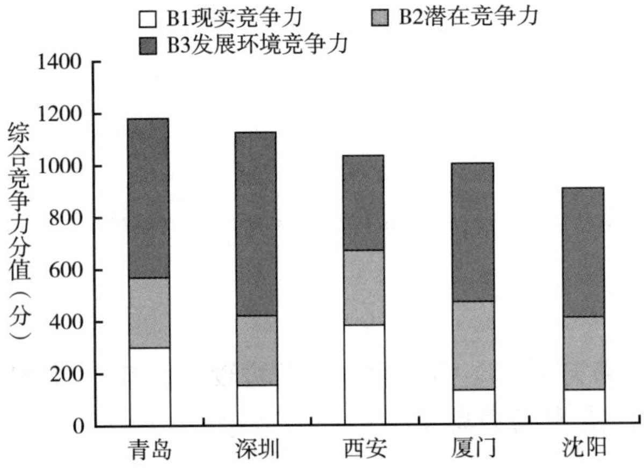

图6-33　2022年旅游综合竞争力第二梯队副省级城市及其组成

相比上一年，第二梯队成员的位次均发生变动。厦门下降最多（-2），主要因为其发展环境竞争力位次有所下降，致使整体位次下跌；沈阳位次提升最快（+2），主要得益于其现实、潜在和发展环境竞争力位次的全面提升。

综合竞争力第二梯队成员各要素得分表现整体居中，但各城市相对优势的领域仍较为突出（图6-33）：青岛的现实竞争力和发展环境竞争力位居第一梯队，为现实—发展环境“双优”，深圳、厦门的发展环境竞争力位列第一、第五，为发展环境“单优”，西安的现实竞争力位居第三，属于现实“单优”。

3. 综合竞争力第三梯队：东北城市为主，成员构成变动小；成员排名变动较大，长春降幅最大（-4），大连上升最多（+3）；梯队成员优势不突出

如表6-20、图6-30所示，综合竞争力第三梯队成员包括大连、济南、宁波、哈尔滨、长春，得分位于690~880分，有三城为东北城市（图6-31）。相比上一年，成员变动较小，除济南外，其余均为原第三梯队成员。本梯队成员排名较上一年变动较大，长春因其现实竞争力、潜在竞争力和发展环境竞争力排名均出现了下滑，下降幅度最大（-4）；大连上升3个位次，升幅最大。

综合竞争力第三梯队市域的现实、潜在及环境竞争力的整体表现较差（图 6–34），虽然大连的潜在竞争力和发展环境竞争力、宁波的现实竞争力表现为第二梯队，但整体上，15 个重点城市优势突出不明显。

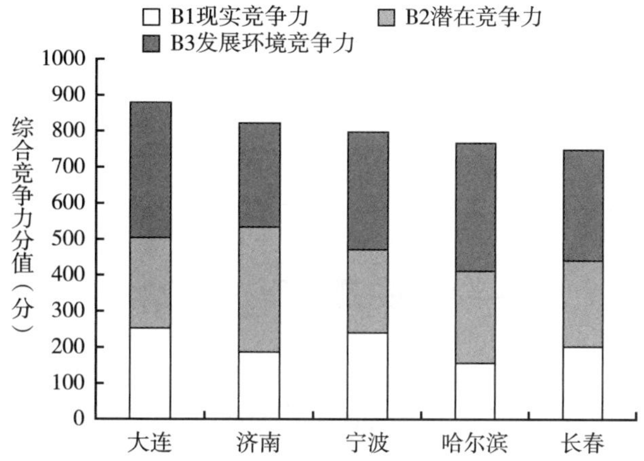

图 6–34　2022 年旅游综合竞争力第三梯队副省级城市及其组成

第七章　中国旅游业发展对策

一、宏观调控策略

（一）锚定中国式现代化，建设旅游强国

党的二十大报告明确提出：新时代新征程中国共产党的中心任务是“团结带领全国各族人民全面建成社会主义现代化强国、实现第二个百年奋斗目标，以中国式现代化全面推进中华民族伟大复兴”；同时，把“丰富人民精神世界”作为中国式现代化的本质要求之一，强调物质富足、精神富有是社会主义现代化的根本要求。中国式现代化不仅要求物质生活水平提高、家家仓廪实衣食足，而且要求精神文化生活丰富、人人知礼节明荣辱。旅游业既具有经济功能，可夯实人民幸福生活的物质条件，也可以通过文化、认知和审美功能，给予人们精神滋养和价值引领。

因此，现代化的旅游发展既是全面建成社会主义现代化强国的内在要求，也是中国式现代化在旅游领域的具体体现，还是推进中国式现代化的重要基础和有力支撑。聚焦物质文明和精神文明相协调的现代化，发挥旅游业在满足人民文化需求、增强人民精神力量、促进社会文明程度提升等方面的作用；更加突出文化自信自强，把旅游作为传播中国文化、展示现代化建设成就的重要载体，推动中华优秀传统文化、革命文化和社会主义先进文化广泛传播。

中国式现代化的进程中，旅游业面临着理念重构和实践创新的现实课题，要构建旅游业新思维，总结旅游业的发展成就和经验，将“游客满意度高不高”“市场主体竞争力强不强”“发展动能新不新”作为新时代旅游业高质量发展的衡量指标，在有效提升“质”的基础上寻求“量”的合理增长。文旅行业要坚持守正创新、提质增效、融合发展，统筹政府与市场、供给与需求、保护与开发、国内与国际、发展与安全，着力完善现代旅游业体系，加快建设旅游强国。一方面，要坚持问题导向，聚焦整治旅游市场乱象，着力提升行业综合能力和旅游服务质量，维护游客合法权益，提高治理体系和治理能力现代化，不断释放旅游消费潜力；另一方面，要着力改革创新，深度挖掘文化旅游资源，打造旅游优势品牌，培育特色旅游业态，防止千篇一律、过度开发，努力丰富优质旅游产品和服务供给，从而全面提升旅游产业发展能级。

（二）立足新发展格局，构建旅游开放体系

1. 国际视野导向

加快建设旅游强国，让旅游业更好地服务美好生活、促进经济发展、构筑精神家园、展示中国形象、增进文明互鉴。党的十八大以来，中国旅游发展步入快车道，形成全球最大国内旅游市场，成为国际旅游最大客源国和主要目的地。推进国内旅游、入境旅游和出境旅游市场协调发展，是旅游强国和旅游业高质量发展的市场基础。

实施国内旅游提升和入境旅游促进计划。对内，提升旅游供给和服务质量。《“十四五”文化和旅游发展规划》提出，建设一批富有文化底蕴的世界级旅游景区和度假区。以景区、度假区、旅游休闲城市等为依托，打造区域性国际旅游目的地。建设世界级旅游景区、世界级旅游度假区及世界级旅游目的地吸引国际游客前来中国观光休闲度假，增强中国旅游在世界旅游版图上的吸引力，是由“旅游大国”向“旅游强国”转变的重要举措。明确世界级旅游目的地的相关分类层级及创建标准，从可达度、旅游吸引度、舒适度、智慧度、知名度、贡献度等方面创建一批世界级旅游目的地。重点培育一批具有世界影响力的旅游集团和服务品牌，坚定不移地支持国有、民营和股份制旅游企业做大做强。引导和扶持新型旅游市场主体，帮助传统业态向市场化、现代化过渡，支持有条件的旅游企业“走出去”，推动旅游产业国际化布局。

对外，不断改进优化过境免签政策，以更加开放的姿态欢迎外国人来华旅游，全力服务促进旅游业高水平开放。组建市场化导向、专业化运作的国家旅游推广机构，将旅游纳入“一带一路”、上合组织、金砖机制、中国—东盟等多边议题。办好文化和旅游年、国际旅游交易会，在试点基础上，进一步扩大边境旅游试验区、跨境旅游示范区名单。完善旅游统计制度，建立健全旅游业发展评价体系，常态化开展全国游客满意度调查。完善旅游执法协作机制，强化旅游安全救援部门联动，优化国际合作机制。

2. 区域协调发展

进一步破除行政壁垒，促进区域合作联动。紧密围绕区域重大战略以及重点城市群、文化旅游带建设等，实施区域一体化文旅消费惠民措施与便利服务，举办区域性旅游消费促进活动。推进东中西部跨区域旅游协作，探索互为旅游客源地和目的地的合作路径。

一是推动区域旅游合作联动，深度参与国家区域发展。与国家区域重大战略和城市群建设桴鼓呼应，《“十四五”文化产业发展规划》重点布局京津冀、粤港澳大湾区、长三角、成渝地区、长江、黄河、大运河、西北丝绸之路、西南民族特色、东北冰雪特色、海峡西岸特色等文化产业集群与文化产业带。例如，建设长江国际黄金旅游带核心板块成为贯彻落实长江经济带发展战略的一项重要内容。建立流域性共建共享机制为保障，充分发挥旅游业的综合带动和先行先导作用，全面推进流域旅游业联动协同发展，将长江旅游带建设成为具有全球竞争力和国际知名度的黄金旅游带。同时，长江经济带是“一带一路”在国内的主要交汇地带，是具有全球影响力的内河经济带、东中西互动合作的协调发展带、沿海沿江沿边全面推进的对内对外

开放带。通过长江国际黄金旅游带的规划建设，能融通国内、国际两个市场，形成东西双向，沿海、沿江、沿边全方位开放的中国新格局。

二是强化顶层设计、系统谋划和科学布局。完善旅游发展议事协调机制，加强旅游高端智库建设。培育新型国家旅游线路，形成点状辐射、带状串联、网状协同的旅游空间格局。地方要研究解决建设旅游强国、推动旅游业高质量发展所面临的具体问题，形成因地制宜、因领域制宜、与时俱进发展旅游业的新举措。

3. 县域旅游崛起

县域是国民经济和社会发展的基本单元，是推动乡村全面振兴的重要组成部分。县域旅游升级将为县域全面发展提供契机。《全国县域旅游发展研究报告2024》显示，2023年，全国1866个县域旅游总收入平均值为42.95亿元，接待游客总人数平均值为508.27万人次，同比分别增长了41.19%、35.18%，增幅显著，县域旅游强劲复苏。县域旅游业景气可期，为经济高质量发展注入了新活力。随着中国旅游市场下沉趋势明显和旅游需求升级，“县域游”“小城游”逐渐成为文旅消费新宠。露营、研学、乡村游、夜间游等满足旅游市场个性化、深度化要求的县域旅游新兴赛道崛起，百花齐放，“村超”“村晚”“村咖”等新产业新业态新产品不断涌现。

《关于推进以县城为重要载体的城镇化建设的意见》指出，积极培育专业功能县城。支持具有资源、交通等优势的县城发挥专业特长，发展成为文化旅游等专业功能县城。发展县域旅游要深化“景城共建、主客共享”理念，围绕景区景点外在环境、公共服务、综合管理等全方位自我完善和自我革新，打造“四季有景、全民皆景”的全领域全周期旅游发展模式。拓展餐饮、休闲、娱乐等消费新业态新场景，打造乡镇商业集聚区；打造乡村旅游、休闲农业、农家乐、自驾游等精品线路，吸引市民下乡消费；继续实施乡村休闲旅游精品工程，推介一批中国美丽休闲乡村，建设一批全国休闲农业重点县。另外，不断加大文旅市场行政执法监督力度，与相关部门持续开展联合执法行动，构建良好的旅游市场环境。

（三）贯彻新发展理念，深化创新驱动发展

1. 新质生产力

新质生产力是以创新为主导，由技术革命性突破、生产要素创新性配置、产业深度转型升级而催生，符合新发展理念的先进生产力形态，具有高科技、高效能、高质量特征。它以劳动者、劳动资料、劳动对象及其优化组合的跃升为基本内涵，具有强大发展动能，能够引领创造新的社会生产时代。旅游新质生产力，通过旅游创新（新技术、新模式、新业态、新领域、新赛道、新动能、新优势等以实现产品创新、技术创新、制度创新、模式创新和结构创新等）推动旅游业高质量发展。

培育新型旅游业劳动者队伍。推动教育、科技、人才有效贯通、融合发展，打造与新质生产力发展相匹配的新型旅游业劳动者队伍，激发劳动者的创造力和能动性。推广文化产业赋能

乡村振兴“特派员”制度，引导文旅领域企业家、创业者、创意人士、文化志愿者等行业精英深入乡村、扎根乡村、服务乡村，培育一支强大的乡村文旅创客人才队伍，培育出一批乡土文化能人、非物质文化遗产传承人。

创造和应用更高技术含量的劳动资料。深入实施创新驱动发展战略，牢牢抓住自主创新这个“牛鼻子”，推动劳动资料迭代升级。充分发挥文旅企业作为研发应用新型生产工具主力军的作用，加强创新要素集成和科技成果转化，构建龙头企业牵头、高校院所支撑、各创新主体相互协同的创新联合体，加快科技成果向现实生产力转化。

拓展更广范围的劳动对象。习近平总书记指出，旅游业从小到大、由弱渐强，日益成为新兴的战略性支柱产业和具有显著时代特征的民生产业、幸福产业，成功走出了一条独具特色的中国旅游发展之路。以培育壮大战略性新兴产业和未来产业为重点，拓展劳动对象的种类和形态，能够不断开辟旅游活动的新领域新赛道，夯实发展旅游新质生产力的物质基础。

2. 数智文旅

随着数字经济时代到来，文化产业和旅游业数字化转型步伐不断加快，科技与文旅融合发展成为新的行业趋势，文旅产业迎来了新的变革和发展机遇。促进数字经济和文旅深度融合，纵深推进旅游产业数字化转型，加强人工智能、大数据、物联网等数字技术的融合应用，在旅游业发展过程中大力推广应用数字化、网络化、智能化技术，从而加快旅游业数智化发展。

当前文化和旅游行业数据存在系统数据孤岛、标准缺失等“卡脖子”问题，要聚焦文旅场景下交易数据汇集、处理、应用及推广等，提高文化和旅游行业的管理效率和服务质量，促进行业转型升级。要在数字中国建设、国家文化数字化战略背景下开展“数据要素 × 文化旅游”重点行动，助力提升数字文旅服务能力，推动打造自信繁荣的数字文旅。围绕“文化数据开发利用”“数据服务、治理与文化大模型”主题，探寻数字文旅发展新路径。利用人工智能、大数据、虚拟现实、增强现实、北斗导航等信息技术，在创新文化表达方式、提升公共文化服务数字化水平、促进文化机构数字化转型升级、发展数字化文旅消费新场景、构建文旅数字化治理体系、培育文化创意新产品、挖掘文化数据价值、提升旅游服务水平和治理能力等重点方向创新应用数字技术，赋能文旅破屏出圈，不断做大做强做优文旅经济。另外，完善非物质文化遗产数字化保护行业标准体系，加强“非遗”数据采集方面的标准化研究，制定“非遗”档案和数据库建设标准和规范。

3. 文化创意

文创产业成为撬动高质量发展的支点。支持文创企业在元宇宙、区块链、人工智能等新领域加快技术应用、场景搭建、内容开发、平台构建和产业融合，建立重点文创企业服务机制，健全文创企业全生命周期服务体系，探索推进文化大数据中心等数字文创新基建建设，支持数字文旅、数字艺术品、沉浸互动内容等数字文创示范场景和项目建设。重点城市发展文化创意产业园区，将文创园区打造成为孵化新质生产力、聚集优秀文创企业的重要载体，支持园区数智化转型，鼓励园区推动文化创意与旅游休闲、体育赛事、商业活动、健康服务等深度融合。

4. 资源保护

充分保护、合理利用生态资源和文化遗产。“北京中轴线——中国理想都城秩序的杰作”和“巴丹吉林沙漠—沙山湖泊群”“中国黄（渤）海候鸟栖息地（第二期）”成功入选《世界遗产名录》，以此次申遗成功为契机，进一步加强文化和自然遗产的整体性、系统性保护，切实提高遗产保护能力和水平，守护好中华民族的文化瑰宝和自然珍宝。要扎实深入研究历史文化，历史文化名城、街区、村镇的整体保护和传承，要“留人、见物、有生活”。面向方兴未艾的城市漫游、县域旅游和乡村旅游，立足地域特色，保存乡土文化，完善配套设施，用小而精、小而美、小而暖的旅游产品和服务，营造更多主客共享、宜居宜游的休闲环境。

（四）落脚可持续发展，助力旅游业高质量发展

1. 绿色文旅，深化生态文明体制改革

聚焦人与自然和谐共生的现代化，突出生态优先、绿色发展，把旅游作为践行“绿水青山就是金山银山”理念的重要领域，坚定走绿色旅游发展道路。以绿色资源为依托，以绿色空间为载体，通过构建多元化的绿色产品，促进绿色资源的循环利用，带动经济发展，实现绿色旅游崛起，形成一批广为市场接受的森林游、草原游、山地游和观鸟、科普、研学等旅游新产品。

旅游业作为对生态环境和生态资源依赖性较强的产业，其发展绝不能以牺牲生态为代价。深化生态文明体制改革是推进人与自然和谐共生的现代化的根本动力，加快制度创新，增加制度供给，完善制度配套，形成源头严防、过程严管、损害赔偿、后果严惩的生态文明制度体系。聚焦健全自然资源资产产权制度、建立空间规划体系、健全资源有偿使用和生态补偿制度等八大类制度体系建设，让生态文明体制改革全面发力，为护佑绿水青山筑牢根基。改革生态环境监管体制，构建国土空间开发保护制度，发挥绿色经济政策引导作用，构建市场导向的绿色技术创新体系。例如，福建南平探索建设“生态银行”，将“生态银行”作为自然资源运营管理平台，对行政区内的生态资源所有者权益进行资本化运作，推进产业生态化、生态产业化。整合山、水、林、田、湖、草、沙，以及古建筑、古民居等资源，进行整体运作，按照“农业 + 旅游 + 文化”模式，推出重在体验的新业态、新产品。

2. 以人为本，满足人民美好生活需要

新时代的旅游，已成为大众美好生活的重要内容。旅游业是具有显著时代特征的民生产业、幸福产业。为加快推进国民旅游休闲高质量发展，更好满足人民群众的美好生活需要，要充分利用人口规模巨大所具备的旅游市场基础和潜力优势，通过高质量发展，有效发挥国内旅游需求对中国供给侧结构性改革的支撑作用，实现旅游产品供给和旅游消费需求的相互匹配和相互适应。

一是合理布局旅游产品结构。要立足旅游消费需求，加强需求侧管理，深入挖掘并准确把握旅游者的需求趋势。当前，“观演式旅游、City Walk、国潮游、文博游”等新兴旅游方式备

受青睐，影视作品、内容种草等成为旅游消费快速增长的流量密码，围绕“食、住、游、购、娱”等文旅核心要素，实施文旅消费品牌创建行动，加快推动“旅游+”和“+旅游”，形成多产业融合发展的新局面，推进旅游与体育、文化、养老、教育、健康、科技、工业、农业、林草、中医药等领域相加相融、协同发展，催生旅游新业态，进一步满足旅游者的多样化需求。

二是完善旅游公共服务体系。以供给侧结构性改革统筹推进旅游公共服务体系建设，改变旅游公共服务单一由政府供给的局面，建立多元化供给机制，引导各类市场主体参与其中，优化旅游休闲空间、丰富优质产品供给、提升旅游休闲体验、推进产品创新升级等，以社区为中心打造休闲生活圈、完善休闲服务设施、发展新兴休闲业态、实施旅游休闲高品质服务行动、开发数字化文旅消费新场景等一系列具体举措，进一步激发旅游休闲发展内生动力。

3. 共同富裕，推进共享发展理念

聚焦全体人民共同富裕的现代化，突出旅游为民、旅游惠民，以旅游高质量发展创造人民高品质生活，推动旅游业真正成为满足人民精神文化新需求的幸福产业。坚持问题导向，相关政策向欠发达地区、农村地区、困难群众倾斜，着力解决地区之间、城乡之间、群体之间发展不平衡的问题。一方面要进一步推进区域重大战略和区域协调发展战略的实施，并以旅游业为政策工具引导区域之间加强互动、对口支援和帮扶，推动发达地区和欠发达地区共同发展，实现区域发展再平衡。另一方面要健全完善的社会参与机制，要坚持以共享发展理念引领旅游发展，构建“全社会共建+全社会共享”的人人参与发展、人人共享发展的模式，推广“村游合伙人”等创新载体，引导乡村能人、社会资本、青年人才参与景区化村庄运营，突出农民主体地位，实施千户农家旅游致富计划，健全“两入股三收益”等利益联结机制。创新农文旅项目分红新模式，构建文创艺术聚落、文旅农场等平台，持续推出矿坑露营、户外等跨界融合的新玩法，带动财产性收入、工资性收入、经营性收入稳步增长，以文化和旅游赋能高质量发展建设共同富裕示范区。

二、部门管理策略

（一）加强旅游资源保护与开发并重

在当前经济全球化与可持续发展的背景下，加强旅游资源保护与开发并重的策略显得尤为重要。随着旅游业的蓬勃发展，优质旅游资源成为推动地方经济增长、促进文化交流的关键力量。然而，过度开发带来的环境破坏、文化同质化等问题日益凸显，威胁着旅游资源的可持续利用。因此，为平衡经济增长与生态保护，政府需采取策略，既促进旅游资源的合理开发以带动经济，又确保其不受破坏，保持自然与文化价值的传承。这是实现旅游业可持续发展的关键所在。

1. 资源普查与评估

相关部门应全面且系统地开展旅游资源普查工作，深入探索并评估每一处资源的独特性、文化价值以及生态承载力。通过科学的方法，精准识别并保护那些具有不可替代性的自然景观、文化遗产及生态系统，为后续的旅游开发提供坚实的数据支撑和科学依据。在开发中，要明确保护与开发的辩证统一，强调“绿水青山就是金山银山”的理念，既要发展旅游，也要保护生态环境。通过旅游资源普查，合理规划旅游项目，确保在促进旅游经济增长的同时，不损害自然环境和文化遗产的完整性，实现旅游与生态、文化的和谐共生。

2. 实施生态友好型开发

在推动旅游业蓬勃发展的同时，必须将保护自然环境和珍贵文化遗产置于首要位置。应积极推行绿色旅游与低碳旅游项目，倡导游客采用环保出行方式，减少碳足迹；鼓励旅游企业采用可再生能源，优化资源利用，减少传统能源的消耗；同时，加强对旅游区域生态环境的监测与保护，确保旅游活动不对自然环境造成不可逆的损害，让旅游成为促进可持续发展的积极力量，实现人与自然的和谐共生。

3. 推动绿色旅游发展，促进旅游资源可持续发展

鼓励开发以体验、健康、科普、文化、运动等为主题的新业态新产品，特别是森林康养、生态观光、自然教育等绿色旅游产品。推动旅游服务与消费行为绿色转型，满足游客对绿色、健康旅游的需求。在旅游设施建设和运营中，强化旅游全链条的节能低碳循环技术应用，减少旅游活动对生态环境的影响。探索生态产品旅游价值转化和市场化核算等机制，鼓励企业和社会组织参与旅游资源的保护与开发。通过利益共享机制增强社区对资源保护的责任感和积极性，形成保护与发展的良性互动。开展旅游教育和培训活动，提高当地居民的旅游服务水平和环保意识。

（二）推进在线旅游市场发展

随着互联网的普及、信息技术的飞速发展，消费者行为模式发生深刻变革，对便捷、个性化旅游体验的需求日益增长。智能手机、移动支付等技术的广泛应用，为在线旅游市场提供了坚实的技术支撑。同时，全球经济一体化促进了国际旅游市场的繁荣，而新冠疫情后的“报复性”旅游需求更是为在线旅游市场注入了强劲动力。同时，全球化进程的加快促进了跨国旅游的兴起，进一步拓宽了在线旅游市场的边界。在此背景下，旅游企业应通过大数据、人工智能等技术优化产品与服务，推动在线旅游市场向更加智能化、个性化、高效化的方向发展。

1. 加强线上旅游资源与内容审核，引导线上旅游健康发展

应强化对线上旅游资源内容的安全审核，相关部门要督促旅游平台加强对线上旅游服务提供商家的资质审核，加强对市场主体与行政资质的审核。同时，线上旅游平台应加强对平台内容审核人员和服务提供商家的培训，严厉防范虚假、负面、不健康、含非法信息的文字、图

片、视频等内容出现，确保平台信息真实且安全，引导线上旅游健康发展。

2. 保障游客的合法权益，防范信息泄露与非必要信息的获取

线上旅游经营者应公平竞争，专注于提高服务质量与优化旅游内容。加强对游客信息的保护，防范游客个人身份信息与敏感信息遭到泄露。建立线上经营信用机制，对有获取非必要的游客个人信息、通过大数据杀熟、虚假宣传等侵害旅游者权益行为的商家降低信用评级，降低平台对其的推荐程度，根据侵害权益程度的不同，处以警告、暂时停业、关停等处罚。严格审查未经允许的旅游内容出现，维护正常的行业秩序，维护商家和消费者的正常权益。

3. 加强线上旅游市场监管，提高监管效能

文化和旅游部门以及市场主管部门应督促各线上旅游平台建设旅游产业监管机制，完善旅客反馈处理机制与评价机制。平台不得刻意删减游客的差评，提高对游客反馈的处理速度。相关部门也应加强对平台建设的监管，开通游客对平台的反馈渠道，并通过对平台经营者与旅游内容经营者的约谈、指导等方式进行警醒、制止，做到“反馈一件、处理一件”。同时，相关部门也应主动对平台与旅游内容进行抽查，及时、准确、规范公开抽查事项、抽查计划、抽查结果。

（三）进一步开放入境旅游

当前，全球经济与旅游市场逐步复苏，中国旅游业持续回暖。随着各国对新冠疫情管控措施的放开和国际旅游市场的复苏，我们需要高度重视重振入境游市场，推动中国旅游业的全面发展与国际化进程。通过优化入境政策、优化旅游服务与产品，特别是外国游客电子支付服务，加强国家旅游形象推广等措施，积极推动入境旅游发展，以促进人文交流、文化互鉴，进而拉动经济增长。

1. 优化签证与通关政策

根据国家安全评估和利益考量，进一步扩大适用 72 小时与 144 小时过境免签政策的口岸与国家和地区范围，持续优化入境免签、过境免签、口岸签证等政策，特别是针对主要客源国和新兴市场国家，充分发挥口岸签证、过境免签及区域性入境免签等政策对旅游业发展的积极作用。扩大来华入境的交通方式，批准来华人员通过自驾、骑行等多种交通方式入境。减少签证申请材料，缩短签证审批时间，并在全球范围内增加签证办理网点，提升签证服务的效率和质量。推出多样化、动态化的签证政策，如旅游团体签证、商务访问签证的快速通道等，以满足不同游客群体的需求。

2. 优化入境旅游线路和产品

恢复和增加国际航班与铁路线路，提高入境的便利性，开发新的国际航线，特别是通往“一带一路”共建国家和金砖国家等新兴市场国家的航线，推动区域旅游产业发展与国际接轨。

加强商旅融合，对于来华办理商务业务的旅客，针对性地提供旅游计划。针对入境游客需求，推出更多具有中国特色的旅游产品和服务，如文化遗产游、生态旅游、康养旅游等，同时加强旅游产品创新，提高产品的吸引力和竞争力。结合不同地区的特色和资源，设计多样化的旅游线路，提升旅游产品的多样性和体验性。

3. 加强海外市场营销与推广

加强在海外平台的宣传与精准营销，展现积极的国家旅游形象，通过“你好！中国”等国家旅游形象系列推广活动，提升中国旅游在全球的知名度和美誉度。针对不同国家和地区的游客群体，制定差异化的营销策略，通过线上线下相结合的方式，加大宣传推广力度。与国内外旅游机构、企业和媒体等建立合作关系，共同开展旅游营销推广活动，扩大市场份额。

（四）提高对旅游业的金融支持

随着旅游业的蓬勃发展，为进一步提升中国旅游业竞争力与旅游发展的可持续性，加强对旅游业的金融支持显得尤为重要。当前，全球及国内旅游市场正经历快速变革，对资金流动性、风险管理及创新金融服务的需求日益增长。在此背景下，如何提高金融支持和完善金融基础设施综合保障成为关键。

1. 加大金融政策支持力度，增强发展动力

旅游部门可以联合财政、金融等部门，制定针对旅游业的专项金融支持政策，明确支持方向、重点和支持方式，为旅游业发展提供稳定的金融支持。对旅游行业进行普惠性减税降费优惠，鼓励银行等金融机构对相对落后的旅游目的地提供低息发展贷款，对于小微旅游经营者提供专项贷款，各旅游建设地区应该落实好贷款去向，专款专用，提高旅游建设效率。引导和支持银行、担保、信托、证券、保险等金融机构与旅游企业加强合作，创新金融产品和服务，满足旅游业多样化的融资需求。鼓励符合条件的旅游企业发行公司信用类债券，拓宽旅游企业融资渠道，降低融资成本。推动设立旅游产业投资基金，吸引社会资本，支持旅游项目的建设运营。支持旅游企业通过股权融资方式引入战略投资者，优化资本结构，增强发展动力。

2. 创新金融产品，优化信贷服务

金融机构可推出旅游消费贷、小额分期贷款、低息贷款等多样化的金融产品；鼓励金融机构根据旅游企业特点，创新信贷产品，推出旅游项目贷款、景区收益权质押贷款等，满足旅游企业的融资需求。引导金融机构合理降低新发放贷款利率，对受新冠疫情影响经营困难的旅游企业主动让利，减轻企业负担。推动金融机构优化对旅游企业的授信管理、内部评级、贷款审批等信贷管理体系，提高信贷服务效率。信用机构应加强对游客、旅游服务提供方、旅游内容提供方等多方的信用评估与支持，完善多方信用链条，降低交易费用，提高旅游服务质量和效率。

3. 加强金融服务创新，完善金融基础设施

鼓励金融机构运用大数据、云计算、人工智能等科技手段，提升金融服务效率和风险管理水平。支持金融机构为旅游产业链上下游企业提供供应链金融服务，促进产业链协同发展。对乡村旅游、红色旅游、冰雪旅游等特色旅游领域提供定制化金融服务方案，支持特色旅游项目发展。推动建设集融资、融智、融商为一体的旅游金融服务平台，为旅游企业和金融机构提供高效便捷的对接服务。推动旅游场所完善移动支付、银行卡支付设施，提升支付便利性和安全性。推动建立旅游企业信用信息体系，完善信用评价机制，为金融机构提供信贷审批参考。

三、行业经营策略

（一）旅游服务业

1. 优化旅游住宿接待产品

随着新冠疫情的阴霾逐渐散去，旅游业迎来了期盼已久的春天，各旅游地重现往日的喧哗与活力。淄博因烧烤而成为全国食客的新宠；贵州的村超和村 BA 赛事以其亲民和激情四射的特点，激发了大众的旅游热情。而新东方的跨界之举——成立北京新东方文旅有限公司，更是为旅游业注入了新鲜血液，引发了业界的无限遐想。旅游业的复苏不仅令人欣喜，更带来了诸多惊喜。

酒店业作为旅游业的重要组成部分，必须紧跟市场脉动，深入了解不同客户群体的个性化需求。管理人员应积极投身于市场调研，全面掌握市场动态，精准描绘目标客户群体的画像，并通过满意度调查收集客户反馈，以此不断优化酒店服务。酒店需要明确自身的战略定位，发挥自身优势，紧跟大众消费趋势，同时注重营销策略，利用网络和社交媒体平台，扩大宣传和营销的覆盖面。

现代消费者对酒店的期待已远不止于基本的住宿服务，他们更加注重住宿的品质和体验。酒店业应借助数字化转型的浪潮，逐步实现从标准化到个性化、精品化、家居化的服务模式转变。在客房产品的设计上，应重视引入智能家居技术，提供高科技的产品，以优化客户的住宿体验。数字化转型不仅能有效满足客户多元化的入住需求，还能通过运营流程的优化、商业模式的创新以及市场竞争力的提升，为旅游酒店业带来前所未有的发展机遇。

在三、四线城市，酒店业的连锁化程度相对较低，但随着郊区旅游和乡村旅游的兴起，连锁酒店在这些地区拥有巨大的市场潜力。酒店集团需要对新的客户群体进行深入的认识和调研。利用自身在供应链管理上的优势，进行成本控制和经营管理，实现市场“下沉”但不降低服务质量。三、四线城市的酒店可以通过加盟连锁酒店的方式，引入标准化和品质化的服务管理模式，这不仅能提升消费者的住宿和餐饮体验，还能降低连锁酒店的运营成本，从而将更多的资源投入提升客户体验上。

2. 构建地方餐饮和住宿品牌体系

餐饮住宿企业在激烈的市场竞争中，必须精准定位自身目标，确立品牌的核心理念和差异化优势。企业应深入挖掘地方特色，探索本地美食的独特制作工艺，充分利用本地优质食材，秉承“地方原料、原真味道”的宗旨，凸显食材的新鲜和菜品的地道。

在传承本地传统菜品的基础上，企业应不断创新，研发具有独特口味和地域特色的新菜品，以提升菜品品质和口感，增强服务和餐饮产品的性价比，塑造鲜明的品牌形象。同时，企业可结合本地食材资源和饮食文化，推出独具特色的美食，并通过数字化平台展示食品的发展故事和制作过程，吸引顾客的关注。

在营造用餐和住宿环境方面，企业应积极融入本地文化元素和风景特色，深入挖掘历史底蕴。装修风格、家居陈设和餐具选择都应符合本地传统文化艺术特色，打造具有地方特色的用餐和住宿环境，让顾客从环境、产品到服务都能体验到地方品牌文化的独特魅力。

在营销策略上，企业应注重线上线下相结合，提升服务人员的素质和专业程度。通过口碑营销、社交平台推广等方式，积极解决游客在餐饮住宿中遇到的问题，并鼓励游客在平台上分享个人游玩体验，从而扩大品牌知名度。

地方品牌体系的建设离不开地方文化的支撑。餐饮住宿企业应创新“住宿+”的融合服务模式，与地方博物馆、文化景区等文化机构合作，开发品牌相关的衍生品和文创产品，打造独特的品牌标识。同时，加强“餐+住+景”的合作模式，结合景区最佳观景平台搭建住宿设施，以提升品牌价值和影响力。

此外，企业可推动民宿集群化发展，围绕附近文化景区，突出自身特色，既要彰显自身风格和地方文化，也要兼顾消费者的旅游需要和生活需求，构建统一的装修风格。将本地人文风俗与特色文化相串联，建立起生态宜居、人文突出、生态多元的民宿聚落。借鉴连锁酒店管理模式，强化民宿的品牌性，提高服务水平和卫生水平，引导民宿业向标准化和制度化靠拢，为消费者提供更加优质的住宿体验。

3. 以游客为中心提高旅游服务质量

近年来，实施门票预约制成为全国各大景区、文博场馆的常态，其初衷是为了避免高峰时段人流集聚，方便错峰出游。不过，随着旅游市场复苏和消费需求释放，预约制的一些问题也困扰着游客，上海、北京、杭州、成都等地先后宣布，除部分重点景区、文博场馆外，其他景区取消门票预约要求。旅游景区应优化预约措施，实施科学管理，不搞“一刀切”，从而更好满足民众旅游需求角度出发，最大限度地满足游客的游览需求。

同时，景区还需配合弹性管理和人性化服务，让游客在旅游旺季有更好的体验。景区可依靠科技手段，采用智慧化方式加强游客疏导，提高精细化管理服务水平。各地景区应借助大数据、人工智能等技术手段，分析客流趋势，做好动态监测，及时向游客发布信息，优化排队系统等。

当前，中国入境游市场正加速复苏，外国游客有自己的出游习惯，计划性很强，如果是团队游，通常提前半年到一年就确定行程。很多外国游客到访中国，除了感受自然景观、城市风貌、美食民俗外，更想了解中国悠久独特的历史文化，文博场馆是展示和传播中华文化的重要载体，应结合国外游客的需求，进一步探索服务质量的提升。

（二）旅游目的地

1. 致力于文化传承与创新，打造专属 IP

在推动旅游发展的同时，保护和传承地方文化，并注入创新元素以赋予传统文化新的生命力，具有极其重要的意义。成都大熊猫繁育研究基地的大熊猫“花花”之所以成为“网红”，其背后的 IP 力量起到了关键作用。这一现象级的事件不仅引发了公众对知识产权（Intellectual Property，简称 IP）的高度关注，也激发了热烈的讨论。在年轻一代中，具有独特魅力和鲜明个性的 IP 形象，如兔狲“狲思邈”、故宫猫、冰墩墩、大熊猫花花和南京划水猴等，能让他们产生了浓厚的兴趣和热爱。

这些动物明星之所以能够迅速走红，除了它们本身的可爱特质和独特性之外，更离不开背后所挖掘的丰富 IP 历史、营造的独特故事以及构建的多元 IP 体系和宽泛的市场布局。许多景区通过深入挖掘地方特色文化，巧妙地将传统文化与现代审美相结合，打造出具有鲜明地方特色的 IP 形象。在运营过程中，景区注重将单一的旅游资源转化为丰富的 IP 产品线，通过动画、漫画、文创产品开发等多种形式，拓宽 IP 市场的覆盖面。例如，故宫博物院以“故宫猫”这一 IP 为核心，衍生出了一系列文创产品，包括各类萌态可掬的猫咪文创纪念品、主题展览以及相关教育活动，使得“故宫猫”不仅成了一个受人喜爱的文化符号，也成了推动文化旅游产业发展的重要力量。

同时，景区可以充分利用现代科技手段，对 IP 形象进行数字化升级和赋能。借助 AR、VR、人工智能等先进技术，将 IP 形象生动地融入线上线下活动中，极大地丰富了游客的体验层次，提高了景区的吸引力与黏性。

通过这些举措，景区能够将原本静态的旅游资源转化为鲜活的、富有感染力的 IP 故事，有效提升游客的游览体验，并进一步拓展市场份额，吸引更多不同年龄层次和兴趣爱好的游客群体。这不仅有助于传承和弘扬地方文化，也为旅游业的发展注入了新的活力和创造力。

2. 打破“门票经济”依赖，探索景区收入多元化新路径

《“十四五”旅游发展规划》提出要鼓励制定实施旅游景区门票减免、淡季免费开放、演出票打折等补助政策。摆脱“门票经济”既有利于收入来源的多元化，也有利于倒逼景区管理者进行创新。为了打破过度依赖“门票经济”的状况，推动景区实现收入来源的多元化，从而倒逼整个旅游行业，特别是景区管理运营方进行深层次的创新与改革，需要从多个维度出发，系统性地构建更为均衡且可持续的盈利模式。

在评估条件的基础上，制定合理的门票政策至关重要。例如，对于那些交通便利、设施完善、游玩体验出色的景点，可以适时推行免票政策，以吸引更多游客并促进他们的消费；而对

于季节变化大、游客量呈现周期性波动的景区，则可以在淡季采取降价或免票的措施，以刺激市场需求，避免资源浪费。

此外，积极发展住宿接待业，深度挖掘并融入地方文化特色，打造具有独特魅力的主题酒店或度假村。这些住宿设施不仅要提供舒适的住宿条件，更应成为展示和传播当地文化的重要平台，增强游客的文化体验。同时，合理整合餐饮资源，形成具有地方特色的餐饮区，满足游客多样化的餐饮需求，进一步激发消费市场的活力。

加强与周边商户的合作与联动，共同构建一个和谐共生、绿色发展的景区生态系统。通过统一规划布局、规范市场秩序和加强环境保护等措施，减少可能产生的不利事件和负面影响。

在提升服务意识与水平方面，充分利用互联网技术和大数据分析手段，对游客行为进行分析预测，据此优化服务流程、提升服务质量。同时，定期开展服务人员培训活动，提高员工的专业素质和服务技能；强化内部管理机制建设，引进先进的管理理念和方法，以期在全面提升服务质量的基础上，打造出具有国际竞争力的旅游目的地。

通过这些综合性的措施，旅游行业将能够实现更高质量的发展，为游客提供更加丰富、多元的旅游体验，同时也为景区的可持续发展奠定坚实的基础。

3. 构建智慧景区，打造品牌特色

在当今信息化社会中利用互联网、社交媒体等数字化工具进行营销和品牌建设已经成为旅游业发展的必然趋势。通过与关键意见领袖（Key Opinion Leader，KOL）合作、内容营销、短视频传播等策略，可以塑造出具有强烈话题性和广泛传播力的旅游品牌故事。这不仅能够提升目的地的知名度和吸引力，还能有效促进旅游业的整体发展。例如，景区可以在知名社交媒体平台上开设官方账号，发布景点介绍、旅游资讯等内容，吸引粉丝关注。同时，与网红、博主等合作进行推广活动，如直播带货、设置打卡点等，以提高目的地在社交媒体上的曝光度。此外，通过短视频平台发布景点介绍、旅游攻略等内容，也能吸引更多游客前来参观游玩。这些数字化营销手段的实施，能够显著提升目的地的资源整合能力，与数字化的深度融合，为推动传统旅游业的发展注入新的活力，让游客享受到更加丰富、便捷的旅游体验。

为了进一步提升游客体验，景区可以搭建智慧平台，利用元宇宙、VR 等前沿技术手段，增强与游客的互动，提高游客的购票意愿。游客可以在平台上通过技术手段观看景区实景，并根据自己的喜好创建个性化的旅游线路。同时，景区还可以在平台上推销文创产品，并邀请文化名人、知名博主等以多样化的形式参与景区宣传，进一步增强网络影响力，提升景区的知名度。

在硬件设施方面，景区也可以通过优化提升游客的出行便利性。例如，游客可以通过自助服务机器获取讲解服务，这背后需要高效的定位系统和导航系统的支持。此外，通过全息投影技术观看景区的表演，也能为游客提供沉浸式的体验。

要构建智慧型景区，相应的智慧型人才是不可或缺的。这些人才不仅需要掌握专业的理论知识，还要具备丰富的信息技术应用实践经验。景区可以与高校或职业院校合作，开设专项班级，通过“订单式”培养模式引进人才。同时，也可以鼓励现有的管理人员到其他高智慧化景

区或高职院校进修学习，不断提升自身的专业能力和服务水平。

通过这些综合性的措施，旅游业将能够更好地适应数字化时代的发展需求，为游客提供更加智能化、个性化的旅游服务，推动旅游业高质量的可持续发展。

4. 推动文旅深度融合，丰富乡村旅游产品

文旅融合同样是旅游业发展的关键趋势。通过提升公共文化服务的质量和推动区域间的协同发展，文旅融合能够促进文化与旅游的深度结合，为游客提供更加丰富多元的旅游体验。

随着社会的发展和人们生活方式的转变，游客越来越渴望在闲暇时光中放松身心。旅游目的地的选择也逐渐从传统的大城市和知名景点转向风景如画的乡村地区。发展乡村旅游不仅有助于丰富旅游产品，增加乡村居民的收入来源，还能促进乡村基础设施的改善，为乡村振兴注入新的活力。

为了实现这一目标，鼓励当地居民参与旅游开发至关重要。通过合作社等形式，让居民直接参与旅游服务和管理，不仅能让他们分享到旅游发展的红利，还能增强他们对旅游发展的认同感和参与度。同时，鼓励居民参与旅游产品的开发和推广，让游客更深入地了解和体验当地的文化和生活方式，从而提升游客的满意度和体验感。

游客需求的多样性也对乡村旅游提出了更高的要求。乡村旅游不能仅仅停留在单一的点对点销售模式，而应该构建起完整的旅游链条，通过多条旅游链的有机组合，形成一个覆盖广泛的旅游网络。这需要旅游链上下游产业的密切配合，形成良性的互动，以实现旅游产品的多样化供给。

依托现有的景区资源，促进文旅融合是另一条有效的发展路径。乡村地区可以利用景区的辐射效应，以点带面，减少旅游发展的前期投入。同时，村民凭借丰富的服务经验，可以减少对服务人员的培训成本。在此过程中，通过规范商户行为，防止恶性竞争等方式对旅游市场的健康发展进行维护至关重要。

乡村与景区应积极挖掘和利用本地特色，促进文旅融合，打造具有特色的旅游品牌。通过围绕景区打造完整的旅游线路，形成“游在景区、玩在乡村、食在农家”的旅游新格局，为游客提供一站式的旅游服务，实现旅游体验的全面提升。通过这些综合性的措施，乡村旅游将能够实现更高质量的发展，为游客带来更加丰富多彩的旅游体验，同时也为乡村振兴贡献力量。

（三）旅行社业

1. 优化运营模式，提升抗风险能力

在新冠疫情冲击后的新时期，旅行社行业正面临前所未有的挑战，在市场运行体系、管理模式、产品发展定位以及外部风险预判能力等方面都受到了严峻的考验。为了有效应对这些挑战，旅行社业亟须进行一系列深刻的改革和创新。

首先，旅行社业需要对传统的组织架构进行精简化，通过优化管理体制来提升运营效率，实现高质量发展。这涉及对组织架构的调整，确保实现“事人匹配”，即让合适的人才在合适

的岗位上发挥其最大的潜能和作用。

其次，旅行社业应加强与上下游产业链的合作，严格管控旅游质量，并精准把握整体资金流。要与供应商和合作伙伴建立紧密的合作关系，这样有助于确保旅游产品的质量和服务的稳定性。同时，加强对资金流的管理，以便更好地控制企业的财务状况，降低财务风险。

最后，旅行社业还可以调整收入结构，增加“服务型”收入的比重。随着旅游市场的变化和消费者需求的升级，提供个性化、专业化的服务成为旅行社业的重要发展方向。通过提供高质量的服务，不仅能够满足消费者的多元化需求，还能够为企业带来更丰富的收入来源。

通过实施这些措施，旅行社业将能够更好地应对新冠疫情后的挑战，提升自身的市场竞争力，实现可持续发展。同时，也能够为消费者提供更加优质、个性化的旅游服务，满足他们不断升级的需求，推动旅游业的全面复苏和长远发展。

2. 创新旅游产品，延长旅游产业链

在新冠疫情影响下，旅游市场需求发生了显著变化，旅行社行业必须敏锐地捕捉这些变化，并结合人们旅游需求的新特点，提升旅游产品的创新能力。这要求旅行社深度挖掘和开发旅游产品，对市场进行更细致的细分，推出专项旅游产品和散客旅游产品，以满足不同游客群体的个性化需求。

例如，随着旅游者需求从长途旅行向短途游转变，旅行社需要重点挖掘区域内的旅游资源，并开发适应“近郊游、省内游”需求的旅游线路。同时，在新冠疫情的冲击下，人们对健康和养生的关注度显著提升，旅行社应从满足旅游者健康需求出发，优化康养旅游、生态旅游、研学旅游等旅游线路。此外，结合当前的旅游热点，开发融合摄影、野外攀岩、森林氧吧等元素的旅游产品，以吸引更多游客。

在互联网时代背景下，旅行社还可以利用线上平台，通过直播等形式开展“云旅游”“云观展”等新型旅游模式，实现与用户的互动互通，并有效引导游客进行线下参与。

更重要的是，旅行社应积极促进产业融合，推动旅游与农业、文化、体育、健康等其他产业的相互融合与渗透。这不仅能够延长旅游产业链，为其他产业提供新的发展方向，还能形成融合式旅游的新产品。通过依托原有的基础产业，多维度提升产业的附加值，满足游客的差异化需求，塑造新的经济增长点。

通过这些措施，旅行社不仅能够更好地适应市场变化，提高自身的竞争力，还能为游客提供更加丰富、个性化的旅游体验，推动旅游业的可持续发展。

3. 科技融合，优化营销方式

面对日益激烈的市场竞争和不断变化的旅游需求，旅游企业正积极拥抱数字化转型，以提升自身的竞争力。对在线预订系统、电子票务系统和云旅游平台等现代化工具的应用，不仅极大地提高了运营效率，减少了中间环节的烦琐操作，还使得资源配置和利用更加高效。这些技术手段使旅游企业能够实时监控市场动态和客户需求，灵活调整经营策略和产品服务，确保在瞬息万变的市场环境中保持竞争力。

首先，旅行社可以探索应用微信小程序、抖音、拼多多、小红书等新兴销售渠道，利用这些平台的双向互动特性吸引目标客户，培养核心粉丝群体，建立专属的私域流量，实现用户锁定。通过线上宣传资源的充分利用，结合网红景点、城市和餐饮等元素进行二次传播，引起游客共鸣，从而提升用户转化率和满意度。

其次，利用大数据技术整合流量资源库，根据用户的浏览记录、购买历史和兴趣爱好推荐个性化的旅游产品和配套服务。同时，根据市场需求、竞争对手定价和产品成本等因素进行产品价格调整，以实现利润最大化。通过大数据实现旅行社受众群体的精准匹配，进行市场细分，推送适应性产品，深入了解散客需求，提供定制化、多样化、全天候的旅游服务，提高顾客忠诚度。

最后，旅行社应加大活动策划力度，与各行业联合创新旅游产品。例如，与景区联合推广定制线路，与当地活动和民俗资源整合举办节庆活动，与酒店、民宿等合作方进行打包促销优惠等。

随着传统形象营销传播效应的逐渐衰退，线上营销已成为形象宣传的主力。在新冠疫情的影响下，旅行社应积极调整营销策略，进行线上线下的全面布局，同时进行品牌升级，向更加个性化的方向发展，以适应市场和消费者需求的变化。通过这些措施，旅游企业不仅能够提升自身的市场竞争力，还能够为消费者提供更加丰富、个性化的旅游体验，推动旅游业的创新发展。

4. 加强国际合作，推动区域联动

在全球化的浪潮下，国际合作与区域联动在推动旅游业发展方面扮演着至关重要的角色。这一发展趋势要求我们在设计旅游产品时，以创新的思维和前瞻性的视角，充分挖掘和利用国际及区域间的旅游资源潜力，通过深入分析各国旅游资源的独特性和互补性，设计出丰富多元、独具特色的旅游产品，以满足不同游客的个性化需求。

首先，促进国家间的旅游合作能够极大地丰富游客的选择，提高旅游体验的质量。通过共享旅游资源、联合开发特色旅游产品、实施互惠政策等措施，游客可以更便捷地体验到不同国家的风土人情，从而提高旅游体验的满意度。例如，可以设计跨国界的主题旅游线路，让游客在短时间内深度游览多个国家；或者通过政策协调，更广泛地实施免签或落地签政策，吸引更多国际游客前来观光旅游。

其次，整合区域内旅游资源，打造具有强大竞争力的旅游品牌，这对于提升整体竞争力至关重要。在全球化背景下，旅游目的地的竞争力不仅取决于其自然和文化资源的独特性，还取决于其所在区域的整体形象和品牌影响力。因此，我们需要以区域为单位，统筹规划旅游资源开发布局，通过联合营销、品牌共建等方式，形成拳头产品，提升区域旅游的整体形象和国际地位。

最后，建立国际合作机制，共同应对旅游业面临的挑战，这也是推动全球旅游业健康发展的重要途径。在环境保护、文化遗产保护、旅游服务标准制定等方面，各国应加强交流与合作，共同制定和实施相关政策和标准。同时要关注旅游业的社会效益和可持续发展性，鼓励采

用绿色、低碳、循环的发展模式，推动旅游业与当地社区经济、文化的融合发展。例如，可以设立国际旅游合作基金，支持跨国旅游项目的开发和实施；也可以通过开展人员培训、文化交流等活动，提高旅游业从业人员的素质和服务水平。

（四）在线旅游业

1. 融合智业优化产品设计，满足个性化需求

随着数字化时代的到来，传统的旅游消费方式正迅速向网络化和平台化转型，尤其是在线上娱乐模式的兴起之后，消费者在旅游的各个方面——包括食、住、行、游、购、娱等，都经历了根本性的需求变化。面对在线旅游企业之间日益激烈的竞争和同质化现象，企业需要拓展营销推广的半径和场景，深入开发下沉市场，设计更人性化的产品和服务，以满足游客日益增长的个性化需求。

在线旅游行业的快速发展与数字化转型紧密相连。从智能化预订系统的引入，到云计算在资源优化管理中的广泛应用，再到区块链技术在旅游保险、身份验证等环节的颠覆性应用，数字化正在深刻地重塑旅游业的运营模式和服务品质。在大数据技术的支撑下，现代在线旅游业能够通过对海量用户数据的深度挖掘和智能分析，精准捕捉每一位旅行者的个性化需求与偏好。

借助人工智能（AI）算法的强大功能，系统能够根据用户的兴趣爱好、预算范围、行程安排等个性化因素，灵活而精细地为其定制从行程规划到住宿选择、餐饮推荐等全方位的旅行方案。这样的服务确保了每一次的旅行体验都是独一无二的，充满了个性化的色彩与温度。

这些技术的应用不仅极大地提升了服务效率与质量，也极大地优化了用户体验。用户现在可以通过手机 App 或网站随时随地完成航班、酒店、景区门票的预订和支付，享受便捷的一站式服务。云计算技术的应用帮助旅游企业实现了数据分析和智能化决策支持，提高了运营效率。区块链技术在旅游保险领域提供了更安全、透明、高效的解决方案，增强了消费者的信心。

总之，数字化转型正推动着旅游业向更智能、更个性化的方向发展，为旅游企业带来了新的机遇，同时也为消费者带来了更加丰富、便捷、安全的旅游体验。

2. 整合多方主体资源，推动产业链发展

近年来，全球在线旅游市场经历了迅猛的扩张，市场规模连年攀升，预计未来几年将继续保持稳定的增长势头。这一增长趋势得益于互联网技术的广泛普及、消费者购买行为的转变，以及移动支付带来的便利性。

在这样的背景下，在线旅游市场的竞争日趋激烈。各大平台正通过不断优化服务、降低成本、提升用户体验等手段来增强自身的市场竞争力。同时，在线旅游业的发展与线下旅游业态的融合密不可分，通过与航空公司、酒店集团、景区等的合作与联盟，在线旅游企业可以拓展业务范围和市场份额，提供更多元化的优质资源和服务。这要求在线旅游企业必须高效整合多

方主体资源，以实现产业链的整体发展。

一方面，在线旅游企业需要与当地政府和旅游协会建立紧密的合作关系，结合当地的实际情况，发展具有地方特色的旅游项目。在产业融合发展的大背景下，地方文化和旅游部门对本地资源和市场有着更深入的了解，能够为平台企业提供宝贵的指导、辅助和沟通支持。

另一方面，在线旅游业应充分发挥行业协会的引导作用。在当前竞争日益激烈且合规监管日益严格的市场环境中，一些在线旅游平台可能存在侵犯用户权益的行为，如利用互联网和大数据技术进行虚假宣传、差异定价等。这些问题已经引起了消费者的广泛关注，部分消费者甚至向消费者协会等社会团体提出了投诉，但往往未能获得满意的解决方案。这反映出当前旅游行业协会和社会团体在调解功能上的不足。行业协会应当拥有更大的发声空间，以减少对法律强制性手段的依赖，推动整个在线旅游业朝着合规竞争的方向发展。

通过这些措施，不仅可以提升在线旅游市场的服务质量和消费者体验，还能够促进行业的健康、有序发展，为消费者带来更加安全、透明、便捷的旅游服务。

3. 加速数字化转型，发展“云旅游”

旅游业的在线发展是旅游业数字化转型的核心，通过互联网和移动设备，消费者可以随时随地进行旅行产品的搜索、比较和购买。云旅游是采用云技术、移动技术、人工智能技术等，通过实景直播、智能穿戴体验等形式，使游客可以在线上实现的，具有观光、体验、社交、购物等多重属性的旅游活动。为整合线上线下资源，促进产业升级，在线旅游业应采取多种措施推动“云旅游”的发展。

第一，利用互联网和高科技，提升游客的体验感。在线旅游业应与景区所在地的文化和旅游部门、当地企业加强合作，充分利用 5G、AR、VR、AI、无人机等高科技，以图文、短视频、直播等多种形式全方位塑造景区场景，让游客身临其境，提升游客的体验感。

第二，利用景区的文化内涵，激发游客兴趣。在线旅游业应将景区的历史故事、文化背景通过视频、音频等方式展现出来，让游客体验到当地文化的魅力。

第三，通过“云旅游 + 带货”的营销模式，提高旅游产品的成交量。在线旅游业可以通过“云旅游”和直播带货的方式，销售景区门票、酒店住宿、旅游线路、当地特色农产品和文创产品等，以“云旅游”带动相关产业的发展。通过与其他行业的合作与交流，旅游业能够引入新的元素和技术手段，推动产品和服务模式的创新升级。

附表一　2022年中国31个省域旅游竞争力分指标评价结果

附表 1-1　各省域吸引物数量计算分值

省域	得分	排序	省域	得分	排序
北京	9.71	25	湖北	38.48	11
天津	2.47	29	湖南	37.11	12
河北	31.65	16	广东	47.67	6
山西	20.68	22	广西	40.09	10
内蒙古	26.77	20	海南	0.00	31
辽宁	28.95	18	重庆	15.74	23
吉林	14.47	24	四川	60.60	3
黑龙江	26.71	21	贵州	31.71	15
上海	7.06	26	云南	35.15	13
江苏	49.51	5	西藏	2.18	30
浙江	70.82	2	陕西	42.10	8
安徽	44.80	7	甘肃	30.90	17
福建	27.23	19	青海	3.22	28
江西	33.31	14	宁夏	3.96	27
山东	100.00	1	新疆	40.72	9
河南	54.74	4			

附表 1-2　各省域住宿设施总数计算分值

省域	得分	排序	省域	得分	排序
北京	20.48	18	湖北	30.22	11
天津	7.06	27	湖南	34.25	9
河北	30.29	10	广东	100.00	1
山西	18.54	21	广西	28.66	13
内蒙古	12.07	23	海南	7.33	26

续表

省域	得分	排序	省域	得分	排序
辽宁	20.14	19	重庆	18.88	20
吉林	6.76	28	四川	74.75	3
黑龙江	13.53	22	贵州	27.48	14
上海	8.66	25	云南	65.76	4
江苏	36.55	8	西藏	2.89	30
浙江	84.32	2	陕西	24.07	16
安徽	29.63	12	甘肃	10.83	24
福建	46.63	5	青海	3.49	29
江西	26.41	15	宁夏	0.00	31
山东	46.23	6	新疆	20.95	17
河南	39.93	7			

附表 1–3　各省域旅行社数量计算分值

省域	得分	排序	省域	得分	排序
北京	37.65	12	湖北	40.81	9
天津	6.03	29	湖南	38.35	10
河北	50.37	5	广东	100.00	1
山西	28.42	17	广西	22.76	21
内蒙古	37.00	13	海南	15.18	26
辽宁	37.69	11	重庆	22.27	22
吉林	12.10	28	四川	21.58	23
黑龙江	21.21	24	贵州	16.04	25
上海	49.51	7	云南	47.50	8
江苏	94.34	3	西藏	1.31	30
浙江	98.93	2	陕西	28.10	18
安徽	49.63	6	甘肃	27.24	19
福建	30.60	15	青海	12.26	27
江西	30.15	16	宁夏	0.00	31
山东	88.84	4	新疆	23.30	20
河南	33.22	14			

附表 1–4　各省域旅游从业人员数量计算分值

省域	得分	排序	省域	得分	排序
北京	37.54	7	湖北	25.72	10
天津	3.10	29	湖南	57.04	3
河北	28.47	8	广东	60.26	2
山西	14.27	20	广西	22.89	14
内蒙古	12.04	23	海南	11.38	25
辽宁	25.31	11	重庆	13.61	22
吉林	5.62	27	四川	100.00	1
黑龙江	11.65	24	贵州	17.53	19
上海	18.90	18	云南	22.48	15
江苏	44.58	5	西藏	0.00	31
浙江	43.53	6	陕西	26.78	9
安徽	21.39	16	甘肃	10.51	26
福建	23.54	13	青海	2.81	30
江西	20.73	17	宁夏	3.50	28
山东	54.08	4	新疆	14.12	21
河南	24.36	12			

附表 1–5　各省域景区全员劳动生产率计算分值

省域	得分	排序	省域	得分	排序
北京	21.05	11	湖北	17.85	16
天津	38.87	5	湖南	2.56	26
河北	0.00	31	广东	14.76	17
山西	20.83	12	广西	10.02	19
内蒙古	4.39	24	海南	18.77	14
辽宁	2.83	25	重庆	47.51	3
吉林	1.35	29	四川	0.32	30
黑龙江	6.33	22	贵州	6.14	23
上海	34.61	7	云南	27.47	8
江苏	20.78	13	西藏	1.89	28
浙江	64.50	2	陕西	18.27	15
安徽	36.34	6	甘肃	9.28	20
福建	22.62	10	青海	40.08	4
江西	100.00	1	宁夏	2.55	27
山东	14.01	18	新疆	7.33	21
河南	26.58	9			

附表 1–6　各省域星级饭店全员劳动生产率计算分值

省域	得分	排序	省域	得分	排序
北京	78.76	2	湖北	39.17	9
天津	31.29	12	湖南	29.02	13
河北	18.78	18	广东	44.60	6
山西	11.78	26	广西	12.68	25
内蒙古	16.22	20	海南	46.47	5
辽宁	24.49	15	重庆	27.76	14
吉林	14.03	24	四川	23.45	16
黑龙江	8.09	27	贵州	41.05	7
上海	100.00	1	云南	7.49	28
江苏	69.91	3	西藏	22.96	17
浙江	69.40	4	陕西	15.03	21
安徽	32.36	11	甘肃	7.08	29
福建	40.69	8	青海	6.46	30
江西	14.42	23	宁夏	18.46	19
山东	36.19	10	新疆	14.57	22
河南	0.00	31			

附表 1–7　各省域星级饭店利润计算分值

省域	得分	排序	省域	得分	排序
北京	0.00	31	湖北	88.33	18
天津	95.74	6	湖南	90.35	16
河北	65.52	28	广东	56.01	30
山西	86.78	20	广西	85.79	21
内蒙古	91.68	10	海南	100.00	1
辽宁	80.87	23	重庆	90.85	13
吉林	96.88	4	四川	79.10	24
黑龙江	95.13	7	贵州	94.44	8
上海	61.46	29	云南	89.55	17
江苏	70.14	27	西藏	99.53	2
浙江	77.22	25	陕西	90.57	15
安徽	91.29	11	甘肃	93.53	9
福建	87.45	19	青海	96.30	5
江西	90.63	14	宁夏	99.34	3
山东	76.42	26	新疆	90.93	12
河南	81.92	22			

附表 1–8　各省域旅游接待总人数计算分值

省域	得分	排序	省域	得分	排序
北京	19.85	20	湖北	68.80	6
天津	11.31	24	湖南	50.58	12
河北	38.01	16	广东	56.76	10
山西	33.01	17	广西	69.35	4
内蒙古	8.92	25	海南	4.97	26
辽宁	23.17	18	重庆	4.30	27
吉林	11.68	23	四川	75.11	3
黑龙江	12.04	22	贵州	57.54	9
上海	20.64	19	云南	100.00	1
江苏	62.59	7	西藏	1.32	29
浙江	43.28	14	陕西	39.83	15
安徽	58.03	8	甘肃	14.07	21
福建	45.36	13	青海	0.29	30
江西	77.41	2	宁夏	2.39	28
山东	69.23	5	新疆	0.00	31
河南	50.72	11			

附表 1–9　各省域旅游总收入计算分值

省域	得分	排序	省域	得分	排序
北京	26.11	17	湖北	58.47	9
天津	7.46	25	湖南	68.45	4
河北	31.32	15	广东	44.18	13
山西	14.72	21	广西	67.71	5
内蒙古	10.46	24	海南	10.47	23
辽宁	16.73	19	重庆	10.56	22
吉林	15.70	20	四川	74.55	3
黑龙江	6.74	26	贵州	55.19	10
上海	22.65	18	云南	100.00	1
江苏	98.72	2	西藏	3.55	28
浙江	63.14	7	陕西	27.22	16
安徽	48.75	11	甘肃	6.31	27
福建	45.40	12	青海	0.76	30
江西	60.67	8	宁夏	2.47	29
山东	63.52	6	新疆	0.00	31
河南	32.93	14			

附表 1–10　各省域吸引物发展速度计算分值

省域	得分	排序	省域	得分	排序
北京	7.64	31	35.04	10	35.04
天津	11.70	30	33.14	11	33.14
河北	18.85	20	35.70	9	35.70
山西	54.98	3	14.26	25	14.26
内蒙古	25.22	14	25.45	13	25.45
辽宁	11.92	29	21.25	17	21.25
吉林	28.99	12	40.17	7	40.17
黑龙江	20.14	19	17.24	23	17.24
上海	13.99	26	58.68	2	58.68
江苏	12.31	28	46.59	5	46.59
浙江	17.88	22	20.70	18	20.70
安徽	21.54	16	52.01	4	52.01
福建	18.82	21	12.32	27	12.32
江西	22.45	15	43.04	6	43.04
山东	16.54	24	64.83	1	64.83
河南	36.21	8			

附表 1–11　各省域住宿接待业发展速度计算分值

省域	得分	排序	省域	得分	排序
北京	**59.93**	**14**	**湖北**	**53.08**	**25**
天津	68.26	5	湖南	55.88	22
河北	70.82	3	广东	57.73	18
山西	55.98	21	广西	57.64	19
内蒙古	58.93	17	海南	65.45	11
辽宁	50.01	29	重庆	52.50	26
吉林	53.57	23	四川	62.84	13
黑龙江	59.27	15	贵州	66.52	8
上海	8.71	31	云南	65.80	10
江苏	56.61	20	西藏	83.62	1
浙江	64.43	12	陕西	66.01	9
安徽	53.51	24	甘肃	67.73	6
福建	58.94	16	青海	81.60	2
江西	47.40	30	宁夏	50.65	28
山东	67.37	7	新疆	51.58	27
河南	69.42	4			

附表 1–12　各省域旅行社发展速度计算分值

省域	得分	排序	省域	得分	排序
北京	23.56	28	湖北	51.58	7
天津	27.92	26	湖南	17.40	29
河北	45.01	12	广东	47.31	10
山西	36.34	19	广西	73.53	3
内蒙古	47.48	9	海南	26.36	27
辽宁	28.10	25	重庆	41.10	15
吉林	34.82	20	四川	0.00	31
黑龙江	32.51	23	贵州	58.52	4
上海	34.73	21	云南	100.00	1
江苏	38.78	17	西藏	5.65	30
浙江	40.76	16	陕西	41.52	13
安徽	36.59	18	甘肃	57.11	5
福建	46.31	11	青海	74.78	2
江西	32.72	22	宁夏	47.62	8
山东	41.52	14	新疆	53.76	6
河南	32.10	24			

附表 1–13　各省域旅游从业人员增速计算分值

省域	得分	排序	省域	得分	排序
北京	30.26	10	湖北	33.18	6
天津	0.00	31	湖南	27.37	16
河北	32.45	7	广东	29.60	11
山西	40.31	4	广西	26.26	17
内蒙古	28.06	15	海南	22.48	25
辽宁	22.14	27	重庆	24.72	21
吉林	22.33	26	四川	25.24	19
黑龙江	22.50	24	贵州	30.63	9
上海	3.77	30	云南	28.36	14
江苏	28.58	13	西藏	100.00	1
浙江	25.70	18	陕西	35.30	5
安徽	29.21	12	甘肃	17.50	29
福建	30.80	8	青海	60.25	2
江西	23.59	22	宁夏	41.78	3
山东	25.08	20	新疆	18.12	28
河南	23.30	23			

附表 1-14　各省域高级别吸引物数量计算分值

省域	得分	排序	省域	得分	排序
北京	39.18	15	湖北	51.84	10
天津	6.94	29	湖南	47.35	13
河北	57.55	6	广东	60.41	5
山西	65.31	3	广西	19.18	25
内蒙古	32.65	16	海南	7.35	28
辽宁	20.41	23	重庆	13.06	26
吉林	12.24	27	四川	55.92	7
黑龙江	6.53	30	贵州	55.51	8
上海	19.59	24	云南	49.80	12
江苏	62.86	4	西藏	31.84	18
浙江	100.00	1	陕西	28.98	19
安徽	32.24	17	甘肃	23.67	22
福建	50.20	11	青海	24.49	21
江西	28.57	20	宁夏	0.00	31
山东	68.57	2	新疆	53.88	9
河南	44.08	14			

附表 1-15　各省域中国旅游集团二十强数量计算分值

省域	得分	排序	省域	得分	排序
北京	66.67	2	湖北	16.67	8
天津	0.00	15	湖南	0.00	15
河北	16.67	8	广东	33.33	5
山西	16.67	8	广西	0.00	15
内蒙古	0.00	15	海南	0.00	15
辽宁	0.00	15	重庆	0.00	15
吉林	0.00	15	四川	33.33	5
黑龙江	0.00	15	贵州	0.00	15
上海	100.00	1	云南	0.00	15
江苏	33.33	5	西藏	0.00	15
浙江	50.00	3	陕西	16.67	8
安徽	50.00	3	甘肃	0.00	15
福建	16.67	8	青海	0.00	15
江西	16.67	8	宁夏	0.00	15
山东	16.67	8	新疆	0.00	15
河南	0.00	15			

附表 1–16　各省域旅游专利授权数计算分值

省域	得分	排序	省域	得分	排序
北京	41.24	7	湖北	29.90	11
天津	6.70	27	湖南	33.51	10
河北	28.35	14	广东	98.45	2
山西	15.46	20	广西	29.90	11
内蒙古	11.86	26	海南	23.71	17
辽宁	15.46	20	重庆	34.02	9
吉林	12.37	24	四川	54.64	4
黑龙江	13.92	22	贵州	25.77	15
上海	36.08	8	云南	12.37	24
江苏	100.00	1	西藏	3.61	30
浙江	79.38	3	陕西	21.65	18
安徽	28.87	13	甘肃	13.40	23
福建	24.74	16	青海	5.67	28
江西	15.98	19	宁夏	0.00	31
山东	54.64	4	新疆	4.64	29
河南	53.61	6			

附表 1–17　各省域国家社科旅游类立项数量计算分值

省域	得分	排序	省域	得分	排序
北京	100.00	1	湖北	83.33	2
天津	50.00	9	湖南	66.67	5
河北	33.33	14	广东	33.33	14
山西	0.00	27	广西	66.67	5
内蒙古	0.00	27	海南	16.67	20
辽宁	33.33	14	重庆	16.67	20
吉林	50.00	9	四川	50.00	9
黑龙江	16.67	20	贵州	83.33	2
上海	16.67	20	云南	66.67	5
江苏	0.00	27	西藏	0.00	27
浙江	66.67	5	陕西	0.00	27
安徽	16.67	20	甘肃	50.00	9
福建	83.33	2	青海	16.67	20
江西	50.00	9	宁夏	16.67	20
山东	33.33	14	新疆	33.33	14
河南	33.33	14			

附表 1–18　各省域旅游接待总人数增长率计算分值

省域	得分	排序	省域	得分	排序
北京	50.55	21	湖北	71.12	5
天津	43.30	24	湖南	74.82	4
河北	55.41	14	广东	64.62	9
山西	64.60	10	广西	52.47	18
内蒙古	49.73	22	海南	52.74	17
辽宁	39.03	26	重庆	42.56	25
吉林	36.68	28	四川	100.00	1
黑龙江	51.40	19	贵州	54.59	15
上海	44.43	23	云南	98.41	2
江苏	53.87	16	西藏	51.24	20
浙江	68.91	7	陕西	64.77	8
安徽	62.04	12	甘肃	31.92	30
福建	70.92	6	青海	36.42	29
江西	64.34	11	宁夏	79.95	3
山东	58.00	13	新疆	0.00	31
河南	36.95	27			

附表 1–19　各省域旅游总收入增长率计算分值

省域	得分	排序	省域	得分	排序
北京	45.63	21	湖北	71.73	7
天津	28.10	29	湖南	77.54	3
河北	51.83	20	广东	59.70	14
山西	36.76	26	广西	54.15	19
内蒙古	55.26	18	海南	58.59	16
辽宁	36.91	25	重庆	77.26	4
吉林	34.58	27	四川	68.72	8
黑龙江	39.02	23	贵州	60.88	13
上海	43.84	22	云南	100.00	1
江苏	61.67	12	西藏	71.74	6
浙江	75.66	5	陕西	58.79	15
安徽	64.35	11	甘肃	25.49	30
福建	68.70	9	青海	29.96	28
江西	65.92	10	宁夏	83.73	2
山东	55.78	17	新疆	0.00	31
河南	38.60	24			

附表 1-20 各省域空气质量优良天数计算分值

省域	得分	排序	省域	得分	排序
北京	36.07	24	湖北	49.18	21
天津	20.49	29	湖南	63.93	18
河北	22.95	28	广东	74.59	12
山西	24.59	26	广西	86.07	8
内蒙古	79.51	10	海南	96.72	4
辽宁	71.31	14	重庆	73.77	13
吉林	81.15	9	四川	68.85	16
黑龙江	88.52	7	贵州	98.36	3
上海	62.30	19	云南	100.00	1
江苏	44.26	23	西藏	99.18	2
浙江	68.85	16	陕西	26.89	25
安徽	46.72	22	甘肃	71.31	14
福建	93.44	5	青海	90.16	6
江西	77.05	11	宁夏	53.44	20
山东	20.49	29	新疆	24.59	26
河南	0.00	31			

附表 1-21 各省域城市污水处理率计算分值

省域	得分	排序	省域	得分	排序
北京	61.11	15	湖北	47.22	23
天津	69.44	12	湖南	63.89	14
河北	88.89	3	广东	72.22	9
山西	72.22	9	广西	80.56	7
内蒙古	47.22	23	海南	91.67	2
辽宁	58.33	19	重庆	69.44	12
吉林	52.78	21	四川	8.33	30
黑龙江	30.56	28	贵州	83.33	6
上海	58.33	19	云南	86.11	4
江苏	41.67	26	西藏	19.44	29
浙江	61.11	15	陕西	33.33	27
安徽	61.11	15	甘肃	52.78	21
福建	75.00	8	青海	0.00	31
江西	47.22	23	宁夏	86.11	4
山东	72.22	9	新疆	61.11	15
河南	100.00	1			

附表 1-22 各省域生活垃圾无害化处理率数计算分值

省域	得分	排序	省域	得分	排序
北京	100.00	1	湖北	100.00	1
天津	100.00	1	湖南	100.00	1
河北	100.00	1	广东	100.00	1
山西	100.00	1	广西	100.00	1
内蒙古	100.00	1	海南	100.00	1
辽宁	75.00	29	重庆	100.00	1
吉林	100.00	1	四川	100.00	1
黑龙江	100.00	1	贵州	93.75	25
上海	0.00	31	云南	93.75	25
江苏	100.00	1	西藏	87.50	27
浙江	100.00	1	陕西	100.00	1
安徽	100.00	1	甘肃	100.00	1
福建	100.00	1	青海	68.75	30
江西	100.00	1	宁夏	100.00	1
山东	100.00	1	新疆	100.00	1
河南	81.25	28			

附表 1-23 各省域经济发展水平计算分值

省域	得分	排序	省域	得分	排序
北京	65.54	3	湖北	36.52	8
天津	31.13	9	湖南	28.17	12
河北	19.98	18	广东	69.59	2
山西	19.13	19	广西	11.99	23
内蒙古	26.00	15	海南	9.29	26
辽宁	18.76	20	重庆	26.35	14
吉林	7.88	27	四川	29.35	10
黑龙江	7.53	28	贵州	9.63	25
上海	63.16	4	云南	16.32	21
江苏	81.74	1	西藏	4.63	30
浙江	55.05	5	陕西	25.10	16
安徽	26.75	13	甘肃	3.57	31
福建	48.23	6	青海	6.00	29
江西	20.72	17	宁夏	9.69	24
山东	47.70	7	新疆	14.26	22
河南	29.21	11			

附表 1–24　各省域年旅客周转量计算分值

省域	得分	排序	省域	得分	排序
北京	9.55	26	湖北	64.60	7
天津	10.82	24	湖南	94.89	2
河北	51.41	11	广东	100.00	1
山西	13.90	23	广西	50.78	12
内蒙古	9.60	25	海南	5.46	28
辽宁	35.29	15	重庆	26.37	19
吉林	14.38	22	四川	52.89	10
黑龙江	14.92	21	贵州	42.52	13
上海	7.77	27	云南	32.21	17
江苏	85.42	4	西藏	0.00	31
浙江	66.89	5	陕西	36.67	14
安徽	65.86	6	甘肃	26.70	18
福建	34.04	16	青海	3.09	29
江西	61.88	8	宁夏	2.12	30
山东	56.13	9	新疆	24.45	20
河南	88.10	3			

附表 1–25　各省域万人专利授权数计算分值

省域	得分	排序	省域	得分	排序
北京	100.00	1	湖北	24.93	9
天津	53.63	6	湖南	9.46	18
河北	11.15	17	广东	69.34	4
山西	4.20	24	广西	3.46	27
内蒙古	5.08	23	海南	8.00	20
辽宁	14.49	13	重庆	17.07	11
吉林	7.74	21	四川	11.89	16
黑龙江	6.84	22	贵州	2.04	30
上海	76.12	2	云南	2.96	28
江苏	68.91	5	西藏	0.00	31
浙江	70.89	3	陕西	16.35	12
安徽	22.66	10	甘肃	3.66	25
福建	32.14	7	青海	3.48	26
江西	12.54	15	宁夏	12.95	14
山东	32.00	8	新疆	2.40	29
河南	9.12	19			

附表1-26　各省域互联网普及率计算分值

省域	得分	排序	省域	得分	排序
北京	90.55	27	湖北	100.00	1
天津	100.00	1	湖南	100.00	1
河北	100.00	1	广东	100.00	1
山西	100.00	1	广西	100.00	1
内蒙古	45.62	29	海南	100.00	1
辽宁	47.75	28	重庆	100.00	1
吉林	0.00	31	四川	100.00	1
黑龙江	9.49	30	贵州	100.00	1
上海	100.00	1	云南	100.00	1
江苏	100.00	1	西藏	100.00	1
浙江	100.00	1	陕西	100.00	1
安徽	100.00	1	甘肃	100.00	1
福建	100.00	1	青海	100.00	1
江西	100.00	1	宁夏	100.00	1
山东	100.00	1	新疆	100.00	1
河南	100.00	1			

附表1-27　各省域旅游主管部门官方自媒体平台多样性计算分值

省域	得分	排序	省域	得分	排序
北京	100.00	1	湖北	100.00	1
天津	100.00	1	湖南	66.67	20
河北	100.00	1	广东	66.67	20
山西	100.00	1	广西	66.67	20
内蒙古	33.33	27	海南	100.00	1
辽宁	66.67	20	重庆	66.67	20
吉林	100.00	1	四川	100.00	1
黑龙江	100.00	1	贵州	33.33	27
上海	33.33	27	云南	100.00	1
江苏	100.00	1	西藏	100.00	1
浙江	66.67	20	陕西	33.33	27
安徽	100.00	1	甘肃	100.00	1
福建	100.00	1	青海	100.00	1
江西	66.67	20	宁夏	0.00	31
山东	100.00	1	新疆	100.00	1
河南	100.00	1			

附表 1-28　各省域政府工作报告中提及“旅游”“文旅融合”的次数计算分值

省域	得分	排序	省域	得分	排序
北京	12.12	27	湖北	9.09	30
天津	27.27	20	湖南	84.85	3
河北	33.33	15	广东	12.12	27
山西	100.00	1	广西	66.67	6
内蒙古	33.33	15	海南	57.58	7
辽宁	21.21	22	重庆	54.55	9
吉林	78.79	5	四川	54.55	9
黑龙江	15.15	26	贵州	81.82	4
上海	33.33	15	云南	42.42	11
江苏	36.36	13	西藏	21.21	22
浙江	57.58	7	陕西	39.39	12
安徽	12.12	27	甘肃	36.36	13
福建	30.30	19	青海	33.33	15
江西	21.21	22	宁夏	21.21	22
山东	24.24	21	新疆	93.94	2
河南	0.00	31			

附表二　2022年中国31个省域旅游竞争力分省域评价结果

附表 2-1　北京市旅游竞争力评价指标一览

因子层	指标层	得分	排名
A	综合竞争力	1290.73	14
B1	现实竞争力	251.14	20
C1	旅游供给现实竞争力	205.18	21
D1	吸引物数量	9.71	25
D2	住宿设施数量	20.48	18
D3	旅行社数量	37.65	12
D4	旅游从业人员人数	37.54	7
D5	景区全员劳动生产率	21.05	11
D6	星级饭店全员劳动生产率	78.76	2
D7	星级饭店利润	0.00	31
C2	旅游需求现实竞争力	45.95	18
D8	旅游接待总人数	19.85	20
D9	旅游总收入	26.11	17
B2	潜在竞争力	464.66	7
C3	旅游供给潜在竞争力	368.48	4
D10	吸引物发展速度	7.64	31
D11	住宿接待业发展速度	59.93	14
D12	旅行社发展速度	23.56	28
D13	旅游从业人员增速	30.26	10
D14	高级别吸引物数量	39.18	15
D15	中国旅游集团二十强数量	66.67	2
D16	旅游专利授权数	41.24	7
D17	近三年国家自科 / 社科旅游类立项数量	100.00	1
C4	旅游需求潜在竞争力	96.18	22

续表

因子层	指标层	得分	排名
D18	旅游接待总人数增长率	50.55	21
D19	旅游总收入增长率	45.63	21
B3	发展环境竞争力	574.94	6
C5	自然环境竞争力	197.18	20
D20	空气质量优良天数	36.07	24
D21	城市污水处理率	61.11	15
D21	生活垃圾无害化处理率	100.00	1
C6	社会经济环境竞争力	265.64	4
D23	经济发展水平	65.54	3
D24	年旅客周转量	9.55	26
D25	万人专利授权数	100.00	1
D26	互联网普及率	90.55	27
C7	政策环境竞争力	112.12	21
D27	旅游主管部门官方自媒体平台多样性	100.00	1
D28	政府工作报告中提及“旅游”“文旅融合”的次数	12.12	27

附表 2–2　天津市旅游竞争力评价指标一览

因子层	指标层	得分	排名
A	综合竞争力	959.04	25
B1	现实竞争力	203.33	26
C1	旅游供给现实竞争力	184.56	26
D1	吸引物数量	2.47	29
D2	住宿设施数量	7.06	27
D3	旅行社数量	6.03	29
D4	旅游从业人员人数	3.10	29
D5	景区全员劳动生产率	38.87	5
D6	星级饭店全员劳动生产率	31.29	12
D7	星级饭店利润	95.74	6
C2	旅游需求现实竞争力	18.77	25
D8	旅游接待总人数	11.31	24
D9	旅游总收入	7.46	25
B2	潜在竞争力	242.93	31
C3	旅游供给潜在竞争力	171.53	31
D10	吸引物发展速度	11.70	30

续表

因子层	指标层	得分	排名
D11	住宿接待业发展速度	68.26	5
D12	旅行社发展速度	27.92	26
D13	旅游从业人员增速	0.00	31
D14	高级别吸引物数量	6.94	29
D15	中国旅游集团二十强数量	0.00	15
D16	旅游专利授权数	6.70	27
D17	近三年国家自科 / 社科旅游类立项数量	50.00	9
C4	旅游需求潜在竞争力	71.40	27
D18	旅游接待总人数增长率	43.30	24
D19	旅游总收入增长率	28.10	29
B3	发展环境竞争力	512.79	19
C5	自然环境竞争力	189.94	24
D20	空气质量优良天数	20.49	29
D21	城市污水处理率	69.44	12
D21	生活垃圾无害化处理率	100.00	1
C6	社会经济环境竞争力	195.58	12
D23	经济发展水平	31.13	9
D24	年旅客周转量	10.82	24
D25	万人专利授权数	53.63	6
D26	互联网普及率	100.00	1
C7	政策环境竞争力	127.27	14
D27	旅游主管部门官方自媒体平台多样性	100.00	1
D28	政府工作报告中提及“旅游”“文旅融合”的次数	27.27	20

附表 2–3　河北省旅游竞争力评价指标一览

因子层	指标层	得分	排名
A	综合竞争力	1232.40	15
B1	现实竞争力	294.41	17
C1	旅游供给现实竞争力	225.08	17
D1	吸引物数量	31.65	16
D2	住宿设施数量	30.29	10
D3	旅行社数量	50.37	5
D4	旅游从业人员人数	28.47	8
D5	景区全员劳动生产率	0.00	31

续表

因子层	指标层	得分	排名
D6	星级饭店全员劳动生产率	18.78	18
D7	星级饭店利润	65.52	28
C2	旅游需求现实竞争力	69.33	15
D8	旅游接待总人数	38.01	16
D9	旅游总收入	31.32	15
B2	潜在竞争力	410.27	12
C3	旅游供给潜在竞争力	303.04	11
D10	吸引物发展速度	18.85	20
D11	住宿接待业发展速度	70.82	3
D12	旅行社发展速度	45.01	12
D13	旅游从业人员增速	32.45	7
D14	高级别吸引物数量	57.55	6
D15	中国旅游集团二十强数量	16.67	8
D16	旅游专利授权数	28.35	14
D17	近三年国家自科 / 社科旅游类立项数量	33.33	14
C4	旅游需求潜在竞争力	107.24	18
D18	旅游接待总人数增长率	55.41	14
D19	旅游总收入增长率	51.83	20
B3	发展环境竞争力	527.72	16
C5	自然环境竞争力	211.84	16
D20	空气质量优良天数	22.95	28
D21	城市污水处理率	88.89	3
D21	生活垃圾无害化处理率	100.00	1
C6	社会经济环境竞争力	182.54	15
D23	经济发展水平	19.98	18
D24	年旅客周转量	51.41	11
D25	万人专利授权数	11.15	17
D26	互联网普及率	100.00	1
C7	政策环境竞争力	133.33	10
D27	旅游主管部门官方自媒体平台多样性	100.00	1
D28	政府工作报告中提及“旅游”“文旅融合”的次数	33.33	15

附表 2-4　山西省旅游竞争力评价指标一览

因子层	指标层	得分	排名
A	综合竞争力	1169.49	17
B1	现实竞争力	249.03	21
C1	旅游供给现实竞争力	201.31	22
D1	吸引物数量	20.68	22
D2	住宿设施数量	18.54	21
D3	旅行社数量	28.42	17
D4	旅游从业人员人数	14.27	20
D5	景区全员劳动生产率	20.83	12
D6	星级饭店全员劳动生产率	11.78	26
D7	星级饭店利润	86.78	20
C2	旅游需求现实竞争力	47.73	17
D8	旅游接待总人数	33.01	17
D9	旅游总收入	14.72	21
B2	潜在竞争力	386.41	
C3	旅游供给潜在竞争力	285.05	14
D10	吸引物发展速度	54.98	3
D11	住宿接待业发展速度	55.98	21
D12	旅行社发展速度	36.34	19
D13	旅游从业人员增速	40.31	4
D14	高级别吸引物数量	65.31	3
D15	中国旅游集团二十强数量	16.67	8
D16	旅游专利授权数	15.46	20
D17	近三年国家自科 / 社科旅游类立项数量	0.00	27
C4	旅游需求潜在竞争力	101.36	——
D18	旅游接待总人数增长率	64.60	10
D19	旅游总收入增长率	36.76	26
B3	发展环境竞争力	534.05	14
C5	自然环境竞争力	196.81	21
D20	空气质量优良天数	24.59	26
D21	城市污水处理率	72.22	9
D21	生活垃圾无害化处理率	100.00	1
C6	社会经济环境竞争力	137.24	22
D23	经济发展水平	19.13	19
D24	年旅客周转量	13.90	23
D25	万人专利授权数	4.20	24
D26	互联网普及率	100.00	1
C7	政策环境竞争力	200.00	1
D27	旅游主管部门官方自媒体平台多样性	100.00	1
D28	政府工作报告中提及“旅游”“文旅融合”的次数	100.00	1

附表 2-5　内蒙古自治区旅游竞争力评价指标一览

因子层	指标层	得分	排名
A	综合竞争力	908.43	28
B1	现实竞争力	219.54	22
C1	旅游供给现实竞争力	200.17	23
D1	吸引物数量	26.77	20
D2	住宿设施数量	12.07	23
D3	旅行社数量	37.00	13
D4	旅游从业人员人数	12.04	23
D5	景区全员劳动生产率	4.39	24
D6	星级饭店全员劳动生产率	16.22	20
D7	星级饭店利润	91.68	10
C2	旅游需求现实竞争力	19.37	23
D8	旅游接待总人数	8.92	25
D9	旅游总收入	10.46	24
B2	潜在竞争力	309.19	25
C3	旅游供给潜在竞争力	204.20	25
D10	吸引物发展速度	25.22	14
D11	住宿接待业发展速度	58.93	17
D12	旅行社发展速度	47.48	9
D13	旅游从业人员增速	28.06	15
D14	高级别吸引物数量	32.65	16
D15	中国旅游集团二十强数量	0.00	15
D16	旅游专利授权数	11.86	26
D17	近三年国家自科 / 社科旅游类立项数量	0.00	27
C4	旅游需求潜在竞争力	104.98	20
D18	旅游接待总人数增长率	49.73	22
D19	旅游总收入增长率	55.26	18
B3	发展环境竞争力	379.70	30
C5	自然环境竞争力	226.73	12
D20	空气质量优良天数	79.51	10
D21	城市污水处理率	47.22	23
D21	生活垃圾无害化处理率	100.00	1
C6	社会经济环境竞争力	86.30	29
D23	经济发展水平	26.00	15
D24	年旅客周转量	9.60	25
D25	万人专利授权数	5.08	23
D26	互联网普及率	45.62	29
C7	政策环境竞争力	66.67	29
D27	旅游主管部门官方自媒体平台多样性	33.33	27
D28	政府工作报告中提及“旅游”“文旅融合”的次数	33.33	15

附表 2-6 辽宁省旅游竞争力评价指标一览

因子层	指标层	得分	排名
A	综合竞争力	926.32	26
B1	现实竞争力	260.18	18
C1	旅游供给现实竞争力	220.28	19
D1	吸引物数量	28.95	18
D2	住宿设施数量	20.14	19
D3	旅行社数量	37.69	11
D4	旅游从业人员人数	25.31	11
D5	景区全员劳动生产率	2.83	25
D6	星级饭店全员劳动生产率	24.49	15
D7	星级饭店利润	80.87	23
C2	旅游需求现实竞争力	39.90	20
D8	旅游接待总人数	23.17	18
D9	旅游总收入	16.73	19
B2	潜在竞争力	257.32	30
C3	旅游供给潜在竞争力	181.38	29
D10	吸引物发展速度	11.92	29
D11	住宿接待业发展速度	50.01	29
D12	旅行社发展速度	28.10	25
D13	旅游从业人员增速	22.14	27
D14	高级别吸引物数量	20.41	23
D15	中国旅游集团二十强数量	0.00	15
D16	旅游专利授权数	15.46	20
D17	近三年国家自科 / 社科旅游类立项数量	33.33	14
C4	旅游需求潜在竞争力	75.94	25
D18	旅游接待总人数增长率	39.03	26
D19	旅游总收入增长率	36.91	25
B3	发展环境竞争力	408.82	27
C5	自然环境竞争力	204.64	19
D20	空气质量优良天数	71.31	14
D21	城市污水处理率	58.33	19
D21	生活垃圾无害化处理率	75.00	29
C6	社会经济环境竞争力	116.29	26
D23	经济发展水平	18.76	20
D24	年旅客周转量	35.29	15
D25	万人专利授权数	14.49	13
D26	互联网普及率	47.75	28
C7	政策环境竞争力	87.88	25
D27	旅游主管部门官方自媒体平台多样性	66.67	20
D28	政府工作报告中提及“旅游”“文旅融合”的次数	21.21	22

附表 2–7　吉林省旅游竞争力评价指标一览

因子层	指标层	得分	排名
A	综合竞争力	906.90	29
B1	现实竞争力	178.59	28
C1	旅游供给现实竞争力	151.22	29
D1	吸引物数量	14.47	24
D2	住宿设施数量	6.76	28
D3	旅行社数量	12.10	28
D4	旅游从业人员人数	5.62	27
D5	景区全员劳动生产率	1.35	29
D6	星级饭店全员劳动生产率	14.03	24
D7	星级饭店利润	96.88	4
C2	旅游需求现实竞争力	27.38	21
D8	旅游接待总人数	11.68	23
D9	旅游总收入	15.70	20
B2	潜在竞争力	285.59	27
C3	旅游供给潜在竞争力	214.34	24
D10	吸引物发展速度	28.99	12
D11	住宿接待业发展速度	53.57	23
D12	旅行社发展速度	34.82	20
D13	旅游从业人员增速	22.33	26
D14	高级别吸引物数量	12.24	27
D15	中国旅游集团二十强数量	0.00	15
D16	旅游专利授权数	12.37	24
D17	近三年国家自科 / 社科旅游类立项数量	50.00	9
C4	旅游需求潜在竞争力	71.26	28
D18	旅游接待总人数增长率	36.68	28
D19	旅游总收入增长率	34.58	27
B3	发展环境竞争力	442.71	23
C5	自然环境竞争力	233.93	9
D20	空气质量优良天数	81.15	9
D21	城市污水处理率	52.78	21
D21	生活垃圾无害化处理率	100.00	1
C6	社会经济环境竞争力	30.00	31
D23	经济发展水平	7.88	27
D24	年旅客周转量	14.38	22
D25	万人专利授权数	7.74	21
D26	互联网普及率	0.00	31
C7	政策环境竞争力	178.79	3
D27	旅游主管部门官方自媒体平台多样性	100.00	1
D28	政府工作报告中提及“旅游”“文旅融合”的次数	78.79	5

附表 2-8　黑龙江省旅游竞争力评价指标一览

因子层	指标层	得分	排名
A	综合竞争力	836.41	31
B1	现实竞争力	201.43	27
C1	旅游供给现实竞争力	182.65	27
D1	吸引物数量	26.71	21
D2	住宿设施数量	13.53	22
D3	旅行社数量	21.21	24
D4	旅游从业人员人数	11.65	24
D5	景区全员劳动生产率	6.33	22
D6	星级饭店全员劳动生产率	8.09	27
D7	星级饭店利润	95.13	7
C2	旅游需求现实竞争力	18.79	24
D8	旅游接待总人数	12.04	22
D9	旅游总收入	6.74	26
B2	潜在竞争力	261.96	29
C3	旅游供给潜在竞争力	171.54	30
D10	吸引物发展速度	20.14	19
D11	住宿接待业发展速度	59.27	15
D12	旅行社发展速度	32.51	23
D13	旅游从业人员增速	22.50	24
D14	高级别吸引物数量	6.53	30
D15	中国旅游集团二十强数量	0.00	15
D16	旅游专利授权数	13.92	22
D17	近三年国家自科 / 社科旅游类立项数量	16.67	20
C4	旅游需求潜在竞争力	90.42	23
D18	旅游接待总人数增长率	51.40	19
D19	旅游总收入增长率	39.02	23
B3	发展环境竞争力	373.01	31
C5	自然环境竞争力	219.08	15
D20	空气质量优良天数	88.52	7
D21	城市污水处理率	30.56	28
D21	生活垃圾无害化处理率	100.00	1
C6	社会经济环境竞争力	38.78	30
D23	经济发展水平	7.53	28
D24	年旅客周转量	14.92	21
D25	万人专利授权数	6.84	22
D26	互联网普及率	9.49	30
C7	政策环境竞争力	115.15	19
D27	旅游主管部门官方自媒体平台多样性	100.00	1
D28	政府工作报告中提及“旅游”“文旅融合”的次数	15.15	26

附表 2-9 上海市旅游竞争力评价指标一览

因子层	指标层	得分	排名
A	综合竞争力	1079.62	20
B1	现实竞争力	323.48	15
C1	旅游供给现实竞争力	280.20	11
D1	吸引物数量	7.06	26
D2	住宿设施数量	8.66	25
D3	旅行社数量	49.51	7
D4	旅游从业人员人数	18.90	18
D5	景区全员劳动生产率	34.61	7
D6	星级饭店全员劳动生产率	100.00	1
D7	星级饭店利润	61.46	29
C2	旅游需求现实竞争力	43.28	19
D8	旅游接待总人数	20.64	19
D9	旅游总收入	22.65	18
B2	潜在竞争力	321.80	24
C3	旅游供给潜在竞争力	233.54	22
D10	吸引物发展速度	13.99	26
D11	住宿接待业发展速度	8.71	31
D12	旅行社发展速度	34.73	21
D13	旅游从业人员增速	3.77	30
D14	高级别吸引物数量	19.59	24
D15	中国旅游集团二十强数量	100.00	1
D16	旅游专利授权数	36.08	8
D17	近三年国家自科 / 社科旅游类立项数量	16.67	20
C4	旅游需求潜在竞争力	88.26	24
D18	旅游接待总人数增长率	44.43	23
D19	旅游总收入增长率	43.84	22
B3	发展环境竞争力	434.34	24
C5	自然环境竞争力	120.63	31
D20	空气质量优良天数	62.30	19
D21	城市污水处理率	58.33	19
D21	生活垃圾无害化处理率	0.00	31
C6	社会经济环境竞争力	247.05	5
D23	经济发展水平	63.16	4
D24	年旅客周转量	7.77	27
D25	万人专利授权数	76.12	2
D26	互联网普及率	100.00	1
C7	政策环境竞争力	66.67	29
D27	旅游主管部门官方自媒体平台多样性	33.33	27
D28	政府工作报告中提及“旅游”“文旅融合”的次数	33.33	15

附表 2–10 江苏省旅游竞争力评价指标一览

因子层	指标层	得分	排名
A	综合竞争力	1653.49	3
B1	现实竞争力	547.12	3
C1	旅游供给现实竞争力	385.81	4
D1	吸引物数量	49.51	5
D2	住宿设施数量	36.55	8
D3	旅行社数量	94.34	3
D4	旅游从业人员人数	44.58	5
D5	景区全员劳动生产率	20.78	13
D6	星级饭店全员劳动生产率	69.91	3
D7	星级饭店利润	70.14	27
C2	旅游需求现实竞争力	161.31	2
D8	旅游接待总人数	62.59	7
D9	旅游总收入	98.72	2
B2	潜在竞争力	448.00	9
C3	旅游供给潜在竞争力	332.46	7
D10	吸引物发展速度	12.31	28
D11	住宿接待业发展速度	56.61	20
D12	旅行社发展速度	38.78	17
D13	旅游从业人员增速	28.58	13
D14	高级别吸引物数量	62.86	4
D15	中国旅游集团二十强数量	33.33	5
D16	旅游专利授权数	100.00	1
D17	近三年国家自科 / 社科旅游类立项数量	0.00	27
C4	旅游需求潜在竞争力	115.54	14
D18	旅游接待总人数增长率	53.87	16
D19	旅游总收入增长率	61.67	12
B3	发展环境竞争力	658.37	2
C5	自然环境竞争力	185.93	25
D20	空气质量优良天数	44.26	23
D21	城市污水处理率	41.67	26
D21	生活垃圾无害化处理率	100.00	1
C6	社会经济环境竞争力	336.08	2
D23	经济发展水平	81.74	1
D24	年旅客周转量	85.42	4
D25	万人专利授权数	68.91	5
D26	互联网普及率	100.00	1
C7	政策环境竞争力	136.36	8
D27	旅游主管部门官方自媒体平台多样性	100.00	1
D28	政府工作报告中提及“旅游”“文旅融合”的次数	36.36	13

附表 2-11　浙江省旅游竞争力评价指标一览

因子层	指标层	得分	排名
A	综合竞争力	1851.55	1
B1	现实竞争力	615.13	1
C1	旅游供给现实竞争力	508.72	1
D1	吸引物数量	70.82	2
D2	住宿设施数量	84.32	2
D3	旅行社数量	98.93	2
D4	旅游从业人员人数	43.53	6
D5	景区全员劳动生产率	64.50	2
D6	星级饭店全员劳动生产率	69.40	4
D7	星级饭店利润	77.22	25
C2	旅游需求现实竞争力	106.42	11
D8	旅游接待总人数	43.28	14
D9	旅游总收入	63.14	7
B2	潜在竞争力	589.38	1
C3	旅游供给潜在竞争力	444.81	1
D10	吸引物发展速度	17.88	22
D11	住宿接待业发展速度	64.43	12
D12	旅行社发展速度	40.76	16
D13	旅游从业人员增速	25.70	18
D14	高级别吸引物数量	100.00	1
D15	中国旅游集团二十强数量	50.00	3
D16	旅游专利授权数	79.38	3
D17	近三年国家自科 / 社科旅游类立项数量	66.67	5
C4	旅游需求潜在竞争力	144.56	5
D18	旅游接待总人数增长率	68.91	7
D19	旅游总收入增长率	75.66	5
B3	发展环境竞争力	647.04	3
C5	自然环境竞争力	229.96	10
D20	空气质量优良天数	68.85	16
D21	城市污水处理率	61.11	15
D21	生活垃圾无害化处理率	100.00	1
C6	社会经济环境竞争力	292.84	3
D23	经济发展水平	55.05	5
D24	年旅客周转量	66.89	5
D25	万人专利授权数	70.89	3
D26	互联网普及率	100.00	1
C7	政策环境竞争力	124.24	16
D27	旅游主管部门官方自媒体平台多样性	66.67	20
D28	政府工作报告中提及“旅游”“文旅融合”的次数	57.58	7

附表 2–12　安徽省旅游竞争力评价指标一览

因子层	指标层	得分	排名
A	综合竞争力	1342.46	11
B1	现实竞争力	412.21	8
C1	旅游供给现实竞争力	305.44	7
D1	吸引物数量	44.80	7
D2	住宿设施数量	29.63	12
D3	旅行社数量	49.63	6
D4	旅游从业人员人数	21.39	16
D5	景区全员劳动生产率	36.34	6
D6	星级饭店全员劳动生产率	32.36	11
D7	星级饭店利润	91.29	11
C2	旅游需求现实竞争力	106.77	10
D8	旅游接待总人数	58.03	8
D9	旅游总收入	48.75	11
B2	潜在竞争力	395.02	13
C3	旅游供给潜在竞争力	268.64	20
D10	吸引物发展速度	21.54	16
D11	住宿接待业发展速度	53.51	24
D12	旅行社发展速度	36.59	18
D13	旅游从业人员增速	29.21	12
D14	高级别吸引物数量	32.24	17
D15	中国旅游集团二十强数量	50.00	3
D16	旅游专利授权数	28.87	13
D17	近三年国家自科 / 社科旅游类立项数量	16.67	20
C4	旅游需求潜在竞争力	126.39	9
D18	旅游接待总人数增长率	62.04	12
D19	旅游总收入增长率	64.35	11
B3	发展环境竞争力	535.23	12
C5	自然环境竞争力	207.83	17
D20	空气质量优良天数	46.72	22
D21	城市污水处理率	61.11	15
D21	生活垃圾无害化处理率	100.00	1
C6	社会经济环境竞争力	215.28	10
D23	经济发展水平	26.75	13
D24	年旅客周转量	65.86	6
D25	万人专利授权数	22.66	10
D26	互联网普及率	100.00	1
C7	政策环境竞争力	112.12	21
D27	旅游主管部门官方自媒体平台多样性	100.00	1
D28	政府工作报告中提及“旅游”“文旅融合”的次数	12.12	27

附表 2-13　福建省旅游竞争力评价指标一览

因子层	指标层	得分	排名
A	综合竞争力	1452.10	8
B1	现实竞争力	369.51	11
C1	旅游供给现实竞争力	278.75	12
D1	吸引物数量	27.23	19
D2	住宿设施数量	46.63	5
D3	旅行社数量	30.60	15
D4	旅游从业人员人数	23.54	13
D5	景区全员劳动生产率	22.62	10
D6	星级饭店全员劳动生产率	40.69	8
D7	星级饭店利润	87.45	19
C2	旅游需求现实竞争力	90.76	13
D8	旅游接待总人数	45.36	13
D9	旅游总收入	45.40	12
B2	潜在竞争力	469.44	6
C3	旅游供给潜在竞争力	329.82	8
D10	吸引物发展速度	18.82	21
D11	住宿接待业发展速度	58.94	16
D12	旅行社发展速度	46.31	11
D13	旅游从业人员增速	30.80	8
D14	高级别吸引物数量	50.20	11
D15	中国旅游集团二十强数量	16.67	8
D16	旅游专利授权数	24.74	16
D17	近三年国家自科 / 社科旅游类立项数量	83.33	2
C4	旅游需求潜在竞争力	139.62	7
D18	旅游接待总人数增长率	70.92	6
D19	旅游总收入增长率	68.70	9
B3	发展环境竞争力	613.16	4
C5	自然环境竞争力	268.44	4
D20	空气质量优良天数	93.44	5
D21	城市污水处理率	75.00	8
D21	生活垃圾无害化处理率	100.00	1
C6	社会经济环境竞争力	214.41	11
D23	经济发展水平	48.23	6
D24	年旅客周转量	34.04	16
D25	万人专利授权数	32.14	7
D26	互联网普及率	100.00	1
C7	政策环境竞争力	130.30	13
D27	旅游主管部门官方自媒体平台多样性	100.00	1
D28	政府工作报告中提及“旅游”“文旅融合”的次数	30.30	19

附表 2-14　江西省旅游竞争力评价指标一览

因子层	指标层	得分	排名
A	综合竞争力	1328.65	12
B1	现实竞争力	453.72	7
C1	旅游供给现实竞争力	315.64	6
D1	吸引物数量	33.31	14
D2	住宿设施数量	26.41	15
D3	旅行社数量	30.15	16
D4	旅游从业人员人数	20.73	17
D5	景区全员劳动生产率	100.00	1
D6	星级饭店全员劳动生产率	14.42	23
D7	星级饭店利润	90.63	14
C2	旅游需求现实竞争力	138.08	4
D8	旅游接待总人数	77.41	2
D9	旅游总收入	60.67	8
B2	潜在竞争力	367.64	17
C3	旅游供给潜在竞争力	237.37	21
D10	吸引物发展速度	22.45	15
D11	住宿接待业发展速度	47.40	30
D12	旅行社发展速度	32.72	22
D13	旅游从业人员增速	23.59	22
D14	高级别吸引物数量	28.57	20
D15	中国旅游集团二十强数量	16.67	8
D16	旅游专利授权数	15.98	19
D17	近三年国家自科 / 社科旅游类立项数量	50.00	9
C4	旅游需求潜在竞争力	130.26	8
D18	旅游接待总人数增长率	64.34	11
D19	旅游总收入增长率	65.92	10
B3	发展环境竞争力	507.28	21
C5	自然环境竞争力	224.27	13
D20	空气质量优良天数	77.05	11
D21	城市污水处理率	47.22	23
D21	生活垃圾无害化处理率	100.00	1
C6	社会经济环境竞争力	195.13	13
D23	经济发展水平	20.72	17
D24	年旅客周转量	61.88	8
D25	万人专利授权数	12.54	15
D26	互联网普及率	100.00	1
C7	政策环境竞争力	87.88	25
D27	旅游主管部门官方自媒体平台多样性	66.67	20
D28	政府工作报告中提及“旅游”、“文旅融合”的次数	21.21	22

附表 2-15　山东省旅游竞争力评价指标一览

因子层	指标层	得分	排名
A	综合竞争力	1538.81	5
B1	现实竞争力	548.51	2
C1	旅游供给现实竞争力	415.76	3
D1	吸引物数量	100.00	1
D2	住宿设施数量	46.23	6
D3	旅行社数量	88.84	4
D4	旅游从业人员人数	54.08	4
D5	景区全员劳动生产率	14.01	18
D6	星级饭店全员劳动生产率	36.19	10
D7	星级饭店利润	76.42	26
C2	旅游需求现实竞争力	132.75	6
D8	旅游接待总人数	69.23	5
D9	旅游总收入	63.52	6
B2	潜在竞争力	437.50	10
C3	旅游供给潜在竞争力	323.72	9
D10	吸引物发展速度	16.54	24
D11	住宿接待业发展速度	67.37	7
D12	旅行社发展速度	41.52	14
D13	旅游从业人员增速	25.08	20
D14	高级别吸引物数量	68.57	2
D15	中国旅游集团二十强数量	16.67	8
D16	旅游专利授权数	54.64	4
D17	近三年国家自科 / 社科旅游类立项数量	33.33	14
C4	旅游需求潜在竞争力	113.78	16
D18	旅游接待总人数增长率	58.00	13
D19	旅游总收入增长率	55.78	17
B3	发展环境竞争力	552.80	10
C5	自然环境竞争力	192.71	23
D20	空气质量优良天数	20.49	29
D21	城市污水处理率	72.22	9
D21	生活垃圾无害化处理率	100.00	1
C6	社会经济环境竞争力	235.84	6
D23	经济发展水平	47.70	7
D24	年旅客周转量	56.13	9
D25	万人专利授权数	32.00	8
D26	互联网普及率	100.00	1
C7	政策环境竞争力	124.24	15
D27	旅游主管部门官方自媒体平台多样性	100.00	1
D28	政府工作报告中提及“旅游”“文旅融合”的次数	24.24	21

附表 2-16　河南省旅游竞争力评价指标一览

因子层	指标层	得分	排名
A	综合竞争力	1219.69	16
B1	现实竞争力	344.40	14
C1	旅游供给现实竞争力	260.74	13
D1	吸引物数量	54.74	4
D2	住宿设施数量	39.93	7
D3	旅行社数量	33.22	14
D4	旅游从业人员人数	24.36	12
D5	景区全员劳动生产率	26.58	9
D6	星级饭店全员劳动生产率	0.00	31
D7	星级饭店利润	81.92	22
C2	旅游需求现实竞争力	83.65	14
D8	旅游接待总人数	50.72	11
D9	旅游总收入	32.93	14
B2	潜在竞争力	367.61	18
C3	旅游供给潜在竞争力	292.06	12
D10	吸引物发展速度	36.21	8
D11	住宿接待业发展速度	69.42	4
D12	旅行社发展速度	32.10	24
D13	旅游从业人员增速	23.30	23
D14	高级别吸引物数量	44.08	14
D15	中国旅游集团二十强数量	0.00	15
D16	旅游专利授权数	53.61	6
D17	近三年国家自科 / 社科旅游类立项数量	33.33	14
C4	旅游需求潜在竞争力	75.55	26
D18	旅游接待总人数增长率	36.95	27
D19	旅游总收入增长率	38.60	24
B3	发展环境竞争力	507.68	20
C5	自然环境竞争力	181.25	27
D20	空气质量优良天数	0.00	31
D21	城市污水处理率	100.00	1
D21	生活垃圾无害化处理率	81.25	28
C6	社会经济环境竞争力	226.43	8
D23	经济发展水平	29.21	11
D24	年旅客周转量	88.10	3
D25	万人专利授权数	9.12	19
D26	互联网普及率	100.00	1
C7	政策环境竞争力	100.00	24
D27	旅游主管部门官方自媒体平台多样性	100.00	1
D28	政府工作报告中提及“旅游”“文旅融合”的次数	0.00	31

附表 2–17　湖北省旅游竞争力评价指标一览

因子层	指标层	得分	排名
A	综合竞争力	1436.86	9
B1	现实竞争力	407.86	9
C1	旅游供给现实竞争力	280.59	10
D1	吸引物数量	38.48	11
D2	住宿设施数量	30.22	11
D3	旅行社数量	40.81	9
D4	旅游从业人员人数	25.72	10
D5	景区全员劳动生产率	17.85	16
D6	星级饭店全员劳动生产率	39.17	9
D7	星级饭店利润	88.33	18
C2	旅游需求现实竞争力	127.27	7
D8	旅游接待总人数	68.80	6
D9	旅游总收入	58.47	9
B2	潜在竞争力	497.47	4
C3	旅游供给潜在竞争力	354.61	5
D10	吸引物发展速度	35.04	10
D11	住宿接待业发展速度	53.08	25
D12	旅行社发展速度	51.58	7
D13	旅游从业人员增速	33.18	6
D14	高级别吸引物数量	51.84	10
D15	中国旅游集团二十强数量	16.67	8
D16	旅游专利授权数	29.90	11
D17	近三年国家自科 / 社科旅游类立项数量	83.33	2
C4	旅游需求潜在竞争力	142.85	6
D18	旅游接待总人数增长率	71.12	5
D19	旅游总收入增长率	71.73	7
B3	发展环境竞争力	531.53	15
C5	自然环境竞争力	196.40	22
D20	空气质量优良天数	49.18	21
D21	城市污水处理率	47.22	23
D21	生活垃圾无害化处理率	100.00	1
C6	社会经济环境竞争力	226.04	9
D23	经济发展水平	36.52	8
D24	年旅客周转量	64.60	7
D25	万人专利授权数	24.93	9
D26	互联网普及率	100.00	1
C7	政策环境竞争力	109.09	23
D27	旅游主管部门官方自媒体平台多样性	100.00	1
D28	政府工作报告中提及“旅游”“文旅融合”的次数	9.09	30

附表 2–18　湖南省旅游竞争力评价指标一览

因子层	指标层	得分	排名
A	综合竞争力	1453.22	7
B1	现实竞争力	407.69	10
C1	旅游供给现实竞争力	288.67	9
D1	吸引物数量	37.11	12
D2	住宿设施数量	34.25	9
D3	旅行社数量	38.35	10
D4	旅游从业人员人数	57.04	3
D5	景区全员劳动生产率	2.56	26
D6	星级饭店全员劳动生产率	29.02	13
D7	星级饭店利润	90.35	16
C2	旅游需求现实竞争力	119.03	8
D8	旅游接待总人数	50.58	12
D9	旅游总收入	68.45	4
B2	潜在竞争力	433.67	11
C3	旅游供给潜在竞争力	281.31	16
D10	吸引物发展速度	33.14	11
D11	住宿接待业发展速度	55.88	22
D12	旅行社发展速度	17.40	29
D13	旅游从业人员增速	27.37	16
D14	高级别吸引物数量	47.35	13
D15	中国旅游集团二十强数量	0.00	15
D16	旅游专利授权数	33.51	10
D17	近三年国家自科 / 社科旅游类立项数量	66.67	5
C4	旅游需求潜在竞争力	152.36	4
D18	旅游接待总人数增长率	74.82	4
D19	旅游总收入增长率	77.54	3
B3	发展环境竞争力	611.86	5
C5	自然环境竞争力	227.82	11
D20	空气质量优良天数	63.93	18
D21	城市污水处理率	63.89	14
D21	生活垃圾无害化处理率	100.00	1
C6	社会经济环境竞争力	232.52	7
D23	经济发展水平	28.17	12
D24	年旅客周转量	94.89	2
D25	万人专利授权数	9.46	18
D26	互联网普及率	100.00	1
C7	政策环境竞争力	151.52	6
D27	旅游主管部门官方自媒体平台多样性	66.67	20
D28	政府工作报告中提及“旅游”“文旅融合”的次数	84.85	3

附表 2-19 广东省旅游竞争力评价指标一览

因子层	指标层	得分	排名
A	综合竞争力	1708.95	2
B1	现实竞争力	524.24	4
C1	旅游供给现实竞争力	423.30	2
D1	吸引物数量	47.67	6
D2	住宿设施数量	100.00	1
D3	旅行社数量	100.00	1
D4	旅游从业人员人数	60.26	2
D5	景区全员劳动生产率	14.76	17
D6	星级饭店全员劳动生产率	44.60	6
D7	星级饭店利润	56.01	30
C2	旅游需求现实竞争力	100.94	12
D8	旅游接待总人数	56.76	10
D9	旅游总收入	44.18	13
B2	潜在竞争力	520.19	3
C3	旅游供给潜在竞争力	395.87	2
D10	吸引物发展速度	35.70	9
D11	住宿接待业发展速度	57.73	18
D12	旅行社发展速度	47.31	10
D13	旅游从业人员增速	29.60	11
D14	高级别吸引物数量	60.41	5
D15	中国旅游集团二十强数量	33.33	5
D16	旅游专利授权数	98.45	2
D17	近三年国家自科 / 社科旅游类立项数量	33.33	14
C4	旅游需求潜在竞争力	124.32	10
D18	旅游接待总人数增长率	64.62	9
D19	旅游总收入增长率	59.70	14
B3	发展环境竞争力	664.52	1
C5	自然环境竞争力	246.81	6
D20	空气质量优良天数	74.59	12
D21	城市污水处理率	72.22	9
D21	生活垃圾无害化处理率	100.00	1
C6	社会经济环境竞争力	338.92	1
D23	经济发展水平	69.59	2
D24	年旅客周转量	100.00	1
D25	万人专利授权数	69.34	4
D26	互联网普及率	100.00	1
C7	政策环境竞争力	78.79	27
D27	旅游主管部门官方自媒体平台多样性	66.67	20
D28	政府工作报告中提及“旅游”“文旅融合”的次数	12.12	27

附表 2–20　广西壮族自治区旅游竞争力评价指标一览

因子层	指标层	得分	排名
A	综合竞争力	1320.21	13
B1	现实竞争力	359.96	12
C1	旅游供给现实竞争力	222.89	18
D1	吸引物数量	40.09	10
D2	住宿设施数量	28.66	13
D3	旅行社数量	22.76	21
D4	旅游从业人员人数	22.89	14
D5	景区全员劳动生产率	10.02	19
D6	星级饭店全员劳动生产率	12.68	25
D7	星级饭店利润	85.79	21
C2	旅游需求现实竞争力	137.07	5
D8	旅游接待总人数	69.35	4
D9	旅游总收入	67.71	5
B2	潜在竞争力	394.06	15
C3	旅游供给潜在竞争力	287.44	13
D10	吸引物发展速度	14.26	25
D11	住宿接待业发展速度	57.64	19
D12	旅行社发展速度	73.53	3
D13	旅游从业人员增速	26.26	17
D14	高级别吸引物数量	19.18	25
D15	中国旅游集团二十强数量	0.00	15
D16	旅游专利授权数	29.90	11
D17	近三年国家自科 / 社科旅游类立项数量	66.67	5
C4	旅游需求潜在竞争力	106.62	19
D18	旅游接待总人数增长率	52.47	18
D19	旅游总收入增长率	54.15	19
B3	发展环境竞争力	566.19	9
C5	自然环境竞争力	266.62	5
D20	空气质量优良天数	86.07	8
D21	城市污水处理率	80.56	7
D21	生活垃圾无害化处理率	100.00	1
C6	社会经济环境竞争力	166.24	18
D23	经济发展水平	11.99	23
D24	年旅客周转量	50.78	12
D25	万人专利授权数	3.46	27
D26	互联网普及率	100.00	1
C7	政策环境竞争力	133.33	10
D27	旅游主管部门官方自媒体平台多样性	66.67	20
D28	政府工作报告中提及“旅游”“文旅融合”的次数	66.67	6

附表 2-21　海南省旅游竞争力评价指标一览

因子层	指标层	得分	排名
A	综合竞争力	1082.06	19
B1	现实竞争力	214.55	23
C1	旅游供给现实竞争力	199.12	24
D1	吸引物数量	0.00	31
D2	住宿设施数量	7.33	26
D3	旅行社数量	15.18	26
D4	旅游从业人员人数	11.38	25
D5	景区全员劳动生产率	18.77	14
D6	星级饭店全员劳动生产率	46.47	5
D7	星级饭店利润	100.00	1
C2	旅游需求现实竞争力	15.43	26
D8	旅游接待总人数	4.97	26
D9	旅游总收入	10.47	23
B2	潜在竞争力	298.79	26
C3	旅游供给潜在竞争力	187.46	28
D10	吸引物发展速度	25.45	13
D11	住宿接待业发展速度	65.45	11
D12	旅行社发展速度	26.36	27
D13	旅游从业人员增速	22.48	25
D14	高级别吸引物数量	7.35	28
D15	中国旅游集团二十强数量	0.00	15
D16	旅游专利授权数	23.71	17
D17	近三年国家自科 / 社科旅游类立项数量	16.67	20
C4	旅游需求潜在竞争力	111.33	17
D18	旅游接待总人数增长率	52.74	17
D19	旅游总收入增长率	58.59	16
B3	发展环境竞争力	568.71	8
C5	自然环境竞争力	288.39	1
D20	空气质量优良天数	96.72	4
D21	城市污水处理率	91.67	2
D21	生活垃圾无害化处理率	100.00	1
C6	社会经济环境竞争力	122.75	25
D23	经济发展水平	9.29	26
D24	年旅客周转量	5.46	28
D25	万人专利授权数	8.00	20
D26	互联网普及率	100.00	1
C7	政策环境竞争力	157.58	4
D27	旅游主管部门官方自媒体平台多样性	100.00	1
D28	政府工作报告中提及“旅游”“文旅融合”的次数	57.58	7

附表 2–22　重庆市旅游竞争力评价指标一览

因子层	指标层	得分	排名
A	综合竞争力	1108.82	23
B1	现实竞争力	251.47	20
C1	旅游供给现实竞争力	236.61	22
D1	吸引物数量	15.74	22
D2	住宿设施数量	18.88	3
D3	旅行社数量	22.27	14
D4	旅游从业人员人数	13.61	13
D5	景区全员劳动生产率	47.51	27
D6	星级饭店全员劳动生产率	27.76	27
D7	星级饭店利润	90.85	22
C2	旅游需求现实竞争力	14.86	23
D8	旅游接待总人数	4.30	26
D9	旅游总收入	10.56	17
B2	潜在竞争力	323.13	26
C3	旅游供给潜在竞争力	203.32	15
D10	吸引物发展速度	21.25	21
D11	住宿接待业发展速度	52.50	26
D12	旅行社发展速度	41.10	15
D13	旅游从业人员增速	24.72	9
D14	高级别吸引物数量	13.06	20
D15	中国旅游集团二十强数量	0.00	13
D16	旅游专利授权数	34.02	25
D17	近三年国家自科 / 社科旅游类立项数量	16.67	4
C4	旅游需求潜在竞争力	119.82	13
D18	旅游接待总人数增长率	42.56	7
D19	旅游总收入增长率	77.26	13
B3	发展环境竞争力	534.21	12
C5	自然环境竞争力	243.21	1
D20	空气质量优良天数	73.77	17
D21	城市污水处理率	69.44	14
D21	生活垃圾无害化处理率	100.00	19
C6	社会经济环境竞争力	169.79	11
D23	经济发展水平	26.35	1
D24	年旅客周转量	26.37	18
D25	万人专利授权数	17.07	20
D26	互联网普及率	100.00	9
C7	政策环境竞争力	121.21	23
D27	旅游主管部门官方自媒体平台多样性	66.67	20
D28	政府工作报告中提及“旅游”“文旅融合”的次数	54.55	22

附表 2-23　四川省旅游竞争力评价指标一览

因子层	指标层	得分	排名
A	综合竞争力	1526.17	6
B1	现实竞争力	509.44	5
C1	旅游供给现实竞争力	359.78	5
D1	吸引物数量	60.60	3
D2	住宿设施数量	74.75	3
D3	旅行社数量	21.58	23
D4	旅游从业人员人数	100.00	1
D5	景区全员劳动生产率	0.32	30
D6	星级饭店全员劳动生产率	23.45	16
D7	星级饭店利润	79.10	24
C2	旅游需求现实竞争力	149.66	3
D8	旅游接待总人数	75.11	3
D9	旅游总收入	74.55	3
B2	潜在竞争力	490.87	5
C3	旅游供给潜在竞争力	322.14	10
D10	吸引物发展速度	40.17	7
D11	住宿接待业发展速度	62.84	13
D12	旅行社发展速度	0.00	31
D13	旅游从业人员增速	25.24	19
D14	高级别吸引物数量	55.92	7
D15	中国旅游集团二十强数量	33.33	5
D16	旅游专利授权数	54.64	4
D17	近三年国家自科 / 社科旅游类立项数量	50.00	9
C4	旅游需求潜在竞争力	168.72	2
D18	旅游接待总人数增长率	100.00	1
D19	旅游总收入增长率	68.72	8
B3	发展环境竞争力	525.86	17
C5	自然环境竞争力	177.19	28
D20	空气质量优良天数	68.85	16
D21	城市污水处理率	8.33	30
D21	生活垃圾无害化处理率	100.00	1
C6	社会经济环境竞争力	194.13	14
D23	经济发展水平	29.35	10
D24	年旅客周转量	52.89	10
D25	万人专利授权数	11.89	16
D26	互联网普及率	100.00	1
C7	政策环境竞争力	154.55	5
D27	旅游主管部门官方自媒体平台多样性	100.00	1
D28	政府工作报告中提及“旅游”“文旅融合”的次数	54.55	9

附表 2–24　贵州省旅游竞争力评价指标一览

因子层	指标层	得分	排名
A	综合竞争力	1344.91	10
B1	现实竞争力	347.11	13
C1	旅游供给现实竞争力	234.38	16
D1	吸引物数量	31.71	15
D2	住宿设施数量	27.48	14
D3	旅行社数量	16.04	25
D4	旅游从业人员人数	17.53	19
D5	景区全员劳动生产率	6.14	23
D6	星级饭店全员劳动生产率	41.05	7
D7	星级饭店利润	94.44	8
C2	旅游需求现实竞争力	112.73	9
D8	旅游接待总人数	57.54	9
D9	旅游总收入	55.19	10
B2	潜在竞争力	453.00	8
C3	旅游供给潜在竞争力	337.53	6
D10	吸引物发展速度	17.24	23
D11	住宿接待业发展速度	66.52	8
D12	旅行社发展速度	58.52	4
D13	旅游从业人员增速	30.63	9
D14	高级别吸引物数量	55.51	8
D15	中国旅游集团二十强数量	0.00	15
D16	旅游专利授权数	25.77	15
D17	近三年国家自科 / 社科旅游类立项数量	83.33	2
C4	旅游需求潜在竞争力	115.47	15
D18	旅游接待总人数增长率	54.59	15
D19	旅游总收入增长率	60.88	13
B3	发展环境竞争力	544.79	11
C5	自然环境竞争力	275.44	3
D20	空气质量优良天数	98.36	3
D21	城市污水处理率	83.33	6
D21	生活垃圾无害化处理率	93.75	25
C6	社会经济环境竞争力	154.20	19
D23	经济发展水平	9.63	25
D24	年旅客周转量	42.52	13
D25	万人专利授权数	2.04	30
D26	互联网普及率	100.00	1
C7	政策环境竞争力	115.15	19
D27	旅游主管部门官方自媒体平台多样性	33.33	27
D28	政府工作报告中提及“旅游”“文旅融合”的次数	81.82	4

附表 2-25　云南省旅游竞争力评价指标一览

因子层	指标层	得分	排名
A	综合竞争力	1649.25	4
B1	现实竞争力	495.39	6
C1	旅游供给现实竞争力	295.39	8
D1	吸引物数量	35.15	13
D2	住宿设施数量	65.76	4
D3	旅行社数量	47.50	8
D4	旅游从业人员人数	22.48	15
D5	景区全员劳动生产率	27.47	8
D6	星级饭店全员劳动生产率	7.49	28
D7	星级饭店利润	89.55	17
C2	旅游需求现实竞争力	200.00	1
D8	旅游接待总人数	100.00	1
D9	旅游总收入	100.00	1
B2	潜在竞争力	580.09	2
C3	旅游供给潜在竞争力	381.68	3
D10	吸引物发展速度	58.68	2
D11	住宿接待业发展速度	65.80	10
D12	旅行社发展速度	100.00	1
D13	旅游从业人员增速	28.36	14
D14	高级别吸引物数量	49.80	12
D15	中国旅游集团二十强数量	0.00	15
D16	旅游专利授权数	12.37	24
D17	近三年国家自科 / 社科旅游类立项数量	66.67	5
C4	旅游需求潜在竞争力	198.41	1
D18	旅游接待总人数增长率	98.41	2
D19	旅游总收入增长率	100.00	1
B3	发展环境竞争力	573.77	7
C5	自然环境竞争力	279.86	2
D20	空气质量优良天数	100.00	1
D21	城市污水处理率	86.11	4
D21	生活垃圾无害化处理率	93.75	25
C6	社会经济环境竞争力	151.49	20
D23	经济发展水平	16.32	21
D24	年旅客周转量	32.21	17
D25	万人专利授权数	2.96	28
D26	互联网普及率	100.00	1
C7	政策环境竞争力	142.42	7
D27	旅游主管部门官方自媒体平台多样性	100.00	1
D28	政府工作报告中提及“旅游”“文旅融合”的次数	42.42	11

附表 2–26　西藏自治区旅游竞争力评价指标一览

因子层	指标层	得分	排名
A	综合竞争力	961.91	24
B1	现实竞争力	135.65	30
C1	旅游供给现实竞争力	130.78	30
D1	吸引物数量	2.18	30
D2	住宿设施数量	2.89	30
D3	旅行社数量	1.31	30
D4	旅游从业人员人数	0.00	31
D5	景区全员劳动生产率	1.89	28
D6	星级饭店全员劳动生产率	22.96	17
D7	星级饭店利润	99.53	2
C2	旅游需求现实竞争力	4.87	28
D8	旅游接待总人数	1.32	29
D9	旅游总收入	3.55	28
B2	潜在竞争力	394.29	14
C3	旅游供给潜在竞争力	271.31	19
D10	吸引物发展速度	46.59	5
D11	住宿接待业发展速度	83.62	1
D12	旅行社发展速度	5.65	30
D13	旅游从业人员增速	100.00	1
D14	高级别吸引物数量	31.84	18
D15	中国旅游集团二十强数量	0.00	15
D16	旅游专利授权数	3.61	30
D17	近三年国家自科 / 社科旅游类立项数量	0.00	27
C4	旅游需求潜在竞争力	122.97	12
D18	旅游接待总人数增长率	51.24	20
D19	旅游总收入增长率	71.74	6
B3	发展环境竞争力	431.97	25
C5	自然环境竞争力	206.12	18
D20	空气质量优良天数	99.18	2
D21	城市污水处理率	19.44	29
D21	生活垃圾无害化处理率	87.50	27
C6	社会经济环境竞争力	104.63	28
D23	经济发展水平	4.63	30
D24	年旅客周转量	0.00	31
D25	万人专利授权数	0.00	31
D26	互联网普及率	100.00	1
C7	政策环境竞争力	121.21	17
D27	旅游主管部门官方自媒体平台多样性	100.00	1
D28	政府工作报告中提及“旅游”“文旅融合”的次数	21.21	22

附表 2-27 陕西省旅游竞争力评价指标一览

因子层	指标层	得分	排名
A	综合竞争力	1077.45	21
B1	现实竞争力	311.99	16
C1	旅游供给现实竞争力	244.93	14
D1	吸引物数量	42.10	8
D2	住宿设施数量	24.07	16
D3	旅行社数量	28.10	18
D4	旅游从业人员人数	26.78	9
D5	景区全员劳动生产率	18.27	15
D6	星级饭店全员劳动生产率	15.03	21
D7	星级饭店利润	90.57	15
C2	旅游需求现实竞争力	67.06	16
D8	旅游接待总人数	39.83	15
D9	旅游总收入	27.22	16
B2	潜在竞争力	354.40	20
C3	旅游供给潜在竞争力	230.83	23
D10	吸引物发展速度	20.70	18
D11	住宿接待业发展速度	66.01	9
D12	旅行社发展速度	41.52	13
D13	旅游从业人员增速	35.30	5
D14	高级别吸引物数量	28.98	19
D15	中国旅游集团二十强数量	16.67	8
D16	旅游专利授权数	21.65	18
D17	近三年国家自科 / 社科旅游类立项数量	0.00	27
C4	旅游需求潜在竞争力	123.56	11
D18	旅游接待总人数增长率	64.77	8
D19	旅游总收入增长率	58.79	15
B3	发展环境竞争力	411.07	26
C5	自然环境竞争力	160.22	29
D20	空气质量优良天数	26.89	25
D21	城市污水处理率	33.33	27
D21	生活垃圾无害化处理率	100.00	1
C6	社会经济环境竞争力	178.12	16
D23	经济发展水平	25.10	16
D24	年旅客周转量	36.67	14
D25	万人专利授权数	16.35	12
D26	互联网普及率	100.00	1
C7	政策环境竞争力	72.73	28
D27	旅游主管部门官方自媒体平台多样性	33.33	27
D28	政府工作报告中提及“旅游”“文旅融合”的次数	39.39	12

附表 2–28　甘肃省旅游竞争力评价指标一览

因子层	指标层	得分	排名
A	综合竞争力	1042.97	22
B1	现实竞争力	209.75	25
C1	旅游供给现实竞争力	189.37	25
D1	吸引物数量	30.90	17
D2	住宿设施数量	10.83	24
D3	旅行社数量	27.24	19
D4	旅游从业人员人数	10.51	26
D5	景区全员劳动生产率	9.28	20
D6	星级饭店全员劳动生产率	7.08	29
D7	星级饭店利润	93.53	9
C2	旅游需求现实竞争力	20.37	22
D8	旅游接待总人数	14.07	21
D9	旅游总收入	6.31	27
B2	潜在竞争力	338.84	22
C3	旅游供给潜在竞争力	281.42	15
D10	吸引物发展速度	52.01	4
D11	住宿接待业发展速度	67.73	6
D12	旅行社发展速度	57.11	5
D13	旅游从业人员增速	17.50	29
D14	高级别吸引物数量	23.67	22
D15	中国旅游集团二十强数量	0.00	15
D16	旅游专利授权数	13.40	23
D17	近三年国家自科 / 社科旅游类立项数量	50.00	9
C4	旅游需求潜在竞争力	57.42	30
D18	旅游接待总人数增长率	31.92	30
D19	旅游总收入增长率	25.49	30
B3	发展环境竞争力	494.38	22
C5	自然环境竞争力	224.09	14
D20	空气质量优良天数	71.31	14
D21	城市污水处理率	52.78	21
D21	生活垃圾无害化处理率	100.00	1
C6	社会经济环境竞争力	133.93	23
D23	经济发展水平	3.57	31
D24	年旅客周转量	26.70	18
D25	万人专利授权数	3.66	25
D26	互联网普及率	100.00	1
C7	政策环境竞争力	136.36	8
D27	旅游主管部门官方自媒体平台多样性	100.00	1
D28	政府工作报告中提及“旅游”“文旅融合”的次数	36.36	13

附表 2-29 青海省旅游竞争力评价指标一览

因子层	指标层	得分	排名
A	综合竞争力	912.64	27
B1	现实竞争力	165.66	29
C1	旅游供给现实竞争力	164.62	28
D1	吸引物数量	3.22	28
D2	住宿设施数量	3.49	29
D3	旅行社数量	12.26	27
D4	旅游从业人员人数	2.81	30
D5	景区全员劳动生产率	40.08	4
D6	星级饭店全员劳动生产率	6.46	30
D7	星级饭店利润	96.30	5
C2	旅游需求现实竞争力	1.05	30
D8	旅游接待总人数	0.29	30
D9	旅游总收入	0.76	30
B2	潜在竞争力	342.15	21
C3	旅游供给潜在竞争力	275.77	18
D10	吸引物发展速度	12.32	27
D11	住宿接待业发展速度	81.60	2
D12	旅行社发展速度	74.78	2
D13	旅游从业人员增速	60.25	2
D14	高级别吸引物数量	24.49	21
D15	中国旅游集团二十强数量	0.00	15
D16	旅游专利授权数	5.67	28
D17	近三年国家自科 / 社科旅游类立项数量	16.67	20
C4	旅游需求潜在竞争力	66.38	29
D18	旅游接待总人数增长率	36.42	29
D19	旅游总收入增长率	29.96	28
B3	发展环境竞争力	404.82	28
C5	自然环境竞争力	158.91	30
D20	空气质量优良天数	90.16	6
D21	城市污水处理率	0.00	31
D21	生活垃圾无害化处理率	68.75	30
C6	社会经济环境竞争力	112.57	27
D23	经济发展水平	6.00	29
D24	年旅客周转量	3.09	29
D25	万人专利授权数	3.48	26
D26	互联网普及率	100.00	1
C7	政策环境竞争力	133.33	10
D27	旅游主管部门官方自媒体平台多样性	100.00	1
D28	政府工作报告中提及“旅游”“文旅融合”的次数	33.33	15

附表 2-30　宁夏回族自治区旅游竞争力评价指标一览

因子层	指标层	得分	排名
A	综合竞争力	881.64	30
B1	现实竞争力	132.67	31
C1	旅游供给现实竞争力	127.81	31
D1	吸引物数量	3.96	27
D2	住宿设施数量	0.00	31
D3	旅行社数量	0.00	31
D4	旅游从业人员人数	3.50	28
D5	景区全员劳动生产率	2.55	27
D6	星级饭店全员劳动生产率	18.46	19
D7	星级饭店利润	99.34	3
C2	旅游需求现实竞争力	4.86	29
D8	旅游接待总人数	2.39	28
D9	旅游总收入	2.47	29
B2	潜在竞争力	363.44	19
C3	旅游供给潜在竞争力	199.76	27
D10	吸引物发展速度	43.04	6
D11	住宿接待业发展速度	50.65	28
D12	旅行社发展速度	47.62	8
D13	旅游从业人员增速	41.78	3
D14	高级别吸引物数量	0.00	31
D15	中国旅游集团二十强数量	0.00	15
D16	旅游专利授权数	0.00	31
D17	近三年国家自科 / 社科旅游类立项数量	16.67	20
C4	旅游需求潜在竞争力	163.68	3
D18	旅游接待总人数增长率	79.95	3
D19	旅游总收入增长率	83.73	2
B3	发展环境竞争力	385.53	29
C5	自然环境竞争力	239.55	8
D20	空气质量优良天数	53.44	20
D21	城市污水处理率	86.11	4
D21	生活垃圾无害化处理率	100.00	1
C6	社会经济环境竞争力	124.76	24
D23	经济发展水平	9.69	24
D24	年旅客周转量	2.12	30
D25	万人专利授权数	12.95	14
D26	互联网普及率	100.00	1
C7	政策环境竞争力	21.21	31
D27	旅游主管部门官方自媒体平台多样性	0.00	31
D28	政府工作报告中提及“旅游”“文旅融合”的次数	21.21	22

附表 2–31 新疆维吾尔自治区旅游竞争力评价指标一览

因子层	指标层	得分	排名
A	综合竞争力	1012.84	23
B1	现实竞争力	211.93	24
C1	旅游供给现实竞争力	211.93	20
D1	吸引物数量	40.72	9
D2	住宿设施数量	20.95	17
D3	旅行社数量	23.30	20
D4	旅游从业人员人数	14.12	21
D5	景区全员劳动生产率	7.33	21
D6	星级饭店全员劳动生产率	14.57	22
D7	星级饭店利润	90.93	12
C2	旅游需求现实竞争力	0.00	31
D8	旅游接待总人数	0.00	31
D9	旅游总收入	0.00	31
B2	潜在竞争力	280.15	28
C3	旅游供给潜在竞争力	280.15	17
D10	吸引物发展速度	64.83	1
D11	住宿接待业发展速度	51.58	27
D12	旅行社发展速度	53.76	6
D13	旅游从业人员增速	18.12	28
D14	高级别吸引物数量	53.88	9
D15	中国旅游集团二十强数量	0.00	15
D16	旅游专利授权数	4.64	29
D17	近三年国家自科 / 社科旅游类立项数量	33.33	14
C4	旅游需求潜在竞争力	0.00	31
D18	旅游接待总人数增长率	0.00	31
D19	旅游总收入增长率	0.00	31
B3	发展环境竞争力	520.75	18
C5	自然环境竞争力	185.70	26
D20	空气质量优良天数	24.59	26
D21	城市污水处理率	61.11	15
D21	生活垃圾无害化处理率	100.00	1
C6	社会经济环境竞争力	141.11	21
D23	经济发展水平	14.26	22
D24	年旅客周转量	24.45	20
D25	万人专利授权数	2.40	29
D26	互联网普及率	100.00	1
C7	政策环境竞争力	193.94	2
D27	旅游主管部门官方自媒体平台多样性	100.00	1
D28	政府工作报告中提及“旅游”“文旅融合”的次数	93.94	2

附表三　2022 年中国 15 个副省级城市旅游竞争力分指标评价结果

附表 3–1　各副省级城市旅游吸引物数量计算分值

城市	得分	排序	城市	得分	排序
沈阳	33.05	10	青岛	81.12	3
大连	15.02	13	武汉	48.07	7
长春	13.30	14	广州	54.94	6
哈尔滨	44.21	8	深圳	19.74	12
南京	39.91	9	成都	100.00	1
杭州	71.24	4	西安	82.40	2
宁波	57.94	5	济南	27.90	11
厦门	0.00	15			

附表 3–2　各副省级城市住宿设施总数计算分值

城市	得分	排序	城市	得分	排序
沈阳	13.26	12	青岛	30.74	7
大连	4.20	13	武汉	40.79	5
长春	0.00	15	广州	55.10	4
哈尔滨	16.21	10	深圳	37.23	6
南京	17.96	9	成都	100.00	1
杭州	74.46	2	西安	65.47	3
宁波	15.91	11	济南	3.56	14
厦门	22.00	8			

附表 3-3　各副省级城市星级饭店利润计算分值

城市	得分	排序	城市	得分	排序
沈阳	59.62	6	青岛	100.00	1
大连	12.20	13	武汉	62.60	5
长春	84.82	2	广州	0.00	15
哈尔滨	74.25	4	深圳	8.13	14
南京	46.07	8	成都	39.30	10
杭州	16.53	12	西安	45.26	9
宁波	84.55	3	济南	47.97	7
厦门	34.42	11			

附表 3-4　各副省级城市星级饭店全员劳动生产率计算分值

城市	得分	排序	城市	得分	排序
沈阳	0.86	14	青岛	44.03	4
大连	14.64	11	武汉	40.16	7
长春	4.47	12	广州	43.63	5
哈尔滨	0.00	15	深圳	46.19	3
南京	100.00	1	成都	17.84	10
杭州	57.06	2	西安	1.43	13
宁波	34.15	8	济南	19.23	9
厦门	42.01	6			

附表 3-5　各副省级城市旅游接待总人数计算分值

城市	得分	排序	城市	得分	排序
沈阳	19.67	7	青岛	16.18	8
大连	22.64	6	武汉	97.94	2
长春	10.60	11	广州	0.00	15
哈尔滨	9.89	12	深圳	6.28	14
南京	38.20	4	成都	73.60	3
杭州	25.10	5	西安	100.00	1
宁波	7.40	13	济南	16.07	10
厦门	16.09	9			

附表 3-6　各副省级城市旅游总收入计算分值

城市	得分	排序	城市	得分	排序
沈阳	4.45	13	青岛	29.04	8
大连	3.40	14	武汉	98.73	2
长春	16.16	10	广州	100.00	1
哈尔滨	0.00	15	深圳	36.34	7
南京	82.83	4	成都	75.27	5
杭州	50.95	6	西安	87.64	3
宁波	15.86	11	济南	12.16	12
厦门	20.38	9			

附表 3-7　各副省级城市旅游吸引物发展速度计算分值

城市	得分	排序	城市	得分	排序
沈阳	29.52594	13	青岛	32.59788	6
大连	31.17054	9	武汉	31.60072	8
长春	36.42024	3	广州	33.56847	5
哈尔滨	30.71837	10	深圳	34.47435	4
南京	26.61565	14	成都	100	1
杭州	31.79944	7	西安	29.56154	12
宁波	0	15	济南	30.54482	11
厦门	50.99342	2			

附表 3-8　各副省级城市住宿设施发展速度计算分值

城市	得分	排序	城市	得分	排序
沈阳	16.80428	12	青岛	88.7154	2
大连	60.67621	8	武汉	13.95972	13
长春	0	15	广州	3.682504	14
哈尔滨	64.82653	7	深圳	40.42514	9
南京	78.26054	5	成都	19.01612	10
杭州	70.80078	6	西安	87.50836	3
宁波	79.48611	4	济南	18.92842	11
厦门	100	1			

附表 3–9　各副省级城市高级别吸引物数量计算分值

城市	得分	排序	城市	得分	排序
沈阳	17.5	10	青岛	17.5	10
大连	0	15	武汉	40	3.5
长春	2.5	14	广州	40	3.5
哈尔滨	7.5	12	深圳	17.5	10
南京	25	6.5	成都	42.5	2
杭州	100	1	西安	20	8
宁波	25	6.5	济南	5	13
厦门	27.5	5			

附表 3–10　各副省级城市高级别景区网络评价计算分值

城市	得分	排序	城市	得分	排序
沈阳	86.84	2	青岛	57.93	9
大连	58.38	8	武汉	56.12	11
长春	60.99	7	广州	83.73	4
哈尔滨	100.00	1	深圳	0.00	15
南京	80.41	5	成都	48.93	13
杭州	51.06	12	西安	35.66	14
宁波	57.78	10	济南	72.31	6
厦门	84.78	3			

附表 3–11　各副省级城市中国旅游集团二十强数量计算分值

城市	得分	排序	城市	得分	排序
沈阳	0.00	12	青岛	0.00	12
大连	0.00	12	武汉	33.33	5
长春	0.00	12	广州	33.33	5
哈尔滨	0.00	12	深圳	33.33	5
南京	33.33	5	成都	33.33	5
杭州	100.00	1	西安	33.33	5
宁波	0.00	12	济南	33.33	5
厦门	0.00	12			

附表 3–12　各副省级城市旅游专利授权数计算分值

城市	得分	排序	城市	得分	排序
沈阳	0.00	15	青岛	7.32	10
大连	3.66	12	武汉	51.22	5
长春	7.32	10	广州	42.68	6
哈尔滨	7.32	10	深圳	100.00	1
南京	60.98	4	成都	85.37	2
杭州	71.95	3	西安	30.49	8
宁波	1.22	14	济南	31.71	7
厦门	2.44	13			

附表 3–13　各副省级城市国家社科旅游类立项数量

城市	得分	排序	城市	得分	排序
沈阳	20.00	4	青岛	20.00	4
大连	20.00	4	武汉	100.00	1
长春	40.00	3	广州	40.00	3
哈尔滨	20.00	4	深圳	0.00	5
南京	0.00	5	成都	40.00	3
杭州	60.00	2	西安	0.00	5
宁波	0.00	5	济南	0.00	5
厦门	40.00	3			

附表 3–14　各副省级城市旅游接待总人数增长率计算分值

城市	得分	排序	城市	得分	排序
沈阳	54.77	2	青岛	22.05	8
大连	100.00	1	武汉	18.26	12
长春	0.00	15	广州	29.43	6
哈尔滨	4.96	14	深圳	19.37	10
南京	35.03	4	成都	21.89	9
杭州	30.94	5	西安	19.23	11
宁波	37.84	3	济南	22.10	7
厦门	16.43	13			

附表 3–15　各副省级城市旅游总收入增长率计算分值

城市	得分	排序	城市	得分	排序
沈阳	53.79	2	青岛	21.06	10
大连	33.94	6	武汉	25.46	8
长春	0.00	15	广州	100.00	1
哈尔滨	4.15	14	深圳	20.69	11
南京	39.36	4	成都	9.61	13
杭州	39.17	5	西安	31.75	7
宁波	40.46	3	济南	21.97	9
厦门	15.95	12			

附表 3–16　各副省级城市空气质量优良天数计算分值

城市	得分	排序	城市	得分	排序
沈阳	78.31	7	青岛	80.12	6
大连	89.16	2	武汉	62.65	11
长春	87.95	3.5	广州	69.88	9
哈尔滨	72.29	8	深圳	87.95	3.5
南京	60.84	12	成都	55.42	13
杭州	68.67	10	西安	0.00	15
宁波	81.33	5	济南	23.49	14
厦门	100.00	1			

附表 3–17　各副省级城市污水集中处理率计算分值

城市	得分	排序	城市	得分	排序
沈阳	92.46	2	青岛	84.92	3
大连	59.58	9	武汉	60.78	8
长春	51.89	12	广州	83.41	4
哈尔滨	33.48	14	深圳	74.06	6
南京	77.98	5	成都	36.95	13
杭州	58.52	10	西安	54.15	11
宁波	0.00	15	济南	73.30	7
厦门	100.00	1			

附表 3–18　各副省级城市生活垃圾无害化处理率计算分值

城市	得分	排序	城市	得分	排序
沈阳	100.00	1	青岛	100.00	1
大连	100.00	1	武汉	100.00	1
长春	100.00	1	广州	100.00	1
哈尔滨	100.00	1	深圳	100.00	1
南京	100.00	1	成都	100.00	1
杭州	100.00	1	西安	0	2
宁波	100.00	1	济南	100.00	1
厦门	100.00	1			

附表 3–19　各副省级城市经济发展水平率计算分值

城市	得分	排序	城市	得分	排序
沈阳	15.29	13	青岛	52.48	7
大连	27.64	11	武汉	57.03	6
长春	9.62	14	广州	81.78	2
哈尔滨	0.00	15	深圳	100.00	1
南京	69.46	3	成都	45.13	8
杭州	62.63	4	西安	24.12	12
宁波	61.40	5	济南	40.60	9
厦门	40.23	10			

附表 3–20　各副省级城市年客运总量计算分值

城市	得分	排序	城市	得分	排序
沈阳	1.49	8	青岛	0.33	13
大连	0.92	9	武汉	0.81	11
长春	0.65	12	广州	8.51	2
哈尔滨	0.00	15	深圳	4.30	3
南京	3.22	6	成都	100.00	1
杭州	3.84	5	西安	1.72	7
宁波	0.85	10	济南	3.84	4
厦门	0.23	14			

附表 3-21　各副省级城市互联网普及率计算分值

城市	得分	排序	城市	得分	排序
沈阳	100.00	1	青岛	100.00	1
大连	100.00	1	武汉	100.00	1
长春	100.00	1	广州	100.00	1
哈尔滨	100.00	1	深圳	100.00	1
南京	100.00	1	成都	100.00	1
杭州	100.00	1	西安	100.00	1
宁波	100.00	1	济南	100.00	1
厦门	100.00	1			

附表 3-22　各副省级城市万人专利授权数计算分值

城市	得分	排序	城市	得分	排序
沈阳	2.85	13	青岛	16.33	8
大连	4.38	12	武汉	17.78	7
长春	0.35	14	广州	29.74	3
哈尔滨	0.00	15	深圳	100.00	1
南京	23.56	6	成都	7.26	11
杭州	30.05	2	西安	8.27	10
宁波	24.84	5	济南	13.79	9
厦门	27.03	4			

附表 3-23　各副省级城市主管部门官方自媒体平台多样性计算分值

城市	得分	排序	城市	得分	排序
沈阳	75.00	2	青岛	100.00	1
大连	50.00	3	武汉	75.00	2
长春	50.00	3	广州	50.00	3
哈尔滨	75.00	2	深圳	100.00	1
南京	50.00	3	成都	75.00	2
杭州	0.00	5	西安	75.00	2
宁波	25.00	4	济南	100.00	1
厦门	50.00	3			

附表 3-24　各副省级城市政府工作报告中提及“旅游”“文旅融合”次数计算分值

城市	得分	排序	城市	得分	排序
沈阳	27.78	8	青岛	77.78	3
大连	66.67	4	武汉	44.44	5
长春	22.22	9	广州	44.44	5
哈尔滨	5.56	11	深圳	38.89	6
南京	11.11	10	成都	83.33	2
杭州	44.44	5	西安	100.00	1
宁波	0.00	12	济南	33.33	7
厦门	11.11	10			

附表四　2022 年中国 15 个副省级城市旅游竞争力分城市评价结果

附表 4–1　沈阳市旅游竞争力评价指标一览

因子层	指标	得分	排名
A	综合竞争力	903.32	10
B1	现实竞争力	130.91	12
C1	旅游供给现实竞争力	106.78	11
D1	吸引物数量	33.05	10
D2	住宿设施个数	13.26	12
D3	星级饭店利润	59.62	6
D4	星级饭店全员劳动生产率	0.86	14
C2	旅游需求现实竞争力	24.13	13
D5	旅游接待总人数	19.67	7
D6	旅游总收入	4.45	13
B2	潜在竞争力	279.23	9
C3	旅游供给潜在竞争力	170.68	13
D7	吸引物发展速度	29.52594	13
D8	住宿设施发展速度	16.80428	12
D9	高级别吸引物数量	17.5	10
D10	高级别景区网络评价	86.84	2
D11	中国旅游集团二十强数量	0.00	12
D12	旅游专利授权数	0.00	15
D13	国家社科旅游类立项数量	20.00	4
C4	旅游需求潜在竞争力	108.56	3
D14	旅游接待总人数增长率	54.77	2
D15	旅游总收入增长率	53.79	2
B3	发展环境竞争力	493.18	9
C5	自然环境竞争力	270.77	2

续表

因子层	指标	得分	排名
D16	空气质量优良天数	78.31	7
D17	污水集中处理率	92.46	2
D18	生活垃圾无害化处理率	100.00	1
C6	社会经济环境竞争力	119.63	13
D19	经济发展水平	15.29	13
D20	年客运总量	1.49	8
D21	互联网普及率	100.00	1
D22	万人专利授权数	2.85	13
C7	政策环境竞争力	102.78	8
D23	旅游主管部门官方自媒体平台多样性	75.00	2
D24	政府工作报告中提及“旅游”、“文旅融合”的次数	27.78	8

附表 4–2　大连市旅游竞争力评价指标一览

因子层	指标	得分	排名
A	综合竞争力	878.25	11
B1	现实竞争力	72.09	15
C1	旅游供给现实竞争力	46.06	15
D1	吸引物数量	15.02	13
D2	住宿设施个数	4.20	13
D3	星级饭店利润	12.20	13
D4	星级饭店全员劳动生产率	14.64	11
C2	旅游需求现实竞争力	26.04	12
D5	旅游接待总人数	22.64	6
D6	旅游总收入	3.40	14
B2	潜在竞争力	307.82	7
C3	旅游供给潜在竞争力	173.88	12
D7	吸引物发展速度	31.17054	9
D8	住宿设施发展速度	60.67621	8
D9	高级别吸引物数量	0	15
D10	高级别景区网络评价	58.38	8
D11	中国旅游集团二十强数量	0.00	12
D12	旅游专利授权数	3.66	12
D13	国家社科旅游类立项数量	20.00	4
C4	旅游需求潜在竞争力	133.94	1

续表

因子层	指标	得分	排名
D14	旅游接待总人数增长率	100.00	1
D15	旅游总收入增长率	33.94	6
B3	发展环境竞争力	498.34	7
C5	自然环境竞争力	248.73	6
D16	空气质量优良天数	89.16	2
D17	污水集中处理率	59.58	9
D18	生活垃圾无害化处理率	100.00	1
C6	社会经济环境竞争力	132.94	12
D19	经济发展水平	27.64	11
D20	年客运总量	0.92	9
D21	互联网普及率	100.00	1
D22	万人专利授权数	4.38	12
C7	政策环境竞争力	116.67	7
D23	旅游主管部门官方自媒体平台多样性	50.00	3
D24	政府工作报告中提及“旅游”“文旅融合”的次数	66.67	4

附表 4–3 长春市旅游竞争力评价指标一览

因子层	指标	得分	排名
A	综合竞争力	699.26	15
B1	现实竞争力	129.36	13
C1	旅游供给现实竞争力	102.60	12
D1	吸引物数量	13.30	14
D2	住宿设施个数	0.00	15
D3	星级饭店利润	84.82	2
D4	星级饭店全员劳动生产率	4.47	12
C2	旅游需求现实竞争力	26.76	11
D5	旅游接待总人数	10.60	11
D6	旅游总收入	16.16	10
B2	潜在竞争力	147.23	15
C3	旅游供给潜在竞争力	147.23	15
D7	吸引物发展速度	36.42024	3
D8	住宿设施发展速度	0	15
D9	高级别吸引物数量	2.5	14
D10	高级别景区网络评价	60.99	7

续表

因子层	指标	得分	排名
D11	中国旅游集团二十强数量	0.00	12
D12	旅游专利授权数	7.32	10
D13	国家社科旅游类立项数量	40.00	3
C4	旅游需求潜在竞争力	0.00	15
D14	旅游接待总人数增长率	0.00	15
D15	旅游总收入增长率	0.00	15
B3	发展环境竞争力	422.68	12
C5	自然环境竞争力	239.84	7
D16	空气质量优良天数	87.95	3.5
D17	污水集中处理率	51.89	12
D18	生活垃圾无害化处理率	100.00	1
C6	社会经济环境竞争力	110.62	14
D19	经济发展水平	9.62	14
D20	年客运总量	0.65	12
D21	互联网普及率	100.00	1
D22	万人专利授权数	0.35	14
C7	政策环境竞争力	72.22	11
D23	旅游主管部门官方自媒体平台多样性	50.00	3
D24	政府工作报告中提及“旅游”“文旅融合”的次数	22.22	9

附表 4–4　哈尔滨市旅游竞争力评价指标一览

因子层	指标	得分	排名
A	综合竞争力	770.36	14
B1	现实竞争力	144.56	10
C1	旅游供给现实竞争力	134.67	9
D1	吸引物数量	44.21	8
D2	住宿设施个数	16.21	10
D3	星级饭店利润	74.25	4
D4	星级饭店全员劳动生产率	0.00	15
C2	旅游需求现实竞争力	9.89	15
D5	旅游接待总人数	9.89	12
D6	旅游总收入	0.00	15
B2	潜在竞争力	239.47	13
C3	旅游供给潜在竞争力	230.36	8

续表

因子层	指标	得分	排名
D7	吸引物发展速度	30.71837	10
D8	住宿设施发展速度	64.82653	7
D9	高级别吸引物数量	7.5	12
D10	高级别景区网络评价	100.00	1
D11	中国旅游集团二十强数量	0.00	12
D12	旅游专利授权数	7.32	10
D13	国家社科旅游类立项数量	20.00	4
C4	旅游需求潜在竞争力	9.11	14
D14	旅游接待总人数增长率	4.96	14
D15	旅游总收入增长率	4.15	14
B3	发展环境竞争力	386.33	14
C5	自然环境竞争力	205.77	11
D16	空气质量优良天数	72.29	8
D17	污水集中处理率	33.48	14
D18	生活垃圾无害化处理率	100.00	1
C6	社会经济环境竞争力	100.00	15
D19	经济发展水平	0.00	15
D20	年客运总量	0.00	15
D21	互联网普及率	100.00	1
D22	万人专利授权数	0.00	15
C7	政策环境竞争力	80.56	10
D23	旅游主管部门官方自媒体平台多样性	75.00	2
D24	政府工作报告中提及“旅游”“文旅融合”的次数	5.56	11

附表 4–5　南京市旅游竞争力评价指标一览

因子层	指标	得分	排名
A	综合竞争力	1200.14	5
B1	现实竞争力	324.98	4
C1	旅游供给现实竞争力	203.94	4
D1	吸引物数量	39.91	9
D2	住宿设施个数	17.96	9
D3	星级饭店利润	46.07	8
D4	星级饭店全员劳动生产率	100.00	1
C2	旅游需求现实竞争力	121.04	4

续表

因子层	指标	得分	排名
D5	旅游接待总人数	38.20	4
D6	旅游总收入	82.83	4
B2	潜在竞争力	378.99	4
C3	旅游供给潜在竞争力	304.59	5
D7	吸引物发展速度	26.61565	14
D8	住宿设施发展速度	78.26054	5
D9	高级别吸引物数量	25	6.5
D10	高级别景区网络评价	80.41	5
D11	中国旅游集团二十强数量	33.33	5
D12	旅游专利授权数	60.98	4
D13	国家社科旅游类立项数量	0.00	5
C4	旅游需求潜在竞争力	74.39	5
D14	旅游接待总人数增长率	35.03	4
D15	旅游总收入增长率	39.36	4
B3	发展环境竞争力	496.18	8
C5	自然环境竞争力	238.82	8
D16	空气质量优良天数	60.84	12
D17	污水集中处理率	77.98	5
D18	生活垃圾无害化处理率	100.00	1
C6	社会经济环境竞争力	196.24	5
D19	经济发展水平	69.46	3
D20	年客运总量	3.22	6
D21	互联网普及率	100.00	1
D22	万人专利授权数	23.56	6
C7	政策环境竞争力	61.11	12
D23	旅游主管部门官方自媒体平台多样性	50.00	3
D24	政府工作报告中提及“旅游”“文旅融合”的次数	11.11	10

附表 4–6　杭州市旅游竞争力评价指标一览

因子层	指标	得分	排名
A	综合竞争力	1319.22	2
B1	现实竞争力	295.34	6
C1	旅游供给现实竞争力	219.29	3
D1	吸引物数量	71.24	4

续表

因子层	指标	得分	排名
D2	住宿设施个数	74.46	2
D3	星级饭店利润	16.53	12
D4	星级饭店全员劳动生产率	57.06	2
C2	旅游需求现实竞争力	76.05	6
D5	旅游接待总人数	38.20	4
D6	旅游总收入	50.95	6
B2	潜在竞争力	555.72	1
C3	旅游供给潜在竞争力	485.61	1
D7	吸引物发展速度	31.79944	7
D8	住宿设施发展速度	70.80078	6
D9	高级别吸引物数量	100	1
D10	高级别景区网络评价	51.06	12
D11	中国旅游集团二十强数量	100.00	1
D12	旅游专利授权数	71.95	3
D13	国家社科旅游类立项数量	60.00	2
C4	旅游需求潜在竞争力	70.11	6
D14	旅游接待总人数增长率	30.94	5
D15	旅游总收入增长率	39.17	5
B3	发展环境竞争力	468.16	11
C5	自然环境竞争力	227.20	9
D16	空气质量优良天数	68.67	10
D17	污水集中处理率	58.52	10
D18	生活垃圾无害化处理率	100.00	1
C6	社会经济环境竞争力	196.52	4
D19	经济发展水平	62.63	4
D20	年客运总量	3.84	5
D21	互联网普及率	100.00	1
D22	万人专利授权数	30.05	2
C7	政策环境竞争力	44.44	14
D23	旅游主管部门官方自媒体平台多样性	0.00	5
D24	政府工作报告中提及“旅游”“文旅融合”的次数	44.44	5

附表 4–7　宁波市旅游竞争力评价指标一览

因子层	指标	得分	排名
A	综合竞争力	851.02	13
B1	现实竞争力	215.82	8
C1	旅游供给现实竞争力	192.56	6
D1	吸引物数量	57.94	5
D2	住宿设施个数	15.91	11
D3	星级饭店利润	84.55	3
D4	星级饭店全员劳动生产率	57.06	2
C2	旅游需求现实竞争力	23.27	14
D5	旅游接待总人数	7.40	13
D6	旅游总收入	15.86	11
B2	潜在竞争力	241.78	12
C3	旅游供给潜在竞争力	163.48	14
D7	吸引物发展速度	0	15
D8	住宿设施发展速度	79.48611	4
D9	高级别吸引物数量	25	6.5
D10	高级别景区网络评价	57.78	10
D11	中国旅游集团二十强数量	100.00	1
D12	旅游专利授权数	1.22	14
D13	国家社科旅游类立项数量	0.00	5
C4	旅游需求潜在竞争力	78.30	4
D14	旅游接待总人数增长率	37.84	3
D15	旅游总收入增长率	40.46	3
B3	发展环境竞争力	393.41	13
C5	自然环境竞争力	181.33	14
D16	空气质量优良天数	81.33	5
D17	污水集中处理率	0.00	15
D18	生活垃圾无害化处理率	100.00	1
C6	社会经济环境竞争力	187.09	6
D19	经济发展水平	61.40	5
D20	年客运总量	0.85	10
D21	互联网普及率	100.00	1
D22	万人专利授权数	24.84	5
C7	政策环境竞争力	25.00	15
D23	旅游主管部门官方自媒体平台多样性	25.00	4
D24	政府工作报告中提及“旅游”“文旅融合”的次数	0.00	12

附表 4–8　厦门市旅游竞争力评价指标一览

因子层	指标	得分	排名
A	综合竞争力	1001.58	9
B1	现实竞争力	134.89	11
C1	旅游供给现实竞争力	98.42	14
D1	吸引物数量	0.00	15
D2	住宿设施个数	22.00	8
D3	星级饭店利润	34.42	11
D4	星级饭店全员劳动生产率	42.01	6
C2	旅游需求现实竞争力	36.47	9
D5	旅游接待总人数	16.09	9
D6	旅游总收入	20.38	9
B2	潜在竞争力	338.09	6
C3	旅游供给潜在竞争力	305.71	4
D7	吸引物发展速度	50.99342	2
D8	住宿设施发展速度	100	1
D9	高级别吸引物数量	27.5	5
D10	高级别景区网络评价	84.78	3
D11	中国旅游集团二十强数量	0.00	12
D12	旅游专利授权数	2.44	13
D13	国家社科旅游类立项数量	40.00	3
C4	旅游需求潜在竞争力	32.38	12
D14	旅游接待总人数增长率	16.43	13
D15	旅游总收入增长率	15.95	12
B3	发展环境竞争力	528.60	5
C5	自然环境竞争力	300.00	1
D16	空气质量优良天数	100.00	1
D17	污水集中处理率	100.00	1
D18	生活垃圾无害化处理率	100.00	1
C6	社会经济环境竞争力	167.49	9
D19	经济发展水平	40.23	10
D20	年客运总量	0.23	14
D21	互联网普及率	100.00	1
D22	万人专利授权数	27.03	4
C7	政策环境竞争力	61.11	12
D23	旅游主管部门官方自媒体平台多样性	50.00	3
D24	政府工作报告中提及“旅游”“文旅融合”的次数	11.11	10

附表 4–9 青岛市旅游竞争力评价指标一览

因子层	指标	得分	排名
A	综合竞争力	1180.22	6
B1	现实竞争力	301.10	5
C1	旅游供给现实竞争力	255.89	2
D1	吸引物数量	81.12	3
D2	住宿设施个数	30.74	7
D3	星级饭店利润	100.00	1
D4	星级饭店全员劳动生产率	44.03	4
C2	旅游需求现实竞争力	45.21	7
D5	旅游接待总人数	16.18	8
D6	旅游总收入	29.04	8
B2	潜在竞争力	267.17	10
C3	旅游供给潜在竞争力	224.06	10
D7	吸引物发展速度	32.59788	6
D8	住宿设施发展速度	88.7154	2
D9	高级别吸引物数量	17.5	10
D10	高级别景区网络评价	57.93	9
D11	中国旅游集团二十强数量	0.00	12
D12	旅游专利授权数	7.32	10
D13	国家社科旅游类立项数量	20.00	4
C4	旅游需求潜在竞争力	43.11	10
D14	旅游接待总人数增长率	22.05	8
D15	旅游总收入增长率	21.06	10
B3	发展环境竞争力	611.95	2
C5	自然环境竞争力	265.04	3
D16	空气质量优良天数	80.12	6
D17	污水集中处理率	84.92	3
D18	生活垃圾无害化处理率	100.00	1
C6	社会经济环境竞争力	169.14	8
D19	经济发展水平	52.48	7
D20	年客运总量	0.33	13
D21	互联网普及率	100.00	1
D22	万人专利授权数	16.33	8
C7	政策环境竞争力	177.78	1
D23	旅游主管部门官方自媒体平台多样性	100.00	1
D24	政府工作报告中提及“旅游”“文旅融合”的次数	77.78	3

附表 4–10　武汉市旅游竞争力评价指标一览

因子层	指标	得分	排名
A	综合竞争力	1276.74	3
B1	现实竞争力	388.30	2
C1	旅游供给现实竞争力	191.62	7
D1	吸引物数量	48.07	7
D2	住宿设施个数	40.79	5
D3	星级饭店利润	62.60	5
D4	星级饭店全员劳动生产率	40.16	7
C2	旅游需求现实竞争力	196.68	1
D5	旅游接待总人数	97.94	2
D6	旅游总收入	98.73	2
B2	潜在竞争力	369.94	5
C3	旅游供给潜在竞争力	326.23	3
D7	吸引物发展速度	31.60072	8
D8	住宿设施发展速度	13.95972	13
D9	高级别吸引物数量	40	3.5
D10	高级别景区网络评价	56.12	11
D11	中国旅游集团二十强数量	33.33	5
D12	旅游专利授权数	51.22	5
D13	国家社科旅游类立项数量	100.00	1
C4	旅游需求潜在竞争力	43.72	9
D14	旅游接待总人数增长率	18.26	12
D15	旅游总收入增长率	25.46	8
B3	发展环境竞争力	518.50	6
C5	自然环境竞争力	223.43	10
D16	空气质量优良天数	62.65	11
D17	污水集中处理率	60.78	8
D18	生活垃圾无害化处理率	100.00	1
C6	社会经济环境竞争力	175.62	7
D19	经济发展水平	57.03	6
D20	年客运总量	0.81	11
D21	互联网普及率	100.00	1
D22	万人专利授权数	17.78	7
C7	政策环境竞争力	119.44	6
D23	旅游主管部门官方自媒体平台多样性	75.00	2
D24	政府工作报告中提及“旅游”“文旅融合”的次数	44.44	5

附表4-11　广州市旅游竞争力评价指标一览

因子层	指标	得分	排名
A	综合竞争力	1227.85	4
B1	现实竞争力	253.66	7
C1	旅游供给现实竞争力	153.66	8
D1	吸引物数量	54.94	6
D2	住宿设施个数	55.10	4
D3	星级饭店利润	0.00	15
D4	星级饭店全员劳动生产率	43.63	5
C2	旅游需求现实竞争力	100.00	5
D5	旅游接待总人数	0.00	15
D6	旅游总收入	100.00	1
B2	潜在竞争力	406.43	2
C3	旅游供给潜在竞争力	276.99	6
D7	吸引物发展速度	33.56847	5
D8	住宿设施发展速度	3.682504	14
D9	高级别吸引物数量	40	3.5
D10	高级别景区网络评价	83.73	4
D11	中国旅游集团二十强数量	33.33	5
D12	旅游专利授权数	42.68	6
D13	国家社科旅游类立项数量	40.00	3
C4	旅游需求潜在竞争力	129.43	2
D14	旅游接待总人数增长率	29.43	6
D15	旅游总收入增长率	100.00	1
B3	发展环境竞争力	567.76	4
C5	自然环境竞争力	253.29	5
D16	空气质量优良天数	69.88	9
D17	污水集中处理率	83.41	4
D18	生活垃圾无害化处理率	100.00	1
C6	社会经济环境竞争力	220.02	3
D19	经济发展水平	81.78	2
D20	年客运总量	8.51	2
D21	互联网普及率	100.00	1
D22	万人专利授权数	29.74	3
C7	政策环境竞争力	94.44	9
D23	旅游主管部门官方自媒体平台多样性	50.00	3
D24	政府工作报告中提及“旅游”“文旅融合”的次数	44.44	5

附表 4–12　深圳市旅游竞争力评价指标一览

因子层	指标	得分	排名
A	综合竞争力	1124.91	7
B1	现实竞争力	153.91	9
C1	旅游供给现实竞争力	111.29	10
D1	吸引物数量	19.74	12
D2	住宿设施个数	19.74	12
D3	星级饭店利润	8.13	14
D4	星级饭店全员劳动生产率	46.19	3
C2	旅游需求现实竞争力	42.62	8
D5	旅游接待总人数	6.28	14
D6	旅游总收入	36.34	7
B2	潜在竞争力	265.79	11
C3	旅游供给潜在竞争力	225.73	9
D7	吸引物发展速度	34.47435	4
D8	住宿设施发展速度	40.42514	9
D9	高级别吸引物数量	17.5	10
D10	高级别景区网络评价	0.00	15
D11	中国旅游集团二十强数量	33.33	5
D12	旅游专利授权数	100.00	1
D13	国家社科旅游类立项数量	0.00	5
C4	旅游需求潜在竞争力	40.06	11
D14	旅游接待总人数增长率	19.37	10
D15	旅游总收入增长率	20.69	11
B3	发展环境竞争力	705.20	1
C5	自然环境竞争力	262.01	4
D16	空气质量优良天数	87.95	3.5
D17	污水集中处理率	74.06	6
D18	生活垃圾无害化处理率	100.00	1
C6	社会经济环境竞争力	304.30	1
D19	经济发展水平	100.00	1
D20	年客运总量	4.30	3
D21	互联网普及率	100.00	1
D22	万人专利授权数	100.00	1
C7	政策环境竞争力	138.89	4
D23	旅游主管部门官方自媒体平台多样性	100.00	1
D24	政府工作报告中提及“旅游”“文旅融合”的次数	38.89	6

附表 4–13 成都市旅游竞争力评价指标一览

因子层	指标	得分	排名
A	综合竞争力	1409.74	1
B1	现实竞争力	406.00	1
C1	旅游供给现实竞争力	257.13	1
D1	吸引物数量	100.00	1
D2	住宿设施个数	100.00	1
D3	星级饭店利润	39.30	10
D4	星级饭店全员劳动生产率	17.84	10
C2	旅游需求现实竞争力	148.87	3
D5	旅游接待总人数	73.60	3
D6	旅游总收入	75.27	5
B2	潜在竞争力	400.65	3
C3	旅游供给潜在竞争力	369.15	2
D7	吸引物发展速度	100	1
D8	住宿设施发展速度	19.01612	10
D9	高级别吸引物数量	42.5	2
D10	高级别景区网络评价	48.93	13
D11	中国旅游集团二十强数量	33.33	5
D12	旅游专利授权数	85.37	2
D13	国家社科旅游类立项数量	40.00	3
C4	旅游需求潜在竞争力	31.50	13
D14	旅游接待总人数增长率	21.89	9
D15	旅游总收入增长率	9.61	13
B3	发展环境竞争力	603.09	3
C5	自然环境竞争力	192.37	13
D16	空气质量优良天数	55.42	13
D17	污水集中处理率	36.95	13
D18	生活垃圾无害化处理率	100.00	1
C6	社会经济环境竞争力	252.38	2
D19	经济发展水平	45.13	8
D20	年客运总量	100.00	1
D21	互联网普及率	100.00	1
D22	万人专利授权数	7.26	11
C7	政策环境竞争力	158.33	3
D23	旅游主管部门官方自媒体平台多样性	75.00	2
D24	政府工作报告中提及“旅游”“文旅融合”的次数	83.33	2

附表 4–14　西安市旅游竞争力评价指标一览

因子层	指标	得分	排名
A	综合竞争力	1033.00	8
B1	现实竞争力	382.21	3
C1	旅游供给现实竞争力	194.56	5
D1	吸引物数量	82.40	2
D2	住宿设施个数	65.47	3
D3	星级饭店利润	45.26	9
D4	星级饭店全员劳动生产率	1.43	13
C2	旅游需求现实竞争力	187.64	2
D5	旅游接待总人数	100.00	1
D6	旅游总收入	87.64	3
B2	潜在竞争力	287.53	8
C3	旅游供给潜在竞争力	236.55	7
D7	吸引物发展速度	29.56154	12
D8	住宿设施发展速度	87.50836	3
D9	高级别吸引物数量	20	8
D10	高级别景区网络评价	35.66	14
D11	中国旅游集团二十强数量	33.33	5
D12	旅游专利授权数	30.49	8
D13	国家社科旅游类立项数量	0.00	5
C4	旅游需求潜在竞争力	50.98	7
D14	旅游接待总人数增长率	19.23	11
D15	旅游总收入增长率	31.75	7
B3	发展环境竞争力	363.26	15
C5	自然环境竞争力	54.15	15
D16	空气质量优良天数	0.00	15
D17	污水集中处理率	54.15	11
D18	生活垃圾无害化处理率	0	2
C6	社会经济环境竞争力	134.11	11
D19	经济发展水平	24.12	12
D20	年客运总量	1.72	7
D21	互联网普及率	100.00	1
D22	万人专利授权数	8.27	10
C7	政策环境竞争力	175.00	2
D23	旅游主管部门官方自媒体平台多样性	75.00	2
D24	政府工作报告中提及“旅游”“文旅融合”的次数	100.00	1

附表 4–15　济南市旅游竞争力评价指标一览

因子层	指标	得分	排名
A	综合竞争力	851.14	12
B1	现实竞争力	126.88	14
C1	旅游供给现实竞争力	98.65	13
D1	吸引物数量	27.90	11
D2	住宿设施个数	3.56	14
D3	星级饭店利润	47.97	7
D4	星级饭店全员劳动生产率	19.23	9
C2	旅游需求现实竞争力	28.23	10
D5	旅游接待总人数	16.07	10
D6	旅游总收入	12.16	12
B2	潜在竞争力	235.89	14
C3	旅游供给潜在竞争力	191.82	11
D7	吸引物发展速度	30.54482	11
D8	住宿设施发展速度	18.92842	11
D9	高级别吸引物数量	5	13
D10	高级别景区网络评价	72.31	6
D11	中国旅游集团二十强数量	33.33	5
D12	旅游专利授权数	31.71	7
D13	国家社科旅游类立项数量	0.00	5
C4	旅游需求潜在竞争力	44.07	8
D14	旅游接待总人数增长率	22.10	7
D15	旅游总收入增长率	21.97	9
B3	发展环境竞争力	488.36	10
C5	自然环境竞争力	196.80	12
D16	空气质量优良天数	23.49	14
D17	污水集中处理率	73.30	7
D18	生活垃圾无害化处理率	100.00	1
C6	社会经济环境竞争力	158.23	10
D19	经济发展水平	40.60	9
D20	年客运总量	3.84	4
D21	互联网普及率	100.00	1
D22	万人专利授权数	13.79	9
C7	政策环境竞争力	133.33	5
D23	旅游主管部门官方自媒体平台多样性	100.00	1
D24	政府工作报告中提及“旅游”“文旅融合”的次数	33.33	7

责任编辑：李冉冉
责任印制：冯冬青
封面设计：中文天地

图书在版编目（CIP）数据

2024中国旅游业发展报告 / 程绍文等编著. -- 北京：中国旅游出版社，2024. 12. -- ISBN 978-7-5032-7445-9

Ⅰ. F592.3

中国国家版本馆CIP数据核字第2024S4C625号

审图号：GS京（2024）2247号

书　　名：2024中国旅游业发展报告

作　　者：程绍文等编著
出版发行：中国旅游出版社
（北京静安东里6号　邮编：100028）
https://www.cttp.net.cn　E-mail: cttp@mct.gov.cn
营销中心电话：010-57377103，010-57377106
读者服务部电话：010-57377107
排　　版：北京中文天地文化艺术有限公司
印　　刷：北京明恒达印务有限公司
版　　次：2024年12月第1版　2024年12月第1次印刷
开　　本：787毫米 ×1092毫米　1/16
印　　张：19.25
字　　数：450千
定　　价：58.00元
I S B N　978-7-5032-7445-9